古典文獻研究輯刊

三五編

潘美月・杜潔祥 主編

第 **36** 冊

胡銓年譜

楊 阿 敏 著

國家圖書館出版品預行編目資料

胡銓年譜／楊阿敏 著 -- 初版 -- 新北市：花木蘭文化事業有
限公司，2022〔民 111〕
序 2+ 目 2+252 面；19×26 公分
（古典文獻研究輯刊 三五編；第 36 冊）
ISBN 978-626-344-138-5（精裝）
1.CST：（宋）胡銓 2.CST：年譜
011.08   111010339

古典文獻研究輯刊
三五編　第三六冊   ISBN：978-626-344-138-5

胡銓年譜

作　　者　楊阿敏
主　　編　潘美月、杜潔祥
總 編 輯　杜潔祥
副總編輯　楊嘉樂
編輯主任　許郁翎
編　　輯　張雅淋、潘玟靜、劉子瑄　美術編輯　陳逸婷
出　　版　花木蘭文化事業有限公司
發 行 人　高小娟
聯絡地址　235 新北市中和區中安街七二號十三樓
　　　　　電話：02-2923-1455 ／傳真：02-2923-1452
網　　址　http://www.huamulan.tw 信箱 service@huamulans.com
印　　刷　普羅文化出版廣告事業
初　　版　2022 年 9 月
定　　價　三五編 39 冊（精裝）新台幣 98,000 元　　版權所有・請勿翻印

胡銓年譜

楊阿敏　著

作者簡介

楊阿敏，男，1993 年生，江西吉安人。山東石油化工學院中文系漢語言文學專業畢業。2015 年創辦「爾雅國學」微信公眾號，現任北京《中華瑰寶》雜誌編輯。著有《學海滄桑：古典文學名家訪談錄》（浙江古籍出版社 2022 年），已發表文章 20 餘篇。

提　　要

　　胡銓（1102～1180 年），字邦衡，號澹庵，江西吉安人。建炎二年進士甲科。紹興五年以薦除樞密院編修官。紹興八年，抗疏詆和議，謫吉陽軍。朱子曰：「澹庵奏疏為中興第一，可與日月爭光矣。」孝宗即位，特召還擢用。張浚說：「秦太師顓柄二十年，成就邦衡一人耳。」歷官權中書舍人兼國子祭酒、權兵部侍郎。以資政殿學士致仕。卒諡忠簡。胡銓以忠義著稱於天下，上書宋高宗乞斬秦檜，流落嶺海二十餘年，志氣不少衰，至死猶有「死為鬼以厲賊」之語。四庫提要稱其「孤忠勁節，照映千秋」。

　　胡銓著作有《澹菴文集》一百卷，《周易拾遺》十卷，《書解》四卷，《春秋集善》三十卷，《周官解》十二卷，《禮記解》三十卷，《經筵二禮講義》一卷，《奏議》三卷，《學禮編》三卷，《詩話》二卷，《活國本草》三卷。《四庫全書》收錄《澹菴文集》六卷。清代朱文藻輯《胡忠簡公經解》三十六卷，清乾隆五十二年餘杭官署刻本。其中收錄《春秋解》十六卷，《周禮解》六卷，《禮記解》十四卷，附文集補遺三卷，文集附錄三卷。銓師蕭楚，明於《春秋》，故集中嘉言讜論，多本《春秋》義例。於南渡大政，多所補救。胡銓作為南宋初年主戰派代表人物，與張浚、李光、周必大、楊萬里交遊密切，全面考察其生平事蹟，對於研究南宋初期歷史與文學有著重要關係。

　　年譜以胡銓生平事蹟為主，並對其現存詩詞文進行繫年，有確切寫作時間者，繫於相應月份，不能確考者，繫於當年之後。對於無法明確考察作年者，則先闕疑，不做強行繫年。因胡銓文集尚未有單行點校本出版，故而相關文獻引用時儘量詳細，以便讀者查閱。年譜廣泛利用文集、史書、地方志、筆記以及今人研究成果，力求全備詳實。對時人與之交遊唱和的情況，詳加考錄。另外，為便於進一步研究，搜集了一份胡銓研究資料，作為附錄，以供參考。

序

諸葛憶兵[註1]

楊君阿敏，敏而好學，自強不息。創「爾雅國學」公眾號，頻頻刊載學界創新思維，嘉惠學林，甚得學界稱譽。楊君近日又有新作《胡銓年譜》（以下簡稱楊譜）付梓，問序於予，予欣然應承，以表學林相互勉勵之意。

宋代江西，人才輩出。如北宋之晏殊、歐陽修、王安石、曾鞏、黃庭堅，南宋之胡銓、楊萬里、周必大、文天祥，皆譽滿天下，千古流傳。宋代江西諸賢，大都是當代學界研究之重點，研究專著汗牛充棟。惟胡銓研究稍稍冷落，至今無完善年譜問世。楊君亦江西人士，關注鄉梓先賢，有志拾遺補闕，故有此新作。予通覽之餘，擊掌稱賞。

胡銓風骨錚錚，為南宋士林楷模。胡銓建炎二年（1128）登進士第，其殿試策質疑高宗策問「大概質之於天」，首標「國將興聽於民，將亡聽於天。」換言之，依照高宗思路，乃亡國之道。以下所有的論述，皆以「臣有以見陛下聽於天而不聽於民之弊」開始，大膽直言，振聾發聵，令人咋舌。宋代科舉殿試，熙寧三年（1070）王安石改試詩賦為試策，而後沿襲不變。此舉最惡劣之處，是打造了一大批阿諛奉承之徒。「多言時政闕失」是試策應有之義，然而，宋人殿試策文大都奉上所好，阿諛時政，歌功頌德。在專制體制中，不允許不同的政見存在，厭惡聽到批評的聲音。考生為了進入仕途，必須揣摩帝王或當政者之想法，以此作為應策文的主要論點，貫穿全文。更有甚者，揣摩帝王與宰相好惡，惡意攻擊當時政壇上受排擠壓迫的政治派別，殿試策文墮落為朝廷鷹犬。宋人言：「歷觀答策，深監諛風。在熙寧則多言

〔註1〕中國人民大學國學院教授，博士生導師。

更變之宜，在紹聖則具論紹述之美。是為迎合，實可深羞。」（鄭性之《狀元謝余察院啟》）又云：「熙寧殿試改用策，謂比詩賦有用。不知士人計較得失，豈敢極言時政，自取黜落？是初入仕已教之諂也。」（曾慥《高齋漫錄》）殿試策論惡習，彌漫科場，習以為常。在此氛圍中，胡銓策論尤其難能可貴，是兩宋殿試策中抨擊現實最為激烈的篇章。初入仕途，已有非同凡俗的表現。紹興八年（1138），宋金議和，胡銓即上奏疏，願斬秦檜等，否則，「臣有赴東海而死耳，寧能處小朝廷求活耶！」再次震動朝野。據說金人也因此感歎：「南朝有人！」胡銓一生，以耿介磊落立朝，《宋史》本傳稱其「忠義凜然」，是為公論。

楊譜為先賢立傳，其間多學術心得。如胡銓中第前行跡，舊譜闕如，楊譜有所梳理，可補其不足。楊譜又以地方志校正《全宋文》，亦時有所得。如胡銓《建康府卞公祠堂記》和《廬陵縣重修先聖廟記》各缺年月，楊譜據《景定建康志》卷四十四、明萬曆十三年刻本《吉安府志》卷三十四補之，篳路藍縷，亦足稱道。凡此種種，讀者細心尋繹，當有所得。

年譜編撰，必須竭澤而漁，後學或以之為起點，學界亦期待更多的胡銓研究成果。

匆匆數言，聊為之序。

目
次

序　諸葛憶兵

凡　例

譜　前 …………………………………………………………… 1

年　譜 …………………………………………………………… 3

宋徽宗崇寧元年壬午（1102 年），一歲 …………… 3

宋徽宗宣和三年辛丑（1121 年），二十歲………… 3

宋徽宗宣和五年癸卯（1123 年），二十二歲……… 4

宋徽宗宣和七年乙巳（1125 年），二十四歲……… 4

宋欽宗靖康元年丙午（1126 年），二十五歲……… 5

宋高宗建炎元年丁未（1127 年），二十六歲……… 5

宋高宗建炎二年戊申（1128 年），二十七歲……… 5

宋高宗建炎三年己酉（1129 年），二十八歲……… 8

宋高宗建炎四年庚戌（1130 年），二十九歲……… 9

宋高宗紹興元年辛亥（1131 年），三十歲………… 11

宋高宗紹興二年壬子（1132 年），三十一歲……… 11

宋高宗紹興三年癸丑（1133 年），三十二歲……… 12

宋高宗紹興四年甲寅（1134 年），三十三歲……… 13

宋高宗紹興五年乙卯（1135 年），三十四歲……… 14

宋高宗紹興六年丙辰（1136 年），三十五歲……… 15

宋高宗紹興七年丁巳（1137 年），三十六歲……… 17

宋高宗紹興八年戊午（1138 年），三十七歲……… 22

宋高宗紹興九年己未（1139 年），三十八歲……… 30

宋高宗紹興十年庚申（1140 年），三十九歲……… 33

宋高宗紹興十一年辛酉（1141 年），四十歲……… 35

宋高宗紹興十二年壬戌（1142 年），四十一歲…… 36

宋高宗紹興十三年癸亥（1143 年），四十二歲…… 41

宋高宗紹興十四年甲子（1144 年），四十三歲…… 42

宋高宗紹興十五年乙丑（1145 年），四十四歲…… 42

宋高宗紹興十六年丙寅（1146 年），四十五歲…… 42

宋高宗紹興十七年丁卯（1147 年），四十六歲…… 43

宋高宗紹興十八年戊辰（1148 年），四十七歲…… 44

宋高宗紹興十九年己巳（1149 年），四十八歲…… 46

宋高宗紹興二十年庚午（1150年），四十九歲……53
宋高宗紹興二十一年辛未（1151年），五十歲……56
宋高宗紹興二十二年壬申（1152年），五十一歲…56
宋高宗紹興二十三年癸酉（1153年），五十二歲…58
宋高宗紹興二十四年甲戌（1154年），五十三歲…58
宋高宗紹興二十五年乙亥（1155年），五十四歲…64
宋高宗紹興二十六年丙子（1156年），五十五歲…66
宋高宗紹興二十七年丁丑（1157年），五十六歲…71
宋高宗紹興二十八年戊寅（1158年），五十七歲…72
宋高宗紹興二十九年己卯（1159年），五十八歲…75
宋高宗紹興三十年庚辰（1160年），五十九歲……78
宋高宗紹興三十一年辛巳（1161年），六十歲……79
宋高宗紹興三十二年壬午（1162年），六十一歲…85
宋孝宗隆興元年癸未（1163年），六十二歲………91
宋孝宗隆興二年甲申（1164年），六十三歲…… 116
宋孝宗乾道元年乙酉（1165年），六十四歲…… 130
宋孝宗乾道二年丙戌（1166年），六十五歲…… 134
宋孝宗乾道三年丁亥（1167年），六十六歲…… 137
宋孝宗乾道四年戊子（1168年），六十七歲…… 139
宋孝宗乾道五年己丑（1169年），六十八歲…… 143
宋孝宗乾道六年庚寅（1170年），六十九歲…… 146
宋孝宗乾道七年辛卯（1171年），七十歲……… 156
宋孝宗乾道八年壬辰（1172年），七十一歲…… 162
宋孝宗乾道九年癸巳（1173年），七十二歲…… 166
宋孝宗淳熙元年甲午（1174年），七十三歲…… 171
宋孝宗淳熙二年乙未（1175年），七十四歲…… 173
宋孝宗淳熙三年丙申（1176年），七十五歲…… 176
宋孝宗淳熙四年丁酉（1177年），七十六歲…… 177
宋孝宗淳熙五年戊戌（1178年），七十七歲…… 178
宋孝宗淳熙六年己亥（1179年），七十八歲…… 181
宋孝宗淳熙七年庚子（1180年），七十九歲…… 183
附錄　胡詮研究資料選輯 ………………………… 189
後　記 …………………………………………… 249

凡　例

一、本譜考定胡銓生平事蹟，且為胡銓詩文編年。於譜主交遊人物及其酬唱作品，亦加以考證編年，列入正文。

二、本譜繫年採用農曆（附注公曆），按年季月日排列。日期不詳者，列於本月之後。月份不詳者，以季節標明。季節不詳者，列於本年之後。日期不詳、據內容可推斷時間階段者，放置於相應位置。

三、《澹庵集》本百卷，傳世本已不全。《全宋文》所收胡銓文，以清道光十三年胡文思重刊之《胡澹庵先生文集》作底本，參校傅增湘校補之乾隆二十二年練月樓刻本、影印文淵閣四庫全書本《澹庵文集》，輯得佚文五十八篇，合編為三十六卷。這是目前唯一的標點整理本，故本書引文以此為據，詩詞則據《全宋詩》《全宋詞》，不再一一注明文獻出處。

四、先列譜文，後引資料及考證。譜文稍簡，語必證實。逐條分注，具詳出處，所引原文，視行文需要，或摘引，或全錄。間附歷代相關之評論。編年考證之處，識以「按」字。

譜　前

　　曾祖璉，不仕。曾祖母夫人康氏、劉氏。

　　楊萬里《宋故資政殿學士朝議大夫致仕廬陵郡開國侯食邑一千五百戶食
實封一百戶賜紫金魚袋贈通議大夫胡公行狀》（以下簡稱《行狀》）：「曾祖璉，
不仕。曾祖母夫人康氏、劉氏。」〔註1〕

　　祖愷，贈承務郎。祖母張氏，封孺人。

　　《行狀》：「祖愷，未壯而沒，贈承務郎。……惟祖母張，以百歲封孺人
云。」

　　父載，累贈太中大夫。母陳氏、張氏，所生母曾氏，俱贈淑人。

　　《行狀》：「父載，累贈太中大夫。母陳、張、所生母曾，俱贈淑人，皆以
公。……太中氣慷慨，一試有司無遇，即棄去。父載，累贈太中大夫。母陳、
張，所生母曾，俱贈淑人，皆以公。」

　　娶劉氏，贈淑人，先公卒。

　　《行狀》：「娶劉氏，贈淑人，先公卒，中散大夫荊湖南路提點刑獄敏才
之女。」

　　周必大《資政殿學士贈通奉大夫胡忠簡公神道碑》（以下簡稱《神道碑》）：
「娶劉氏，中散大夫、湖南提點刑獄事敏材女，先公卒，贈淑人。」〔註2〕

　　子男五人：泳、澥、浹、藨、沖。

〔註1〕（宋）楊萬里撰、辛更儒箋校《楊萬里集箋校》卷一一八，中華書局，2007
　　　年，第4496頁。
〔註2〕曾棗莊、劉琳主編：《全宋文》第二百三十二冊，上海辭書出版社；安徽教育
　　　出版社，2006年，第235頁。

《行狀》:「子男五人:泳,承務郎監江東淮西總領軍馬錢糧所太平惠民局兼行宮雜賣場,淳熙二年卒於官,參政周公哀而銘之。澥,承事郎監潭州南嶽廟。浹、瀗,皆承務郎。沖,未命。」

《神道碑》:「五男:泳,承務郎、監江淮總領所惠民局、兼行宮雜賣場,淳熙初卒官;澥,今為奉議郎,前沿海制置司幹辦公事,賜緋魚袋,能世其家;浹,承務郎;瀗,承奉郎;沖,未命夭。」

女五人。

《行狀》:「女五人,適南昌嚴萬全、福唐葉昌嗣、上饒方自厚、承務郎贛州興國縣丞王宗孟、將仕郎王臧。」

《神道碑》:「五女:適從事郎、道州司法參軍嚴萬金,福唐葉昌嗣,上饒方自厚,通直郎、簽書昭信軍節度判官廳公事、賜緋魚袋王宗孟,將仕郎王臧。」

孫男十六人,女七人。

《行狀》:「孫男六人:摡、槃、程、杕、杌、楷。女四人,長曰相孫,夭,餘皆幼。」

《神道碑》:「孫男十六人:槻,承事郎、奏辟廣南西路轉運司主管文字;槃,文林郎、監泉州市舶務;杕,承奉郎;桯、杌、楷、梃、枅、機、梡、欖、杓、樺、橙、橐、椅。女七人。」

年 譜

宋徽宗崇寧元年壬午（1102 年），一歲

是年，胡銓生。

《行狀》：「公胡氏，諱銓，字邦衡。其先金陵人，五季避地廬陵。」

宋徽宗宣和三年辛丑（1121 年），二十歲

是年，試大學，文不加點，博士驚異。

《神道碑》：「公幼不群，強記博覽，年二十試大學，文不加點。」

《行狀》：「公自幼超詣絕世，強於記覽。有質以古書者，必曰：『是出某書某卷。』驗之而信。年二十入太學試文，淨不加點，博士驚異。」

按：辛更儒《楊萬里集箋校》（中華書局 2007 年 9 月第 1 版）作「年二十八太學試文」，據其《凡例》云，以四部叢刊影宋本為底本，以汲古閣明抄本、文淵閣四庫全書抄本為校本。查四庫本亦作「年二十八」，檢日本國宮內廳所藏宋本，實為「年二十」，《全宋文》同。「八」字實因「入」字而誤，遂以訛傳訛。辛更儒《宋才子傳箋證（詞人卷）·胡銓傳》認為：「建炎二年，胡銓二十七歲，其試太學當在登第之前一年，《宋故資政殿學士朝議大夫致仕廬陵郡開國侯賜紫金魚袋贈通議大夫胡公行狀》謂胡銓年二十八，《資政殿學士贈通奉大夫胡忠簡公神道碑》謂年二十，皆誤。」[註1] 據胡銓《德興縣尉曾修職墓誌銘》：「癸亥春復太學，趨廩者屬至。」癸亥為紹興十三年，胡銓於建

〔註 1〕傅璇琮、王兆鵬主編：《宋才子傳箋證（詞人卷）·胡銓傳》，遼海出版社，2011年，第 498 頁。

炎二年戊申年登第，則前一年試太學之說亦無從實現。

宋徽宗宣和五年癸卯（1123 年），二十二歲

是年，胡銓遊太學，三十五叔遣僕僮前來問候。

胡銓《祭三十五叔文》：「政和之末，公坐吏議，避地江淮，日月其逝。宣和癸卯，銓遊賢關，公遣僕僮，問某燠寒。」

宋徽宗宣和七年乙巳（1125 年），二十四歲

冬，胡銓在太學。

胡銓《龍圖閣學士廣平郡侯程公墓誌銘》：「某宣和乙巳冬在上庠，適醜虜圍京城，詔求願使太原者，人莫敢往，公奮然請行。某聞其風而壯之，願為公執鞭而不可得。」

是年，曾向楊時請教。

胡銓《答劉子澄主簿書》：「某少也賤，於他藝能自料不可鐫鑿，始妄意遊心六藝，矻矻窮年，未少有得。退念昔嘗從學楊先生中立、李先生先之，知讀書之法，三十年不下案。」

胡銓《與方耕道小簡二》：「某政宣間在上庠，侍中立楊先生席下請益，一日云：『須多編類，乃為善學。』諸生皆疑其淺近，雖德輝渠高弟，亦怪之。後又欲申問，而中立偶得請，至今疑之。近以語子誠，乃引中立《論語》脫驂於舊館，以為此乃編類之意，僕頓悟中立之意殆此類也。」按：楊時，字中立。

《楊時集·楊龜山先生年譜》：「六年甲辰（1124），先生七十二歲。寓毗陵。冬十月，御筆以秘書郎召先生，仍令上殿。七年乙巳（1125），先生七十三歲。遷著作郎。三月，與執政箚子。七月十二日，上殿，進箚子三道。尋除邇英殿說書。」〔註2〕據此可知宣和七年之前楊時寓居地方，七年方才還都任職，故繫於此年。

是年，胡銓祖母張氏，以百歲封孺人。

胡銓《孺人張氏墓誌銘》：「宣和七年，天子詔㫌耄期，吉州廬陵縣以胡載母張聞上。制曰：『貴老尚齒，邦法有常。眷予六世之遺民，時乃百年之故老。克庸祗德，以裕厥躬。肆疏湯沐之封，式燕家庭之喜。封孺人，副以官帔。』」

〔註 2〕（宋）楊時撰，林海權整理：《楊時集·楊龜山先生年譜》，中華書局，2018年，第 1161 頁。

宋欽宗靖康元年丙午（1126 年），二十五歲

是年，胡銓與國學薦。

胡銓《從周弟墓誌銘》：「從周少從師學，兄弟同堂五人，自為朋友，而從周與某齒最近，親講說為密。靖康丙午，某與國學薦，從周亦偕計，同試奉常。某中龍飛榜，從周不偶。」

十月，三十五叔來帝京訪胡銓弟兄，胡銓時已歸家。

胡銓《祭三十五叔文》：「靖康改元，實來帝京，足繭崎嶇，訪銓弟兄。丙午十月，始克至汴。銓適歸省，不獲會面。」

宋高宗建炎元年丁未（1127 年），二十六歲

是年，胡銓成婚，夫人名劉德靚，時年二十三。

王庭珪《故令人劉氏墓誌銘》：「前兵部侍郎兼侍讀廬陵胡公名銓之夫人劉氏，世為贛人，故中散大夫、提點荊湖南路、廣南東路刑獄諱敏才之女，故吏部侍郎諱景之孫，贈金紫光祿大夫諱揆之曾孫。夫人幼令淑，中散賢之，在荊、廣時欲擇對，閱士無可許者。是時侍郎方為進士，才譽傑出，名震場屋，中散聞而說之，唯恐不得當也。夫人名德靚，年二十三歸於胡氏，不以其祖、父嘗貴顯，而事舅姑與祖母太孺人唯謹，視兄嫂如舅姑，又能協於上下內外。春秋祀事奠饋，必遵胡氏家法尤肅，凡閨閫職之所宜執者，無一事廢墜。繇是侍讀始不以家事拂其心，而得盡力於學，少年登甲科，以榮其親，夫人之力也。……以戊寅九月十有四日終於家，享年五十有四。」〔註3〕

宋高宗建炎二年戊申（1128 年），二十七歲

八月二十二日，高宗策士於維揚，作《御試策》。

李心傳《建炎以來繫年要錄》卷十七：「（八月）甲戌，上策諸道正奏名進士於集英殿殿中。」〔註4〕

《行狀》：「建炎二年，上皇策士於維揚，初擢公第一，有媢其直者，竟第五。授文林郎、撫州軍事判官。」

胡銓《御試策》：「問：蓋聞治道本天，天道本民，故視聽從違，不急於算

〔註 3〕曾棗莊、劉琳主編：《全宋文》第一百五十八冊，上海辭書出版社；安徽教育出版社，2006 年，第 291～292 頁。
〔註 4〕（宋）李心傳撰：《建炎以來繫年要錄》，中華書局，1988 年，第 349 頁。

數占候，而惟民是察，持以至誠，無遠弗屆，古先哲王罔不由斯道也。朕承宗廟社稷之託於俶擾阽危之候，懷父母兄弟之優於攜貳單微之時，念必撫民以格天，庶或悔過以靖亂。踰年於茲，寢興在是。故府庫單匱，軍費倍滋，而賦斂加薄；外患未弭，寇盜尚多，而追胥有程。擇守令以厚牧養，責按廉以戢貪暴。命令為民而下者十常六七，凡曰聚所欲、去所惡者，朕未有聞而不恤，恤而不行也。然而迎親之使接武在道，而敵情未孚；保國之謀刻意在兵，而軍勢未張。躬純儉以敦本，而驕奢之習未悛；擴大公以示訓，而私枉之俗尚勝。刑賞不足以振偷惰之氣，播告不足以革狂悖之心。田畝未安，旱蝗害歲。豈朕不德，無以動天，抑政令失宜，而民以為病乎？何精誠之弗效，而禍亂之難戡也？伊欲復親族，奠疆場，清寇攘，善風俗，使百姓安業而譻譻迕衡，何修而可以臻此？子大夫涉艱險以副詳延，誠亦勤矣，其必有至言欲為朕陳者，其悉言之無隱。若乃矜空文而無補於實，咎既往而無益於今者，非朕之所欲聞也，其以朕所未聞而切於時者言之，朕將親覽焉。」

周必大《跋胡邦衡奏箚稿》：「歲在戊申，高宗策士，淮海胡忠簡公年二十有七，因御題問『治道本天，天道本民』，公首答云：『湯武聽民而興，桀紂聽天而亡。今陛下起干戈鋒鏑間，外亂內訌，而策臣數十條皆質之天，不聽於民。』又謂宰相非晏殊，樞參非杜衍、韓琦、范仲淹，既批逆鱗，復侵當軸。聖主獨察其忠，擢置巍科。是時直聲已著縉紳間。」〔註5〕按：胡銓《御試策》今載其文集。

九月九日，銓中甲科，為《春秋》第一。初擢胡銓第一，有忌其直者，移置第五。授撫州軍事判官，屬父喪不行。

李心傳《建炎以來繫年要錄》卷十七：「（九月）庚寅（九日），上御集英殿，賜諸路類省試正奏名進士李易等四百五十一人及第、出身、同出身。」〔註6〕

《本傳》：「策萬餘言，高宗見而異之，將冠之多士，有忌其直者，移置第五。授撫州軍事判官，未上。」〔註7〕

胡銓《孺人張氏墓誌銘》：「銓中甲科，為《春秋》第一，以承直郎判官撫

〔註5〕曾棗莊、劉琳主編：《全宋文》第二百三十一冊，上海辭書出版社；安徽教育出版社，2006年，第31頁。
〔註6〕（宋）李心傳撰：《建炎以來繫年要錄》，中華書局，1988年，第351頁。
〔註7〕（元）脫脫等撰，中華書局編輯部點校：《宋史》卷三百七十四，中華書局，1985年，第11580頁。

州，屬父喪不行。」

胡銓《祭張魏公文》:「建炎戊申，駐蹕維揚，公為春官，貳卿文昌。詳定殿廬，多士在庭，得銓大對，謂如劉蕡。擢寘第一，執政不平。遂降在五，公驚待罪。人謂公危，公曰何害。」

胡銓《告曾祖考妣墓文》:「自吾曾祖洎吾祖而下，以儒學登甲科者，實為第一人。合族而言，登進士者某則為第三人。」

曾敏行《獨醒雜志》卷六:「羅欽若、李東尹與胡邦衡同在學舍，甚相得。他日同就試，欽若見邦衡試卷，問曰:『此欲何為？』邦衡曰:『覓官也。』欽若因撫邦衡背，指示卷中一諱字，謂曰:『與汝一官。』邦衡改之，是牓遂中選。故邦衡有啟謝欽若，具述與一官之語。胡公既為侍從，東尹亦仕至中大夫，欽若止正郎。嘗謂余曰:『頃在學舍，偶乏僕供庖，同舍不免自執烹飪。邦衡能操刀，東尹能和麪，某無能，但然火而已。今之官職小大，已定於此。』欽若名棐恭；東尹名孝恭。」〔註 8〕

與三十五叔相遇與維揚。

胡銓《祭三十五叔文》:「建炎二祀，類試維揚，忽焉相遭，執手涕滂。銓忝中科，公喜異常。伯氏世長，時亦在部，客土異方，不期而遇，把酒道舊，感歎世故。且喜且悲，自旦達暮。」

胡銓登甲第，為《春秋》第一，歸拜蕭楚先生床下，曾從其學《春秋》。

胡銓《清節先生墓誌銘》:「晚以其餘授銓幾十稔，偶登甲第，為《春秋》第一。歸拜牀下，先生曰:『學者非但拾一第止耳，身可殺，學不可辱，無禍吾《春秋》乃佳。』」

是年，胡銓父胡載卒。

胡銓《孺人張氏墓誌銘》:「建炎三年冬，金人渡江，大焚殺，獨胡氏所居鄉雞犬聚落如平時，鄉人謂緊孺人積善是賴。明年冬十一月丙辰，不幸終於室。孺人歸胡君愷，生二子，曰載、曰汝明。愷死六十五年矣，汝明、載相繼即世，以故孺人悒悒不樂，去載之沒才再告朔。三女，適進士羅知常、曾時若、曾君表。孫男六人，鐸、鈇、鋒、銓、鎬、鍔。鈇出繼從子權，被國學薦以卒。銓中甲科，為《春秋》第一，以承直郎判官撫州，屬父喪不行。」

按：周制，天子於每年季冬把第二年的曆書頒發給諸侯，叫「告朔」。告

〔註 8〕（宋）曾敏行撰，朱傑人整理：《獨醒雜志》，大象出版社，2019 年，第 243～244 頁。

朔,指翻年,再告朔,指過了兩年。胡銓祖母於建炎四年去世,前推兩年,正符合登科後才有父喪的情況。

宋高宗建炎三年己酉（1129 年）,二十八歲

十一月,金兵至廬陵,胡銓以漕檄攝本州幕,募鄉丁助官軍捍禦。論功轉承直郎。權吉州軍事判官。

《行狀》:「昭慈聖獻皇太后避狄於虔州,狄踵至,公哀盱為兵,與皇叔士㒟、撫州太守張循軍合遏其衝。虜退,論功轉承直郎。權吉州軍事判官。時群盜四起,守臣張中彥檄公督別將趙之儀捕之。覘者請夜襲之,公不可,曰:『賊掠民自從,將毋俱焚?』遲明,賊遁,掠者得釋。」按:《宋史全文》卷十七上:「丁卯,金人犯吉州,知州事楊淵棄城去,隆祐皇太后離吉州,至爭米市,虜遣兵追御舟,太后乃自萬安捨舟而陸,遂幸虔州。虜分兵犯撫州,又犯袁州。」〔註9〕

《本傳》:「授撫州軍事判官,未上,會隆祐太后避兵贛州,金人躡之,銓以漕檄攝本州幕,募鄉丁助官軍捍禦,第賞轉承直郎。」

羅大經《鶴林玉露》卷之三:「胡忠簡公為舉子時,值建炎之亂,團結丁壯,以保鄉井。隆祐太后幸章貢,虜兵追至,廬陵太守楊淵棄城走。公所居曰薌城,距城四十里,乃自領民兵入城固守。市井惡少乘間欲攘亂,斬數人乃定。張牓責楊淵棄城之罪,募人收捕。淵懼,自歸隆祐,隆祐赦之,降勅書諭胡銓。事定,新太守來,疑公有他志,不敢入城。公笑曰:「吾保鄉井耳,豈有他哉!」即散遣民兵,徒步歸薌城。」〔註10〕按:顧祖禹《讀史方輿紀要‧江西五‧吉安府‧廬陵縣》:「又薌城山,在府城南四十里。高七十丈,周圍百里,接永豐、吉水縣界,亦號三縣山。中一峰尤奇秀,俗稱文筆峰,胡氏世居其下。宋建炎三年金兵至廬陵,胡銓自薌城圍結丁壯,入城固守,既而事定,復還薌城,即此。薌亦作香。」〔註11〕

胡銓《孺人張氏墓誌銘》:「建炎三年冬,金人渡江,大焚殺,獨胡氏所居鄉雞犬聚落如平時,鄉人謂繄孺人積善是賴。」

〔註9〕汪聖鐸點校:《宋史全文‧宋高宗三》,中華書局,2016 年,第 1169 頁。

〔註10〕（宋）羅大經撰,王瑞來點校《鶴林玉露》,中華書局,1983 年,第 54 頁。

〔註11〕（清）顧祖禹撰,賀次君、施和金點校《讀史方輿紀要》八十七,中華書局,2005 年,第 4008 頁。

宋高宗建炎四年庚戌（1130 年），二十九歲

丁父憂，與兄蓬山居士鑄築精舍於里之洞巖，從鄉先生蕭楚學《春秋》。

《本傳》：「丁父憂，從鄉先生蕭楚學《春秋》。」

《行狀》：「未幾，居太中憂。除喪，與兄蓬山居士鑄築精舍於里之洞巖，從名儒蕭楚講畫古學，冥搜治亂安危根株。或勉之仕，不答。」

王禮《遊洞巖記》：「其後忠簡胡公銓丁大中丞公憂，服除與兄蓬山居士，築柏舍於洞巖，從名儒蕭楚講學，觀門殊庭、叢書閣，多忠簡與周文忠公題匾。其解牛菴壁題云：『省菴居士周子充、澹菴老人胡邦衡同歇朱陵，飯蔬食，歔茗、聽鳥弄，甚適。』乾道庶子啟前志，忠簡又詩云：『夜久巖壑寂，默坐祠宇岩。瓦響松落子，磬聲風入簷。月晴添潤淨，雲散露峰尖。對景發遐想，莫肩梅與閣。』屬和賦詠滿壁，今皆煙飛影滅，諸老聲光無所窺尋矣。」〔註12〕

按：從蕭楚學《春秋》應以《本傳》所載為是。據胡銓《清節先生墓誌銘》，蕭楚建炎四年十月二十四日以疾卒，自胡銓之父去世至蕭楚去世之前，尚在三年之喪期間，故而不可能發生《行狀》《遊洞巖記》所載服除從名儒蕭楚講學之事。

十月二十四日，蕭楚先生以疾卒。作《清節先生墓誌銘》。

胡銓《清節先生墓誌銘》：「江左有隱君子曰蕭子荊，諱楚，號三顧隱客。父仲舒死，以甥從羅公括學，攻苦二十年，不汲汲仕意。紹聖間，以母夫人命預螺川賢書，不中禮部程，留太學。時方校聲律，己獨窮經，於《春秋》尤深。淮海孫氏、伊川程氏皆以三《傳》聞，授業者常千人。先生往質疑，歸歎曰：『政未免著文字相。』作《經辯》，眾高之，謂是將名家，乃更北面。會母老，且蔡氏方君圖，遂慨然引還，入林下。移其從遊馮澥書，謂蔡氏敗國，將為宋王莽，誓不復仕。澥得之驚，今始證其不狂。嘗遊巴峽甌粵，氣愈豪放。其寓於詩文者，鉤章棘句，反閒澹清古，然種種譏切，不苟作。自漢唐迄今，家《春秋》者且千，概癖於《傳》，而先生斷以《經》。弟子百餘人，傳《春秋》六藝者財三四，如賢良方正趙暘與澥其人也。澥尤骨硬名天下。初王氏出新學，廢麟書，士娟進無大略。靖康改元，澥驟見任，亟與丞相吳公敏白上，詔可之，復置學官，議蓋先生出。晚以其餘授銓幾十稔，偶登甲第，為《春秋》

〔註12〕李修生主編：《全元文》卷一八五六，鳳凰出版社，1998 年，第 663 頁。

第一。歸拜牀下，先生曰：『學者非但拾一第止耳，身可殺，學不可辱，無禍吾《春秋》乃佳。』異時有友坐誣，繫大庾獄，先生冒盛暑往救，終得不冤，人皆道其義。先生性嫉惡，至抗聲縷數不少恤，及見善，則談不釋口。暮年，依明德江陳公，及與先君伯仲為方外友，以累免應得官，不屑就。大臣約薦之朝，度不可強，亦已。建炎四年十月二十四日以疾卒，清風滿床，文字橫斜而已。享年六十七，卜十一月庚申葬於永樂鄉赤岡之原。門人哀臨且挽，因以清節易先生名。嗚呼，士窮見節義，不幸不生孔子前，與叔肸同卒，可歎也。初，先生壯未有室，或以無後為勸，先生曰：『咄，舜雖聖，不能掩父之惡，顏孟無嗣，而祭典百世益肅。若司馬遷、班孟堅、揚雄輩，豈以有後故顯耶？』卒不娶。先生文集百餘卷，多發明《易》、《春秋》與陰陽、卜筮、占相、醫方、氏族、星經、地志、字書、圖畫九流百家，及駁王氏遠至浮圖老子外國之說，後宜大行。先生前不諱日，謂所親江君預凶事，曰：『銓以吾銘。』」按：卜十一月庚申葬於永樂鄉赤岡之原，則《清節先生墓誌銘》應作於此前。

羅大經《鶴林玉露·師友制服》：「胡澹庵為清節先生制師之服，張魏公為張無垢制友之服。」〔註13〕

曾敏行《獨醒雜志》卷六：「胡邦衡《春秋》之學受教於蕭子荊。子荊名楚，廬陵人。紹聖間貢於鄉，不第，因留太學。時方尚詞賦，子荊獨崇經術，尤深於《春秋》。從其學者，嘗百餘人。會蔡京當國，黜《春秋》之學，子荊慨然引還，移書謂馮澥曰：『蔡氏廢麟經，忘尊王之義矣。是將為宋王莽，吾不願仕。』澥得書不敢答。澥亦嘗受《春秋》大義。邦衡擢進士甲科而歸，子荊尚無恙，謂邦衡曰：『學者非但拾一科而止，身可殺，學不可辱，無禍吾《春秋》。』子荊建炎四年卒，以未嘗娶，故無子。門人私諡曰『清節先生』。有《春秋經辯》行於廬陵。」〔註14〕

十一月丙辰，胡銓祖母張氏終於室。十二月，作《孺人張氏墓誌銘》。

胡銓《孺人張氏墓誌銘》（假文林郎張洪名銜、建炎四年十二月）：「胡，廬陵甲族，多儒冠，每禮部試常數十人，而登第者相望。歲時上壽，孺人命服堂上，諸子、諸孫、諸曾孫拜於前，肅然耀榮一邑。建炎三年冬，金人渡江，

〔註13〕（宋）羅大經撰，王瑞來點校《鶴林玉露》卷之六，中華書局，1983年，第105頁。

〔註14〕（宋）曾敏行撰，朱傑人整理：《獨醒雜志》，大象出版社，2019年，第236頁。

大焚殺，獨胡氏所居鄉雞犬聚落如平時，鄉人謂繄孺人積善是賴。明年冬十一月丙辰，不幸終於室。……孫男六人，鐸、鈇、鋒、銓、鎬、鍔。鈇出繼從子權，被國學薦以卒。銓中甲科，為《春秋》第一，以承直郎判官撫州，屬父喪不行。」

十二月十三日，作《祭清節先生文》。

胡銓《祭清節先生文》：「維建炎四年歲次庚戌，十二月己巳朔，十三日辛巳，學生胡某謹以清酌脯脩之奠，敬祭於清節先生蕭公子荊之靈。」

是年，作《與吉守呂殿撰書》。

胡銓《與吉守呂殿撰書》：「僕不肖，遭世亂離，避地深山，讀書養親，不喜與城市人接，若糜鹿畏陷阱，視權門大府如熱見火，亟求避去，至經年足不敢入城。今聞之樵採者曰：『廬陵又得一賢大尹，盍出賀？』僕自惟野性悻悻，顧雖萬牛不可轉。……僕亦郡人也，此邦之利病休戚熟矣，宴居深山，不少有所論列，是誠何人也！僕聞廬陵之俗所至患者，民困而吏不恤，訟煩而爭不息，獄冤而官不知。」

按：呂殿撰為呂源，以建炎四年知吉州。據「廬陵又得一賢大尹」之意，則此書為到任不久後所作，故繫於今年。汪聖鐸《宋史全文·附錄·呂源事蹟》：「建炎三年初，金軍南下，呂源『擁兵而遁』，三月因被彈劾，『秘閣修撰、江淮發運副使呂源除名邵武軍羈管』（《繫年要錄》卷二一）。……次年，呂源因赦復官，被任命為知吉州。隨後不久，他又因修城擾民被彈劾，受到落職處分（胡寅《斐然集》卷一一《論衡州修城箚子》卷一四《呂源落職》，參莊綽《雞肋編》卷下、王明清《投轄錄》）。紹興二年九月癸酉，朝廷下令：『右朝請大夫呂源為浙東福建沿海制置使，置司定海縣』。」〔註15〕

宋高宗紹興元年辛亥（1131 年），三十歲

是年，作《祭嫂蕭夫人文》。

胡銓《祭嫂蕭夫人文》：「維紹興元年歲次辛亥某月某日，叔具官胡某等敢昭告於嫂氏夫人。」

宋高宗紹興二年壬子（1132 年），三十一歲

十二月，胡銓十九叔逝世。

〔註15〕汪聖鐸點校《宋史全文》，中華書局，2016 年，第 2999 頁。

胡銓《十九叔墓誌銘》：「盧陵號天下士區，言著姓者實與胡氏。君諱登臣，字正平，長厚人也。……初，所居里頗殷實，寇窺覬，至建炎庚戌春，乘罅倍道進。君發鄉黨家屬趨行，已獨後。賊要之塗，君正色叱之，將加害，旁有走者曰：『天乎，善人亦不免耶！』賊追詰走者，知為公也，因解去，且速君行，毋死他寇。後數有遮列警。君避地者再期，忽喟然曰：『吾老矣，先人敝廬僅存，倘先蒲柳，得易簀牖下為幸。』其遂歸也，時已七十，尚強健如許。偶失仲兄，且平時長老行無一存者，居卒卒不樂，得癧痢疾。一日，顧謂份：『吾生平自視無少愧，今瞑目何憾，第恨不及復見太平官府耳。』言訖而逝，實紹興壬子十二月壬寅也。」

宋高宗紹興三年癸丑（1133 年），三十二歲

三月，作《十九叔墓誌銘》。

胡銓《十九叔墓誌銘》（假徽猷閣待制知吉州李正民名銜）：「男一人，份也，今左從政郎、新差衡州州學教授。……份卜以次年三月甲申葬於吉水縣中鵠鄉白蓮塘之原祖塋之左，以從弟銓狀來乞銘。予嘗第進士策，以直言□銓實鼎甲，是當不妄，遂銘之。」

十一月，詔復十科舉士之制，李正民舉胡銓應節操方正可備獻納科。

李正民《舉胡銓應十科薦士狀》：「伏睹左承直郎、前吉州軍事推官胡銓早富文藝，峻擢甲科。去官累年，恬養自守，杜門讀書，深究治體。議論堅正，剛而不屈。臣今保舉，堪充節操方正可備獻納科。如蒙朝廷擢用後不如所舉，及犯贓入己，甘伏朝典。」〔註16〕

《宋史全文》卷十八下：「癸丑紹興三年……十有一月……乙亥，詔復司馬光十科舉士之制，令文武侍從官歲各舉三人。用宰相朱勝非請也。」〔註17〕

司馬光《乞以十科舉士箚子》：「臣不勝狂愚，欲乞朝廷設十科舉士：一曰行義純固、可為師表科。（有官無官人皆可舉。）二曰節操方正、可備獻納科。（舉有官人。）三曰智勇過人、可備將帥科。（舉文武有官人，此科亦許鈐轄已上武臣舉。）四曰公正聰明、可備監司科。（舉知州以上資序人。）五曰經術精通、可備講讀科。（有官無官人皆可舉。）六曰學問該博、可備顧問

〔註16〕曾棗莊、劉琳主編：《全宋文》第一百六十三冊，上海辭書出版社；安徽教育出版社，2006 年，第 103 頁。

〔註17〕汪聖鐸點校《宋史全文·宋高宗六》，中華書局，2016 年，第 1333 頁。

科。（有官無官人皆可舉。）七曰文章典麗、可備著述科。（有官無官人皆可舉。）八曰善聽獄訟、盡公得實科。（舉有官人。）九曰善治財賦、公私俱便科。（舉有官人。）十曰練習法令、能斷請讞科。（舉有官人。）應職事官自尚書至給舍、諫議，寄祿官自開府儀同三司至太中大夫，職自觀文殿大學士至待制，每歲須得於十科內舉三人。（非謂每科各舉三人，謂各隨所知，某人堪充某科，共計三人。）」〔註18〕

十二月，作《李氏姊墓誌銘》。

胡銓《李氏姊墓誌銘》（紹興三年十二月）：「孺人廬陵胡氏，某從父處士諱登臣之女，嫁李氏，為曲江別駕公賁之冢婦，前權袁州分宜縣尚仁之孺人。從父兩室，歐陽文忠公之族。孺人與羅氏姊、今衡州教授兄份，皆歐陽甥也，異母而甚相交愛。踰笄歸分宜，既饋而舅姑皆曰賢。……紹興辛亥秋，哭其姑哀，疾益侵，俄以毀卒。是時姑死方五月，實次年正月二十五日也，享三十有九年。卜以癸丑十二月甲申，葬於同水鄉白茅坑之原。子二人，說、謨，皆攻書。初，李有族家子，幼無依，孺人母之劬勞，及是喪孺人，如己自出。孺人，某伯姬也。分宜以狀來速銘，某嘗聞兄教授言然，其宜銘。」

宋高宗紹興四年甲寅（1134年），三十三歲

是年，作《與吉守李舍人書》。

胡銓《與吉守李舍人書》：「某蹤跡無似，鹿鹿與時左。自坐困七年，未嘗妄吐一辭溷長者家兒。雖頗喜論列，所向如水沃石，故甘躓窮谷，不求聞達。不意執事者有志乎民，且折節下士，輒遂以尺札塵記室。仰惟執事之始搜獮民瘼一切，僕竊忻快，以為行見風塵廓清。……間者綠林草竊，弄兵不已，至殺令破縣，若蹈無人境，此皆長人者貪婪起之。大府不得已遣官軍跡捕，然所至椎剝鄉聚，雞犬蕭然一空，名曰捕寇，實自作寇。小民至相告語：『寧死賊手，勿遇官軍。』蓋怨之甚也。是雖軍兵領以裨將，官兵領以通守，殆是以羊將狼，世無段太尉，往往縱兵剽劫如郭晞輩者，亦何可勝道哉！凡此皆僕近所親見聞而害民最甚者，故敢略條一二。……僕頃宦學上庠，已飽飫閣下聲望，深所願見。茲幸辱臨黃堂，長我桑梓，僕敢自後於任棠，不少有獻於龐使君耶！伏惟少賜裁覽，幸甚。」

〔註18〕曾棗莊、劉琳主編：《全宋文》第五十五冊，上海辭書出版社；安徽教育出版社，2006年，第296～297頁。

《宋史‧李璆》:「李璆字西美,汴人。登政和進士第,調陳州教授,入為國子博士,……明年,赦還為郎,尋試中書舍人。……紹興四年,以集英殿脩撰知吉州。江西兵素剽悍,璆始視事,有相挺為亂者,亟捕誅首謀者,撫循其餘,大布恩信,境內遂安。」〔註19〕按:吉守李舍人為李璆。「坐困七年」,《行狀》:「建炎二年,上皇策士於維揚,初擢公第一,有媢其直者,竟第五。授文林郎、撫州軍事判官。」建炎二年至紹興四年正七年,故繫於此年。

宋高宗紹興五年乙卯（1135 年），三十四歲

二月十二日,除張浚宣奉大夫、尚書右僕射、同中書門下平章事,兼知樞密院事,都督諸路軍馬。

朱熹《少師保信軍節度使魏國公致仕贈太保張公行狀上之下》:「五年二月十二日宣制,除公宣奉大夫、尚書右僕射、同中書門下平章事,兼知樞密院事,都督諸路軍馬。」〔註20〕

作《再上張丞相書》。

胡銓《再上張丞相書》:「某竊惟丞相盛德大雅,汲賢渴士,拳拳以推轂善類、旌別淑慝為己任,四海一人而已。至於正心誠意,常以不得進賢佐主為己憂,亦四海一人而已。士之獲私於門下,攝下緝而升堂,聽教誨於左右,觀道德於前後,最久且厚如某者,海內以幾何人哉!思念所及,輒於竭愚者千慮之一,以為高深涓埃之助。矧閣下朝夕拳拳以為己任且以為己憂者,敢不懇懇然少攄悃愊乎?……今天下之士所至鱗集,未易縷數,又閣下之志或有待而為如退之所云者,故未敢羅列以進。試言其粗,倘以為可,而辟寘幕府,僕將繼此而有請。」按:據此處所云「辟寘幕府」,此信似在二月十二日除張浚都督諸路軍馬之後,辟湖北常平茶鹽司幹辦公事之前所作,故繫於此。

張浚辟胡銓湖北常平茶鹽司幹辦公事,以親嫌,易河南提點刑獄司,俱未行。

《神道碑》:「紹興五年,張忠獻公都督諸路軍馬,辟湖北常平茶鹽司幹辦公事,以親嫌,易河南提點刑獄司,俱未行。」

〔註19〕（元）脫脫等撰,中華書局編輯部點校《宋史》卷三百七十七,中華書局,1985 年,第 11654～11655 頁。

〔註20〕曾棗莊、劉琳主編:《全宋文》第二百五十二冊,上海辭書出版社;安徽教育出版社,2006 年,第 215 頁。

作《與吉守李寶文書》。

胡銓《與吉守李寶文書》：「某鹿鹿無似，動與時左，一昨廣陵冒片祿，困躓八年，杜門舌耕，未嘗吐一軟語媚長者家兒。雖頗喜開口論利害，亦所向如水納石，以是甘棄壑谷。近者右相道江左，採諸行路之語，輒欲收拾藥籠中，自揆何人，不敢聞命。故官之湖上，輒謝不敏，然終欲見收，而野性蹇蹇，終恐落落不合。自聞閣下來為郡大尹，惻然有意乎斯人，搜獮民瘼一切。僕竊喜忭甚，以為有賢侯如此，不一吐胸中之奇，是終不為朝陽之鳴，吾里之休戚利病，誰復言哉！是以備條梗概，以廣閣下之聽。夫差役之弊，自古長民者所甚病，當此凋弊，其病益甚。」按：「一昨廣陵冒片祿，困躓八年」，《行狀》：「建炎二年，上皇策士於維揚，初擢公第一，有媚其直者，竟第五。授文林郎、撫州軍事判官。」建炎二年至紹興五年正八年。「近者右相道江左」，右相為尚書右僕射、同中書門下平章事張浚。「官之湖上」應指「辟湖北常平茶鹽司幹辦公事」，故繫於此事之後。

宋高宗紹興六年丙辰（1136 年），三十五歲

正月，作《祭李唐卿文》。

胡銓《祭李唐卿文》：「維紹興六年歲次丙辰，正月己巳朔，越十四日壬午，具官胡某謹以清酌脯羞之奠，敬祭於親丈唐卿主簿之靈曰：嗚呼公乎！予讀公之墮淚碑，見公少時慕劉士安之為人，而取以自名，竊壯公之慷慨懷古，而復悲公之志落落不就以死，可為痛哭流涕，長太息者也。嗚呼哀哉！」

十月，召赴都堂審察。

胡銓《妣焚黃文》：「某紹興六年冬十月赴召都堂，夏四月以上殿稱旨，特改左通直郎。」

《神道碑》：「召赴都堂審察。」

十一月，作《承議王公墓誌銘》。

胡銓《承議王公墓誌銘》（紹興六年十一月）：「紹興丙辰六月辛亥，右承議郎、前廣南東西路提舉茶鹽司幹辦公事王公以疾卒於家。越三月，其孤少炳奔走來告，卜以十一月乙酉奉窆窆於廬陵縣儒行鄉清塘山之原，且以從父兄有開狀來乞銘於某，曰：『此治命也。』予惟予伯氏仲氏，昔從公學，後皆中進士第。某雖晚出，嘗辱公過從，國士遇我。士固感知己，況其孤速之堅乎，則敘而為銘。公諱廷老，字世臣。」

十一月，作《盧陵縣重修先聖廟記》。

胡銓《盧陵縣重修先聖廟記》：「盧陵古稱大縣，唐貞元時戶二萬餘，有地三百餘里；至熙豐間，戶籍號七萬，迨今不啻倍蓰。……郡大尹李公銳於養士，得梅池萬鍔為之師，而令君聞其揮鞭，又建鼓而和之，炳乎其相輝，蔚乎其相彰。於市於田，往往樵夫談王道，將聞絃歌，息丁寧，俎豆壓戎馬，簿書箠楚且於煤尾荒涼。然則使民迴心而向道，果不在俗吏矣。鍔，予同年進士也，嘉其意不苟，屬予記之，書賈生之語以諗焉。令君成都王昌，故相岐公之孫，世其家，蓋申鮮虞之傳摯云。紹興六年，十一月吉朔，左承直郎新改差荊湖南路提點刑獄司幹辦公事胡銓記。」按：此處引文據明萬曆十三年刻本《吉安府志》卷三十四，《全宋文》缺寫作年月一句。

是年，作《上張丞相書》。

胡銓《上張丞相書》：「某頃自宜春違遠鈞席，言歸盧陵，杜門卻掃，讀書養親者，又一年矣。居恒自咎，以為周瑜二十四經略中原，相國春秋才四十，出入將相，身為天下重輕者十年於茲矣。僕年三十有五，徒多睡善飯，年來鬢髮星星，覽鏡茫然。進不能出力補報明君，退不能取寸祿斗食以榮其親，僅同幽蠹，日夜守蚩尤之廬，又不能效四體無骨者掃門拜塵於王公大人之前。往往枕戈待旦，志梟逆虜，其胸中耿耿者固在。近者側聞相國奮然以天下之重自任，四海之士，皆願身橐鞬備奔走。僕固門下士也，窮愁無聊，不獲挾糧以趨。然士為知己者死，輒敢不避斧鉞之誅，冒進狂瞽之說，伏惟憐其志而少加察焉。」按：張丞相指張浚。

是年，作《二友堂記》。

胡銓《二友堂記》：「上方側席高人，起左史福唐李公彌遜於釣築間，將大用。會南方告饑，而盧陵特甚，詔公作牧，以字罷瘵。既至，櫛垢爬癢，民獲甦醒。郡以大理，則求所以慰懕懕者，於硯廬之偏得古松蔚然，對植以竹，開軒其下，榜曰『二友』，且為松竹主人，命郡人胡某志之。」

《宋才子傳箋證（詞人卷）・李彌遜傳》：「紹興五年（1135），召對便殿，首奏『當堅定規模，排斥奸言』。又謂：『朝廷一日無事，幸一日之安，一月無事，幸一月之安，欲求終歲之安，已不可得，況能定天下大計乎？』帝嘉其讜直。輔臣有不悅者，以直寶文閣知吉州。陛辭，帝曰：『朕欲留卿，大臣欲重試卿民事，行召卿矣。』詳見《筠溪集》卷一《紹興五年被召上殿箚子三道》。七年（1137）秋，遷起居郎（《建炎以來繫年要錄》卷一一三）。」

〔註21〕按：李彌遜於紹興五年至七年知吉州，《二友堂記》應作於此間，暫繫於此年。

宋高宗紹興七年丁巳（1137年），三十六歲

應直言極諫科前，讀書山間十年，多與羅良弼遊。

胡銓《孝逸先生傳》：「羅無競字謙中，其先長沙人，遷馬氏亂，家於廬陵。……子良弼、良佐。……先君宣教雅與公厚，嘗謂某兄弟：『謙中有佳兒。』予之師清節先生蕭子荆，謙中友也，亦云。故予兄弟樂與良弼遊。予登第後，讀書山間十年，良弼未嘗不來，來未嘗不論文終日。後被召，大臣舉予應直言極諫等科，朋友有功焉，良弼為多，予其敢忘之？」按：自建炎二年登第至紹興七年應直言極諫等科，正好十年，故繫於此。

二月九日，以太陽有異，令中外侍從各舉能直言極諫一人，兵部尚書呂祉以賢良方正薦胡銓。

胡銓《蕭先生春秋經辨序》：左朝散郎、試兵部尚書、諸路軍事都督府參謀軍事呂祉奏：「準禮部牒，檢尚書省黃牒，三省同奉手詔：『朕以寡昧，御艱難之統，明不能燭，德不能綏，思聞讜言，以輔不逮。乃稽舊章，設賢良方正之科，而未有應令。豈朕菲德，不足以來四方之賢與？抑搜揚之道有未至也？朕既遭家不造，煢煢在疚，而天戒朕躬，太陽有異，氛氣四合，朕甚懼焉。中外侍從之臣，其遵俞後詔書，各舉能直言極諫之士一人，朕將詳延於廷，諏以過失，次第施行，用承天意』者。臣伏睹左承直郎、新改差判湖南路提點刑獄司幹辦公事胡某性行恬粹，器識宏遠。自少年登甲科，屏居田里，不願出仕，日從鄉人蕭楚學《春秋》，明《易》象，博極群書。歷考前代治亂，多識前言往行。十餘年間，所蓄頗富，試而用之，必有可觀。伏望朝廷更賜審察。伏候勅旨。」按：據《宋會要輯稿》選舉一一之二四，中外侍從舉直言極諫之士詔發布於紹興七年二月九日。

四月，賜對便殿，論持勝及納諫及虞寇及營田事。作《論持勝疏》《論納諫疏》《乞遣將虞吉間招捉盜賊奏》。

《神道碑》：「七年，兵部尚書呂祉以賢良方正薦，四月賜對。」

《行狀》：「賜對便殿，公論持勝及納諫及虞寇及營田事。上曰：『營田

〔註21〕傅璇琮、王兆鵬主編：《宋才子傳箋證（詞人卷）》，遼海出版社，2011年，第401～402頁。

孰初？』對曰：『田制邈矣。三代曰井，春秋之晉曰爰，秦之商君曰轅，漢之晁錯曰屯，趙過曰代，充國曰營。真宗用耿望之之計，於是乎治屯田。仁宗用歐陽修之議，於是乎建營田。無弊法有弊吏，今募民營田，官給之牛具，貸之種美矣。然湖之南，土牛之所生，市之以出鄉，則無全牛。降之嘉種，官有其費，強之於吏手，則無實惠。』上曰：『善。當改之。』」按：《論持勝疏》《論納諫疏》俱載文集。

胡銓《乞遣將虔吉間招捉盜賊奏》：「臣伏見江西州軍自金人侵犯之後，未嘗一年間無寇，而虔州數縣號為賊淵。每一出寇，則大焚殺，至傷三四千人，毆掠子女牛馬不可數計，州縣官吏往往多遭其害。連年跳樑，無所忌憚，遂至散剽廣南諸州，殺令破縣，甚至攻城。官司熟視，無可奈何，幸其去則遣烏合之卒，名為追捕，因緣剽虜，又作一賊。監司郡守諱言部中有寇，不敢備申朝廷。至其大段猖獗，方始陳奏，已無及矣。況今清蹕進駐建康，江東西實陛下關中，而江西安撫司兵不滿千，守備疏闊。有如虔寇乘吾防秋，又復竊發，陛下未得置之度外。臣愚欲望朝廷宜及防秋以前，增遣一將，付之帥司，令於虔、吉兩界之間措置招捉，仍萃一路之兵以為聲援，須務戢盜，不得因而騷擾，庶使遠方細民安土樂業，獲見中興之治，不勝幸甚。」按：《宋史·高宗五》：「七年……三月……丁亥，命虔、吉、南安軍諸縣各募土兵百人，責知縣訓練，防禦盜賊。……五月丁卯，詔李綱趣捕虔、吉諸盜。」〔註22〕

五月二十八日，聖旨令胡銓繳進詞業。

胡銓《蕭先生春秋經辨序》：「五月二十八日，三省同奉聖旨：『箚與呂祉，依紹興元年九月十一日已降指揮，具官胡某詞業繳進。右箚付胡某。』蓋七年六月一日也。某既進詞業，即其日除樞密院編修官。」

《宋史·選舉志》：「紹興元年，初復館職試，凡預召者，學士院試時務策一道，天子親覽焉。然是時校書多不試，而正字或試或否。二年，詔舉賢良方正能直言極諫科，一遵舊制，自尚書兩省諫議大夫以上、御史中丞、學士、待制各舉一人。凡應詔者，先具所著策、論五十篇繳進，兩省侍從參考之，分為三等，次優以上，召赴祕閣，試論六首，於九經、十七史、七書、《國語》《荀》《揚》《管子》《文中子》內出題，學士兩省官考校，御史監之，四通以上為合格。仍分五等，入四等以上者，天子親策之。第三等為上，恩數視廷試第一人，

〔註22〕（元）脫脫等撰，中華書局編輯部點校《宋史》卷二十八，中華書局，1985年，第530頁。

第四等為中，視廷試第三人，皆賜制科出身；第五等為下，視廷試第四人，賜進士出身；不入等者與簿尉差遣，已仕者則進官與陞擢。七年，以太陽有異，令中外侍從各舉能直言極諫一人。是冬，呂祉舉選人胡銓，汪藻舉布衣劉度，即除銓樞密院編修官，而度不果召。自是詔書數下，未有應者。」〔註23〕

八月，呂祉被害，作《祭呂尚書文》。

胡銓《祭呂尚書文》：「歲在豕韋，有盜在夏，睨周鼎之含牛，盼長江而飲馬。繁冠養威而桀驁，髦鉞貪天而窮假。……公氣拂膺，謂大不可，亟往涖師，天子命我。是何異以麟將狼，而以一蕢之區區，回狂瀾於既瀉！機潰而發，變生肘下。氣弗壓於岱嵩，身遂膏於原野。雖引鉤斷舌，莫伸橋柱之冤；而嚼齒穿齦，益屬睢陽之罵。天乎痛哉！僕在山林，公獨我知。來赴闕下，首加品題。致康瓠蒙黃鐘之賞，而千金享補履之錐。賢人君子，方翕然恃以為司命，而山崩海竭，將魚鳥之何依！天乎痛哉！」按：據「僕在山林，公獨我知。來赴闕下，首加品題」可知，呂尚書為呂祉。

《宋史·高宗五》：「（建炎七年六月）遣呂祉如淮西撫諭諸軍。……八月乙未，以張俊為淮西宣撫使，駐盱眙；楊沂中為淮西制置使，主管侍衛馬軍司劉錡副之，並駐廬州。命酈瓊率兵赴行在。戊戌，瓊叛，殺中軍統制張景等，執呂祉及趙康直、趙不羣，以兵四萬人奔劉豫。辛丑，手詔赦廬州屯駐行營左護軍。壬寅，酈瓊引兵至淮，殺祉及康直，釋不羣使還。」〔註24〕

十月，為安成劉智原作《紹堂記》。

胡銓《紹堂記》（為安成劉智原作）：「粵自甌脫窘邊幅，天驕窺夏盟，毒流中原，災及編簡，瓜丘砥柱之禍，蓋已至此。異時墨兵道一變研桑，而繁冠者流至謂定亂興邦，直須長鎗大劍，焉用毛錐子。斯言一出，天下靡然安之。嗚呼，此予所取於劉氏之紹堂也。堂以紹名，不忘其先藏書而作也。夫藏山之卷九千，而插架之軸三萬，腰牛汗馬，茲固莫儗。然與夫娃宮壑室，貯窈窕而儲清淨，斯亦足以豪矣。予恐幽蠹落棚，蝸蟠梅陰，則鍵之以說曰：學殖也，身與家、國與天下理亂以之。……紹興七年冬十月朔記。」

十一月，左承直郎、荊湖南路提點刑獄司幹辦公事胡銓為左通直郎，充

〔註23〕（元）脫脫等撰，中華書局編輯部點校《宋史》卷一百五十六，中華書局，1985年，第3649～3650頁。

〔註24〕（元）脫脫等撰，中華書局編輯部點校《宋史》卷二十八，中華書局，1985年，第531頁。

樞密院編修官。

《建炎以來繫年要錄》卷一百十七：「紹興七年，十有一月……左承直郎、荊湖南路提點刑獄司幹辦公事胡銓為左通直郎，充樞密院編修官。」〔註25〕

《本傳》：「兵部尚書呂祉以賢良方正薦，賜對，除樞密院編修官。」

胡銓《妣焚黃文》：「某紹興六年冬十月赴召都堂，夏四月以上殿稱旨，特改左通直郎。」

李彌遜《胡銓保守吉州轉通直郎制》：「乘障之功，非所以責賢；腐儒之說，或至於敗事。爾以文藝，擢寘甲科。下帷窮經，十年不調。當胡虜亂華，蹂踐郡邑，而能率眾仗義，壞其機牙，使奸不得發，一方以寧。朕甚嘉之，其進官資，以示褒寵。」〔註26〕

秋，作《妣焚黃文》。

胡銓《妣焚黃文》：「維紹興七年歲次丁巳某月某日，孝子左通直郎、樞密院編修官某，謹以清酌庶羞之奠，並孺人誥一通，昭告於妣新贈孺人陳氏之靈：天子紹興七年季秋大饗，熙事告成，加恩海內，凡官陞朝者，皆得封贈其親。某紹興六年冬十月赴召都堂，夏四月以上殿稱旨，特改左通直郎，該今恩得贈先妣孺人。」

冬，以明堂恩，其父贈右宣教郎，母陳氏、張氏皆贈孺人，所生母曾氏封孺人。妻劉氏封孺人。

胡銓《孺人曾氏行狀》：「紹興七年，左通直郎、樞密院編修官胡某以明堂恩，其父諱某贈右宣教郎，母陳氏、張氏皆贈孺人，所生母曾氏封孺人。宣教君男女九人，而曾氏出者二男一女，孺人教撫如一，雖門內親戚不覺少異。在中饋率從儀法，居尊卑間，禮無違者。先，姑氏張氏年高多疾，孺人朝夕膳藥不解。姑以百歲特封孺人，而孺人繼亦被封，壽考令終，子孫緝緝然，人謂行孝獲報。某兄弟姪行舉進士者數十人，相繼中第者四人。歲時率子若孫羅拜堂下，里人聚觀歎息，推胡氏為德門。」

王庭珪《故令人劉氏墓誌銘》：「夫人自紹興丁巳以冬祀恩封孺人。」〔註27〕

〔註25〕（宋）李心傳：《建炎以來繫年要錄》卷一百十七，中華書局，1988年，第1888頁。

〔註26〕曾棗莊、劉琳主編：《全宋文》第一百八十冊，上海辭書出版社；安徽教育出版社，2006年，第131頁。

〔註27〕曾棗莊、劉琳主編：《全宋文》第一百五十八冊，上海辭書出版社；安徽教育出版社，2006年，第292頁。

是年，作《乞詔兵民共討不義奏》。

胡銓《乞詔兵民共討不義奏》：「臣自聞大行太上皇帝及寧德皇后諱問，竊見軍民不勝憤惋，皆願一舉而空朔庭，以還梓宮於沙漠。此誠臣子義不戴天之秋。然朝廷隱忍含垢，尚守和議，謂可庶回封豕薦食之心。軍民失望，正墮虜計。夫醜虜虐我父子兄弟亦既大甚，是我有不同天之讎，而虜負天下不義神人共憤之名。自古豈有不義而得志於天下者哉？我若仗大義詔天下曰：『梓宮不復，痛貫心骨，朕誓不與虜俱存。軍皆縞素，悉發諸道兵以討不義，應三關四鎮之兵民，不忘我國家者，願皆激厲，共雪大憤。』則吾三軍之氣，已可挫百萬之師，而兩宮之冤，亦可以少伸矣。如此則陛下之孝何加焉！廟謀當自有處也。」

《宋史·高宗五》：「七年春正月……丁亥，以秦檜為樞密使。何蘚、范甯之至自金國，始聞上皇及寧德皇后崩。」〔註28〕

是年，作《乞嚴禁軍兵殺人奏》。

胡銓《乞嚴禁軍兵殺人奏》：「臣聞梁襄王問孟軻：『天下烏乎定？』孟軻對曰：『定於一。』『孰能一之？』曰：『不嗜殺人者能一之。』陛下前日下詔戒諸大帥毋得多殺，聞者流涕，皆曰是宜為君，有恤民之心，此誠合孟軻不嗜殺人之意。然而武夫悍卒不能上體至仁，皆務以暴易暴。竊聞向者軍兵有於路中掠人，探取其心以祭鬼者，往往而是。只如太平州火災，居民救死無路，率皆登城以避。而城上軍兵捽而殺之，人至蹈火而死者三千餘人，怨聲徹天。監司郡守畏首畏尾，不敢上言，實孤陛下任使之意。然當塗火厄，已不可及，至如掠人以祭，其禍未已，可勝寒心！昔邾文公用鄫子於次睢之社，《春秋》悼之，以為襄公之不霸在此一舉。況今軍兵殺人，其害不止於鄫子乎？臣愚欲望推明孟軻之說，申戒諸軍，嚴行禁止，以廣陛下不嗜殺之心，庶幾德澤結人，以定大亂。冒瀆天聰，臣無任戰汗。」按：《宋史·高宗五》：「七年……二月……丙申，太平州火。」〔註29〕又，四庫全書本《歷代名臣奏議》在文章開頭有「樞密院編修胡銓上奏曰」一句，故暫繫於此年。

是年，作《乞寬恤民力奏》。

〔註28〕（元）脫脫等撰，中華書局編輯部點校《宋史》卷二十八，中華書局，1985年，第529頁。

〔註29〕（元）脫脫等撰，中華書局編輯部點校《宋史》卷二十八，中華書局，1985年，第529頁。

　　胡銓《乞寬恤民力奏》：「竊見一二年來，東南之民困於軍興，前歲大旱，人至相食，雖親父母手殺其子食之。去年雖大豐熟，比他歲所入十倍，然官斂其七八，民存二三，生理蕭然，卒有水旱，民無一年之儲。陛下所恃以為本兵之地者東南爾，而民力如此。若興師不已，不惟勞民，必又重賦。兵法曰：『興師十萬，則百萬家不得安業。』今雖給降官告、度牒、交子，名為糴本，而民間不得一錢，實為白奪。州縣官吏又從而因緣為奸，官取其一，已乾沒十九矣。陛下試詢臺諫，有異臣言，甘伏斧鉞。臣愚欲望申戒天下官吏，務為寬恤，仍詔諸將養銳持勝，少息民力。一二年間，氣力全盛，精神可以折衝，則積聚之患可不下而愈也。聖人之孝尚何以加於斯乎！冒犯天聰，臣無任戰汗之至。」按：四庫全書本《歷代名臣奏議》在《乞嚴禁軍兵殺人奏》後以「銓又上奏曰」引出本文，則此奏似亦為其任樞密院編修時所上，亦繫於此年。

　　是年，作《乞戒天下州軍大興力役築城奏》。

　　胡銓《乞戒天下州軍大興力役築城奏》：「臣近自南方來，經歷州縣不少，頗聞民間利害，其甚害者莫大於修城。比年以來，所至紛然，調發鄉丁，千百為輩，方春田作，捨耒耜而躬畚鍤，怨聲嗷嗷。而又科買塼木，動至萬計，率以軍興為名，徙居民，壞廬室，人少不從，身死家破。而今之守臣驟遷數易，或半年即去，或一年即去。既知在任不久，遂務急於徼功，凡所營築，急若星火，但欲速成，不責實效，一經積雨，隨即頹圮。……欲望詔天下州軍，自今毋得大興力役。或有城築，必先計城廣狹。每郡守一任之間，修毋得過百丈，須務堅固難毀。其任內有或壞者，重置以法。雖已去任，必須追坐。仍令逐路監司常切覺察，敢兼容隱者亦與同罪。如此則不至大段擾民，而每任所修，雖少必固，三兩任內，城遂可全。不惟民力稍蘇，亦庶幾城池或可待暴，非徒為文具而已。臣愚淺識，惟陛下憐其過計。」按：「臣近自南方來」當是指胡銓今年自家鄉吉州赴都城，又據四庫全書本《歷代名臣奏議》，本文作於樞密院編修任上，故繫於此。

宋高宗紹興八年戊午（1138 年），三十七歲

　　夏，為省試官。

　　胡銓《孺人曾氏行狀》：「歲在戊午，某為省試官，所得士皆一時選，後多通顯，有入兩地者。」

　　胡銓《跋鄭亨仲樞密送邢晦詩》：「紹興丁巳，公（鄭剛中）與銓同為編

修，官密院。戊午夏，又同考較省闈。」

　　胡銓《河源縣令崔從政墓誌銘》：「紹興戊午，某備數春官，同僚周執羔表卿得出房賦卷，喜語予曰：『僕選雋得人矣。』既唱第，則新興崔若礪公治也，嘗恨不識其人。」

　　胡銓《與陳守小簡》：「僕頃位於朝，日對清光，一時同僚，半作兩府，戊午儀員省闈及殿試官所得士為兩府侍從者不少（如巫伋參政，王之望、黃公度侍講，魏師遜侍御史），其餘同官為監司帥守者皆是也（如陳璹、方滋、劉昉、沈昭遠、黃南強、陳橐、薛弼、裴宋元、許子禮之類）。」

　　洪邁《夷堅志‧胡邦衡詩讖》：「黃師憲魁省闈時，胡邦衡以樞密院編修官點檢試卷，得其程文，黃袖啟謝之，有『欲治之主不世出，大名之下難久居』之語。胡雖賞其駢儷精切，而訝『難久居』之句為不祥。後胡獲罪來福州，黃致子魚紅酒為餉。胡報以詩曰：『盈尺子魚來丙穴，一瓶女酒敵新州。』自言以子對女、丙對新為工。蓋新興酒絕佳，閩人重之，故形於詩句。未幾，胡再謫新州，黃亦不至達官。所謂難久之詞，皆先識也。」〔註30〕

　　八月，為里人周召作《遯齋記》。

　　胡銓《遯齋記》：「予里人周召挾其有走行在，疏朝廷得失，號一時狂直。他日語予：『將買書歸，築齋以遯，且以遯名，子其謂何？』予曰：『《易》有《遯》，在象為大過，《春秋》不見書，蓋遯非聖賢之得已也，殆如《詩‧考槃》。《考槃》，賢者不得志退而處窮者作也。子以一介草茅，一言而善，廟堂擇焉，使待試禮部，則與衛之賢者不得志於時者異矣，而欲遯焉，左也。雖然，是固在己。眾方炙轂以媒進，子獨脫屣塵軨，作沐猴禪，正自不惡。請因《考槃》之義，以鍵子之決。……』紹興戊午仲秋記。」

　　作《監察御史蕭公墓誌銘》。

　　胡銓《監察御史蕭公墓誌銘》：「公姓蕭氏，字昭甫，故長沙人。上世遭五季亂，家廬陵。……年五十有六，政和四年二月甲子以其官終。其年十月己酉，擇取葬於郡之吉水縣石牛潭之原。娶何氏，贈蓬萊縣君。再娶王氏，封孺人。四男子，宏、宥、宇、寅，皆力學。女一，嫁陳氏，婿曰達行，鄉貢進士。公葬時，墓不敢碑。上即位，詔追錄他日以忠獲罪者。其孤泣曰：『先君齎恨九京三十年矣，今可以逞。』紹興戊午，以門人左中大夫辛炳狀走行在，

〔註30〕（宋）洪邁撰，何卓點校《夷堅志》夷堅支戊卷第九，中華書局，2006年，第1126頁。

謁予乞銘。某辭不獲,則刪取其辭,俾刻之。」按:據「十月己酉,擇取葬於郡之吉水縣石牛潭之原」,可知墓誌銘作於十月之前,故繫於此。

十月,承之兄卒。族家子昌意抵書行在乞銘,作《承之兄墓誌》。

胡銓《承之兄墓誌》:「族家子昌意抵書行在,曰:『我先君不幸今年冬十月丙辰以疾卒,享才五十有七年。卜以明年十一月甲申奉窆窆於縣之中鵠鄉山塘之原。世文教授實予之兆,既又命乞銘於我叔編修。惟胡氏廬陵右姓,自上世詩禮其家,凡以進士薦於鄉者四世矣,中科者蓋相望也。而先君自少攻苦,頗克振,晚始計偕,不出,曰:我無廊廟才,能出求官耶?先君凡三娶,羅氏、劉氏、解氏。昌意羅甥也,先君極鍾愛,然教誨甚武,間少休,必痛切責,不使一日一刻忘。……此先君大概也,嗚呼,昌意猶忍言之耶!』某得書驚,為位哭之慟。……承之諱仔,與某同高祖。考諱某,元豐間嘗舉進士,試禮部。大父諱某,將仕郎。曾大父諱某,不仕。女嫁士人康輝、羅谷。今年實紹興之八年。」

作《書林舍人逸事》。

胡銓《書林舍人逸事》:「某廷試時,辱公鑒賞,出公門下舊矣,知公為詳,故書以遺公之仲子壎,以備太史氏拾遺。門人左奉議郎、樞密院編修官胡銓。」按:胡銓去年十一月充樞密院編修官,至今年十一月削籍流昭州,本文暫繫於此前。

十一月二十五日,上書高宗,願斬秦檜與王倫以謝天下。書奏,市井間喧騰數日不定。

《行狀》:「七年十一月,宰相秦檜決策暨金人平。王倫誘致虜使,以偽詔來,責禮異甚,中外洶洶。公獨奏封事。其略曰:臣謹按王倫,本一狎邪小人,市井無賴。宰相無識,舉以使虜,誘致虜使,以詔諭江南為名。是欲臣妾我也,是欲劉豫我也。豫臣醜虜,南面稱王,自以為子孫帝王萬世之業,一旦豺狼改慮,猝而縛之,父子為虜。商監不遠,倫又欲使陛下傚之。夫天下者,乃祖宗之天下也。陛下所居之位者,祖宗之位也。奈何以祖宗之天下,為犬戎之天下,祖宗之位,為犬戎藩臣之位?陛下一屈膝,則廟社盡污夷狄,赤子盡為左衽,官執盡為陪臣。異時豺狼無厭之求,安知不劉豫我乎?夫三尺童子,至無知也。指犬豕而使之拜,則拂然怒。今堂堂天朝,相率而拜犬豕,曾童孺之所羞,而陛下忍為之耶?倫之議乃曰:「我一屈膝,則梓宮可還,太后可復,而淵聖可歸,中原可得。」嗚呼,自變故以來,主和議者,誰不以此

說陷陛下？然而卒無一驗。則虜之情偽，已可知矣。而陛下尚不覺悟，竭民膏血而不恤，忘國大讎而不報，含垢忍恥，舉天下而臣之甘心焉。就令虜決可和，盡如倫議，天下後世謂陛下何如主？況醜虜變詐百出，而倫又以姦邪濟之，梓宮決不可還，太后決不可復，淵聖決不可歸，中原亦決不可得。此膝一屈不可復伸，國勢陵夷不可復振，可為痛哭流涕長太息者矣！向者陛下間關海道，危如累卵，當時尚不忍北面臣虜，況今國勢稍張，諸將盡銳，士卒思奮。只如頃者醜虜陸梁，偽豫入寇，固嘗敗之襄陽，敗之淮上，敗之渦口，敗之淮陽，校之蹈海之危，固已萬萬。倘不得已而用兵，我豈遽出虜人下哉？今無故而臣之，欲屈萬乘之尊，下穹廬之拜，三軍之士不戰而氣已索。此魯仲連所以義不帝秦，非惜夫帝秦之虛名，惜夫天下之大勢有所不可也。今內而百官，外而軍民，萬口一談，皆欲食倫之肉。謗議洶洶，陛下不聞，正恐一旦變作，禍且不測。臣竊謂不斬王倫，國之存亡未可知也。雖然，倫不足道也，秦檜以腹心大臣而亦為之。孔子曰：「微管仲，吾其被髮左衽矣。」夫管仲霸者之佐耳，尚能變左衽之區為衣冠之會，檜大國之相也，反驅衣冠之俗為左衽之鄉，則檜也，不惟陛下之罪人，實管仲之罪人矣！孫近附會檜議，遂得參知政事。檜曰虜可講和，近亦曰可和，檜曰天子當拜，近亦曰當拜。嗚呼，參贊大政，充位如此，有如虜騎長驅，能折衝禦侮耶？臣謂檜、近亦可斬也。區區之心，願竿三人頭於藁街，然後羈留虜使，責以無禮，徐興問罪之師。則三軍之士，不戰而氣自倍。不然，臣有赴東海而死耳，寧能處小朝廷求活耶！」按：據胡銓《戊午上高宗封事》：「紹興八年十一月日，右通直郎、樞密院編修官臣胡銓謹齋沐裁書，昧死百拜，獻於皇帝陛下。」七年誤。

　　《神道碑》：「武王一戎衣而定天下，應天順人之舉也，義士猶或非之，孔孟奚取焉？為萬世計也。紹興和戎，高皇有不得已者矣，兩宮未歸，母后春秋已高，故與大臣決策從權。中外議論雖洶洶，顧無敢直陳於上前者，獨樞密院編修官胡公銓上書數百言，援大義而伸之，大略謂：王倫誘致金使，欲劉豫我；秦檜腹心大臣，導陛下為石晉；孫近傅會，遂參政事。願竿三人頭，羈留金使，興問罪之師。時八年十一月也。……某竊惟人臣犯顏逆耳，上攖人主之怒，下為權臣切齒，或誅或斥，何可勝數？未有九重特申詔諭，兩府矯情屢請，禁近引誼救止，曾不四旬，誥命三改，如朝廷此舉之盛者。當是時，一胡編修名震天下，勇者服，怯者奮。朝士陳剛中以言餞行，至云：『屈膝請和，廟堂無策；張膽論事，樞庭有人。貶令安遠，之死靡憾。』鄉人王廷

珪嘗賦『奸諛膽落』之詩，竄徙夜郎，反以為榮。下至武夫悍卒，遐方裔士，莫不傳誦其書，樂道其姓氏，爭願識面，雖北庭亦因是知中國之不可輕。蓋天理所存，自公達之；人心所憤，自公發之。扶世垂教，非聖朝之伯夷耶！孔孟如在，其大書特書也必矣。」

《建炎以來繫年要錄》卷一百二十三：「紹興八年，十有一月……丁未……是日，樞密院編修官胡銓上疏曰：臣謹按王倫本一狎邪小人……書奏，市井間喧騰數日不定，秦檜上表待罪。有詔檜無罪可待，乃復治事。銓遂罷。」〔註31〕

《宋史・曾開》：「會樞密編修胡銓上封事，痛詆檜，極稱開，由是罷，以寶文閣待制知婺州。」〔註32〕

楊萬里《答胡季解書》：「昔者執事嘗命某作老先生行狀矣，某不自量其不能，而輒不辭遜，遂擬作以獻焉，執事不以為不可也。它日得石本，則或者增加其辭，與某所獻者小異矣。且如老先生上皇帝書論和戎事，某掇其粹精之尤者書之矣，而或者增加之以全文。謹案《論語》二十篇，而太史公作《孔子世家》，所載者僅三十餘條。由或者之見，則太史公之書缺矣，曷不盡二十篇而載之之富也？揚雄《元后誄》七百餘字，而班固作《元后傳》，所載此文十六字而已，由或者之見，則班書亦缺矣，曷不盡七百餘言而載之之華也？又如老先生論士大夫之懦，某述其辭曰『謂無勇婦人』，而或者增加之曰：『謂無勇為婦人。』謹案，《左氏傳》曰：『楚人謂乳穀，謂虎於菟。』由或者之見，則左氏之文缺矣，曷不曰『謂乳為穀，謂虎為於菟』之明也？大抵作者豐，述者約，非好約而惡豐也，每事而載之之豐，將不勝其載也。某也慮淺而無深湛之思，辭拙而無絺繪之工，固也。然非或者所當過優也。夫斯文之淺且拙，自有斯人之職其咎，或者何必任斯文之咎，代斯人之憂乎？不曰『過優』而奚也？而執事不察，從而行之，意者非執事之不察耶，意者執事是時哀戚之中，不暇於察耶？」〔註33〕

王十朋《跋王僉判植詩》：「秦氏以國事讎，非和也，三綱五常之道滅矣，何足以語《春秋》？當時士大夫能力爭者無幾，惟胡君邦衡慨上請劍之書，

〔註31〕（宋）李心傳撰：《建炎以來繫年要錄》，中華書局，1988年，第1997～1998頁。

〔註32〕（元）脫脫等撰，中華書局編輯部點校《宋史》卷三百八十二，中華書局，1985年，第11771頁。

〔註33〕曾棗莊、劉琳主編：《全宋文》第二百三十七冊，上海辭書出版社；安徽教育出版社，2006年，第328～329頁。

至今讀之，令人增氣，且令後世不謂我宋無人，可謂有功於名教矣。王君十詩，引《春秋》尊王以譏切時事，韙矣。然於邦衡詆為小吏寡謀，豈詩人之語，固自有深意耶？乾道三年七月十四日書。」〔註34〕

韓元吉《故中散大夫致仕蘇公墓誌銘》：「公諱師德，字仁仲。……公之為計議也，與端明殿學士胡邦衡為僚。邦衡上書論和議，詆執政為可斬，公謂之宜婉也。後邦衡謫嶺外，用事者罪公嘗預其議而不以言，遂罷廣德矣。」〔註35〕

十一月二十九日，胡銓昭州編管。取索官告毀抹，是日押出都門。時侍御史鄭剛中、諫議大夫李誼、吏部尚書晏敦復、給事中勾龍如淵、戶部侍郎李彌遜、向子諲、梁汝嘉、禮部侍郎張九成，俱入對引救。

《神道碑》：「辛亥有旨：銓書凶悖劫持，其削籍流昭州，仍降詔布告中外。是日，檜、近惶恐待罪。明日，又請收責命，不許，則乞從末減。」

胡銓《與王季羔小簡》：「某自戊午十一月二十九日早奉違令祖居士丈及吾友。是日午，張澄遣撫屬劉嶸帶使臣賚朝旨取索官告毀抹，日下押出門。當夜宿靈芝寺，次日午便行宿十里橋龍山寺。」

《建炎以來繫年要錄》卷一百二十三：「辛亥……是日樞密院編修官胡銓昭州編管。銓之上書也，都人喧騰數日不定。上語秦檜曰：『朕本無黃屋心，今橫議若此。據朕本心，惟應養母耳。』於是檜與參知政事孫近言：『臣等比以金使及境，各進愚計，務欲接納適中，可以經久。朝廷之體，貴在慎密，不敢漏言。聞銓上章歷詆，蓋緣臣等識淺望輕，無以取信於人。伏望睿斷，早賜誅責，以孚眾聽。』詔答曰：『卿等所陳，初無過論。朕志固定，擇其可行。中外或致於憂疑，道路未詳其本末。至彼小吏，輕詆柄臣，久將自明，何罪之有？』至是，乃議責銓。檜批旨曰：『北使及境，朝廷夙夜講究，務欲上下安帖，貴得和好久遠。胡銓身為樞屬，既有所見，自合就使長建白，乃狂妄上書，語言凶悖。仍多散副本，意在鼓眾，劫持朝廷。可追毀出身以來文字，除名勒停，送昭州編管，永不收敘。令臨安府差使臣兵級押發前去，候到，具月日聞奏。仍令學士院降詔，布告中外，深知朕安民和眾之意。』

〔註34〕曾棗莊、劉琳主編：《全宋文》第二百八冊，上海辭書出版社；安徽教育出版社，2006年，第396頁。

〔註35〕曾棗莊、劉琳主編：《全宋文》第二百一十六冊，上海辭書出版社；安徽教育出版社，2006年，第284～285頁。

時銓妾孕臨月，遂寓湖上僧舍，欲少遲行，而臨安已遣人械送貶所。祕書省正字范如圭與敕令所刪定官方疇見吏部侍郎晏敦復，為銓求緩。敦復曰：『頃嘗言秦檜之奸，諸公不以為然，今方專國，便敢如此。趙元鎮雖無狀，不至是也。此人得君，何所不為。』敦復即往見守臣徽猷閣待制張澄。語之曰：「銓論宰相，天下共知。祖宗朝，言事官被謫，開封府必不如是。」澄愧謝曰：『即追還矣。』」〔註36〕

胡銓《經筵玉音問答》：「上問予曰：『卿所寫字，宛如卿之為人。』予答曰：『臣幼習唐朝顏真卿字，今自成一家，豈應上掛齒頰。』上曰：『朕前日侍太上皇於德壽宮，閣上治疊書畫，因得卿紹興戊午所上封事真本。太上與朕玩味久之，喜卿辭意精切，筆法老成，英風義氣，凜凜飛動。太上自藏之，曰：可為後代式。但其後為秦檜之所批抹污者，朕啟太上令工匠逐行裁去裝褙。』予乃答曰：『小臣平生習字多類此，豈謂此奏至今塵於聖賢篋笥中，且三遭謫逐，生不能保，獨賴太上及陛下二天之力，俾晚復得入侍，為幸多矣。』頃上謂予曰：『朕無事時，思卿赴貶之時，心思如何？』予答曰：『只是辦著一片至誠心去，自有許多好處。』」

《行狀》：「書奏，除名編管昭州。時侍御史鄭剛中、諫議大夫李誼、吏部尚書晏敦復、給事中勾龍如淵、戶部侍郎李彌遜、向子諲、禮部侍郎張九成，俱入對引救。檜迫公議，亦偽為救公者。」

鄭剛中《申救胡銓疏》：「臣竊聞樞密院編修官胡銓上書論使事，其言狂悖，力詆大臣，聖恩寬容，聞止除名，送昭州編置，可謂父母之矣。然臣區區尚欲一言者，非謂銓無罪也。臣獨以陛下南渡以來，未嘗拘顧忌諱，逐一言者。豈不以時方艱難，事功未濟，與其罪狂夫而容有後悔，曷若並包並受，以來天下之言？故內懷一蘖者，雖伸吭感激，怨諮天地，陛下率聽而納之，如是者有年矣。今也豈不能容一胡銓，以增盛德之光乎？重念銓一介書生，坐無思慮，但聞眾論洶洶，不知使事曲折。原其用意，亦為愛君。銓本貫吉州，奉老母於此，銓竄遠去，母將疇依？陛下方孝友格天，欲成和議，若置銓於聖度之內，使其子母相保，不至狼狽，誠莫大之恩也。臣不勝禱祈之至。冒犯天威，罪當萬死。」〔註37〕

〔註36〕（宋）李心傳撰：《建炎以來繫年要錄》，中華書局，1988年，第2003～2004頁。
〔註37〕曾棗莊、劉琳主編：《全宋文》第一百七十八冊，上海辭書出版社；安徽教育出版社，2006年，第50～51頁。

　　胡銓《跋鄭亨仲樞密送邢晦詩》：「冬，金人以偽詔授我，欲屈無隄之輿下拜以受，從之。公與銓力爭不可，言頗訐。上震怒，詔褫銓爵投昭州。公奮然曰：『吾嘗同僚，決不使邦衡獨斥。』夜半，與諫議大夫李誼宣言、吏部尚書晏敦復景初、戶部侍郎李彌遜似之、向子諲伯恭、禮部侍郎曾開大猷、張九成子韶對便坐引救，上稍稍霽威。右相秦檜、參知政事孫近激公義，亦實時入對，乞從公等臺諫侍從請，上賜可，銓得釋，謫廣州監鹽倉。」

　　周必大《寶文閣學士通奉大夫贈少師梁汝嘉神道碑》：「金人議和，樞掾胡忠簡公銓上書得罪，公與侍從六人同對，謂虜情難測，後必背盟，禮不可過，又言責銓太重。」〔註38〕

　　十一月三十日，左通直郎胡銓送吏部，與廣南監當。

　　《建炎以來繫年要錄》卷一百二十三：「壬子，左通直郎胡銓送吏部，與廣南監當。銓既竄斥，秦檜、孫近又奏銓所上封章，言及臣等，若重加竄責，於臣等分義有所不安，欲望聖慈，更加寬宥。臺諫勾龍如淵、李誼、鄭剛中亦共救解之，乃以銓監昭州鹽倉。銓之行也，監登聞鼓院陳剛中以啟送之曰：『屈膝請和，知廟堂禦侮之無策；張膽論事，喜樞庭謀遠之有人。身為南海之行，名若泰山之重。』又曰：『知無不言，願請上方之劍；不遇故去，聊乘下澤之車。』秦檜大恨之。（此據銓自跋《戒諭詔書》及《紹興正論》參修。銓稱秦檜、孫近、鄭剛中、李誼、勾龍如淵夜半同上殿引救，上稍霽威，特免昭州之徙。而日曆及他書皆不見臺諫文字，銓自記必審，但謂如淵為給事中則誤耳。《正論》云，陳剛中任寺丞，而銓所記以為鼓院，二書不同。攷之日曆，六年四月丙午，左宣教郎陳剛中除太府寺丞，替王師心成資闕。而今太府寺題名，皆無二人姓名。蓋中間有旨，待次者皆省罷故也。鼓院題名，起於紹興十六年，亦無剛中姓名。今且從銓所記，俟攷。剛中紹興十年八月壬申行遣。）」〔註39〕

　　十二月一日，罷昭州編管。

　　胡銓《與王季羔小簡》：「十二月一日侵晨有旨，罷昭州萬里之行，遂復回住龍山寺兩日。」

　　十二月四日，下詔，以銓上書狂悖戒諭中外。

〔註38〕曾棗莊、劉琳主編：《全宋文》第二百三十三冊，上海辭書出版社；安徽教育出版社，2006年，第34頁。

〔註39〕（宋）李心傳撰：《建炎以來繫年要錄》，中華書局，1988年，第2004頁。

《宋史全文》卷二十中：「十二月丙辰，秦檜恐言者不已，白上下詔，以銓上書狂悖戒諭中外。」〔註40〕

《建炎以來繫年要錄》卷一百二十四：「丙辰，詔曰：『朕以眇躬，撫茲艱運。越自初載，痛二帝之蒙塵；故茲累年，每卑辭而遣使。不難屈己，徒以為親。雖悉意以經營，終未得其要領。昨者驚傳諱問，恭請梓宮，彼方以講和而來，此固當度宜而應。朕念陵寢在遠，母兄未還，傷宗族之流離，哀軍民之重困。深惟所處，務得厥中。既朝慮而夕思，又廣詢而博訪。言或同異，正在兼收；事有從來，固非創議。樞密院編修官胡銓職在樞機之屬，分乖簾陛之儀，遽上封章，肆為凶悖。初投匭而未出，已謄稿而四傳。首倡陵犯之風，陰懷劫持之計。倘誠心於為國，但合輸忠；唯專意於取名，故茲眩眾。閔其淺慮，告爾多方，勿惑胥動之浮言，庶圖長久之大計。』時秦檜恐言者不已，故白上下此詔以戒諭之。」〔註41〕

十二月五日，離行在。

胡銓《與王季羔小簡》：「李丈侍郎處借舟，初五日離行在。」

十二月十二日，到姑蘇，長子泳出生。

胡銓《與王季羔小簡》：「十二日到姑蘇平望，夜得一男子，甚慰老人。二十二日到潤，待闈半月。」

胡銓《經筵玉音問答》：「臣長男泳乃紹興戊午冬生姑蘇。」

周必大《承務郎胡君泳墓誌銘》：「君諱泳，字季永，吉州廬陵人。曾祖愷；妣張氏，以百歲封孺人。祖載，贈朝議大夫；妣碩人陳氏、張氏。父澹菴先生銓，以勁節危言為國司直，雖小夫賤隸、椎髻卉服無不知其姓名，今為龍圖閣學士；妣碩人劉氏。紹興八年，先生自樞掾黜佐福州幕，道由姑蘇而君生，故小字蘇郎。」〔註42〕

宋高宗紹興九年己未（1139年），三十八歲

正月初四，胡銓改簽書威武軍節度判官廳公事。

《建炎以來繫年要錄》卷一百二十五：「紹興九年，春正月……乙酉，左

〔註40〕汪聖鐸點校：《宋史全文·宋高宗十一》，中華書局，2016年，第1560頁。

〔註41〕（宋）李心傳撰：《建炎以來繫年要錄》，中華書局，1988年，第2008～2009頁。

〔註42〕曾棗莊、劉琳主編：《全宋文》第二百三十二冊，上海辭書出版社；安徽教育出版社，2006年，第259～260頁。

通直郎新監昭州鹽倉胡銓簽書威武軍節度判官廳公事。宰相秦檜、參知政事孫近言：『銓昨上書，思慮有所不及，言語過當，不足深責。兼書中專詆臣等，若不陳乞稍加甄敘，則是臣等身為輔弼，區區與小官校曲直，失大臣體。』故有是命。」〔註43〕

胡銓《跋裴氏家譜》：「紹興戊午，予自密院以狂瞽得罪貶昭州，未行，赦罪謫監廣州都鹽倉，尋改差福州僉判。」

二月乙亥，常州宜興縣進士吳師古送袁州編管。

《建炎以來繫年要錄》卷一百二十六：「紹興九年，二月……乙亥。常州宜興縣進士吳師古送袁州編管。永不得應舉。師古嘗得胡銓封事。鋟木而傳之。秦檜命守臣直祕閣王縉究實。至是抵罪。」〔註44〕

《本傳》：「銓之初上書也，宜興進士吳師古鋟木傳之，金人募其書千金。」

歐陽東鳳《晉陵先賢傳‧宋進士吳師古先生》：「雖一節，亦是不朽。」〔註45〕

三月十一日，胡銓一家回到故鄉。

胡銓《與王季羔小簡》：「正月七日離潤，僦舟抵建康。張老父子及張帥皆見過，相款半日。問宅間動靜，云不知近耗，欲少留，遣書約相見，又迫行計。時初十日也。十五日到太平易舟。二十二日過方務德提舉處，住兩日。二十五日行，二十六日過雁河，風折帆竿，舟幾覆，賴帆浮水面，舟雖傾側而不沉沒。舉家更生，造物見赦；尚復為人，幸莫大焉。去年三月十一日抵敝鄉，一行皆無恙。」

春，時里中小人幸災者妄傳胡銓獲譴死，獨安成王君力誹眾說。

胡銓《贈王復山人序》：「紹興戊午冬，予以言事狂瞽竄昭州，詔諭天下，有『閔茲淺慮，告爾多方，無或胥動浮言，庶成可久可大之計』之語。九年春正月，詔至江西，先兄讀詔，憂懼不知所為。時里中小人幸災者妄相傳，以為某獲譴死矣。五行家者流咸謂某運命應死，獨安成王君道斷然曰：『是五行異日當作太平宰相，言死妄也。』乃揭榜通衢，力誹眾說，人皆笑其狂。先是右相秦檜、參政孫近、殿中侍御史鄭剛中、諫議大夫李誼、給事中勾龍如淵，各

〔註43〕 （宋）李心傳撰：《建炎以來繫年要錄》，中華書局，1988年，第2033頁。
〔註44〕 （宋）李心傳撰：《建炎以來繫年要錄》，中華書局，1988年，第2054頁。
〔註45〕 （明）歐陽東鳳撰，楊印民、石劍點校：《晉陵先賢傳》，鳳凰出版社，2015年，第152頁。

執章引救，上稍霽威，特免昭州之徙。及是，某還自武林，合郡驚呼相賀，向言死者始大愧，謂王君術數如神。」

十月，作《饒州進士胡鎬母李氏墓誌銘》。

胡銓《饒州進士胡鎬母李氏墓誌銘》（紹興九年十月）：「饒州州學教授葉義門狀其郡人胡鎬母李行實，速銘於廬陵胡某。予與鎬昔同太學，雅有舊，銘其母也為宜，敢紀其德行及其子孫，以志其卒葬。其辭曰：夫人世家樂平，代有潛德，既笄，歸同里居士胡伸。……其卒以紹興八年八月辛卯，葬以九年十月丙子，祔於其姑之封。」

是年，王庭珪與胡邦衡書，嘗欲作送行詩，以胡銓謫太輕，此作遂廢。

王庭珪《與胡邦衡二》：「某自去年聞邦衡以言事貶韶州，中外聳瞻，嘗約劉校書作送行詩，以俟邦衡之南走，欲效昔人送唐介，為一時盛事。既而恨邦衡謫太輕，此作遂廢。往時陳瑩中、鄒志完名震天下，號為敢言，然當時利害尚未及今日事體之重也。國危矣，諫官御史不敢言，而邦衡以編修官摩天子之逆鱗，折宰相而不悔，決非所謂偶然者。宜天下士大夫，無賢不肖，皆知稱頌邦衡也。斯道未衰，公議一出，天子喟然思見其人。邦衡雖欲散發巖岫，效僕之閒致，不可得矣。」按：韶州應為昭州之誤。

是年，作《祭四十四叔文》。四十四叔紹興六年卒而不克葬，至今年出棺以葬。

《祭四十四叔文》：「維紹興九年某月某日，從子份等謹以清酌庶羞之奠，祭於亡叔四十四承事之靈曰：嗚呼吾叔，可謂大不幸也。自古皆有死，命之短長天也，而份以為大不幸，非痛吾叔之死，痛其死而不克葬也。吾叔死以丙辰冬十二月，時適有寇至，僅卒大殮，側於里之西偏萊區，雨淫水滋，上漏旁穿，至于今三年矣。不識黃土煖，可謂真不幸也。《春秋》士踰月不葬，則以為無良子也。吾叔固無子，無所歸咎；份等猶子也，就令不克襄事，獨不能選一宗、擇一焉以奉禋祀、藏窀穸？而令鼠輩睢盱，旁若無人，份等誠《春秋》罪人也，不能逃責。雖然，則亦有辭矣。自三四年來，寇連不解，人無一日奠居，族黨閭里，扶攜以走，至空其鄉。生無以養，則死者宜無以葬。族家有祿者，今惟份與銓，實受教以至於此，責宜益厚。然銓也位於朝，今年始克歸，份亦迫於祿，奔走內史者數月。惟是群從日夜念舉吾叔之喪，會份、銓之歸，則合謀以季父承祖之子後吾叔，於是出棺以葬。尚聞此言，所乏吾叔之祀者，有如酒。」

宋高宗紹興十年庚申（1140年），三十九歲

是年，作《與張少韋小簡》。胡銓自去年歸家後，杜門省愆。

胡銓《與張少韋小簡》：「某再拜：去年三月十一日到家，杜門省愆，不復仕進矣。過煩在念，良發深省。吾親春秋方盛，又能業其官，苟加勉焉，富貴可跬取也。富貴不足道，要有守耳。」

是年，作《與王季羔小簡》。

胡銓《與王季羔小簡》：「去年三月十一日抵敝鄉，一行皆無恙。日夜念欲作一書奉寄，無聊中懶惰無匹，因循及今。吾友亦相忘太甚，翟公云『一貴一賤，交情乃見』，似非過論。吾友想學問加長，甚望甚望。不能得一見，雖兄弟之情，不過如此，不知頗復見念否？想投拜秀穎，遂契鄙者也。秀穎向在吾家，相得甚歡，一旦被逐，略不存省。世態冷暖，如許惡耳。相聚因言僕無恙。在居士丈拜違之久，渴想不可言，不及拜書，讀此足矣。萬萬力學加愛，不具。」按：去年為紹興九年，可知此信作於紹興十年。

《景定建康志》：「王端朝字季羔，本澶淵人，過江，愛溧陽風土，因家焉。少以該洽聞，年十八舉建康第一，後薦太學，又為第一登第，中博學宏詞科。歷太學錄、秘書省正字、江東帥司機宜，除宗正丞，提舉兩浙市舶，知永州。乾道二年卒，年四十四，官至承議郎。」〔註46〕

是年，作《與張丞相小簡》。時張浚知福州兼福建安撫大使，胡銓與書勸其無以職遠地疏，而拱默以俟時。

胡銓《與張丞相小簡一》：「某違遠鈞屏，三見歲遒，區區戀軒之私，不可具云。今者天假之年，又獲奔走幕下。自惟孤根弱植，長養成就，受恩最深，而冰雪凋凌之餘，尚得依倚干霄，以遂生理，豈非天幸！相公以身許國垂二十年，當此紛紛，安得坐視？伏料堂堂之氣，折而不撓，必不雷同以倖進，第以職遠地疏，不當越分，姑拱默以俟時耳。僕竊以為過矣。司馬公以遠郡通判上書論儲貳事，以決去就。以今醜虜橫行，蔑吾王室，三軍坐敝，國力大詘，視儲貳為何如？相公以前宰相總領方面，視遠郡通判為何如？謂不當言則不可矣，謂當言而不從，何不去就決之？相公之去就，天下之重輕，廟堂之蓍蔡也，豈可不慎！僕日欲達狂瞽之說，以傚野人之誠，而私居乏使，無因而前，偶同年黃埴耑人至大府，輒附以往。埴守官廬陵，學問政事皆可

〔註46〕（宋）周應合：《景定建康志》卷四九，《文淵閣四庫全書》本。

觀，登第十三年，無一知己，最為有守。相公常以渴賢為急，敢以聞於侍史。某位卑言輕，俯伏待罪。」按：黃埴為胡銓同年，登第十三年，自建炎二年至紹興十年為十三年。

是年，胡銓貶昭州，陳剛中以啟賀銓，坐是謫知贛州安遠縣。

周必大《跋陳剛中石材廟詩》：「陳剛中字彥柔，胡忠簡公同年進士。其貶安遠宰也，予適在贛，識之，豐肌便腹，骨不勝肉。而安遠荒僻，瘴癘特甚，汲水寘器中，須臾墨色，以故仕者多死。士大夫固憂公不能生還，未幾果然。其後湘中有著《紹興正論》者，公姓名在焉，且云其妻無所歸，削髮為尼，未知信否。謂公以辛酉歲貶則誤矣，當以庚申為正。」〔註47〕

《行狀》：「謫監廣州都鹽倉，改簽書威武軍判官事。於是寺丞陳剛中以箋賀公曰：『屈膝請和，知廟堂禦侮之無策；張膽論事，喜樞庭經遠之有人。』又曰：『知無不言，願請上方之劍；不遇故去，聊乘下澤之車。』陳坐是謫知虔州安遠縣死焉。」

《宋史·秦檜傳》：「樞密院編修官胡銓上疏，願斬檜與王倫以謝天下。於是上下洶洶。檜謬為解救，卒械送銓貶昭州。陳剛中以啟賀銓，檜大怒，送剛中吏部，差知贛州安遠縣。贛有十二邑，安遠濱嶺，地惡瘴深，諺曰：『龍南、安遠，一去不轉。』言必死也。剛中果死。」〔註48〕

是年，作《世美兄墓誌銘》。

胡銓《世美兄墓誌銘》：「君姓胡，籍廬陵，字世美，諱曰俏。曾大父，家詩書。祖諱諒，官則卑。考方中，薦於鄉。及我兄，學益強。自少時，干蠱聞，躬勞苦，先諸昆。父非罪，縲紲中，身請代，守悅從。建炎季，寇縱衡，輦其母，脫亂兵。冢兄死，祭則虔，出次息，俾後之。晚多故，不可幾，投詬者，鷸蚌持，一笑粲，卒交綏。遂漫浪，詩酒徒，時感愴，歌殯虞。歲在午，月季商，日癸卯，忽以亡。五十四，不得年，兆文水，龍岡原。歲在申，月孟陬，日壬寅，窆其丘。娶劉氏，子三人，長昌國，次昌圖，幼昌固，皆業儒。粵二女，亦有歸，倪師周、曾廷輝。孫二男，一女兒。從兄份，衡教官，命族弟，編修銓，石碑詩，永厥傳。」

〔註47〕曾棗莊、劉琳主編：《全宋文》第二百三十冊，上海辭書出版社；安徽教育出版社，2006年，第410～411頁。

〔註48〕（元）脫脫等撰，中華書局編輯部點校《宋史》卷四百七十三，中華書局，1985年，第13754頁。

宋高宗紹興十一年辛酉（1141年），四十歲

二月，作《考焚黃文一》。

胡銓《考焚黃文一》：「維紹興十一年歲次辛酉，二月朔庚午，二十九日戊戌，孝子左通直郎、新僉書威武軍節度判官廳公事銓等，敢昭告於考新贈宣教府君：上之十一年秋祀恩，先君實始封冢。去年九月大饗，凡官登朝已封贈者，更與封贈，先君遂自承事郎為宣教郎。嗚呼休哉！一昨某備員樞屬，輒抗疏搖廟堂大議，削爵投遐荒。雖蒙寬恩，亟寢初命，然某之罪大矣。子有罪，其親宜不及以恩，而朝家尚仍故事，不廢贈典。蓋君天也，天之肅物，雖枝葉凋落，其本實滲漉雨露之潤自若也。嗚呼，君之待臣如此，恩可謂厚甚矣，不肖孤其何以報？惟知密疚自礪，永堅初節，以無忘天子之休命。萬有一得行所學，身立而名揚，先君亦永有榮耀焉。有如以道徇人，玩祿怗寵，頑頓無恥，先君雖一歲九遷其官，豈惟不肖孤之羞，實九原之羞。謹以柔毛嘉薦醴齋虔告墓下。尚饗！」

四月，作《祭德明兄文》。

胡銓《祭德明兄文》：「維紹興十一年歲次辛酉，四月己巳朔，二十三日辛卯，弟銓等謹以清酌之奠，祭於近故從兄貢元之靈：……嗚呼！自亂來，諸父諸兄大半成空，其存者在叔惟二，在兄惟四。花春月秋，招呼詩酒，吾兄未嘗不來，來未嘗不極歡而罷也。不見踰月，忽以病告，一旦千古，兄行中又減一人矣。迨惟臨岐之言，盡然薰心。前兄寓城，吾里屬有警，病不及和藥，斂不及省棺。念平生手足之恩，愧恨次骨，尚當糾吾宗族，撫兄之孤，以卒兄之喪，以慰兄母夫人垂老之悲。言有盡而情不可終，嗚呼哀哉，尚饗！」

六月，胡銓到達威武軍。

《神道碑》：「正月，宰執覆奏：銓書專詆臣等，前和議未諧，不敢固請以疑群心，今議已定，宜稍甄敘。乙酉，遂改簽書威武軍節度判官廳公事，十一年六月之官。」

胡銓《跋鄭亨仲樞密送邢晦詩》：「謫廣州監鹽倉。公又引大義折檜，遂有量與錄用之請，除銓僉書福唐幕。辛酉到官。」

八月，作《代張丞相祭顏門下文》。

胡銓《代張丞相祭顏門下文》：「維紹興十一年歲次辛酉八月丙寅朔，具位某謹以清酌庶羞之奠，祭於故宮使大資顏公之靈曰：……某嘗同朝，有一日之雅，來蒞茲土，又獲朝夕承顏接辭，平生相知，如公蓋少。一日不見而

亡，吁，可悲也，尚何言哉！尚何言哉！百繞黃腸，屑涕霑衣，蓋上以為天下慟，而下以哭其私。嗚呼哀哉，尚饗！」

冬，洪皓言胡銓封事金國有之。

《宋史·洪皓》：「紹興十年，因諜者趙德，書機事數萬言，藏故絮中，歸達於帝。言：『順昌之役，金人震懼奪魄，燕山珍寶盡徙以北，意欲捐燕以南棄之。王師亟還，自失機會，今再舉尚可。』十一年，又求得太后書，遣李微持歸，帝大喜曰：『朕不知太后寧否幾二十年，雖遣使百輩，不如此一書。』是冬，又密奏書曰：『金已厭兵，勢不能久，異時以婦女隨軍，今不敢也。若和議未決，不若乘勢進擊，再造反掌爾。』又言：『胡銓封事此或有之，金人知中國有人，益懼。張丞相名動異域，惜置之散地。』」〔註49〕

《行狀》：「公明德峻極，虜絕敬畏。丞相洪公適述其先忠宣公虜中事云：『皇太后以書歸曰：胡銓封事此有之，知中國有人，益生懼心。』」

是年，作《代福帥張丞相奏乞加封鱣溪神狀》。

胡銓《代福帥張丞相奏乞加封鱣溪神狀》（紹興十一年）：「右，臣竊見本州有鱣溪神庇賴一方，自臣為州，水旱有禱，無不響答，年穀屢登，枹皷稀鳴，職神之惠。而襃崇未稱，臣不敢嘿。案《閩中記》，鱣發跡於漢，至唐而顯，貞元以後，爵號益加，由龍驤侯五封為潤德靈感王。國朝熙寧八年，特封沖濟廣應，綸言具在。自是迄今，綿數十年，未有加命。欲望聖明特降睿旨，檢會前後封爵，更增顯號，以侈神貺，而福此邦之民，不勝幸甚。臣無任僭越惶懼之至，謹錄奏聞，伏候敕旨。」

宋高宗紹興十二年壬戌（1142 年），四十一歲

七月，右諫議大夫羅汝檝言胡銓文過飾非，益猖狂妄之說，詔銓除名，新州編管。

《行狀》：「十二年，御史中丞羅汝楫彈公，以奉議郎除名，謫新州。同郡王庭珪以詩贈行，有「癡兒不了公家事，男子要為天下奇」之句，為歐陽識所告，王坐貶辰州。」

《神道碑》：「十二年七月，諫議大夫羅汝楫劾公益倡前說，用欺群聽，復除其名，勒停編管新州。」

〔註49〕（元）脫脫等撰，中華書局編輯部點校《宋史》卷三百七十三，中華書局，1985 年，第 11560 頁。

　　《建炎以來繫年要錄》卷一百四十六：「紹興十有二年，秋七月癸巳。右諫議大夫羅汝檝言：『左奉議郎簽書威武軍節度判官廳公事胡銓文過飾非，益猖狂妄之說，橫議紛紛，流佈遐邇。若不懲艾，殆有甚焉者矣。伏望陛下重行竄逐，以伸邦憲。』詔銓除名，新州編管。」〔註50〕

　　《宋史・高宗七》：「秋七月壬辰朔，福州簽判胡銓除名，新州編管。」〔註51〕

　　《本傳》：「十二年，諫官羅汝檝劾銓飾非橫議，詔除名，編管新州。」

　　胡銓《跋裴氏家譜》：「尋改差福州僉判。踰年而言者必欲寘之死，上不忍誅，除名遷新州。」

　　胡銓《跋鄭亨仲樞密送邢晦詩》：「壬戌秋，閩帥程邁中銓以飛語，復投嶺表。」

　　胡銓《贈王復山人序》：「十一年秋，御史中丞羅汝檝請投某嶺表以阿時宰，遂得超遷。」按：據上引諸條文獻及胡銓《朝斗記》云「紹興十二年七月十三日旨，以某前不合言事，除名竄新州」，十一年秋似為誤記。

　　陳郁《藏一話腴》甲集卷下：「澹庵胡先生於福州僉廳分扇，得一扇，畫古木間一人騎驢向西南行。初見似無思致，及有新興之命，方知畫為先兆也。先生書一絕於陰云：『誰向生綃白團扇，畫將羈客據征鞍。南遷萬里知前定，壁上崖州莫怕看。』」〔註52〕

　　胡銓謫新州，李彌遜至其家，為之經紀其行，且書十事以贈。

　　《筠谿集・筠谿李公家傳》：「初胡忠簡之貶也，人雖高其節，皆憚權臣，莫敢與通。公獨至其家，為之經紀其行，且書十事以贈，其言曰：一曰有天命，有君命，不擇地而安之。二曰唯君子困而不失其所亨。三曰名節之士猶未及道，更宜進步。四曰境界違順，當以初心對治。五曰子厚居柳築愚溪，東坡居惠築鶴觀，若將終身焉。六曰無我方能作為大事。七曰天將任之，必大有摧抑。八曰建立功名，非知道者不能。九曰太剛恐易折，須養以渾厚。十曰學必明心，記問辨說皆餘事。」〔註53〕按：據《筠谿李公家傳》所載行跡，紹興十年（1140），李彌遜歸隱連江（今屬福建）西山。則「公獨至其家」應

〔註50〕　（宋）李心傳撰：《建炎以來繫年要錄》，中華書局，1988年，第2335頁。
〔註51〕　（元）脫脫等撰，中華書局編輯部點校《宋史》卷三十，中華書局，1985年，第556頁。
〔註52〕　（宋）陳郁撰，趙維國整理《藏一話腴》，大象出版社，2019年，第21頁。
〔註53〕　（宋）李彌遜：《筠谿集》，《文淵閣四庫全書》本

指此次謫新州，二人同在福建。

　　胡銓謫新州，王庭珪作《送胡邦衡之新州貶所二首》詩送行。

　　周必大《左承奉郎直敷文閣主管台州崇道觀王公廷珪行狀》：「十二年，今敷文閣直學士胡公銓以忠言忤時相謫嶺表，親交無敢通問，公獨送以詩，語峻驚人。」〔註54〕

　　《行狀》：「謫新州。同郡王庭珪以詩贈行，有「癡兒不了公家事，男子要為天下奇」之句，為歐陽識所告，王坐貶辰州。」

　　楊萬里《詩話》：「吾州詩人瀘溪先生安福王民瞻名庭珪，弱冠貢入京師太學，已有詩名。有絕句云：『江水磨銅鏡面寒，釣魚人在蓼花灣。回頭貪看新月上，不覺竹竿流下灘。』紹興間，宰相秦檜力主和戎之議，鄉先生胡邦衡名銓，時為編修官，上書乞斬檜，謫新州。民瞻送行詩：『一封朝上九重關，是日清都虎豹閒。百辟動容觀奏議，幾人回首愧朝班？名高北斗星辰上，身落南州瘴海間。不待百年公議定，漢庭行召賈生還。』『大廈元非一木支，要將獨力拄傾危。癡兒不了公家事，男子要為天下奇。當日奸諛皆膽落，平生忠義祇心知。端能飽喫新州飯，在處江山足護持。』有歐陽安永上飛語告之，除名竄辰州。孝宗登極，召為國子監簿，以老請奉祠，除直敷文閣宮觀。」〔註55〕

　　王庭珪《故劉君德章墓誌銘》：「今侍讀胡公時為樞密院編修官，上書乞斬檜，中外大悅，喜聞直言。胡公後得罪貶新州，余作送行詩，有『癡兒不了官中事』之句，蓋指檜也。」〔註56〕

　　周必大《跋王民瞻送胡邦衡南遷詩》：「有澹菴壓嵩岱、排淮泗之舉，然後可以發瀘溪穿天心、透月窟之詩，不如是不稱二絕。澹菴授之從弟廉夫鍔，廉夫復授其子渙，所謂文獻相承，衣鉢單傳者。若能刻石，人授之本，則法周沙界矣。慶元丙辰四月十四日。」〔註57〕

〔註54〕曾棗莊、劉琳主編：《全宋文》第二百三十二冊，上海辭書出版社；安徽教育出版社，2006年，第205～206頁。

〔註55〕曾棗莊、劉琳主編：《全宋文》第二百三十九冊，上海辭書出版社；安徽教育出版社，2006年，第154～155頁。

〔註56〕曾棗莊、劉琳主編：《全宋文》第一百五十八冊，上海辭書出版社；安徽教育出版社，2006年，第327頁。

〔註57〕曾棗莊、劉琳主編：《全宋文》第二百三十冊，上海辭書出版社；安徽教育出版社，2006年，第397頁。

瞿佑《歸田詩話・瀘溪送澹菴》:「王瀘溪《送胡忠簡謫嶺表》二詩,有『癡兒不了公家事,男子要為天下奇』之句,秦檜見而大惡之,以謗訕流辰州。二詩人皆傳誦,忠簡和韻,少有見者。詩云:『巖耕名已振京關,未信終身袖手閒。萬卷不移顏氏樂,一生無愧伯夷班。致君自許唐虞上,待我誰能季孟間。宗社年來欠元老,蒼生拭目看來還。』『士氣年來弱不支,逢時言行欲俱危。不因湖外三年謫,安得江南一段奇?非我獨清緣世濁,此心誰識只天知。萬牛回首須公起,大廈將顛要力持。』清峭警拔,與前詩相稱。瀘溪在辰州,人爭迎以為師。孝宗更化,許自便。光宗即位,忠簡薦之,召對便殿,除直敷文閣,年已九十餘矣。」〔註58〕

胡銓貶新州,張元幹作《賀新郎・送胡邦衡待制》一闋送之。

魏慶之《詩人玉屑》卷之二十一:「紹興戊午之秋,樞密院編修官胡銓邦衡上書乞斬秦檜,得罪,責昭州監當。後四年,慈寧歸養,秦諷臺臣,論其前言弗效,除名送新州編管。三山張仲宗以詞送其行云:『夢遶神州路,悵秋風連營畫角,故宮離黍。底事崑崙傾砥柱,九陌黃流亂注。聚萬落千村狐兔。天意從來高難問,況人生易老悲如許。更南浦,送君去。涼生岸柳銷殘暑,耿斜河疏星淡月,斷雲微度。萬里江山知何處?回首對床夜語。雁不到書成誰與?目斷青天懷今古,肯兒曹恩怨相爾汝。舉大白,唱金縷。』又數年,秦始聞此詞,仲宗掛冠已久,以它事追赴大理削籍焉。事見《揮麈後錄》。二公雖見抑於一時,而流芳百世,視秦檜猶蘇合香之於蜣蜋丸也。」〔註59〕

蔡戡《蘆川居士詞序》:「紹興議和,今端明胡公銓志在復仇,上書請劍,欲斬議者。得罪權臣,竄謫嶺海,平生親黨避嫌畏禍,唯恐去之不速。公作長短句送之,微而顯,哀而不傷,深得三百篇諷刺之義,非若後世靡麗之詞、狎邪之語,適足勸淫,不可以訓。」〔註60〕

周必大《跋張仲宗送胡邦衡詞》:「長樂張元幹字仲宗,在政和、宣和間已有能樂府聲。今傳於世,號《蘆川集》,凡百六十篇,而以《賀新郎》二篇為首,其前遺李伯紀丞相,其後即此詞。送客貶新州,而以《賀新郎》為題,

〔註58〕　(明)瞿佑著,喬光輝校注《歸田詩話》卷中,浙江古籍出版社,2017年,第393頁。
〔註59〕　(宋)魏慶之著,王仲聞點校《詩人玉屑》,中華書局,2007年,第687頁。
〔註60〕　曾棗莊、劉琳主編:《全宋文》第二百七十六冊,上海辭書出版社;安徽教育出版社,2006年,第275頁。

其意若曰失位不足弔,得名為可賀也。慶元丙辰五月十三日題。」〔註61〕

　　劉熙載《藝概·詞曲概》:「詞莫要於有關係。張元幹仲宗因胡邦衡謫新州,作《賀新郎》送之,坐是除名,然身雖黜而義不可沒也。張孝祥安國於建康留守席上賦《六州歌頭》,致感重臣罷席。然則詞之興觀群怨,豈下於詩哉!」〔註62〕

　　秋,胡銓前往新州,途經故里,胡商隱偕其兄遵禮、文仲、昌辰、嘉謨、必大及其弟遜臣祖送。

　　胡銓《胡君商隱墓誌》:「紹興壬戌秋,某自福唐幕被旨竄逐嶺表。道故里,商隱偕其兄遵禮、文仲、昌辰、嘉謨、必大及其弟遜臣祖送,不忍別。」

　　道過英州,崔公治時尉真陽,與之一見如舊。

　　胡銓《河源縣令崔從政墓誌銘》:「紹興戊午,某備數春官,同僚周執羔表卿得出房賦卷,喜語予曰:『僕選雋得人矣。』既唱第,則新興崔若礪公治也,嘗恨不識其人。亡幾何,某以狂瞽言北虜不宜講信撼廟堂大議得罪,上不忍誅,流新興。道英州,公治時尉真陽,一見如舊。予既抵新,而公治亦官滿來歸,朝夕過從,論文漱醪,未嘗不極歡而罷也。則又遣其季若舟、若雨從予授《春秋》、《易》,而公治與其友彭元永、陳介卿、彭元合亦徜徉其間。」

　　十月,胡銓抵達新州。

　　胡銓《朝斗記》:「紹興十二年七月十三日旨,以某前不合言事,除名竄新州。單騎就道,十月抵竄所。」

　　在新州,名其室曰澹庵,晚自號澹庵老人。

　　《方輿勝覽·廣東路·新州》:「澹庵,在岳祠東。胡邦衡居焉。」〔註63〕

　　《行狀》:「居新興時,嘗名其室曰澹,蓋取賈生『澹若深淵』之意。晚自號澹庵老人云。」

　　陳郁《藏一話腴》甲集卷上:「澹庵胡先生謫新州,築室城南,名小桃源而圖之,且題詩其上云:『閒愛鶴立木,靜嫌僧叩門。是非花莫笑,白黑手能

〔註61〕曾棗莊、劉琳主編:《全宋文》第二百三十冊,上海辭書出版社;安徽教育出版社,2006年,第399頁。

〔註62〕(清)劉熙載著,袁津琥箋釋:《藝概箋釋》卷四,中華書局,2019年,第618頁。

〔註63〕(宋)祝穆撰,(宋)祝洙增訂,施和金點校:《方輿勝覽》卷之三十七,中華書局,2003年,第677頁。

言。心遠闊塵境，路幽迷水村。逢人不須說，自喚小桃源。』或者謂寓避秦之意。然又作『小西湖』於所居之側，亦寓不忘君之義乎？」〔註64〕

《肇慶府志》卷八：「仰忠亭，在縣南百步，宋紹興中胡銓謫官新州，寓居於此，去而茅葦叢生矣。淳熙中，黃揆來守州，即其舊址祠公，又作亭名曰仰忠。」〔註65〕

宋高宗紹興十三年癸亥（1143年），四十二歲

正月，在新州，聞廬陵寇作。二月庚申，遂拜北斗密禱，作《朝斗記》。

胡銓《朝斗記》：「紹興十二年七月十三日旨，以某前不合言事，除名竄新州。單騎就道，十月抵竄所。明年正月，聞廬陵寇作，連日憂駭，不知所為，遂作念拜北斗。以二月庚申拜奠，是夕偶陰欲雨，酌茗焚香，密禱空中：『若親闈無虞，室家全安，某若無所負者，願少霽。』須臾，清風颯爽，陰雲當北斗間劃開，環域皆露，達旦無纖毫蔽遮，見者咸以為此退之衡山之祥也。謹拜手書其事，且書一通以遺惠州天慶觀道士沖和真靜大師羅虛中集道。澹叟胡某記。」

胡銓長子胡泳隨先生謫新州。

周必大《承務郎胡君泳墓誌銘》：「六歲隨先生謫新州，已能背誦《春秋》，詩人陳元忠試之如流，目為『春秋生』。」〔註66〕按：胡泳紹興八年出生，六歲則為紹興十三年，故繫於此。

十二月十四日，胡銓在新州遠具時羞之奠，告祭六十五兄之靈，作《祭邦先兄文》。

胡銓《祭邦先兄文一》：「維紹興十三年歲次癸亥，十二月癸未朔，十四日丙申，弟寓新州某遠具時羞之奠，敢告祭於六十五兄府君之靈：今月初九日收家書，報兄九月二十四日奄棄榮養，聞問痛割。嗚呼哀哉，天禍我家，以至此極也！先人男女九人，惟兄與某後死偕存。自先人云亡，兄撫某奉老母十有餘年，一飯未嘗不同。中間某或從事四方，書來未嘗不道蓬山相依之樂，兄之愛某至矣。去年某以罪遠徙，人以為憂，兄調護行李，略無歎恨之

〔註64〕（宋）陳郁撰，趙維國整理《藏一話腴》，大象出版社，2019年，第8頁。

〔註65〕《（崇禎）肇慶府志》卷八，明崇禎六年至十三年刻本。

〔註66〕曾棗莊、劉琳主編：《全宋文》第二百三十二冊，上海辭書出版社；安徽教育出版社，2006年，第260頁。

色,且戒某守當益堅。是時見兄強健而語益壯,以為雖暫別,終當久相與處,殊忘遠去之苦,遷謫之累。言猶在耳,遽成千古,天乎何辜,而至此極乎!」

宋高宗紹興十四年甲子(1144年),四十三歲

是年,作《祭邦先兄文二》。

胡銓《祭邦先兄文二》:「維紹興十四年歲次甲子某月某日,哀弟寓新州某,謹令瀟、濟具薄奠,敢昭祭於六十五兄府君之靈:嗚呼!忠孝公清,人之四體,或涉一偏,兄獨兼備。某頃立朝,戒勿佞媚,使必盡忠,有死無二。自先君亡,撫某如子,奉太夫人,孝感鄰里。眾或不咸,投訐紛起,曲直自平,畏我公議。人有鬻田,沃野爭市,百頃一金,義不肥己。合茲四者,俯仰何愧?人才之難,多怵勢利,有一如兄,則死隨至。嗚呼哀哉!」

宋高宗紹興十五年乙丑(1145年),四十四歲

七月,作《素冠說》。

胡銓《素冠說》:「漳人陳君景衛為余言,廣有林氏子,居母喪,有志乎古,懼其志之弗堅,求余言以鍵之。余為說《素冠》之詩,以前二章作其哀素之心,卒章勉其終之而勿怠也。林生勖之哉!林生兄弟二人,曰邇曰遠。紹興十五年七月朔書。」

十一月,作《跋仁宗皇帝飛帛書》。

胡銓《跋仁宗皇帝飛帛書》:「孟子曰:『誦詩讀書,不知其人可乎?是以論其世也。』臣末學固陋,不足以窺仁宗皇帝之萬一,竊嘗以其世論之。聞遺民耆舊,猶能談慶曆、至和間事,以為當是之時,眾賢和於朝,萬物和於野,薄海內外,無一夫甲而兵者。求其所以致此,雖道大難名,大要以清淨為宗。蓋公有言,治道貴清淨而民自定。然則聖神之用心,豈徒角字畫之工而已乎!故嘗謂欲知四十二年極治之盛,觀此清淨二字可也。紹興乙丑十一月朔,臣胡銓謹識。」

宋高宗紹興十六年丙寅(1146年),四十五歲

四月初二,作《祭宋志文》。

胡銓《祭宋志文》:「維紹興十六年歲次丙寅,四月庚子朔,初二日辛丑,澹庵老人以酒食一分祭宋志之靈:汝隨我二十年餘,我奔走四方數萬里,汝無不隨。計汝所抄書數千萬字以上,悉有楷法,汝之勤苦至矣。我遷新州五

年，疾患艱難，與汝同之。使汝飢寒流離，實我之過，未有以報汝。今汝捨我而死，疾痛在心。嗚呼哀哉！他日我或北歸，當挈汝之骨歸於汝之母兄弟妻子，以慰汝之靈。汝而有知，當聞我言。尚饗！」

是年，作《新州龍山少林閣記》。

胡銓《新州龍山少林閣記》：「蜀僧寶覺圓暹大師曉真謁澹庵而言曰：『真掃漑龍山有年矣，塔廟棟宇之傾撓者，蓋瓦級磚之頹圮者，丹碧之漫滅者，水泉之污不清者，皆治新之。又即三門建寶閣，捏塑為六祖像於其上，號曰少林。故番禺尉彭君大年以其母譚之命，實始創之。其費為錢二百餘萬，又以錢二十萬為所謂長生錢，以備異時修葺之費。且死，謂真必求澹庵書其事以告後，敢以請。』予嘗觀興國互贊所謂『少林儌壁不以為礙，彌天同輩不以為泰，稽首六師，昔晦今明』之語，以為志少林者，盡於是矣，其何以塞請？予自壬戌冬斥新興，及今四年，而真來乞文者八九返，益力。……予既嘉浮屠之樂聞我道，又重有所激，於是乎書。」

宋高宗紹興十七年丁卯（1147 年），四十六歲

七月，作《瀟湘夜雨圖》以寄興，自題一絕。

韋居安《梅磵詩話》卷上：「澹菴在謫所，因讀《離騷》，浩然有江湖之思，作《瀟湘夜雨圖》以寄興，自題一絕云：『一片瀟湘落筆端，騷人千古帶愁看。不堪秋著楓林港，雨闊煙深夜釣寒。』時紹興丁卯七夕也。後一百三十五年辛巳，此畫歸之苕溪趙子昂，余得一觀，詩與畫俱清麗可愛，結字亦端勁。世但見其詩文，而不知其尤長於墨戲，可謂『澹菴三絕』。」〔註67〕

八月十二日，趙鼎卒於吉陽軍貶所。秦檜死後，胡銓有詩《哭趙公鼎》。

趙鼎《家訓筆錄・自志》：「甲子十月移吉陽軍。乙丑二月一日渡海，二十五日至吉陽軍。丙寅十一月得疾。丁卯八月十二日終於貶所，壽六十三。得全居士趙元鎮自志。」〔註68〕

胡銓《哭趙公鼎》：「以身去國故求死，抗疏犯顏今獨艱。閣下特書三姓在，海南惟見兩翁還。一抔孤冢寄瓊島，千古高名屹太山。天地只因慳一老，中原何日復三關。」

〔註67〕丁福保輯：《歷代詩話續編》，中華書局，2006 年，第 543 頁。

〔註68〕（宋）趙鼎撰，來可泓、劉強整理：《家訓筆錄》，大象出版社，2019 年，第10 頁。

周必大《承務郎胡君泳墓誌銘》：「二十六年，秦丞相死，先生與李公皆內徙。初，秦氏揭二公及趙丞相姓名於格天閣，趙丞相前薨，至是先生賦詩有『閣下大書三姓在，海南惟見兩翁還』之句，君口不絕吟。先生曰：『孺子可教！』因授以句法。」〔註69〕

宋高宗紹興十八年戊辰（1148年），四十七歲

正月，作《跋裴季祥寫王荊公詩圖》。

胡銓《跋裴季祥寫王荊公詩圖》：「『茅簷長掃淨無苔，花木成陰手自栽。一水護田將綠繞，兩山排闥送青來』。此介甫詩也。內侍裴季祥寫為圖，以遺高郵劉景仁。其妙處茅屋闃然，惟一持帚而掃者，深居山居幽處，而其掃苔之意自己灑落絕俗、彼掃舍人門如魏勃輩，視此擁篲者，頓有泚矣。景仁淮海佳士，方著腳繭青雲，乃志山水，與夫市朝眷戀之徒，相去不啻九牛毛也。退之稱王弘中云：『知者樂水，仁者樂山。智以謀之，仁以居之，吾知其去是而羽儀於天朝也不遠矣。』予於景仁亦云。紹興戊辰人日，澹叟胡邦衡書。」

夏，胡銓次子胡澥生於新州。

胡銓《經筵玉音問答》：「次男澥乃戊辰夏生於新州。」

漳人陳允忠挾《洙泗文集》來謁，胡銓為削去其不合者，以漢隸寫之，作《洙泗文集序》。

胡銓《洙泗文集序》：「江西李先之先生嘗為某言，伊川程養正先生讀《春秋》、《論語》四十年不下案，至深衣露兩肘。某嘗志其語，自忝竊以來垂兩星終，未嘗一日廢書不觀。頃位於朝，以狂瞽獲譴遷新州，居多暇晷，妄意為《春秋》、《易》、《禮》傳以卒舊學，既又欲手抄《論語》，終身誦之。會漳人陳生允忠挾書一卷來謁，目曰《洙泗文集》，發視則皆集《論語》中語也。閱之累日，喟然歎曰：『五經之縉轄，六藝之菁華，萃於是矣。』為削去其不合者，推其至當，而以漢隸寫之，償所願也。生之敘曰：『聖言不華，自然成文。某是書，聖人心法在焉，學者能如伊川先生真積力久，味其言以契聖人之心，則道可幾也，獨文乎哉，獨文乎哉！』紹興戊辰。」

十一月，新州守臣張棣訐銓與客唱酬，謗訕怨望，移謫吉陽軍。

〔註69〕曾棗莊、劉琳主編：《全宋文》第二百三十二冊，上海辭書出版社；安徽教育出版社，2006年，第260頁。

　　《神道碑》：「十八年十一月，郡守張棣奏公與客唱酬，譏謗怨望，移吉陽軍。時大臣專國柄，小人觀望迎合，必欲置公死地，賴天子獨保全之。」

　　《宋史·高宗七》：「十一月乙酉朔……己亥，胡銓移吉陽軍編管。」〔註70〕

　　《行狀》：「新州太守張棣告公訕上，再謫吉陽軍。時有觀察使某上書，乞代公行，不報。張棣擇一牙校游崇者送公，至半途，臨大江，崇拔劍而前，公色不動。徐曰：『逮書謂送某至吉陽者賞，爾不愛賞乎？』崇笑而止。」

　　胡銓《跋鄭亨仲樞密送邢晦詩》：「己巳春，新州張棣承廣帥王鈇風旨劾奏，銓移海外。」

　　《建炎以來繫年要錄》卷一百五十八：「紹興十有八年，十有一月……己亥，新州編管人胡銓移吉陽軍編管。先是太師秦檜嘗於一德格天閣下書趙鼎、李光、胡銓三人姓名，時鼎、光皆在海南。廣東經略使王鐵問右承議郎知新州張棣曰：「胡銓何故未過海？銓嘗賦詞曰：『欲駕巾車歸去，有豺狼當轍。』」棣即奏銓不自省循，與見任寄居官往來唱和，譏謗當途，語言不遜，公然怨望朝廷。鼓唱前說，猶要惑眾，殊無忌憚。於是送海南編管。命下，棣選使臣游崇部送，封小項筒過海。銓徒步赴貶，人皆憐之。至雷州，守臣王趯廉得崇以私茗自隨，械送獄，且厚餉銓。是時諸道望風招流人以為奇貨，惟趯能與人調護。海上無薪粲百物，趯輒津置之，其後卒以此得罪。」〔註71〕

　　王明清《揮麈後錄·秦會之脩和盟胡銓上書除名張仲宗送行詞削籍》：「邦衡在新興，嘗賦詞云：『富貴本無心，何事故鄉輕別？空使猿驚鶴怨，誤薜羅風月。囊錐剛要出頭來，不道甚時節！欲駕巾車歸去，有豺狼當轍。』郡守張棣繳上之，以謂譏訕。秦愈怒，移送吉陽軍編管。棣乃擇使臣之刻核者名游崇，管押封小項筒過海。邦衡與其骨肉徒步以涉瘴癘，路人莫不憐之。至雷州，太守王彥恭趯雖不學而有識，適使臣者行囊中有私茶，彥恭遣人捕獲，送獄奏治。別差使臣護送，仍厚饋以濟其渡海之費，邦衡賴以少甦。彥恭緣此，賢士大夫推重之。棣訐邦衡後，即就除湖北提舉常平，乘舠一日而殂。又數年，秦始聞仲宗之詞。仲宗掛冠已久，以它事追赴大理削籍焉。邦衡因朱崖幾一紀，方北歸。至端明殿學士、通奉大夫，八十餘而終，諡忠簡。

〔註70〕（元）脫脫等撰，中華書局編輯部點校《宋史》卷三十，中華書局，1985年，第569頁。

〔註71〕（宋）李心傳撰：《建炎以來繫年要錄》，中華書局，1988年，第2571頁。

此天力也！（此一段皆邦衡之子澥手為刪定。）」〔註72〕《詞話叢編補編》卷二十四：「按《好事近》詞，乃宋高登彥先作，見登所著《東溪詞》。王氏四印齋刻本，半唐老人跋云：蓋彥先亦以發策忤檜被謫，事犖略同，張棣遂牽合為澹庵作。」〔註73〕

韋居安《梅磵詩話》卷上：「澹菴胡公以攻和議，謫新州，守臣張棣黨附秦檜，告公嘗賦詞云：『欲駕巾車歸去，有豺狼當轍。』語言不遜，再謫吉陽軍。余觀公集中，有《次羅長卿韻懷親》詩云：『天乎自是我非孝，世間豈有人無親？索居誰念卜子夏，不死日飲拋青春。少年忽作老翁老，故鄉何似新州新。安得君來同夜話，寒爐自撥紅麒麟？』味詩起句亦含諷意，不但賦詞也。」〔註74〕

曾敏行《獨醒雜志》卷八：「胡邦衡自福唐貶新州，王民瞻以詩送之，有曰：『百辟動容觀奏牘，幾人回首愧朝班。』又曰：『癡兒不了公家事，男子要為天下奇。』民瞻，安福人，名庭珪。登科嘗為茶陵縣丞，累年不調，居鄉里以詩名家。二詩既傳，或以為訕，由是亦坐謫辰州。邦衡在新州，偶有『萬古嗟無盡，千生笑有窮』之句，新守亦訐其詩，云『無盡』指宰相，蓋張天覺自號『無盡居士』；『有窮』則古所謂『有窮后羿』也。於是再遷儋耳。其後，邦衡還朝，嘗以詩人薦民瞻，凡再召見。初除國子監簿，後除直敷文閣，終於家。」〔註75〕

作《和新州端老》詩。

胡銓《和新州端老》：「平生不識澥渤島，入海要看蓬萊山。向來同是災荒客，今我海南君海北。」〔註76〕按：據詩意似為離開新州前所作，故繫於此。

宋高宗紹興十九年己巳（1149年），四十八歲

二月，自新州遷朱崖。

胡銓《跋裴氏家譜》：「紹興己巳二月告朔，某自新州再遷朱崖。」

〔註72〕（宋）王明清撰，燕永成整理：《揮麈後錄》卷之十，大象出版社，2019年，第218頁。

〔註73〕葛渭君編：《詞話叢編補編》，中華書局，2013年，第4262頁。

〔註74〕丁福保輯：《歷代詩話續編》，中華書局，2006年，第542～543頁。

〔註75〕（宋）曾敏行撰，朱傑人整理：《獨醒雜志》，大象出版社，2019年，第259頁。

〔註76〕（宋）王象之編著，趙一生點校：《輿地紀勝》卷第一百二十七，浙江古籍出版社，2013年，第2864頁。

　　三月，途經茂名，作《跋雷梧州集字說記》。

　　胡銓《跋雷梧州集字說記》：「紹興己巳上巳日，某假道茂名，宰雷侯見其家集《字說注》，曰：『先君遺書也。』某方有吉陽之遷，不暇窮究，略涉一再。淵源六經，出入《左氏》、《公》、《穀》、《儀禮》、《國語》、《爾雅》、孟軻之書，《荀》、《莊》、《楊》、《列》、《老子》、《尸子》、《淮南子》之流，至於《楚辭》、班馬所紀、《太玄》、《白虎通》、許慎《說文》、呂不韋《春秋》、陸機《疏》、梁昭明選《兩京》《景福》之賦、《司馬法》，罔不貫串。又如《難經疏問》、《本草經》、《病源》、《外臺秘要》與夫《營造式》，亦悉該洽。下逮《玉篇》、《廣韻》、《集韻》、《埤蒼》、《雅博》、《方言》，皆所不遺。嗚呼，先生之學，可謂博而精矣。近世學者束書不觀，遊談無根，讀此書，當泚其顙。某既書其卷末，又以所見補其闕。……廬陵胡某書於仙江驛。」

　　三月，作《跋雷梧州墓刻》。

　　胡銓《跋雷梧州墓刻》：「某自新興遷吉陽，道茂名，雷侯出其先君子梧州墓刻，蓋端明趙公伯山之文。中敘御史馬伸嘗評公為愛民吏，予雖不及識梧州，而知伯山與馬御史之為人。伯山在建炎間以詩鳴，而馬公嘗以直言被譴。二公皆一時望，而稱道梧州若此，不問可知其為人。茂名政聲亦藉甚，人謂梧州盛德懿範具矣。」

　　自新再遷珠崖途中，識王悰於海康，知其為人，故序其字，作《王悰字序》。

　　胡銓《王悰字序》：「開封王悰生長富貴之家，無富貴氣，為人誠實不妄，予字之曰公實。悰，情也，情則實。古人云：『上好信則民莫敢不用情。』又云：『自吾母而不用吾情，則何所用其情？』又云：『小大之獄雖不能察，必以情。』蓋情常與實對，故曰『過情之譽暴集，無實之毀隨至』。惟君子終身用其情，小人則終身不情。若曹操平生姦偽，死見真情是也。不情未有不暴露者也，公實勉之。公實今為成忠郎、雷化州巡轄馬鋪，充瓊州澄邁縣復實經界官。予自新再遷珠崖，識之海康，知其為人，故序其字。」按：據胡銓《跋裴氏家譜》「夏六月行臨皋道中」，時已渡海抵海南島，則途經海康在此之前，故繫於此。

　　在雷州，時欲渡海，作《次雷州和朱彧秀才韻時欲渡海》。

　　胡銓《次雷州和朱彧秀才韻時欲渡海》：「何人著眼覷征驂，賴有新詩作指南。螺髻層層明晚照，蜃樓隱隱倚晴嵐。仲連蹈海徒虛語，魯叟乘桴亦謾

談。爭似澹庵乘興往，銀山千疊酒微酣。」

六月七日，左迪功郎王庭珪，作詩送胡銓，坐謗訕停官，特勒停，送辰州編管。

《建炎以來繫年要錄》卷一百五十九：「紹興十有九年……六月……丁巳，左迪功郎王庭珪特勒停，送辰州編管。庭珪，安福人。胡銓之貶也，庭珪為衡州茶陵縣丞，以詩送之，有曰：『癡兒不了公家事，男子要為天下奇。』銓鄉人歐陽安永告之，以為謗訕朝政，事下虔、吉兩郡，而守臣曾慥、王瑎、江西路提點刑獄公事李芝不切究之。會芝奉祠，直祕閣林大聲代之提點刑獄，亦寢其事。敷文閣待制沈昭遠知洪州，白髮之。時大聲已去，而昭遠與降授右朝議大夫江西轉運副使勾光祖以他事交章俱罷，庭珪遂坐貶。久之，慥、瑎、芝、大聲與兩郡倅左中大夫吳溫彥、右承議郎杜師佽皆坐降一官。溫彥，德州人也。（大聲以十八年閏八月罷江西提刑。昭遠、光祖以今年五月己亥罷。師佽、曾慥等以二十一年八月癸酉降官。今聯書之。胡銓自跋戒諭和議詔書。序此事。乃云。太守吳溫彥、運使林大聲、贛守曾慥。皆小誤也。）」〔註77〕

《宋史·高宗七》：「十九年……六月丁巳，茶陵縣丞王庭珪作詩送胡銓，坐謗訕停官，辰州編管。」〔註78〕

《宋史·秦檜》：「十八年……六月，迪功郎王廷珪編管辰州，以作詩送胡銓也。……十一月，胡銓自新州移貶吉陽軍，以作頌謗訕也。」〔註79〕

胡銓《贈王復山人序》：「初某之南遷，登聞鼓院陳剛中以啟送行得罪，死荒遠，天下以言為諱。繼而瀘溪王公民瞻以詩送行，其略云：『癡兒不了官中事，男子要為天下奇。』而安成凶人嘯群不逞，訐其語以為訕，民瞻坐獄，欲窮根柢，而太守吳溫彥、運使林大聲、提刑李芝、贛守曾慥不究切之，洪帥沈昭遠白髮其事，繼踵罷斥。」

胡銓《盧溪先生文集序》：「紹興壬戌秋，銓坐不肯與醜虜和議，且乞斬主議大臣二人，銓削爵竄嶺表，先生送行詩有云：『名高北斗星辰上，身落南

〔註77〕（宋）李心傳撰：《建炎以來繫年要錄》，中華書局，1988年，第2586～2587頁。

〔註78〕（元）脫脫等撰，中華書局編輯部點校：《宋史》卷三十，中華書局，1985年，第570頁。

〔註79〕（元）脫脫等撰，中華書局編輯部點校：《宋史》卷四百七十三，中華書局，1985年，第13761頁。

州瘴癘間。』人爭傳誦，至達權臣耳，奏下江西帥司鞫治，久之，竄辰州，時紹興己巳秋七月壬午也。先生貶八年，會權臣薨，得旨自便。」

楊萬里《盧溪先生文集序》：「紹興八年，故資政殿學士胡公，以言事忤時相黜。又四年，謫嶺表。盧溪先生以詩送其行，有『癡兒不了公家事』之句。小人上飛語告之，時相怒，除名流夜郎。時先生年七十矣。於是先生詩名，一日滿四海。」〔註80〕

渡海道瓊，李光見胡泳穎悟，許妻以孫。

李光《靖州通判胡公墓誌銘》：「盧陵胡邦衡自廣東遷珠崖，道瓊山，見予於雙泉。」〔註81〕

周必大《承務郎胡君泳墓誌銘》：「先生再貶朱崖，渡海道瓊，故參知政事李公光在焉，見君穎悟，許妻以孫。」〔註82〕

楊萬里《夫人李氏墓誌銘》：「忠簡胡公之再謫珠厓也，季永侍行。年十有二，莊簡見而異之，問其始生之歲辰，適與己相似。莊簡喜謂忠簡曰：『是兒氣質不凡，為胡邦衡子，而命復類我。他日寧為畸人，必不為佞人，吾有孫女，當以奉箕帚。』故夫人年十有九，歸於胡氏。」〔註83〕按：胡泳卒於淳熙二年，年三十八，則其十二歲時為紹興十九年。

到瓊州，作《題茉莉軒》《到瓊和李參政》詩。

《方輿勝覽‧廣西路海外四州‧瓊州》：「腳力行窮地盡州。胡邦衡《題茉莉軒》詩：『眼明漸見天涯驛，云云。』萬山行盡逢黎母。胡邦衡《到瓊和李參政》詩：『落網從前一念斜，崖州前定復何嗟。云云，雙井渾疑似若耶。行止非人十年夢，廢興有命一浮家。此行所得誠多矣，更願從今泛北槎。』」〔註84〕

《方輿勝覽‧廣西路海外四州‧瓊州》：「茉莉軒。在臨高縣治。胡邦衡

〔註80〕曾棗莊、劉琳主編：《全宋文》第二百三十八冊，上海辭書出版社；安徽教育出版社，2006年，第212頁。

〔註81〕曾棗莊、劉琳主編：《全宋文》第一百五十四冊，上海辭書出版社；安徽教育出版社，2006年，第255頁。

〔註82〕曾棗莊、劉琳主編：《全宋文》第二百三十二冊，上海辭書出版社；安徽教育出版社，2006年，第260頁。

〔註83〕曾棗莊、劉琳主編：《全宋文》第二百四十冊，上海辭書出版社；安徽教育出版社，2006年，第283頁。

〔註84〕（宋）祝穆撰，（宋）祝洙增訂，施和金點校：《方輿勝覽》卷之四十三，中華書局，2003年，第775頁。

有題茉莉軒詩。」〔註85〕

六月，行臨皋道中，路旁題云買愁村，作《貶朱崖行臨高道中買愁村古未有對馬上口占》詩。

胡銓《跋裴氏家譜》：「夏六月行臨皋道中，路旁題云買愁村，予曰：『買愁村古未有對。』馬上因口占云：『北望長思聞喜縣，南來怕入買愁村。崎嶇萬里天涯路，野草荒煙正斷魂。』漢武元鼎六年幸緱氏，至左邑桐鄉，聞南越破，以為聞喜縣，故予以『聞喜』對『買愁』，取其對耳，非有意謂也。及抵儋耳，有吉陽人來謁，視其刺曰『聞喜裴嘉祥』。予驚曰：『崖州乃有聞喜人，數日前馬上口占句，豈偶然耶！』一日，儋守陳使君謂予曰：『吉陽寓處無出裴氏，今裴君幸在此，試以語之。』顧左右招裴君，則已浮海矣，予歎曰：『事不由人。』」

六月，行臨高道中，有穴甌出泉瀚於地，後人名之為澹庵泉。

方世功《澹庵泉記》：「嘉定丙子夏，世功以瓊郡丞受部使者命攝守儋耳，行臨高道中，海風揚沙，畏日爍金，兀坐籃輿，如薰如炙，思得清泉以濯之，而濱海地鹵蔑如也。停午次博頓，得水，甘寒清洌，冰漱流齒，顧問里旅何以得斯泉。有戴雄飛者曰是官井水也。先是，胡公澹庵以危言忤權貴，南遷珠崖，時夏惥陽水涸，先生步村陰，止茂林，穴甌出泉瀚於地，靄發潰溜，由是汲者聯綆接轆，率盈缶以旋也。夫當屯膏未施，土焦石烈，望雲霓濟渴之時，得涓涓之溜於指顧之頃，餘澤至今不渴，是豈無所司相之哉！驚異諮嗟，盤旋久之。既而雄飛具言其父寔曾受《春秋》大義於先生，頗諳旨趣，自是預計偕，收特科，歷仕僉幕，終老於博頓。迨啟手足，屬有治命：『吾生窮島，得綴名於吏部之籍，皆澹庵指教之功。今觀井泉，其故跡也，汝其擇善書者作澹庵泉三字，伐石峙於井之湄，以垂我後人，庶無忘胡公之德。』壬戌之秋，得方宗萬書之，獨未有文以紀其事。雄飛思昔群陰在朝，忠賢擯逐，天下鉗口，以言為諱。有提刑方公抗論於朝，願削己爵以贖先生罪，抑非先少卿其人乎？幸公軫先世為記之。世功自揣不肖，顧何足以與斯文。惟昔賢之跡有不容泯，故沿敘雄飛之說，俾歸而勒之石。嗚呼，患不極則德不深，身不危則道不直。是泉也，以旱而後利濟之名顯，而先生顛沛炎陬，固所以昭其忠誠於不朽歟！昔蘇文忠公記韓吏部廟，其言曰：『公之精誠如水行地中，無所往

〔註85〕 （宋）祝穆撰，（宋）祝洙增訂，施和金點校：《方輿勝覽》卷之四十三，中華書局，2003 年，第 773 頁。

而不在也。譬如鑿井得泉，而曰水專在是，豈理也哉！」世功於是井也亦云。是歲七月記。」〔註86〕

六月，自瓊過儋耳。

周必大《承務郎胡君泳墓誌銘》：「自瓊過儋耳，拜蘇文忠遺像於動鏡閣，喟然興歎，年方一星終，人皆異之。」〔註87〕

六月二十二日，在儋耳作《跋陳了翁帖》。

胡銓《跋陳了翁帖》：「了翁嘗跋六一先生帖云：『使二十年前見此書，皆如今日，則朋黨之論不起。』東坡曰：『美哉，微中之言也！』今觀此帖，使三四十年前人皆知愛敬了翁如合浦李侯，則豈復有靖康城下之盟哉！至今了翁名節爛然於殺青之上，子姓登臺省，或為監司郡守，皆有能名，子孫亦疊疊逼人；而合浦之子，亦布列仕路，聲稱籍甚。當時謀陷了翁者闃焉。乃知身賢賢也，敬賢亦賢也，賢者亦有後，天道豈可誣也耶！頃嘗與翁之昆孫右正言淵同朝，而翁之子正同又同官密院，知翁為詳，故書之悉。紹興己巳夏六月二十二日，儋耳傳舍光華堂澹庵胡某。」

夏，在儋耳作《跋儋耳陳守所藏折仲古帖》。

胡銓《跋儋耳陳守所藏折仲古帖》：「紹興十九年大夏中沐焙，郡守陳公於賓燕亭觀此帖，因悟東坡三養訣。陳公能寶藏之，賢於李預□玉法遠矣。他時日食萬錢，必能勿忘在儋耳時也。」按：陳公為昌化軍守陳適。

七月二十七日，自瓊渡海抵吉陽，作《祭海神文》。

胡銓《祭海神文》：「維皇宋紹興十九年歲次己巳，七月朔庚辰，二十七日丙午，左奉議郎、除名勒停移送吉陽軍編管胡某，謹以柔毛清酒，昭告於海上之神曰：韓愈開衡山之雲，蘇軾霽大行之霧，皆緣遷謫，獲助神明，致雲霧之掃空，見威靈之廣大。某雖無狀，才不逮於蘇、韓；昔忝登朝，志頗希乎稷、契。偶緣國事，輒犯天顏，十年遠竄於炎荒，萬里復投於海島。念鯨波之再涉，嗟颶霧之交侵。願回鹿角七日之風，略借鷁首一帆之便。先登彼岸，無貽慈母之憂；早達貶州，不拂嚴君之命。酒肴酸薄，禮意蕭疏，仰冀聰明，俯回歆聽。尚饗！」

〔註86〕曾棗莊、劉琳主編：《全宋文》第三百八冊，上海辭書出版社；安徽教育出版社，2006年，第300～301頁。

〔註87〕曾棗莊、劉琳主編：《全宋文》第二百三十二冊，上海辭書出版社；安徽教育出版社，2006年，第260頁。

《諸蕃志‧志物‧海南》：「吉陽軍在黎母山之西南，郡治振州，吉陽縣基也。瓊管雖有陸路可通，然隔越生黎峒，必再涉海而後至，胡澹庵謂再涉鯨波險是也。」〔註88〕

八月，中秋前已達吉陽，粗已安居。

李光《與胡邦衡書一二》：「某頓首：前月末，黎下班轉致中秋所惠書，欣承善達吉陽，粗已安居，不勝慰喜。」〔註89〕

至貶所，遂館於裴氏，所居乃趙鼎舊寓。

胡銓《跋裴氏家譜》：「一日，儋守陳使君謂予曰：『吉陽寓處無出裴氏，今裴君幸在此，試以語之。』顧左右招裴君，則已浮海矣，予歎曰：『事不由人。』後月餘，予亦浮海而南，再信次昌化縣，方艤舟，見其岸上有立而待者，裴君也。問何為尚留此，曰：『至此易舟，凡月餘不能得，請同舟以濟。』輟一舟遺之。既至貶所，遂館於裴氏。先是在新州時，嘗夢謁丞相趙公，久之不出，仰視棟宇，皆蛛絲煤尾，乃取帚掃塵而覺，予竊喜曰：『趙公其將還朝，予倘得北歸乎！』及是所居乃趙公舊寓也。嗟乎，行止非人所能。坡老云『流落天涯先有識』，豈不然哉，豈不然哉！裴君字宋祺，其尊父朝散公，盛德君子，而其兄今為瓊州推官，趙公書之詳矣。予閱裴氏家譜，因書其後。」

九月癸巳，詔新通判汀州李璹特放罷，坐嘗與新州編置人胡銓交結。

《建炎以來繫年要錄》卷一百六十：「紹興十有九年……九月……癸巳，詔新通判汀州李璹特放罷，坐嘗與新州編置人胡銓交結，凌蔑州縣，為守臣張棣所劾也。」〔註90〕

十月，右承議郎知新州張棣提舉荊湖北路常平茶鹽公事，以其再劾胡銓也。至官一日卒。

《建炎以來繫年要錄》卷一百六十：「冬十月……己未……右承議郎知新州張棣提舉荊湖北路常平茶鹽公事，以其再劾胡銓也。至官一日卒。時責授濠州團練副使洪皓在英州，中人右承務郎倪訔為守。訔老矣，內無奧主，聞棣以巧中遷客取使節，欲傚之。即使兵馬都監伺其隙，捕皓家奴寘獄中，釀成其罪，未及發而訔死，事乃解。（胡銓《跋解論和議詔書》云：『十九年春，

〔註88〕（宋）趙汝适撰，鍾翀整理：《諸蕃志》卷下，大象出版社，2019年，第234頁。
〔註89〕曾棗莊、劉琳主編：《全宋文》第一百五十四冊，上海辭書出版社；安徽教育出版社，2006年，第204頁。
〔註90〕（宋）李心傳撰：《建炎以來繫年要錄》，中華書局，1988年，第2594頁。

新興守張棣觀望權勢，乞竄銓海外，棣即日持節湖北。』按棣劾銓過海，在去年之冬，去此已久。當是因再劾李燾，遂超遷之。銓蓋小誤，今略修潤，庶不牴牾。）」〔註91〕

胡銓《與周去華小簡一》：「近見報，前新州守張棣自湖北鹽得市舶，至漢陽發腦疽而卒。」

冬，李光作《與胡邦衡書一二》。

李光《與胡邦衡書一二》：「某頓首：前月末，黎下班轉致中秋所惠書，欣承善達吉陽，粗已安居，不勝慰喜。歲律逋盡，元正俯臨，賢君子道泰之時。伏惟味道之腴，知德之奧，起居佳勝。某衰荼如故。自九月初鄉民不靖，郡縣擾擾，至今想已流聞。郊赦雖有檢舉之文，仇人在朝，固已絕望。死生禍福，定非偶然。中間得李守書云：吉陽羊米特勝諸郡，魚蟹亦不論錢。有此數物，人生更復何求？況君子無入而不自得，想琴書自娛，不知身在萬里外也。承喻《易說》敘引，固當如命，然擬非其倫，則不敢當。已勉作數語，俟左右北轅面納，余冀自重。不宣。某頓首上。」〔註92〕按：此封書信作於中秋之後，元正之前。據「歲律逋盡，元正俯臨」之語，此信應作於冬季。

宋高宗紹興二十年庚午（1150 年），四十九歲

三月二十一日，李光以私撰國史，與胡銓詩賦倡和，譏訕朝政，移昌化軍。

李光《與胡邦衡書七》：「某頓首：顧戎來，辱問訊，意愛甚篤，三復感歎。三月二十一日忽有昌化之命，乃因次子孟堅為鄉人所中，云僕嘗作私史詆謗事，兒子亦就逮詔獄。至今得家書，十年嶺海，未快仇人之意，時時撰造，此身已在生死之外，但付之一笑耳。只今惟一僕自隨，隻影萬里，秖自憐悼。近方入公館，灑掃苟完，明窗淨几，復理琴書，聊以度日。承索序引，中間亦草得，前日因私史事，凡平生具草，盡付丙丁，尋亦自悔，更俟神思稍定，紬繹續奉寄也。公之訓釋，自足名世，何假區區之言？顧君忽過此，云即行，草草作此，不宣。某頓首。」〔註93〕

〔註91〕（宋）李心傳撰：《建炎以來繫年要錄》，中華書局，1988 年，第 2596 頁。

〔註92〕曾棗莊、劉琳主編：《全宋文》第一百五十四冊，上海辭書出版社；安徽教育
　　　　出版社，2006 年，第 204 頁。

〔註93〕曾棗莊、劉琳主編：《全宋文》第一百五十四冊，上海辭書出版社；安徽教育
　　　　出版社，2006 年，第 201 頁。

《宋史·李光》：「十一年冬，中丞万俟卨論光陰懷怨望，責授建寧軍節度副使，藤州安置。越四年，移瓊州。居瓊州八年，仲子孟堅坐陸升之誣以私撰國史，獄成；呂願中又告光與胡銓詩賦倡和，譏訕朝政，移昌化軍。」〔註94〕

李光《靖州通判胡公墓誌銘》：「後予再遷儋耳，距邦衡不數舍。」〔註95〕按：儋耳即昌化軍。

秋，李光與胡銓書，意欲擇一孫女許配胡銓之子。

李光《與胡邦衡書八》：「某諮目上啟：秋暑異常，伏惟衛生有道，臺候起居佳勝。某旋得省箚，大理具獄，兒子竄峽州，永不檢舉。父子蹈此大禍，固無可言，而累及平生知友，如張燾、程瑀二尚書、潘良貴舍人各降三官，（坐嘗通書。）胡寅侍郎鐫職，（坐通書扇搖經略。）餘人賀、許二郎官凡五六人各降兩官，使人不能不悵然也。諸友自知無益，各已相忘久矣。架空造此，不知其因。蓋此數人一向投閒，此其罪也，置之勿複道。連日憂憤，無與晤語，領來書，啟緘快讀，信如執熱之濯清風。佳篇乃未嘗得見蘇、李句，此句法則工，而擬非其倫，則不敢當。三序須俟神閒志定，今未暇也。然骪骳之文，豈足發揚妙趣，以傳示後來？聞命愧惕。令郎氣象未易量，僕孫女多，俟公還朝，未免當擇一端謹以配君子。長兒女子乙卯生，已非偶矣。亭午汗方浹背，勉作此紙，閱畢則付丙丁。不宣。某諮目上啟。」〔註96〕

十二月，作《除夜次慶符》詩。

胡銓《除夜次慶符》：「白髮無端苦見尋，十年孤負醉花陰。可憐獨鶴輕浮海，未及昏鴉日伴林。天末醉眠千嶺寂，江南夢繞五雲深。一杯遙祝慈闈壽，松柏長春共有心。」

胡銓《答陳漢臣書》：「僕前在吉陽，與張伯麟友，得慶符詩文凡百篇。慶符辛未之春，自吉陽脫罪北歸，滯留於瓊者累年。甲戌春正月，忽公幹復至吉陽，相從累月，懽甚。既別三年，而僕蒙恩徙衡，意謂至瓊當握手道故，一寫三年之悲。纔弛擔，即訪慶符安否。聞寓村落，距城三四十里，病不能出，為之悵然者久之。」按：據此二人除夕同在吉陽者只有「辛未之春」前，

〔註94〕（元）脫脫等撰，中華書局編輯部點校：《宋史》卷三百六十三，中華書局，1985年，第11342頁。

〔註95〕曾棗莊、劉琳主編：《全宋文》第一百五十四冊，上海辭書出版社；安徽教育出版社，2006年，第256頁。

〔註96〕曾棗莊、劉琳主編：《全宋文》第一百五十四冊，上海辭書出版社；安徽教育出版社，2006年，第201～202頁。

辛未為紹興二十一年，故此詩應作於紹興二十年除夕。

　　是年，命儋郡齋之東偏冠古堂為繼美堂，并作《儋州繼美堂記》。

　　胡銓《儋州繼美堂記》：「紹興戊辰，臨川陳公以天子命蒞茲土，不鄙夷其民，修學校禮樂以示之，孝行於家，化行於庭，而氓獠自格於海山千里之外。乃以餘力葺東坡酒堂，且繪坡老像，使人有所矜式。又於治之南沼泉築室，以為謀野之具，而參政李公以『賓宴』名之。公間以賓寮遊焉，邀琴牙奕竹，展皋盧家風，洗薄山之垢。或乘興相與訪曲生，浮白醉紅，追逐雲月，若不足日。回視曩時神爵、甘露之間，屢戰屢叛者，蓋萬萬不侔。於是邦之耆老喜曰：『公之尊父，往嘗父母我民，去而思之，樞密揩公銘之詳矣。今公繼來，郡又大治，是非父子之懿耶！』某以罪徙嶺表十年，士大夫論二廣人物，必以公為首稱，曰：『識陳逢時乎？』歲在己巳，某自新州再遷吉陽，道儋耳，始獲識公。一日，公與某坐於郡齋之東偏冠古堂，從容曰：『是堂名未稱，為我新之。』某辭不獲，因以邦人之語易曰『繼美』，公首肯，且命為記，遂書以告公之子若弟。他有繼美者，當無忘斯志。二十年，澹庵居士胡某記。」

　　《方輿勝覽・廣西路海外四州・昌化軍》：「陳中孚。字中正，為方寧令。黎賊犯城，居守有勞，擢知昌化軍。子適，為臨高尉。儋耳民王高叛，適徑造賊壘，諭以禍福，賊遂乞去。後闢知昌化。有繼美堂，胡公邦衡作記。」〔註97〕

　　是年，作《河源縣令崔從政墓誌銘》。

　　胡銓《河源縣令崔從政墓誌銘》：「時漳人陳元忠景衛客番禺，佳士也，聞公治兄弟志學，而新之士皆向化，於是浮海輕千里願交，一時稱盛。已而公治為惠之河源令，而予自新興來遷吉陽，別去不相聞者久之。一日海賈萬里持景衛書來島上，問予安否，且曰：『公治如行所，改秩命且下，以疾卒。其云為澹庵所知也，敢請銘。』某哭曰：『予失良友，尚忍銘耶！』粵明年，景衛書速銘益勤，遂敘其始末而銘之。……卒以己巳年十一月初四日，享年四十有三。若舟走錢塘，以其喪歸葬歸化縣湧水源。君經學有根柢，工詩文，嘗挽予兄邦先云：『通昔笑談成昨夢，百年忠孝忽豐碑。』又云：『要使閭閻皆尚德，敢忘畎畝亦尊王。』長短句云：『愁殢有兵，樽老怕能言李。』其思致多類此。予詩哭之曰：『聲名世上無知爾，文物嶺南難若人。』蓋實錄也。」

〔註97〕（宋）祝穆撰，（宋）祝洙增訂，施和金點校：《方輿勝覽》卷之四十三，中華書局，2003 年，第 783 頁。

宋高宗紹興二十一年辛未（1151 年），五十歲

正月辛丑，胡銓族兄胡份感疾而終。

胡銓《通判兄墓誌銘》：「公諱份，字兼美，姓胡氏。其先自建康家廬陵。曾祖副，不仕。祖諒，贈將仕郎。考諱登臣，贈右宣政郎。妣，歐陽文忠公族朝散郎粲之女。……童顏秀眉，偶感疾而終，實辛未正月辛丑也，享年七十。……予聞廬陵胡氏世業儒，無顯者，公始起家。里人艷其榮進，進於學。而兄敦字歸美者繼掇賢科，自是弟銓、鎬連登第，而子姓貢禮部相躡，皆公發之。」

夏，有旨禁胡銓與李光通問。

胡銓《與周去華小簡一》：「從辛未之夏，有旨下憲司，禁吾二人通問，遂戢，往往官不容針。」

七月七夕，作詞戲答張慶符。

胡銓《菩薩蠻》（辛未七夕戲答張慶符）：「銀河牛女年年渡。相逢未款還憂去。珠斗欲闌干。盈盈一水間。玉人偷拜月。苦恨忽忽別。此意願天憐。今宵長似年。」

九月，作詞和答張慶符。

胡銓《醉落魄》（辛未九月望和答慶符）：「百年強半。高秋猶在天南畔。幽懷已被黃花亂。更恨銀蟾，故向愁人滿。招呼詩酒顛狂伴。羽觴到手判無算。浩歌箕踞巾聊岸。酒欲醒時，興在盧仝盌。」

在崖州，識開封人李杞。

胡銓《贈李杞序》：「開封李杞國才，紹興辛未予始識之崖州，願而有禮。別五年復來，而予尚滯留貶所也，又獲與之周旋。一日，忽告行，且乞文為別，因書以贈。」

宋高宗紹興二十二年壬申（1152 年），五十一歲

六月，作《跋從叔祖八景士遺稿》。

胡銓《跋從叔祖八景士遺稿》：「某幼側聞先君宣教君言，從大父治舉業，日作文一篇，有賓客碁酒，夜歸則補一日之闕。先君沒垂三十年，言猶在耳。頃讀坡老集，見其言曰：『詩非甚習不工，要須日作一首。』山谷亦云：『胸次一日不以古今澆之，便覺面目可憎，語言無味。』乃知從大父蓋用坡、谷法也。然竊嘗觀堯日行道，舜日致孝，禹惜寸陰，湯日新厥德，文王日昃不暇，

武王夙夜惟勤，成王日就其聰，周公夜以繼日，仲尼終日以思，蓋自堯、舜、禹、湯以至周、孔，皆日孳孳然，而況學者，奚可自畫？……紹興二十二年六月壬申，從姪孫前樞密院編修胡某謹書。」

李光與胡銓書，十一月撰成《昌化軍學記》，「昌化軍學記」五字，欲得胡銓作漢隸。

李光《與胡邦衡書一三》：「某少懇。近逢時託撰《軍學記》，雖已勉強撰得，已下手刻石矣。但『昌化軍學記』五字，欲得邦衡作漢隸，比已令停刀筆以俟，幸速得之。恃愛，忘率爾，悚息之至。元衡未中第，才業人望如此，後必中耳。令嗣想不廢學，異時必能繼公清風也。令郎氣象可喜，為胡邦衡子，而命又與僕相似，它時寧為凶人，必不為佞人也，呵呵！似聞廬陵書來，尊少俱康佳。僕家書不出此月必至。隻影萬里，頗有意外之慮。去秋人回，令津遣三兩老妳婢來，孟堅不在家，不知小兒能辦此否？得孟堅書，頗能不廢學，抗論甚偉。某已寫書一幅，忽蜀僧行密至，袖出『寂照庵』三字，如獲至寶。余俟後便。某再拜。『湧月閣』三字，森然如入武庫，見古劍戟，凜然如睹正人端士之容。即已付郡侯，而前牓及僕惡箚，彼以人情，不肯亟換，須俟從容耳。某再啟。」〔註98〕

李光《昌化軍學記》：「昔蘇公端明謫居此邦，有《遊學舍詩》云：『攝衣造兩塾，窺戶無一人。邦風方杞夷，廟貌猶殷因。先生饌已闕，弟子散莫臻。』蓋歎之也。今相去五六十年間，文學彬彬，不異閩浙。予以放逐至此，時得與其士子相從文字間，而王霄諸生又多及見前輩，喜與遷客遊。一日，摳衣踵門，以學記為請，念方衰病，久廢筆硯，屢辭不獲，因書其經始大略如此。異時長材秀民，業精行成，登巍科、膺臒仕者，繼踵而出，則予雖老矣，尚庶幾及見之。紹興二十二年歲次壬申十月庚子，上虞李某記。」〔註99〕按：方星移《宋四家詞人年譜·李光年譜》：「本年十月壬戌朔，無庚子日，十一月辛卯朔，初十日庚子，故十月庚子應為十一月庚子。」〔註100〕

十二月，作《通判兄墓誌銘》。

胡銓《通判兄墓誌銘》（假李泰發參政名銜）：「予自藤再遷瓊，瓊守張公

〔註98〕曾棗莊、劉琳主編：《全宋文》第一百五十四冊，上海辭書出版社；安徽教育出版社，2006年，第205頁。

〔註99〕曾棗莊、劉琳主編：《全宋文》第一百五十四冊，上海辭書出版社；安徽教育出版社，2006年，第236頁。

〔註100〕方星移：《宋四家詞人年譜》，黑龍江人民出版社，2008年，第194頁。

仲爽嘗謂予言，通守靖州胡公有交承之雅，可人也。予恨不識其人。亡幾何，廬陵胡邦衡自廣東遷朱耶，道瓊山，見予於雙泉，則其季也。會張公亦來，二人合談靖州之美不容口，予益以未獲見為歉。後予再遷儋耳，距邦衡不數舍。一日，邦衡忽書來告曰：『靖州兄，篤行文雅君子也。今不幸即世，世之知者蓋鮮，非公特書，恐遂湮沒不傳，敢以銘請。』予出涕曰：『哲人云亡，尚忍言也耶！』邦衡請不懈，益虔，遂刪取其狀，敘而銘之曰：公諱份，字兼美，姓胡氏。其先自建康家廬陵。……紹興二十二年十二月癸酉，葬於吉水縣之中鵠鄉山塘之原。」

宋高宗紹興二十三年癸酉（1153年），五十二歲

十二月，作《德慶通守劉承議墓誌銘》。

胡銓《德慶通守劉承議墓誌銘》（紹興二十三年十二月）：「君諱獬，字去邪，年五十一卒，其年十二月某甲子葬廬陵儒行鄉曲石之原。左迪功郎、興國縣尉鄧君善以去邪之族、出處文行、歷官治績、年若干為書，遣一介請為銘詩刻之墓碣於廬陵胡某……未幾以病卒，實紹興二十三年八月八日也。……某與同年進士，義不容不銘，遂銘之。」

是年，作《鷓鴣天》詞。

胡銓《鷓鴣天》（癸酉吉陽用山谷韻）：「夢繞松江屬玉飛。秋風蓴美更鱸肥。不因入海求詩句，萬里投荒亦豈宜。青箬笠，綠荷衣。斜風細雨也須歸。崖州險似風波海，海裏風波有定時。」

宋高宗紹興二十四年甲戌（1154年），五十三歲

正月八日，胡銓生母曾氏卒於家，五月四日方收家問。

胡銓《經筵玉音問答》：「甲戌春正月八日，臣生母曾氏喪於家而臣不知，於五月四日方收家問，臣惟有朝夕擗踊痛哭，恨此身不即死，與母相見於黃泉。」

《行狀》：「聞母曾之喪，一慟幾絕，勻飲溢米，三日不歠，鬚髮盡白，見者出涕。」

《神道碑》：「公性孝友，在海南聞母喪慟絕，水漿不入口，一夕鬚髮盡白。」

胡銓《孺人曾氏行狀》：「孺人享年七十有七，二十四年歲在甲戌正月八日以疾終，將以某年某月某日葬於某原。孺人世為吉之廬陵人，三世在野。

男鋒力學有守，前十年卒。季則某也，中建炎二年甲科。朝廷初復制舉，宰相舉某應賢良方正直言極諫科，孺人戒曰：『毋負所舉。』後某果以言事獲譴，孺人不戚戚。女嫁士人曾鏗，亦先卒。孫男四人，瀟、濟、泳、澥，皆志學。孫女八人，長適進士李礎，余在室。孺人性儉勤，能自刻苦，首飾無金玉。喜讀佛書，寒暑不廢，至訓子孫則一出於仁義，未嘗一言及他。某位於朝也，大駕或出，孺人必躬飭子孫望拜盡禮以為常。某一時同僚及同年進士偏列臺省，若節春秋，必升堂為壽，士艷其榮。歲在戊午，某為省試官，所得士皆一時選，後多通顯，有入兩地者。而某坎壈垂二十年，食幾並日，不堪其憂，孺人泰然安之。自某徙嶺海久之，孺人居無室廬，轉徙僑寓，以至沒齒，無少怨，類知道安命者。」

正月，張慶符公幹至吉陽，與胡銓相從累月。

胡銓《答陳漢臣書》：「僕前在吉陽，與張伯麟友，得慶符詩文凡百篇。慶符辛未之春，自吉陽脫罪北歸，滯留於瓊者累年。甲戌春正月，忽公幹復至吉陽，相從累月，懽甚。既別三年，而僕蒙恩徙衡，意謂至瓊當握手道故，一寫三年之悲。才弛擔，即訪慶符安否。聞寓村落，距城三四十里，病不能出，為之悵然者久之。」

《宋元學案補遺·澹庵講友·明經張先生伯麟》：「張伯麟字慶符，當塗人。少強學，不妄言笑，長以氣豪里中。每慕古人奇節，人未之知也。紹興初，以明經入太學。毅然詆面直人短長，同舍生憚之。當是時，秦檜主和議，而百執事相戒以言。先生覩時事常憤之，因題齋壁云：『夫差而忘句踐之殺而父乎？』同舍生見之大駭，請圬其壁，毋令諜者知，事聞累君不淺。先生曰：『大丈夫一死苟得所無懼也。』檜方文致太平，元夕都中張燈。先生出遊，過中貴人白諤門，見籠燈盛設，取筆題其上如齋壁所書。檜聞，下先生於獄，箠楚無全膚，流吉陽軍。檜死，生還，不知所終。（《姓譜》）」〔註101〕

五月，鄭剛中去世。紹興八年胡銓被貶，曾帥臺諫引救。

胡銓《與邢司戶晦小簡》：「某頃在朝路，嘗謂資政丈昂昂如雞群之鶴，大見稱賞。既以某狂瞽獲罪，人為危慄，公獨奮然帥臺諫引救，夜半賜對便坐，且得旨釋某罪。此恩未報，而公溘然，某尚忍言之！昨在席收周去華書，云公以直牾當軸者徙封。某既過海，每得去華書，必蒙寄聲。甲戌冬，去華報

〔註101〕（清）王梓材、（清）馮雲濠編撰，沈芝盈、梁運華點校：《宋元學案補遺》卷三十四，中華書局，2012 年，第 2027 頁。

公捐館，不覺涕之沾襟，蓋上以為天下痛，而下以哭其私。近和國姪及侯計議文仲自蜀來見訪，云蜀人至今私遺愛，此決不誣。」按：公指鄭剛中，字亨仲，邢晦為鄭剛中之婿。據《全宋文》鄭剛中小傳考證：「紹興十八年十一月再責濠州團練副使，復州安置；再徙封州。二十四年五月卒，年六十七。」〔註102〕《全宋詞》小傳所載卒年同。

胡銓《跋鄭亨仲樞密送邢晦詩》云：「紹興丁巳，公與銓同為編修，官密院。戊午夏，又同考較省闈。訖事攝都司，除殿中侍御史，遷中執法。冬，金人以偽詔授我，欲屈無堤之輿下拜以受，從之。公與銓力爭不可，言頗訐，上震怒，詔褫銓爵，投昭州。公奮然曰：『吾嘗同僚，決不使邦衡獨斥。』夜半，與諫議大夫李誼宣言、吏部尚書晏敦復景初、戶部侍郎李彌遜似之、向子諲伯恭、禮部侍郎曾開大猷、張九成子韶對便坐引救，上稍稍霽威。右相秦檜、參知政事孫近激公義，亦實時入對，乞從公等臺諫侍從請，上賜可，銓得釋，謫廣州監鹽倉。公又引大義折檜，遂有量與錄用之請，除銓僉書福唐幕。辛酉到官。壬戌秋，閩帥程邁中銓以飛語，復投嶺表。己巳春，新州張棣承廣帥王鈇風旨劾奏，銓移海外。未幾，公自泗州宣撫被遣徙桂陽，又徙封州，亦坐鈇之譖也。乙亥夏，病不起，銓方居海島，愧不能效欒布與敞脂之收葬以報公恩，抱恨千古。丙子夏，銓蒙恩徙衡。戊寅冬，公之婿郴司戶邢晦德昭罷官過雁峰，出示公遺墨，讀之潸然出涕。屬有悼亡之戚，不克繼韻，輒書舊所作楚詞於後，蓋上以為天下慟，而下以哭其私也。」按：乙亥為紹興二十五年，記載似誤，鄭剛中應為二十四年卒。

六月，李光與胡銓書。勸其七七之後，宜茹葷鮮，以助真氣。

李光《與胡邦衡書一六》：「某再啟：某老病，日益衰瘁，加以群囂未靖，杜門待盡，以此久不通書，唯是懷企道義，未嘗一日忘也。吾徒憂患至此，古今罕有，如僕老病，死自其分。公今遭此家禍，更宜以遠業自重，勿過悲傷。居瘴煙之地，血氣已耗，七七之後，宜茹葷鮮，以助真氣。凡居喪有疾，飲酒食肉，聖人所許，儋、崖瘴毒之地，獨不比有疾乎？」〔註103〕

按：胡銓《經筵玉音問答》：「甲戌春正月八日，臣生母曾氏喪於家而臣

〔註102〕曾棗莊、劉琳主編：《全宋文》第一百七十八冊，上海辭書出版社；安徽教育出版社，2006年，第30頁。

〔註103〕曾棗莊、劉琳主編：《全宋文》第一百五十四冊，上海辭書出版社；安徽教育出版社，2006年，第207頁。

不知，於五月四日方收家問。」如按照一般情況，人死後每隔七日祭奠一次，到七七四十九日止，共為七七。則消息傳到海南時，早已過了七七，李光不可能寫作此信。故此處胡銓所作七七應從收到家信之日起算起，七七之後，則已是六月下旬，故繫於六月。

十一月，以通判武岡軍方疇通書胡銓及他罪，除名，永州編管。

《建炎以來繫年要錄》卷一百六十七：「紹興二十有四年……十有一月庚戌朔……是月，左奉議郎通判武岡軍方疇除名，永州編管。疇坐與流人胡銓通書，為守臣李若樸所告。」〔註104〕

《宋史‧高宗八》：「十一月乙丑……是月，以通判武岡軍方疇通書胡銓及他罪，除名，永州編管。」〔註105〕

《行狀》：「武岡軍通判方疇以致書議姻，遂下若盧。」

李光與胡銓書。李光近緣虛驚，取平生朋友書問悉付丙丁，如胡銓往來書亦不免為煨爐。

李光《與胡邦衡書二一》：「覽機宜公書，超然如見其人。亨仲亦蹈奇禍，蓋非偶然，深於術數者能言之，一切順受，更有何事？僕年垂八十，喜進者尚下石不已，所論無根，卻非廟堂之意。既言僕擅離貶所，見在清湘，言者亦得之傳聞，使有意見害，欲加之罪，豈無名乎？然一犬吠雪，百犬皆應，連月人情大有可笑，置之勿復道也。年來衰頹，步趨瞻視皆不及前時，但心志尚強耳。清河時聞動靜，然謹不欲以無益書問纍之。茂遠奇士，僕初南遷過臨川，預以書戒其勿出，渠回書慨然，反出十餘里外相迓清談，終夕傾倒，然中間消息甚惡，心不以為然。今聞機宜公所報，悲愴不已，如此人者世豈多有！造物不仁，何奪之遽耶？如聞秦國卻能稍寬，老人平時參禪，於夢幻死生是第一義，但子母之情豈易割邪？但漸遠漸忘耳。機宜公數詩皆妙作，憂患中陶寫性靈，實賴詩酒。張第、劉昉、楊願皆惡病而殂，孰謂造物果無心耶？老懶加之畏禍，又善累人，皆不敢作書。近又緣虛驚，取平生朋友書問悉付丙丁，已而又悵然，如邦衡往來書亦不免為煨爐矣！如詩文，它日尚可求也。某再拜。」〔註106〕按：信中所言擅離貶所之傳聞在《與胡邦衡書一五》中亦

〔註104〕　（宋）李心傳撰：《建炎以來繫年要錄》，中華書局，1988年，第2734頁。

〔註105〕　（元）脫脫等撰，中華書局編輯部點校：《宋史》卷三十一，中華書局，1985年，第580頁。

〔註106〕　曾棗莊、劉琳主編：《全宋文》第一百五十四冊，上海辭書出版社；安徽教育出版社，2006年，第210頁。

有提及，且後文還言及陰遣使人直至昌化緝探之事，故此信寫作時間應在《與胡邦衡書一五》之前。

十一月，李光與胡銓書。胡銓生母去世，李光勸其勿至傷生，處憂患之際，又瘴癘侵其外，應痛自裁抑。

李光《與胡邦衡書一五》：「某手啟，昨顧巡檢行，奉記，伏承老人以壽終，想人子之痛，豈易堪忍！況吾友至性過人，幸勿至傷生。尼父每以中道立教，載在《禮經》，過此失禮意。況五十歲以上，血氣不比少年時，吾徒處憂患之際，又瘴癘侵其外，惟痛自裁抑，乃免病苦，至懇至祝。近緣議者傳僕擅離貶所，見在清湘，出入王安撫家，諸處雖已申奏，見在本軍城裏居住，而諸司尚以為疑，陰遣使人直至昌化緝探，節前至此，今已回矣。度此報至朝廷，必已釋然。曲折符尉知之，此不詳具。八十老人，死自其分耳，年來亦覺頓衰，步趨無力，心志健忘，聰明不及前時矣。又緣為文字纏擾，晨起嘗晏坐，而喜抄書，以此不得全功於鍊養，但絕欲十四五年，色身尚強耳。十一月九日至節，是日戊午，乃僕本命，作小醮青詞，末云：『滌除玄覽，悟色境之皆空；專氣致柔，冀形神之俱妙。』大略如此。覽封州書，感歎不可言。或以僕近日動靜，一寬朋友之念也。丹砂甚妙，為更求數粒。古人云『內丹既就，外丹自來』，豈其然乎？偶此便甚的，因致此幅紙，不宣。某啟上。」〔註107〕按：《李光墓誌》：「公生於元豐元年（1078年）十一月十日。」〔註108〕則此信或作於十一月。

胡銓身在嶺海十餘年，依舊堅信能生還鄉里。

胡銓《與振文兄小簡》：「卑弟去侍下十餘年，不子之責，固不待說。每念通判兄七十尚生還鄉里。蘇子卿十九年歸漢，萬里遼東亦歸管寧。犬馬之齒比通判兄少二十年，自戊午被放及今，比李揆多一年，比子卿欠二年，比姜慶初欠三年，比東坡多十年，他不足論也。倘厄運漸滿，如子卿則更二年耳，如慶初則更三年耳，豈可便作死漢看，謂不生還侍下哉！如厄運未滿，更展十年，不然更寬展二十年，尚得如通判兄七十還鄉，有何不可？但不知更二十年後，和尚在、盔盂在也？此理甚明，天理亦甚明。世間人但只暗室

〔註107〕曾棗莊、劉琳主編：《全宋文》第一百五十四冊，上海辭書出版社；安徽教育出版社，2006年，第206頁。

〔註108〕傅璇琮、王兆鵬主編：《宋才子傳箋證（詞人卷）·李光傳》，遼海出版社，2011年，第251頁。

間低頭做事，不抬頭覷天，將謂李太伯渴睡，不知道李太伯自曉徹夜不曾睡著也。聊發萬里一笑。乞將此紙呈老兄，同發一笑。」

是年，作《采桑子》詞。

胡銓《采桑子・甲戌和陳景衛韻》：「山浮海上青螺遠，決眥歸鴻。閒倚東風。疊疊層雲欲蕩胸。弄琴細寫清江引，一洗愁容。木杪黃封。賢聖都堪日日中。」

是年，作《和張慶符題余作清江引圖》詩。

胡銓《和張慶符題余作清江引圖》其一：「痛飲從來別有腸，酒酣落筆掃滄浪。如今卻怕風波惡，莫畫清江畫醉鄉。」其二：「何人半醉眼花昏，畫出江南煙雨村。滿世庾塵遮不得，聊將醉墨洗乾坤。」

按：《采桑子・甲戌和陳景衛韻》有「弄琴細寫清江引」，與此詩當作於同一時期，且胡銓《答陳漢臣書》云「甲戌春正月，忽公幹復至吉陽，相從累月」，故此詩應作於今年。

劉崧《題胡忠簡公所畫〈清江引〉並詩後》：「昔唐顏太史以直節挫叛臣，而世恒以其書名。宋胡忠簡公以蹈海卻僭虜，而世或以其畫傳，此無他，士君子博於遊藝而不遺小物，類如此，矧書心畫也，而書與畫又異趨而同出者乎？今觀此圖，乃公所製《清江引》，又自題詩其後，以遺張慶符者也。其徒步而挽舟，騎而挾從，作忍寒狀，與罾魚而舟居者勞佚遠矣。雖不可知其命名意之所自，然規置精密，意態生動，有非尋常畫史之可及者，蓋真蹟也。抑吾聞自昔忠臣義士翰墨所在，天必閟而攝之，若大師碑刻類。然斯圖也，安知天不勅六丁下而取將乎？胡氏子孫尚慎藏之哉！」〔註109〕

是年，作《減字木蘭花》詞。

胡銓《減字木蘭花》（慶符引赦自便，已脫去，至東界，又遭郡中勾回，遂有弄璋之喜。慶符云：嘗夢舅氏如夢囪也。予嘗占慶符當弄瓦，賭主人。慶符來督，故詞中具之）：「渭陽佳夢。瓦變成璋真妙弄。不是勾回。湯餅冤家喚得來。不分利市。要我開尊真倒置。試問坡翁。此事如何著得儂。」按：據前引胡銓《答陳漢臣書》，此詞應作於紹興二十一年至二十四年之間，暫繫於此年。

是年，李光與胡銓書，言孫女十四歲，與胡銓長子胡泳年正相當。

李光《與胡邦衡書六》：「中前湯字鄙句，何以流傳至彼？和章又得千里一噱。海外士不肯讀書，又恥於下問，有見過者默坐而已。然淨名一默，溫伯

〔註109〕鄧子勉編：《明詞話全編・劉崧詞話》，鳳凰出版社，2012年，第45～46頁。

雪子，目擊而道存，自愧癡頑，不能頓悟耳。陳逢時緣了襄事，因得從容，符子繼往，想今冬不落莫矣。別紙所喻，荷意愛之厚，但各在一涯，會合未有期，平生不敢失信於朋友，豈敢預計邪？得家人去冬書，云孟博女子已一面出適，第四兒子已一面娶婦。今諸孫女雖多，惟孟堅女子，僕去家時才周晬，今十四歲矣，聞極端慧，與令郎年正相當。但人事有不可預定者，言之但快悵耳。某再啟。」〔註110〕按：十一年，李光謫藤州安置。至紹興二十四年正十四年，故繫於此。

是年，第三子胡浹生於吉陽軍。

胡銓《經筵玉音問答》：「臣長男泳乃紹興戊午冬生姑蘇，次男澥乃戊辰夏生於新州，次男浹乃甲戌生於吉陽軍。」

宋高宗紹興二十五年乙亥（1155 年），五十四歲

李光與胡銓書，勸其自寬，清心宴坐，絕欲忘緣。

李光《與胡邦衡書二二》：「人情恟恟，想杜門飲醇，與僕況味同也。自去冬緣王彥恭事，驚憂不小。數日所傳，朝廷已察知其誣，王盡復官，復知雷州，了城壁。人情陡變，凡知友半歲不通問者，連日踵至，可付一笑耳。邦衡憂患重重，宜有以自寬，清心宴坐，絕欲忘緣。莊老吾師也，其餘經史，且可撥置。僕今年七十有八，平生萬事足，所欠惟一死耳。年來諸況如故，但腰膝無力，然平生故人死亡略盡。通封川書，為轉求丹砂，實濟扶衰之用。某再批：孫女乃孟堅次女，年未及笄，親期能稍緩為幸，蓋不可越次故也。」〔註111〕按：《李光墓誌》：「公生於元豐元年（1078 年）十一月十日。」李光七十八歲，則為紹興二十五年（1155 年）。

李光與胡銓書，十五年之間，雖老而未死，蓋有出乎死生之外者。

李光《與胡邦衡書一九》：「某啟：甘子行，嘗奉手函，諒已塵視。日來煩暑，伏惟起居佳勝。某老病如常，儋、崖天下至惡弱之地，吾二人居之，能不以為陋。內有黃卷聖賢，外有青衿士子，或一枰之上，三酌之餘，陶然自樂，是非榮辱，了不相干，故十五年之間，雖老而未死，蓋有出乎死生之外者。符子海外有識之士，廉而有才，相從踰歲如一日，想能道僕起居之詳。舍人公相

〔註110〕曾棗莊、劉琳主編：《全宋文》第一百五十四冊，上海辭書出版社；安徽教育出版社，2006 年，第 200 頁。

〔註111〕曾棗莊、劉琳主編：《全宋文》第一百五十四冊，上海辭書出版社；安徽教育出版社，2006 年，第 211 頁。

見為僕致意，三蒙惠醞，此意厚矣，念正牢落，未能致一物。修城立寨，一勞永逸，尚何罪乎？聞太夫人襄事，須俟公歸，甚善甚善！不宣。某啟，上邦衡編修老友。」〔註112〕按：李光紹興十一年謫藤州（今廣西藤縣）安置，至此十五年。

六月十一日，作《書崔公冶書後》。

胡銓《書崔公冶書後》：「予在新州，惠州河源縣令崔公冶書報云：『潮陽今作吉陽，謂丞相趙公元鎮自潮再遷吉陽也。』時朝廷怒趙公方甚，人不敢斥言，故為廋語耳。予初不知吉陽為何地，後三年，予自新州亦再遷吉陽，乃知即崖州也。今趙公與崔皆為鬼錄，而予遷崖忽忽七年，思老杜『勢閱人代速』之句，為之太息。紹興乙亥六月十一日書。」

十月十八日，秦檜死。

《神道碑》：「二十五年冬，秦丞相薨，乃得歸。」按：二十五年冬十月丙申，秦檜死。

十二月十五日，胡銓量移衡州。

《建炎以來繫年要錄》卷一百七十：「紹興二十有五年……十有二月甲戌朔……丙申……吉陽軍編管人胡銓量移衡州，從刑部檢舉也。」〔註113〕

《宋史·高宗八》：「十二月甲戌朔……丙申（十五日），復以蕭振為四川制置使。復張浚、折彥質、趙汾、葉三省、王趯、劉岑官。移胡銓衡州。」〔註114〕

十二月二十六日，李光與胡銓書，已得知秦檜死訊，北歸有望。

李光《與胡邦衡書二三》：「某啟：久不通問，實以小人窺伺者眾，不欲以無益之寒溫奉累也。日來起居佳勝。今早林令自瓊州專人報秦公十月十八日歿，故前日赦文不見此公階位，心知如此，今果然也。僕已為太夫人撰得埋文，其間有難迴避者前已為上，淨本須面納也。前日赦文，固知非渠意，想宅上自有專人至矣。某老病，遂有復見松楸之望，度不出二三月間，必有朝命，可即促裝也。惟保愛是禱。不宣。十二月二十六日，某啟上。」〔註115〕

〔註112〕 曾棗莊、劉琳主編：《全宋文》第一百五十四冊，上海辭書出版社；安徽教育出版社，2006年，第208～209頁。
〔註113〕 （宋）李心傳撰：《建炎以來繫年要錄》，中華書局，1988年，第2796頁。
〔註114〕 （元）脫脫等撰，中華書局編輯部點校：《宋史》卷三十一，中華書局，1985年，第583頁。
〔註115〕 曾棗莊、劉琳主編：《全宋文》第一百五十四冊，上海辭書出版社；安徽教

是年，李光與胡銓書。胡銓示生母行狀，請李光撰墓誌銘。胡銓有奔喪之請，終未實現。

李光《與胡邦衡書二〇》：「某頓首：使至，辱惠真翰，深佩雅意。相望雖若不遠，而山海之隔，不啻弱水，人情險巇，過於蜀道。去冬嘗作書，不敢輕付。即日恭審臺候佳勝。某老繆椎魯不文，過辱寵示太夫人行狀，俾之著撰，伏讀赧然，此非老於文學者，其誰敢為？然邦衡名節凜然，老朽得附名其間，豈非幸願？但此文須少從容，若止述婦人閨門之行，其他畏避而不敢言，則非僕之志，豈足以慰士友之望、邦衡之心哉！無由面談，切冀保重，不宣。某頓首。劉夢得謫播州，柳子厚以禹錫母老，願以柳易播，是時裴晉公在朝，言陛下方以孝治天下，願俛從其請，禹錫遂移連州。今聞邦衡有奔喪之請，不知大臣中亦有慨然如晉公為開陳者乎？今冬郊恩，邦衡歸有期矣，願益自愛。某又上。」〔註116〕

按：據「過辱寵示太夫人行狀，俾之著撰」，此信當作於十二月《與胡邦衡書二三》之前。又據「今冬郊恩」，《宋史全文・宋高宗十六》：「乙亥紹興二十五年……十一月乙巳朔……癸亥，冬至日，合祀天地於南郊，赦天下，應命官緣事流放、累該赦宥未曾施行，令刑部開具元犯因依，申尚書省取旨。」〔註117〕則此信應作於紹興二十五年。

宋高宗紹興二十六年丙子（1156 年），五十五歲

三月二日，李光與胡銓書，希望能相遇於雷、化間。

李光《與胡邦衡書二四》：「十二月二日，蒙恩檢舉移郴，尚未被受省箚，至即首塗矣。邦衡旦夕必有指揮，幸加鞭相遇於雷、化間，幸甚！切便促裝，勿以細故滯留也。昨日一報尤快意，謹納上埋文，漫草就，不能盡褒贊之意，望不外垂喻。余非面見，莫罄所懷。某啟上。三月二日，某頓首。」〔註118〕

四月十日，李光與胡銓書，寄上為胡銓母親所作墓誌銘，請胡銓書寫《儋

育出版社，2006 年，第 211～212 頁。

〔註116〕 曾棗莊、劉琳主編：《全宋文》第一百五十四冊，上海辭書出版社；安徽教育出版社，2006 年，第 209 頁。

〔註117〕 汪聖鐸點校：《宋史全文》卷二十二上，中華書局，2016 年，第 1784 頁。

〔註118〕 曾棗莊、劉琳主編：《全宋文》第一百五十四冊，上海辭書出版社；安徽教育出版社，2006 年，第 212 頁。

耳廟記》。

李光《與胡邦衡書二五》：「前奉書並銘文久矣，中間人情尚未堅決，故不能無過慮，今似稍定。檜黨略盡，先太夫人銘志，輒以奉寄，然猶未可示不相知者。僕已有郴江居住之命，然未得省箚，姑忍待之，不知邦衡已得移命否？此無可疑，但促裝，且夕必至。或傳已得家書，須令人計會省箚。昨早得小兒書云：正月十八日已遣兩兵，今猶未到，不知帶得公文來否？遞中恐浮沉耳。某少懇：近以邦人慾得《儋耳廟記》，漫撰成，念非邦衡妙翰無以增潤骫骳之文，幸輟少刻，一揮灑之。僕得公文即行，前途定期少款。四月十日，某頓首上。臺眷均勝。過儋，或僕已行，即便可入行衙少駐也。天氣正熱，須早行，日中少駐也。某再啟。」〔註119〕

作《與方耕道小簡》。

胡銓《與方耕道小簡一》：「小生近雖有量移之報，尚未受命。蓋海外兩涉海乃至，而朱崖又在島之窮處，雖赦書至今未到，他可知矣。倘幸生還，定冀一面。然行止未可前決，萬萬為吾道自厚自愛。匆匆，不次。」按：去年十二月十五日，胡銓方有量移衡州之命。路途遙遠，則寫作此信的時間應在第二年，故繫於今年。

六月，作《盛德堂銘》。

胡銓《盛德堂銘》：「猗歟朱崖，儋守裴公。震風凌雨，大廈骿欚。遷客所廬，丞相趙公。後來云誰，廬陵胡銓。三宿銜恩，矧此八年。紹興丙子夏六月鑴。」

《方輿勝覽·廣西路海外四州·昌化軍》：「皇朝裴聞義知昌化。父紹，為吉陽守。胡邦衡題其堂曰盛德。」〔註120〕

范梈《贈裴氏二子》（唐晉公之後，家有胡銓《盛德堂銘》。其先世為守是郡，家焉。至今尚為儒家。）：「有後深知晉國賢，傷心不為海南邊。相逢莫笑無多贈，猶是詞垣舊俸錢。」〔註121〕

八月，北歸，行瓊山道中，讀李光詩集，作《跋李泰發參政詩集》。

胡銓《跋李泰發參政詩集》：「此林氏所集參相李公詩文也，編次甚精。

〔註119〕 曾棗莊、劉琳主編：《全宋文》第一百五十四冊，上海辭書出版社；安徽教育出版社，2006年，第212～213頁。

〔註120〕 （宋）祝穆撰，（宋）祝洙增訂，施和金點校：《方輿勝覽》卷之四十三，中華書局，2003年，第783頁。

〔註121〕 楊鐮主編：《全元詩》第二十六冊，中華書局，2013年，第425頁。

予蒙恩北歸，行瓊山道中，日讀不廢手。或疑其間用字有未妥及用事有可疑者，蓋人不曾觀書，不知來歷耳。……其送予遷吉陽詩云：『夢裏分明見黎姆，生前定合到朱崖。』予初貶新興，一日忽夢黎姆，後十年乃遷朱崖，故云然，蓋海南有黎姆山也。唐末有『朱耶赤子』之語，『朱耶』即朱崖也。紹興丙子中秋後五日跋。」

秋，始獲北渡。

胡銓《與陳長卿小簡一》：「某乙亥冬蒙恩移衡，丙子秋始獲北渡，再涉鯨波，方抵雷陽。」

北歸途經雷州城，登高而望，作《雷州城記》。

胡銓《雷州城記》：「某自吉陽蒙恩北歸，嘗登高以望，雉堞隱然，雖古所謂蠢若長雲，屹若斷岸，殆不能遠過。真一時之壯觀，千古之弘規也，顧不偉哉！」

北歸途中，海康鄉貢進士陳治安送胡銓至遂溪縣，作《陳氏二子字序》以遺之。

胡銓《陳氏二子字序》：「陳氏二子，長曰治安，次曰治平。安必若泰山，安字曰伯山。平莫若砥，平字曰仲砥。治安今為海康鄉貢進士，予比歸，送予至遂溪縣，感其兄弟遠出之意，書以遺之。」

秋，途經南恩州，作《題鐵阮》《峒石山》《北湖》《中秋前一夕攜家步至北湖藉縟草久之和東坡湖上聽琴韻》《題陽江何氏挹翠軒》《登南恩望海臺》《又用過鐵坑山韻》《熙春亭》等詩。

胡銓《題鐵阮》：「路入陽春境，杳然非世間。初疑金菊嶺，原是鐵阮山。日薄嵐氣重，天寒酒力慳。人言茲地惡，我愛碧孱顏。」

胡銓《峒石山》：「茲處山皆石，他山盡不如。固非從地出，疑是補天餘。下漏一拳小，高凌千仞虛。奇章應未見，名不到中書。」

《方輿勝覽·廣東路·南恩州》：「鐵坑山，在陽春縣東。○胡邦衡詩：『初疑金谷嶺，元是──。人云茲地惡，我愛碧孱顏。』峒石山，在陽春縣。巖谷幽邃。○胡邦衡詩：『茲處山皆石，他山盡不如。固非從地出，疑是補天餘。下漏一拳小，高凌千仞虛。奇章應未見，名不到中書。』」〔註122〕按：或作於北歸途中，暫繫於此。

〔註122〕（宋）祝穆撰，（宋）祝洙增訂，施和金點校：《方輿勝覽》卷之三十七，中華書局，2003 年，第 675 頁。

胡銓《北湖》:「北湖境自舒,水迴山更碧。雪衣故飛來,照影共清白。」
按:北湖在廣南東路南恩州。

胡銓《中秋前一夕攜家步至北湖藉縟草久之和東坡湖上聽琴韻》:「臨水
遲佳客,碧盡天邊雲。心期殊未來,且復偶細君。援琴松滿耳,添酒月入樽。
水天靜秋光,不受世所醮。飲酣睡味美,風漪生簟紋。得來亦何有,理亂了不
聞。兒童莫喚醒,不妨長醉昏。休論萬里情,我非宜城渾。」

胡銓《題陽江何氏挹翠軒》:「人皆犯紅塵,君獨嗜空翠。紅塵終有得,
空翠了無味。自眾人以觀,君亦少良計。細問紅塵人,軒冕蔓倒敝。方寸萬斛
埃,灰土常處袂。翻思對青山,一洗穢濁氣。始知空翠佳,千古余爽思。何子
亦何人,對此日隱几。明涵軒窗淨,影入林牖媚。眼界括窮碧,白鳥決歸眥。
青山如高人,可挹不可致。」按:樂史《太平寰宇記·嶺南道二·恩州》:「元
領縣三。今一:陽江。」〔註123〕

胡銓《登南恩望海臺》:「君恩寬逐客,萬里聽歸來。未上凌煙閣,聊登
望海臺。山為翠濤湧,潮拓碧天開。目斷飛雲處,終身愧老萊。」

《方輿勝覽·廣東路·南恩州》:「挹秀亭;胡邦衡詩云:『青山如高人,
可挹不可致。』熙春臺,在州東北。高跨嶺首,下視南溟。望海臺。胡邦衡南
遷賦詩:『君恩寬逐客,萬里聽歸來。未上凌煙閣,聊登——。山為翠濤湧,
潮拓碧天開。目斷飛雲處,終身愧老萊。』」〔註124〕

胡銓《又用過鐵坑山韻》:「縣古杉楓老,人居水竹間。字民無獄訟,攜
客有江山。路遠旅愁積,病多詩思慳。」

《方輿勝覽·廣東路·南恩州》:「縣古松杉老。胡邦衡詩:『云云,人居
水竹間。字民無獄訟,攜客有江山。』」〔註125〕

胡銓《熙春亭》:「井邑峯巒繞郡城,新臺高崎見南溟。海瀾浩蕩連雲白,
江漢朝宗徹底清。日月往來雙羽箭,乾坤今古一郵亭。年年不改長春景,遙
想蓬山作畫屏。」

十一月,道嵩臺,胡銓與通守左承議郎潮陽袁煥章及太守右朝議大夫襄

〔註123〕（宋）樂史撰,王文楚等點校:《太平寰宇記》卷之一百五十八,中華書局,
　　　　2007年,第3038頁。
〔註124〕（宋）祝穆撰,（宋）祝洙增訂,施和金點校:《方輿勝覽》卷之三十七,中
　　　　華書局,2003年,第675頁。
〔註125〕（宋）祝穆撰,（宋）祝洙增訂,施和金點校:《方輿勝覽》卷之三十七,中
　　　　華書局,2003年,第675頁。

邑鄭安恭燕於肇慶府講武榭，並作《肇慶府講武榭記》。

胡銓《肇慶府講武榭記》：「肇慶府講武榭者，太守右朝議大夫襄邑鄭公安恭作也。某自吉陽蒙恩北歸，道嵩臺，公與通守左承議郎潮陽袁公煥章及某燕於茲榭。酒半，謂是邦實藩府，戎，國大事，講閱為政之要務，而校場在城之隈，湫隘弗敞，不足以肄武備，示整暇，甚非謂也。頃始視事，行城之東，得此異處，不違府咫尺，而山海之勝概具焉。木天渠渠，誠千里壯觀，不可無紀，謀伐石以俟。某退而思，偶記《春秋》書宣榭事，輒考始末而為之說。……紹興丙子十一月記。」

冬，與人同遊高州靈湫山。

林上飛《靈湫巖題名》：「仙谿林上飛昇卿、江西劉德驥彼稱、徐樗丂才、胡銓邦衡同遊龍湫。湖南李澈彥澄後至。酒三行，策茗盎勳，彈清江操，懼不足而適有餘。天公孫囗坅廷錫命刊石。紹興丙子冬。」〔註126〕按：《輿地紀勝·廣南西路·高州》：「龍湫山，在郡東二十里。下有石穴，泉源四時不絕。遇旱禱之，雲雨立至，邦人因立廟焉。」〔註127〕

吳榮光《辛丑銷夏記》卷之一：「方綱嘗於粵東高州靈湫石壁，得胡忠簡手題字，疑其太拙。然林艾軒云：胡邦衡書形模濫觴發於小篆，今見此跡，正得篆隸古拙意也。」〔註128〕

是年，李光作《與胡邦衡書二六》。

李光《與胡邦衡書二六》：「僕平生故人，如蕭振、賀允中皆已擢用，前日不合通書十二三人，各皆被召。如陸升之乃傾陷僕與孟堅者，今已勒停，編管雷州，天之報施何如哉！孟堅已復官歸矣。」〔註129〕

方星移《李光年譜》：「據《建炎以來繫年要錄》卷一百七十，紹興二十五年十二月壬午，詔復左朝請郎李孟堅。丙申，左朝散大夫福建路安撫司參議官賀允中守太常少卿，左承議郎提舉江州太平興國宮蕭振充敷文閣直學士

〔註126〕曾棗莊、劉琳主編：《全宋文》第二百六冊，上海辭書出版社；安徽教育出版社，2006年，第371頁。

〔註127〕（宋）王象之編著，趙一生點校：《輿地紀勝》卷第一百十七，浙江古籍出版社，2013年，第2701頁。

〔註128〕（清）吳榮光撰，樂保群點校：《辛丑銷夏記》，浙江人民美術出版社，2019年，第81頁。

〔註129〕曾棗莊、劉琳主編：《全宋文》第一百五十四冊，上海辭書出版社；安徽教育出版社，2006年，第213頁。

四川安撫制置使兼知成都府。故知亦當作於本年。」〔註130〕

宋高宗紹興二十七年丁丑（1157年），五十六歲

正月，越過五嶺，到達江西。

胡銓《女懿墓誌銘》：「丁丑春正月始踰嶺。」

胡銓《胡君商隱墓誌》：「丙子秋，自島上內徙合江，丁丑春復道故里。」

正月十三日，胡銓以酒菓昭告於生母曾氏之墓，作《北歸告所生母曾孺人墓文》。

胡銓《北歸告所生母曾孺人墓文》：「維紹興二十七年歲次丁丑，正月戊辰朔，十三日庚辰，孝子某謹以酒菓昭告於先妣孺人曾氏之墓：某自壬戌秋得罪於朝竄嶺外，遠去膝下十有六年，病不得嘗藥，斂不得省棺，葬不得沐櫛，是為終天之痛，不孝之罪，萬死莫塞。去年六月，自崖州蒙恩移衡，萬里來歸，崎嶇畏途，凡六月，始克扶服墳下。禮已除喪而後歸，則之墓哭成踊，括髮袒絰，送賓反位，又哭盡哀，遂除。嗚呼，尚忍言之！尚饗。」

七月，徙衡途中，道過江西。作《贈王復山人序》。

胡銓《贈王復山人序》：「予既徙衡，道江西，王君謁予於滄江之上，酌酒大言，曰：『太平宰相出矣。』予笑曰：『自古宰相有三概：有真宰相，稷、契是也；有伴食宰相，盧懷慎之徒也；有山中宰相，陶弘景是也。真宰相則吾豈敢，若伴食則予恥為之，林棲谷隱為山中宰相，不亦善乎？』王君曰：『燕公有云：宰相時來則為，子何言之蹔耶？』予曰：『唯唯，否否。』遂序以識。丁丑七夕前二日。」

十月，胡銓女懿歸嚴氏萬全。

胡銓《女懿墓誌銘》：「某在密院時，坐狂瞽斥嶺表，久之未厭用事者意，又遷海島崖州。胡氏隨父母轉側嶺海垂二十年，備嘗艱險，酸入四鄰，而不見可憐瘁之色，父母得以解顏。紹興丙子夏六月，被旨內徙合江，間關萬里，扶持二老以歸。丁丑春正月始踰嶺，冬十月歸嚴氏萬全。恪守婦道，舅姑喜曰：『是善事我。』」

蔣一葵《堯山堂外紀》卷五十七：「胡銓字邦衡，號澹庵，後諡忠簡。居廬陵。四忠之一。張魏公云：『秦檜專柄二十年，只成就得一個胡邦衡耳。』

〔註130〕方星移：《宋四家詞人年譜》，黑龍江人民出版社，2008年，第208頁。

其嫁女只匣一硯並《漢書》一部。」〔註131〕

　　冬，到達衡州。

　　胡銓《與陳長卿小簡一》：「某乙亥冬蒙恩移衡，丙子秋始獲北渡，再涉鯨波，方抵雷陽。寄命一葉萬仞之中，脫風濤萬死一生之地，崎嶇萬里，踰年乃克至徙所。獲保首領，再見華風，天地鬼神實相之。」

　　胡銓《與邢司戶晦小簡》：「丙子秋渡海，間關年餘，去臘方抵此。」

宋高宗紹興二十八年戊寅（1158 年），五十七歲

　　三月，作《送彭子從赴召序》。

　　胡銓《送彭子從赴召序》：「紹興戊寅三月，以右朝請大夫、廣南西路提點刑獄公事廬陵彭公來蒞其職。公嘗為清江太守，又嘗刺零陵，允有惠政，戢吏字民，民思之至今未已。其在零陵，當湖嶺之衝，目濡耳染湖嶺之俗為熟，故其總風憲於兩路，悉有能名。蹈蛟鱷瘴癘之鄉，而蛟鱷瘴癘不能為吾病；處黠吏縱橫之淵藪，而黠吏不能為民害。去而兩路之人思之，如懷慈父母焉，豈所謂『在彼無惡，在此無射』者耶！雖然，公平生忠信孝友，遊庠序則學問文雅，與寒士爭衡；處鄉里則閔鰥卹孤，而遠近歸仁焉。其至誠為善，根於天性，則其發於政術章章如此，蓋亦有所本矣。上方宵旰渴賢，詔公來歸，夫豈徒味諂言、釣虛聲哉，冀聞嘉猷，以撥亂而反之正也。公之應詔而行，夫豈徒為身榮，苟求進哉，欲行其道以致君而澤民也。誠如是，上真能為天下得人，公真能不負天下之望矣，夫豈特慰湖嶺兩路之思而已乎！某辱公之知為舊，嘉是行之有光於吾黨也，是為序以識別。」

　　四月，作《祭三十五叔文》。

　　胡銓《祭三十五叔文》：「維紹興二十八年歲次戊寅，四月庚寅朔，二十一日庚戌，姪男某謹遣姪男某、姪孫維寧等，以香茗清酌之奠，祭於近故三十五叔父府君之靈。」

　　九月十四日，胡銓夫人卒於廬陵家中。

　　王庭珪《故令人劉氏墓誌銘》：「既入朝為樞密院編修官，天子將擢用之。會秦氏當國，固寵怙勢，一時權力薰爍天下，中外憤嫉，莫敢逆其鋒。侍讀上書，力折其奸，至乞斬檜。或諷夫人止之，恐禍不測，夫人曰：『彼方為國言事，且不謀於婦人，止之非吾事也，特安之而已。』侍讀坐是貶新州，又貶朱

〔註131〕（明）蔣一葵撰，呂景琳點校：《堯山堂外紀》，中華書局，2019 年，第 914 頁。

崖，逾嶺海行萬里，猝遭驚濤駭浪之恐，而蛟鱷黿鼉之怪出沒左右，夫人不為動色，家屬恃以為安。幸而登平陸，則島夷雜處於荒陋區區窮絕之鄉，亦未嘗一日不自得。使侍讀飄泊海嶠十八年，全家北歸，如不曾涉蠻風蜒雨也。於是禍患不能動其心而甘窮困，間關萬里之外以全其節，志節愈高，名與嵩岱等，豈非夫人善自守而以相其夫子之力哉！嗟夫！不以貧賤富貴累其心，今學士大夫之所難，而以女子能安而行，其賢於人也遠矣。秦氏既亡，侍讀內徙衡州，夫人歸廬陵治家事。以戊寅九月十有四日終於家，享年五十有四。」〔註132〕

　　秋，胡銓作《與甥羅尚志小簡》，妻劉氏卒，叮嚀乃甥合胡泳同擇葬地，不得信風水之說。

　　胡銓《與甥羅尚志小簡》：「某諮：秋熱，想與尊幼吉健。向張成來，收書，知侍老嫂太孺人甚竭力。六舅母襄事良荷留意，須吾甥自往水北一帶二三十里間尋地，但土厚水深如溫公說足矣。如得地，卻同泳弟卜之。已戒張成準備鞍馬，此書到便下手尋地。世間人未有不死者，死未有不葬，何患無地？《禮記》云『擇不食之地而葬我焉』，不云擇陰陽向背也。九經十七史，老舅亦曾涉獵，並不說壽考富貴由葬地。呂才云：『長平四十萬人死，非葬時俱犯三刑；南陽多近親，非葬地俱當六合。』此說甚善。俗儒不讀書，不見古人議論，溺於陰陽之書，皆孔孟之道，戒之慎之。若不從吾言，勿踐吾門，勿受吾教，切切。不一。」

　　陳櫟《風水之說》：「澹菴妻劉氏，提刑之女，隨夫貶謫海嶺十五年，先歸而死。澹菴量移留衡州未得歸，此叮嚀乃甥為擇地而葬。擇地卜地，只是聖賢家法，不是今山人家法。詠是澹菴長子，想其年幼，在羅甥下，未甚更事。」〔註133〕

　　十一月，作《僧祖信詩序》。

　　胡銓《僧祖信詩序》（紹興二十八年十一月）：「信師桑門氏，解天弢，脫世梏，是其方寸澹乎深淵之靚。其在大塊，泛乎若不維之舟。況與淡值，寂無所著，無聊不平，一吐胸奇，句句如洗出，無一塵染，豈非得於心者本無垢乎？其視甫也奚惡？然桑門法，以言華語綺為口業，彼蓋謂進乎技而不進乎

〔註132〕曾棗莊、劉琳主編：《全宋文》第一百五十八冊，上海辭書出版社；安徽教育出版社，2006年，第291～292頁。
〔註133〕李修生主編：《全元文》卷五七四，鳳凰出版社，1998年，第207頁。

道也。若信者，其技道兩進，而沉冥自晦者與！不然，何舉世無一人知信哉！紹興戊寅日南至。」

冬，為同年進士上饒方疇作《亦樂堂銘》。

胡銓《亦樂堂銘》：「上饒方疇耕道，建炎戊申銓同年進士也，紹興戊午又同朝。是年冬，銓以狂瞽被譴，而耕道旋亦去國。十有四年而通守武岡，平溪蠻三十年之寇。乙亥以疏直忤要臣被逮，賴上恩寬謫零陵。久之，名其堂曰『亦樂』，禮部侍郎張公子韶記之。戊寅冬盧陵胡銓感仲尼、子雲之言，而申以銘。」

是年，作《與邢司戶晦小簡》。

胡銓《與邢司戶晦小簡》：「丙子秋渡海，間關年餘，去臘方抵此。」

冬，邢晦過衡陽，出示鄭剛中遺墨，作《跋鄭亨仲樞密送邢晦詩》。

胡銓《跋鄭亨仲樞密送邢晦詩》：「戊寅冬，公之婿郴司戶邢晦德昭罷官過雁峰，出示公遺墨，讀之潛然出涕。屬有悼亡之戚，不克繼韻，輒書舊所作楚詞於後，蓋上以為天下慟，而下以哭其私也。」

是年，為楊萬里作《誠齋記》。

胡銓《誠齋記》：「紹興戊寅，丞零陵，乞言於大丞相和國公以鍵其志，公報以正心誠意之說，則又喟曰：『夫與天地相似者，非誠矣乎？公以是期吾，吾其敢不力！』乃揭其藏修之齋而屬予記之。夫名生於實不足，昔有以堯名其門者，又有以堯名其堂者，堯豈可幾及也哉，為是名者實不足也。茲齋之名，毋乃浮於實乎？曰：不然。古者盤銘以德，不忘德也；鼎銘以勤，不忘勤也。今將朝夕於是，以無忘公之忠誨，而惟誠之思。夫誠可能也，至為難。誠而不至，便與天地不相似，名何有哉！故予畏名如畏虎，非畏名也，畏竊其名而實不至焉者也。然則侯之志篤矣，由是而充焉，豈止行一邑乎！吾知其去是邑而翱翔於承明也必矣，遂刻之石。」

是年，作《衡州太守高大夫行狀》。

胡銓《衡州太守高大夫行狀》：「公諱世吏，字無隱。……二十六年知衡州，馭吏如束濕，視民惟恐傷，補發累政上供為石者二十六萬，為錢千者十三萬，而民不知。閱二歲，斷死才三人。雖在告，亦事事鍵以勤強練密，未嘗一日廢職。以久雨，忽遍謁諸祠禱晴。其夕談笑而逝，年七十有三，實二十八年三月九日也。……靖之將護喪歸廣德，以書抵所親楊忠襄公之子昭文、尉文，俾謂某曰：『先君子雅與君善，敢以墓刻為不朽託。』且顧言云。某固辭

不敢，然竊謂公仕五十餘年，知己凡數十，如丞相朱公藏一、左丞范公謙叔、樞密王公子尚及今參政陳公長卿，皆深知公者。而某也嘗獲遊諸公之門，且嘗與陳公同僚，其許與不妄，是可書也。故刪取公之行實，書以畀之子孫藏於家，以俟立言之君子。」按：高世吏三月去世，其子將護喪歸時請胡銓作墓刻，而胡銓當時正在衡州，應不至遷延太久，故繫於本年。

宋高宗紹興二十九年己卯（1159 年），五十八歲

正月十五日，作《與潭帥魏參政書》。

胡銓《與潭帥魏參政書》：「正月十五日，期服胡某謹齋沐裁書再拜獻於判府安撫參政大資閣下：某遠違鈞範二十有餘年矣，嶺海孤蹤，舉頭望廊廟人如在天上，即欲貢尺札，無階至前。今也天假之年，內徙鴈城，而閣下適以天子大臣抗節長沙。自鴈城視長沙，不啻去天尺五，非若嶺海之邈絕。方時清明，公道大開，又非向來口箝舌結，形格勢禁時也。而某也罪大責重，縲絏匏繫，不獲一登堂拜塵望履，雖欲揚眉吐氣於賓客之末位，亦何可得！雖然，此千古一時也，於此時不獲一承顏，又不一通姓名於記府，是自絕於門下，故某願有獻焉。……今夫湖湘與江左壤地相錯，民風不甚相遠，如焚樞事往往易地皆然。官雖有禁，朝廷亦屢約束，而積歲之弊，去之甚難。非實難去也，禁之不得其術，不塞其源而徒塞其流耳。」

按：《建炎以來繫年要錄》卷一百八十：「（紹興二十八年九月）己巳。資政殿學士知宣州魏良臣移知潭州。」〔註134〕《建炎以來繫年要錄》卷一百八十八：「（紹興三十一年正月）乙未。資政殿學士知潭州魏良臣移知洪州。……己亥……詔衡州編管人胡銓與放逐便。」〔註135〕可知，魏參政即魏良臣，紹興二十八年至三十一年間知潭州。此信作於正月十五日，云魏良臣「適以天子大臣抗節長沙」，則最有可能作於二十九年春，又據「期服胡某」，胡銓妻子去年去世，正處於期服之內，可知作於二十九年春，故繫於此。

二月，作《衡陽觀音寺殿記》。

胡銓《衡陽觀音寺殿記》：「雁城西湖觀音寺殿者，僧本慧所建也。……殿高廣三丈有五尺，自二十四年夏經始，至二十六年秋落成，其勤至矣。噫，世間萬法變滅須臾，恒沙寶塔，竟成微塵，茲殿也能保其不為微塵乎？慧如

〔註134〕（宋）李心傳撰：《建炎以來繫年要錄》，中華書局，1988 年，第 2983 頁。
〔註135〕（宋）李心傳撰：《建炎以來繫年要錄》，中華書局，1988 年，第 3143～3144 頁。

—75—

有以保之，則予不能知矣。歲在屠維單閼，二月朔記。」按：屠維單閼為己卯年。

春，番禺經略向子諲道衡陽，囑其作《衡州壽光寺輪藏記》。

胡銓《答李康國書》：「某也自初落南，即聞尊府君都運公將漕西廣之政。又十有八年，內徙合江，而尊府君適事邵陽，又獲密邇擊柝。區區向風慕義有年數矣，每以不獲一見大君子之犀貫為恨。紹興己卯之春，番禺經略向公道衡陽，過某，談尊府君齒錄下走之意，且及樞密王公相存問之言，竊知尊府君與僕厚矣。且欲走門下求識面，而匇遽不果。民之無祿，尊府君遽捐館，聞訃驚怛，蓋上以為天下慟，而下以悼其私。」

胡銓《衡州壽光寺輪藏記》：「番禺經略直閣向公道衡陽，謂某：『是州佛宇壽光寺輪藏者甚偉，主僧智本嘗遊予門，欲謁記於子，盍記之？』某曰：『僕非學空者，何以塞請？』公曰：『第記之，庸何傷？』某曰：『諾。』」

夏，作《與向宣卿小簡一》，舂陵太守向子忞邀請胡銓為周敦頤祠堂作記。

胡銓《與向宣卿小簡一》：「某伏被臺翰，所以存錄之意甚勤，顧何足以當之。濂溪之舉，可以觀盛德善政，非俗吏所能。猥辱不彼，俾記始末。自愧骫骳之文，觗喗之學，不足以鋪鴻藻，揚景鑠。方此惕屬，時蒙溫詞下逮，過有湔拂，自非曠懷大度，藏疾匿瑕，兼收片善，與人不求備，曷克臻此？銘刻風義，何日忘之！頒賜潤筆，此前賢故事，敢不下拜跪受？竊緣先兄通判獲出門下，未有以圖報恩厚，而小小驅策，遽當盛禮，則不為讓。區區誠懇，欲且寄范同年家以俟命。僭越，皇恐以之。」按：向子忞字宣卿。據《濂溪周先生祠堂記》：「夏四月辛卯，繪事僝工，合郡翕然向化，子其記之。……二十九年五月日記。」可知此信當作於四五月間，故繫於此。

五月，作《濂溪周先生祠堂記》。

胡銓《濂溪周先生祠堂記》：「舂陵太守直閣向公抵書某曰：『紹興之初，予嘗蒞茲土。壬子春，坐諸司誣鑠，罷寓豐城僧舍。是秋，文定胡公自給事中免歸，亦館焉，得朝夕請益。一日謂予：濂溪先生舂陵人也，有遺事乎？對以未聞。後讀河南《語錄》，見程氏淵源自濂溪出，乃知先生學極高明，因傳《通書》成說，味於其所不味。茲幸復假守，視事三日，謁先聖畢，語儒官生徒：先生天下後世標望，成說具在，後學獨不知尊仰，是大漏典。請建祠講堂後三元閣上。咸應曰諾。夏四月辛卯，繪事僝工，合郡翕然向化，子其記之。』……二十九年五月日記。」

按：向公諱子忞，字宣卿。《學林・舂陵》：「古舂陵鄉屬零陵郡，今道州之地是也。」〔註136〕王庭珪《故左奉直大夫直秘閣向公行狀》：「二十八年冬，復起知道州，父老兒童走迎境上，咸喜曰：『我舊使君也。』到任半年，復舊職，改知廣州兼主管廣南東路經略安撫司公事、馬步軍都總管。未抵治所，而御史復彈公，乞落所復職罷免，公歸舊隱，始築第於衡陽之湖東三十里徙居焉。」〔註137〕

七月乙酉，葬胡銓夫人於盧陵縣中鵠鄉於山之原。

王庭珪《故令人劉氏墓誌銘》：「男四人，泳、澥、浹、濴。女五人：長適太和縣鄉貢進士嚴萬全，次適福唐葉昌嗣，次適上饒方自厚，余在室。孫女一人，相孫，蚤夭。孫男二人，侍孫、嘉孫。夫人自紹興丁巳以冬祀恩封孺人，滯留海南，今侍讀始湔除罪籍，進用於時，贈典煌煌，蓋未已也。己卯七月乙酉，葬夫人於盧陵縣中鵠鄉於山之原。隆興甲申上初郊，加贈令人，泳亦以恩授右承務郎。」〔註138〕

七月，作《祭妻劉孺人文》，胡銓遣姪男胡濟致牲酒之奠於夫人劉氏之靈。

胡銓《祭妻劉孺人文》：「維紹興二十九年歲次己卯七月某日，夫期服胡某謹遣姪男濟致牲酒之奠於故室孺人劉氏之靈：自君為我家婦，三十有二年，家人長短不入我耳，事我父我母盡孝，居舅姑之喪盡哀，事我兄嫂如事舅姑。與我處嶺海、同患難十有五年，垢衣糲食如一日，未嘗慍見。不死於嶺海而歸死於鄉，此君平生為善之報。吾滯留衡州，君疾不得視醫藥，病不得聞將死之言，沒不得訣別以盡辭，歛不得憑棺以盡悲，葬不得哭墓以送終，罪我之由，其又奚咎？」

七月，作《及老堂記》。

胡銓《及老堂記》：「《盧陵婦人解氏可特封孺人勑》：『老吾老，以及人之老，古今之通誼也。汝積善在身，年過九十，屬茲異渥，寵錫嘉稱，豈特示朝廷之恩，亦以增閭里之耀。』先是正月一日勑略云：『皇太后仁德天佑，聖壽無疆，新歲八十，朕於宮中行慶賀禮，當與普天同慶。應得解進士父母年八

〔註136〕（宋）王觀國撰，田瑞娟點校：《學林》卷第六，中華書局，1988年，第189頁。

〔註137〕曾棗莊、劉琳主編：《全宋文》第一百五十八冊，上海辭書出版社；安徽教育出版社，2006年，第283頁。

〔註138〕曾棗莊、劉琳主編：《全宋文》第一百五十八冊，上海辭書出版社；安徽教育出版社，2006年，第292頁。

十以上，與初品官，婦人與封號。」及是解拜命，其子昌齡走書衡陽云：『吾母受恩封，實家庭之慶。仰惟龐鴻之施，自薦紳士大夫下逮刺草之民，同仁一視。昌齡也以常偕計，例當榮及其親，而吾母年自軼格，乃釋彼而就此，蓋以子貴，勿若年彌高而自致之難且榮也。重念昌齡攻苦一生，未能榮親，而聖人極一人之孝，有以榮天下之親，敢摘誥語，榜所居堂曰及老。惟吾季父書之，請礱石以竢，倘獲拜賜，不勝大願。」某得書感歎，追惟大父母昔嘗以百歲封誥，有『眷予六世之遺民，時乃百年故老』之語。自時厥後，凡三十有五年，而汝母復以耄期聞於上，實吾高曾積德之報，吾與汝可不知所自？況汝請之力，敢不大書特書以侈天寵，且以答揚吾祖之澤乎？……紹興己卯七月記。」

王庭珪與胡銓書，聞夫人去世之後頗戚戚，勸其宜自釋。

王庭珪《與胡邦衡三》：「某久無衡湘人往來，缺奉起居，不覺春夏之徂也。似聞鼓盆之後頗戚戚，情雖我輩之所鍾，理非我輩亦不能達。殊方異縣，宜自釋也。」〔註139〕

宋高宗紹興三十年庚辰（1160 年），五十九歲

三月，作《清江六賢祠記》。

胡銓《清江六賢祠記》：「徽猷閣直學士致仕向公歸清江舊隱曰薌林，飯疏飲水，徜徉田間。常怪佛老之廬突兀相望，而學宮卑陋弗敞，乃輟月廩，積三百萬錢，將創閣以庋書於講堂之上，且侈大其制，以風學者。未就而捐館，其子右承議郎、蘄州通守澹始克卒公志，宏規殊裁，改一郡之觀。於是伯仲相與謀曰：『是邦人物如劉氏兄弟時則有若侍讀原甫、舍人貢甫，孔氏兄弟時則有若舍人經甫、侍郎常甫、郎中毅甫，皆一代偉人，請圖其像於閣，以模楷後學，不亦可乎？』教授宗君翔子飛與諸生聞而韙之，則相與謀曰：『公作此閣，繫名教是賴，並繪公像以六五賢，不亦善乎？』皆曰：『諾。』既繪事僝工，則又相與謀曰：『是不可無記。』乃千里走書衡陽，請記於某，而刪定方君疇耕道亦書見速。某頃位於朝，常辱公之知，且常撰杖於尚書晏公景初、侍郎曾公天隱及李公似之，聞之三丈緒論，得公之為人頗悉。矧此又盛德事，某安得以固為解？……公諱子諲，字伯恭。紹興三十年清明後五日記。」

〔註139〕曾棗莊、劉琳主編：《全宋文》第一百五十八冊，上海辭書出版社；安徽教育出版社，2006 年，第 183 頁。

四月，作《衡州壽光寺輪藏記》。

胡銓《衡州壽光寺輪藏記》：「里人王夔言，是蓋智本之師寶千創之，工未竟而寂，智本嗣成之。嗜佛者馬永、耿資、朱德、蘇宏、崔宥、易宗鑒、耿忠、王希賢贊之，丁純、萬忠鈺、馮琪、劉汝權、馮尚穆者實董厥役。費緡以萬計，亦可憐矣。直閣公崇雅斥浮，或譏以黏湛之說，笑而不售。今乃繩智本如此，則若人者豈亦樂聞吾道，如文暢師之徒與？故首告以齊高《鶡冠子》之語，庶其聞而樂之。終告以弘文藏書之盛，俾知聖道之光，且以愧吾黨云。紹興上章執徐蕤賓中潘，茨野胡某記。」按：上章執徐為庚辰，蕤賓為四月。

作《活國本草序》，衡陽鄉貢進士劉德澤明醫國之術，作《忠本草》，胡銓為作《活國本草》以廣之，而冠以序。

胡銓《活國本草序》：「漢元始五年，徵天下通知逸經古記、天文、曆算、鍾律、小學、史篇、方術、《本草》，及以五經、《論語》、《孝經》、《爾雅》教授者，在所為駕一封軺傳，遣詣京，至者數千人。夫漢以《本草》與五經同科，《本草》之重於世尚矣。然人皆知醫之有《本草》，而不知醫國之有本草也。衡陽鄉貢進士劉君德澤明醫國之術，嘗作《忠本草》以見遺，其文典，其事核，蔚有古意。惜其略而未盡，為作《活國本草》以廣之，而冠以序云。紹興三十祀，歲在上章執徐，澹庵老人胡某。」

宋高宗紹興三十一年辛巳（1161年），六十歲

正月七日，作《時中堂記》。

胡銓《時中堂記》：「某兄之子維寧移書衡陽，謂某曰：『間者取子思時中之說以名讀書之堂，其為我記之。』某以嚴譴流落嶺海者二十年，才獲內徙，畏首畏尾，筆閣不敢下者累月。書來，請益力，卻之不可，……紹興三十一年人日記。」

正月二十六，胡銓得自便。

《本傳》：「三十一年，銓得自便。」

《宋史·高宗九》：「三十一年春正月甲戌朔……己亥，放張浚、胡銓自便。」〔註140〕

《建炎以來繫年要錄》卷一百八十八：「紹興三十一年，春正月甲戌

〔註140〕（元）脫脫等撰，中華書局編輯部點校：《宋史》卷三十二，中華書局，1985年，第599頁。

朔……己亥……詔衡州編管人胡銓與放逐便。」〔註141〕

春，作《與李宜仲小簡》。

胡銓《與李宜仲小簡》：「某近得孝孫報，有自便之命，萬一僥倖，須一走屏著。未間，敢乞為吾道自愛。」

春，作《與張丞相小簡六》。在衡州，日與胡泳、瀚、浹讀《禮記》《春秋》，間有一二生執經相從。

胡銓《與張丞相小簡六》：「某伏奉鈞翰，諄諄溢幅，無非忠誨至言，把玩三復，不能去手，發藥蒙陋多矣。下誠感慰，無以為諭。某頌繫屏居，日與學生泳、瀚、浹讀《禮記》、《春秋》，間有一二生執經相從，亦不敢倦。幼年讀梅直講『老與諸生開反切』之句，竊笑其窮如此，今自不免，想聞之亦粲然也。自便之命未下，如婦人玩印，蓋廟堂必待乾而後與耳。今之從政者，皆新進少年，視陳人為何等？強顏通書非不能，直不欲耳。正坐穩處，且任運也。獨易堂獨觀昭曠，虛心味道，所得之多，倍蓰偃月堂中人萬萬無疑也。霡丐之益，不宜獨外於老門生，意迫辭切，敢固以請。近得楊丞《詠歸堂楚詞》讀之，恨不獲執經撰杖履以從於舞雩之下。然楊丞之詞固善，惜其不廣，不使天下學者皆得詠歸夫子之門也。僭越僭越。」按：「自便之命未下」，則是已有此命。「恨不獲執經撰杖履以從於舞雩之下」，則尚未往零陵訪張浚。故繫於此間。

周必大《跋張德遠與胡邦衡帖》：「右張忠獻公與胡忠簡公帖。或在廟堂，或居遷謫，或罹憂患，無不勸人以學，潛心於天，所謂造次顛沛必於是者。今忠簡公家集亦有與忠獻公九帖，往往相應。長孫槻守邕管，宜並刻之。嘉泰二年四月。」〔註142〕按：文集今存《與張丞相小簡》正為九帖。

春，自衡州往零陵訪張浚。

胡銓《敦復齋記》：「紹興辛巳，某嘗走二水，請益於故丞相魏國張公，先生館某於讀易堂，因公讀《易》之味，公曰：『人莫不飲食也，鮮能知味也，熟讀當自知之。』」

《行狀》：「三十一年正月，公與忠獻公偕命自便。時忠獻謫零陵，公自衡造焉，館於讀易堂。忠獻從容謂公曰：『秦太師顓柄二十年，成就邦衡一人耳。』」

〔註141〕（宋）李心傳撰：《建炎以來繫年要錄》，中華書局，1988年，第3144頁。
〔註142〕曾棗莊、劉琳主編：《全宋文》第二百三十一冊，上海辭書出版社；安徽教育出版社，2006年，第32頁。

　　楊萬里《跋張魏公答忠簡胡公書十二紙》:「此帖十二紙,皆紫巖先生魏
國忠獻張公答澹庵先生忠簡胡公手書也。紹興季年,紫巖謫居於永,澹庵謫
居於衡,二先生皆年六十矣。此書還往,無一語不相勉以天人之學,無一念
不相憂以國家之慮也。萬里時丞零陵,一日並得二師。今犬馬之齒七十有六,
夙夜大懼,此身將為小人之歸,復見此帖,再拜三讀,二先生忽焉,洋洋乎如
在其上,如在其左右。」〔註143〕

　　四月,胡銓回到盧陵,越國太夫人郭氏遣家伻攜壺漿相迎。

　　胡銓《與黃世永小簡一》:「某四月半到鄉,二十年嶺海之遊,一旦安土,
固云幸矣。而寇盜方作,未知所稅駕也,奈何奈何。」

　　胡銓《越國太夫人郭氏墓誌銘》:「先是某自合江自便歸田,夫人遣家伻
攜壺漿迎某。抵郡,登夫人堂拜且謝。坐未定,夫人曰:『讀親家請尚方劍章
疏,謂為古人。今三十年矣,國事若爾,奈何!』某退謂所親曰:『嫠不恤緯,
而憂宗國之殞,辟司徒之妻憂其君之不免。夫人知念國事,視古人何愧焉!』」

　　周必大《承務郎胡君泳墓誌銘》:「三十一年春,侍先生歸盧陵,講道家
塾,兄弟怡怡如也。」〔註144〕

　　還鄉里後,時與胡昌辰、胡商隱、胡遜臣過從。

　　胡銓《胡君商隱墓誌》:「辛巳春,得旨自便還,時與昌辰、商隱、遜臣過
從。有頃被召為吏部郎,九遷而為少常伯,侍讀邇英。雖金華玉堂之榮,然未
嘗一日不懷兄弟燕集之樂。」

　　秋,作《與黃世永小簡一》。

　　胡銓《與黃世永小簡一》:「專人特枉誨翰,禮與辭皆過當,雖云厚愛,
非趄趄者所宜蒙也。……秋暑尚熾,伏惟忠孝格天,啟處有相,百順具臻。某
步臼餘生,仰休茲芘,幸脫縲絏,知幸之自。昨在湘中,嘗得移臺諫偉論,善
類鼓舞。尋即馳寄和老,父子歎服不已。近見亦問安否,願益加意遠業,主盟
吾道。廷秀相見,亦擊節稱賞,乃知出門同轍之論,誠不妄也。世永負石渠、
東觀之望而泊然畎畝,袖玉堂西清之手而澹乎漁釣,可以觀所養矣。某四月
半到鄉,二十年嶺海之遊,一旦安土,固云幸矣。」

〔註143〕曾棗莊、劉琳主編:《全宋文》第二百三十八冊,上海辭書出版社;安徽教
　　　　育出版社,2006年,第296頁。
〔註144〕曾棗莊、劉琳主編:《全宋文》第二百三十二冊,上海辭書出版社;安徽教
　　　　育出版社,2006年,第260頁。

秋，作《與黃世永小簡二》。

胡銓《與黃世永小簡二》：「某復辱枉誨，勤勤滿紙，把玩誦味，感慰無斁。秋色益高，恭審蔚然人表，道腴日進，神物交孚，臺候萬福。某區區僅如鼎魚，假息不足，上煩勤呴。惟是高山仰止，如懷古人，每與周子中過從，未嘗不講服盛德也。皂囊副本，特辱擲示，整冠肅容，三復太息，雖古人復作，不易斯言矣。二十年文章骫骳，若四體之無骨，所謂媚道成而害斯甚，惟此時為然。公獨能拔乎流俗，文起一代之衰，氣奮三軍之帥，追虞翻不媚之骨，吐留侯苦口之言，非所養剛直，得孟軻之浩然，決不及此。歎伏歎伏。」按：觀「復辱枉誨」「秋色益高」之語，此信似與《與黃世永小簡一》同為今年秋天所作，暫繫於此。

十月，程宏圖上書高宗請罷和議決意用兵，望能付胡銓以臺諫之任。

程宏圖《上高宗請罷和議決意用兵書》（紹興三十一年十月）：「夫所謂用人望以激忠義之心者，雖不可徧舉，如張浚、張燾、胡銓、辛次膺，皆其人也。……至於胡銓，以直言得罪於秦檜，不死於秦手，亦天意有所待也。陛下若能付以臺諫之任，是必知無不言，雖當多事之時，可無姦邪之慮。使其一日立朝，則說陛下為苟安之計，操兩可之論者，與夫詆忠直而慢事功者，皆屏息而不敢肆矣。」〔註145〕

十一月，作《彭夫人墓誌》。

胡銓《彭夫人墓誌》（紹興三十一年十一月）：「夫人彭氏，世為吉之廬陵人。曾祖爽，贈朝議大夫。祖醇，朝奉大夫、南安軍太守。考瑞，迪功郎，卒南安軍大庾主簿。夫人年二十有三歸從兄國學首解進士鈇，綽有婦德。生六男子，在者一，曰維寧。孫男五人，長曰柯，次曰柲，次曰桷，余尚未名。孫女適進士同郡任日就。維寧八歲而孤，及冠，頭角嶄然，嘗兩偕計，微夫人之教不及此。夫人享年六十有六，紹興辛巳八月甲寅終於家。其年十一月癸酉葬於縣之儒行鄉馬岡原。夫人之弟鄉貢進士諿昔與某同咕嗶，敦尚里好，且維寧請志窀穸歲月，義不可辭，故書。」

十二月，作《趙謙仲妻李氏墓誌銘》。

胡銓《趙謙仲妻李氏墓誌銘》（紹興三十一年十二月）：「夫人幼穎悟，父為擇佳對，年十八歸謙仲。……一日忽語其夫：『君好善，後必有顯者，恨不

〔註145〕曾棗莊、劉琳主編：《全宋文》第二百四十二冊，上海辭書出版社；安徽教育出版社，2006年，第387～388頁。

偕老，今永訣矣。」索湯沐，整冠而暝，實紹興三十一年十一月二十一日也。
享年五十有一。……謙仲即其年十有二月二十有二日葬於所寓吉水折桂鄉善
果之原，命其子善律以猶子善教狀請銘於某。善律扶服以請，哀甚，且某忝
有瓜葛，義不得辭，遂敘而銘之。」

　　是年，作《與劉辰告小簡一》。

　　胡銓《與劉辰告小簡一》：「某自壬子冬嘗賡伯仲《雪》詩徹字韻者，今
屈指三十年矣，爾後不復相聞。前在新興，間得難兄零陵書，亦不聞左右及
進士第。雖伯稱日過從，語亦不及。尋即浮海，與中州士人遂絕，自是執事之
聲名愈不到小人之耳。兀然窮島之上。戚戚嗟嗟，日與死迫，身世兼忘，豈復
講故人竿牘！坐是於門下日遠日忘，誠自取疏外，復何怨尤？敢謂高義薄雲，
曲敦難兄學士簪履之舊，且未忘屋上之烏，惠然移書，幡然講好。追惟平生
賡唱，大半為鬼，泫然涕下，尚忍言之！執事仕途駸駸，行即亨踐，乃與時
左，訪逮陳人，佩刻至意，何時可諼！」

　　是年，李光之孫女嫁與胡銓長子胡泳。

　　楊萬里《夫人李氏墓誌銘》：「故承務郎、監淮西江東總領所惠民局胡君
泳字季永之夫人，姓李氏，紹興府上虞人。曾大父高，累贈太子太保。大父
光，擢進士第，宣、靖間為侍御史，有敢諫聲。紹興參大政，會宰相秦檜主和
議，公力詆其非，坐削爵貶儋耳。檜死，復資政殿學士，謚莊簡。父孟堅，氣
慷慨。方莊簡在謫籍，里人誣以私史，下詔獄，貶夷陵，父子各天一方。既偕
莊簡復官，丞晉陵，宰錫山，守嘉禾，俱以最聞。方用為淮東提舉常平而沒，
善類嗟惜。夫人慧淑莊重，容止有度，喜慍未嘗見聲氣，莊簡愛之。甫齔而
祖、父俱遠謫，復罹母鄭憂，泣呱呱然，哀動左右。乳下弟疾甚，夫人視之不
少置，卒賴以安。姻族稱其孝友。忠簡胡公之再謫珠厓也，季永侍行，年十有
二。莊簡見而異之，問其始生之歲辰，適與己相似。莊簡喜謂忠簡曰：『是兒
氣質不凡，為胡邦衡子，而命復類我。他日寧為畸人，必不為佞人。吾有孫
女，當以奉箕帚。』故夫人年十有九，歸於胡氏。事舅姑如父母，笑言不聞於
中閨。敬夫如賓，時節朔望必端拜。待諸姑妯娌如同產，未始有絲髮畦畛。忠
簡嚴於事先，夫人躬視滌濯，為諸婦倡。季永志遠業，夫人以米鹽自詭，不以
累其夫。至諸姑之有行，每輟囊篋相之。婦德憂憂，式是里居。忠簡每訓諸
女，必曰：『冢婦非而輩法邪』？季永官金陵，不幸蚤世。夫人才三十有三，
撫群幼，泣且誓，之死靡他。不禦鉛澤，不服華侈，惟飭諸孤從師就學。比其

長也，皆奮然有立。槻始筮仕，監鉛山酒稅務，以廉介為今參政蕭公、尚書葉公論薦。槳自明州比較務攝令象山，郡太守岳公以尤異薦於朝，有旨書姓名於中書。人以為母訓之修云。初，夫人念父母家，欲其子官於浙，幾一歸省。槳既官甬水，遂奉板輿以東。夫人歸拜松楸，見諸父昆弟，心甚喜。淳熙戊申冬，自象山復還上虞，閱數月以疾卒，實己酉七月十日也。享年四十有七。男三人：長即槻，今為承事郎、簽書光化軍判官廳公事；次即槳，修職郎；次桯，亦好學。孫男一人，復孫。孫女四人：婉孫，壽孫，粲孫，李孫。諸孤將以紹熙改元五月庚申，葬夫人於廬陵縣順化鄉龍回之原。先事，以通直郎、江州駐箚御前諸軍都統制司幹辦公事王宗孟所紀夫人行實，移書乞銘於萬里。萬里與季永父子間遊最故，且師事忠簡公先生，其何敢辭！」〔註146〕

是年，作《清江經史閣記》。

胡銓《清江經史閣記》：「紹興丙子冬十一月癸巳，經史閣成，士民翕會聚觀，填郭塞郛。經始者實薌林先生、徽猷閣直學士致仕向公也。其子右承議郎、通守蘄州澹抵書衡陽，屬廬陵胡某為之記。……惟學宮薾然不敞，頹垣敗壁，赤白漫漶不鮮，柔梂橈折，級甎破缺，主師玩視若傳舍然。薌林公獨恥之，乃輟月廩，嗇衣穀食，將創閣以庋書於講堂之上，且侈大厥度，以張斯文。未就而捐館，太守東平王公復始視事，覩公之畫，喟曰：『是與賣塔廟以求福者有間矣，吾可不卒其志？』乃勅新喻宰任君詔發其儲，得三百萬錢，鳩工庀材，成以不日。」

是年，作《德興縣尉曾修職墓誌銘》。

胡銓《德興縣尉曾修職墓誌銘》：「某自海南內徙合江，家弟鎬渠陽判官罷歸，道湘中，留合江踰累朔。春容及里中老，僂數至蘭溪曾積臣，則喟曰：『鎬親家，不幸越世，子偁三益書來，必以墓未識為大戚。』且曰：『今名信有徵者，宜莫兄若，敢以累直筆。』某曰：『適坐狂瞽，雅春瀕死，有言不信，汝姑待。』又三年，當上之三十一年，某蒙自便恩還里，適家弟將官章貢，諗曰：『雁城之言不可寒。』某頷之，以未暇也。既三益偕其季三復，相踵扶服以請，且出左迪功郎、新夷陵主簿謝君諤狀，曰：『敢固以請。』某無以為解，則蹙其行實，敘而銘之。公諱敏遜，積臣字也。其先金陵人，五季亂，有避地至吉之吉水者，家焉。……歲在丙子十有二月七日，終於官

〔註146〕曾棗莊、劉琳主編：《全宋文》第二百四十冊，上海辭書出版社；安徽教育出版社，2006年，第283～284頁。

舍之寢。其孤奉其喪以歸。越明年十月庚申，葬於里之金牛原。公娶陳氏。男二人，三益、三復。女一人，適士人董世夔。」

是年，作《祭周國夫人文》。

胡銓《祭周國夫人文》：「維紹興三十一年歲次辛巳某月某日，前左奉議郎胡某，謹以清酌時羞之奠，致祭於故周國夫人宇文氏之靈：惟靈冑於甲族，媲此相門。累公累卿，不恃家閥，為婦為母，綽有聞彝。舉世推榮，合宗是則。云何不淑，茲豈期天。有子克家，亦復奚憾。某義猶從子，禮合升堂，敢展哀誠，式陳菲奠。尚饗！」

宋高宗紹興三十二年壬午（1162 年），六十一歲

三月十二日，胡銓女胡懿以疾卒。作《女懿墓誌銘》。

胡銓《女懿墓誌銘》：「泰和鄉貢進士嚴萬全妻胡氏諱懿，右宣教郎諱某之孫，前左奉議郎、樞密院編修銓之長女。銓娶劉氏，凡三男五女，胡氏實劉出。某在密院時，坐狂瞽斥嶺表，久之未厭用事者意，又遷海島崖州。胡氏隨父母轉側嶺海垂二十年，備嘗艱險，酸入四鄰，而不見可憐瘁之色，父母得以解顏。紹興丙子夏六月，被旨內徙合江，間關萬里，扶持二老以歸。丁丑春正月始踰嶺，冬十月歸嚴氏萬全。恪守婦道，舅姑喜曰：『是善事我。』踰年舅沒，執喪致哀。萬全家世宦，祖某嘗為某州推官，父某應進士舉。胡氏嫁六年，生一男，撫前室子均。三十二年壬午春三月十二日以疾卒，即其年四月十八日葬邑之千秋鄉。其父某不勝悲，而乃為之銘曰：姑寡哭婦，夫壯哭偶，子幼哭母，安所歸咎！」

五月，作《與張丞相小簡七》。

胡銓《與張丞相小簡七》：「某惶恐拜覆。仲夏極熱，恭惟判府觀文大丞相先生鈞候起居萬福。某遠竊鈞芘，家食苟生，不敢上煩掛念。四月二十一日伏被鈞翰，整冠肅容，拜手伏讀，仰體至誠相與之意，下情感慰交集。重蒙誨語，謂念此身今將安之，三復永歎，至於出涕。誠哉是言！……近日方同年傳鈞旨，令撰卜公祠堂記，謹繕寫申呈，乞賜改抹。方同年溘然，極可惜。仰勤鈞卹其家，何以報德！未卜趨侍，敢乞上為宵旰，倍保鈞重，即膺大拜，以慰華夏之望。」按：朱熹《少師保信軍節度使魏國公致仕贈太保張公行狀下之上》：「三十一年……十月，復公觀文殿大學士、判潭州。時虜騎跳樑兩淮，王權兵潰，劉錡引歸鎮江，兩淮之人奔迸南來，沿江百姓荷擔而立。遂改

命公判建康府、兼行宮留守。」卞公祠堂記作於今年十二月,可知此信作於今年。

六月,孝宗即位,首復公官,除知饒州。

《宋史·孝宗一》:「六月……己卯,以即位告於天地、宗廟、社稷。……丁亥,詔以太上皇不許五日一朝,自今月四朝。復除名勒停人胡銓官,知饒州。」〔註147〕

七月初一,為王君道貴作《永興觀記》,記觀之興毀始末。

胡銓《永興觀記》:「某少時側聞大皋渡所謂永興觀者,瀟灑有道山之趣,每適城闉,過其門,則必遊焉。住山者王君道貴也,與之語,類知道者,自是相往來,為方外友。紹興壬戌,某斥嶺表,竄海上,閱十有五年,始內徙合江。又五年,乃獲自便歸田,由宜春道安成,抵螺川。涉大皋渡,首至永興晤王君。把酒道舊,粲然一笑,則謂某曰:『自頃一別,不知幾寒暑,世事如浮雲,變滅不可勝紀,而吾二人白髮相看如故,夫豈偶然哉。請書其事,且並記觀之興毀始末,以託不腐。』某感其言,三歎而遂為之記。……紹興壬午七月朔記。」

周必大《跋大皋渡永興觀舊碑》:「王仙諱子繇,字大皋,事蹟著於廬陵。玉山名山,玉田名村,嘉福之觀,大皋之渡,值夏之市,皆是也。參考碑讖,同謂飛陞於晉永嘉中。而郡人導岷葛先生作《嘉福觀記》云:『故老相傳仙東漢喬之弟,頗疑相去三百餘年,特世俗附著之耳。』予按湘東王《古今同姓名錄》有六王喬,其一晉廬陵太守,以時與地考之,仙豈太守弟耶?而大皋為渡,略見《南史·陳紀》。今俗謂仙擲篙而渡,訛曰大篙,此又妄之甚也。永興距渡里許,主者王道貴葺棟宇於廢壞之餘,侍讀胡公實紀其成,尚有政和舊記,頗敘歷代沿革。碑漫矣,詞僅傳,道貴欲並刻之,而患文不雅馴。或曰無傷也,侍讀之文江海也,豈必廢濫觴哉!道貴因求跋語。予嘗自郡城涉江東行二里,入洞元觀,問賜額何時。道士出大中祥符中牒視之,殆創於南唐、國朝之間。初亦曰永興,治平中方改洞玄。今考此記,永興得名甚遠,中間蓋移於洞元,遂失舊物,至大觀始復耶!乃並書以遺道貴,使為觀門故事,且補導岷之遺意云。乾道五年三月二十三日。」〔註148〕

〔註147〕 (元)脫脫等撰,中華書局編輯部點校:《宋史》卷三十三,中華書局,1985年,第618頁。

〔註148〕 曾棗莊、劉琳主編:《全宋文》第二百三十冊,上海辭書出版社;安徽教育出版社,2006年,第269～270頁。

七月十七日得省劄，復官於郡。

胡銓《與張丞相小簡八》：「某七月十七日得省劄，復官於郡，實出大鈞播物之賜，舉家感恩無地，嵩岱為輕。」

八月，作《與張丞相小簡八》。

胡銓《與張丞相小簡八》：「某伏以仲秋漸涼，恭惟宣撫少傅觀文大丞相先生鈞候起居萬福。某即日蒙恩，不敢上勤鈞念。某伏審渙號王庭，出節少府，光奉冊書之寵，誕膺授鉞之榮，釋留鑰之劇煩，總兵柄之嚴重，海內方將以平治，天下之任盡付於明公。鈞懷宜深體恢復中原之憂，以副輿望，然後入調伊、傅之鼎，大輸稷、契之忠，以致太平，以光時論，下情不任祝頌之至。某七月十七日得省劄，復官於郡，實出大鈞播物之賜，舉家感恩無地，嵩岱為輕。以未受誥勅，不敢輒具啟狀申致謝悃，伏乞鈞炤。」按：張丞相指張浚。

九月二十一日，詔胡銓赴行在。

《建炎以來繫年要錄》卷二百：「紹興三十有二年……九月……甲寅，詔胡銓、王十朋並詔赴行在。」〔註149〕

十月，作《易長者墓誌銘》。

胡銓《易長者墓誌銘》（紹興三十二年十月）：「君姓易，諱暐，字光道。其先嘗為齊大夫，見於《春秋》。至晉有名雄者，以忠義顯，系出長沙瀏陽。五季亂，高祖徙居廬陵之富田。曾大父滋、大父谷、父汝錫，悉有隱德。君天資謹厚，不喜紛華，土木形骸，泊如也。性孝友，人不間於父母昆弟之言。……享年五十有九，紹興三十二年二月十八日以疾終於牖下。先一日聚族與訣曰：『有生即有死，此理之常。』蓋君平日胸次了然，一無墨礙雲。君之亡也，閭里相弔曰：『長者逝矣，吾將疇依？』遠邇感動，至有衰縞奔喪，浹旬不怠者。殆古所言愛而哭之者耶？……故屬所親太學免解進士陳公大節謂予請銘，泣曰：『經邦以十月甲申葬先君，公幸哀我。』辭不獲而銘之。」

十月，作《羅長卿母朱氏墓誌銘》。

胡銓《羅長卿母朱氏墓誌銘》：「夫人吉水朱氏，年十有七，歸廬陵羅氏右迪功郎、邵武軍建寧主簿孝逸先生諱無競。享年七十有二，終於紹興二十有三年二月丁卯。其孤良弼即其年十有二月庚申葬於縣之高澤鄉橫山之原，

同郡故顯謨閣直學士、工部侍郎劉公志其墓。後十年，當三十有二年十月庚寅，良弼改葬夫人於泰和仁善鄉西塘之原。一旦，出顯學公所撰誌銘示某，垂涕洟言曰：『良弼之弟開病累月，醫不可為，論者歸咎葬非其所，是以改葬，獲罪《禮經》多矣。雖然，遷善不可以不書，非屬篤古而傑於辭者以為明旌，懼重得罪，敢以請。』某辭曰：『顯學公文章服一世，其序夫人景鑠懿範，炳炳如丹，某也何以尚焉！』良弼固請，終不得辭，則紀其世，著其德行，以補前志之闕而志其葬。」

十二月一日，作《建康府卞公祠堂記》。

胡銓《建康府卞公祠堂記》：「今大丞相、觀文殿大學士和國張公來鎮此府，下車之初，獨首及卞公之祠，……卞公諱壼，字望之，其大節舊史詳矣，故不復言。紹興三十二年，歲次壬午十二月朔，左奉議郎新權發遣饒州軍州事廬陵胡銓記。」按：此處引文據清嘉慶六年金陵孫忠愍祠本《景定建康志》卷四十四，《全宋文》至「故不復言」止，無最後一句。

樓鑰《跋所書卞公祠堂記》：「東晉死節之士，卞公為最顯。忠獻公為之立祠，忠簡公為之作記，忠肝義膽，千載鼎立。記成，而忠獻趣召，碑未及建，今五十年矣。忠簡之子澥將漕江左，俾某書之，將登於石。某為何人，而敢與此？顧惟平生慕卞公之節義，恨不及登忠獻之門。叨未第時，受忠簡公深知，實門下士也。茲乃幸得以惡箚託名於不朽，故謹書之。」〔註150〕

周南《書胡澹庵為忠獻作卞壼祠記後》：「右，《晉驃騎將軍卞侍中祠記》，紹興辛巳故資政殿學士澹庵先生胡公筆也。距今五十二年矣。石未克立，而廟及忠孝亭滋圮。某既繕而新之，會公之仲子將漕適至，亟請於參預樓公，書而刻諸祠下。惟澹庵先生行遠之文足以垂世扶教，某幸甚得附名於碑陰雲。」〔註151〕按：此處所言《晉驃騎將軍卞侍中祠記》應指胡銓所作《建康府卞公祠堂記》。朱熹《少師保信軍節度使魏國公致仕贈太保張公行狀下之上》：「三十一年春，有旨令公湖南路任便居住。……十月，復公觀文殿大學士、判潭州。時虜騎跳樑兩淮，王權兵潰，劉錡引歸鎮江，兩淮之人奔迸南來，沿江百姓荷擔而立。遂改命公判建康府、兼行宮留守，金書疾置，敦促甚

〔註150〕（宋）樓鑰著，顧大朋點校：《樓鑰集》卷七十六，浙江古籍出版社，2010年，第1359頁。

〔註151〕曾棗莊、劉琳主編：《全宋文》第二百九十四冊，上海辭書出版社；安徽教育出版社，2006年，第88頁。

遽。長沙在遠，傳聞不一，人人危懼。」〔註152〕紹興辛巳為紹興三十一年，此時形勢危急，恐無暇及此，應以紹興三十二年所作為是。

姚希得《重修卞忠烈廟記》：「忠烈晉尚書令、右將軍卞公祠，紹興三十一年十有二月，魏國忠獻張公來殿是邦，下車首嚴祀事，澹庵忠簡胡公記之，所以崇節義、淑人心也。……善乎，澹庵之言曰：『微公崇尚名教，砥礪頹風，則孔孟仁義之談掃地。』噫！仁而遺親，義而後君，古今萬無是理也。臣當死忠，子當死孝，天下壹同是心也。卞公之心，魏公之心也，澹庵之心也。」〔註153〕

錢大昕《忠烈廟碑》：「右忠烈廟碑。廟在江寧之冶城，祀晉卞忠貞公。碑文胡邦衡所撰，詞義正大，凜然有生氣。文成於紹興卅二年，至嘉定四年，樓大防始書而刻之。元石已亡，此為明人重書，筆法亦不惡。周禮大宗伯：『以實柴祀日月星辰。』注：『故書實柴，或為寊柴。』此碑正作『寊』字，從古文也。忠簡子澥，為江東轉運判官，本傳失載其名。」〔註154〕

十二月十一日入國門。於內殿賜對，言修德、結民、練兵、觀釁，擢吏部外郎。十五日視事。作《論為國以禮疏》《乞修德以待虜奏》。

胡銓《與張丞相小簡九》：「某臘月十一日入國門，次日得旨，十三日於內殿賜對，誤蒙議擢吏部外郎，十五日已視事。」按：胡銓《論改官及興水利營田疏》：「臣去年十二月十四日蒙恩賜對便殿，臣時論及武夫悍將宜令知禮以革暴慢之習。陛下天語諄諄，有及於晏子對齊景公『唯禮可以已之』之語。」與此相差一天，未知孰是。

《行狀》：「今上即位，首復公官。除知饒州，召至行在所，即日賜對。上溫顏曰：『久聞卿直諒。』公首論為國以禮。又論今日之事，在修德以結民心，固吾圉，練兵選將以觀釁，待其衰。上嘉納，除吏部郎。」

《本傳》：「孝宗即位，復奉議郎、知饒州。召對，言修德、結民、練兵、觀釁，上曰：『久聞卿直諒。』除吏部郎官。」

周必大《二老堂詩話·戲舉詩對》：「如往年胡邦衡多髯，初除吏部郎官，

〔註152〕曾棗莊、劉琳主編：《全宋文》第二百五十二冊，上海辭書出版社；安徽教育出版社，2006年，第242～243頁。

〔註153〕曾棗莊、劉琳主編：《全宋文》第三百三十五冊，上海辭書出版社；安徽教育出版社，2006年，第184～185頁。

〔註154〕（清）錢大昕著：《潛研堂金石文跋尾》卷十六，鳳凰出版社，2016年，第384頁。

或以『胡銓髯吏部』為戲，莫能對者。是時姚憲令則以司農少卿兼權戶侍在坐，余謂令則君嘗為浙憲，豈復遠使，欲藉以趁對云：『姚憲遠提刑。』蓋借姚為遙也，坐皆大笑。」〔註155〕

胡銓《論為國以禮疏》：「臣處嶺海二十餘年，無所用心，惟知學禮。至於險阻艱難之際，每得其力，以此知不學禮無以立，誠非虛語。陛下起臣於草茅，顧野人區區愛君之誠，何以為獻，惟此而已。然《禮》經三百，威儀三千，未易僂數。惟先正司馬光冠婚喪祭之儀，簡而易行。臣愚欲望陛下特詔禮官討論，擇其要而易行者布之民間，使耆儒宿學轉相傳授，而武夫悍將亦令通行，庶幾尊君親上，奉先思孝，人皆曉然知上意之所在，則天下不足治矣。」

胡銓《乞修德以待虜奏》：「臣竊聞近日中外洶洶之議，皆以醜虜方強，吾兵力不敵為患。臣竊以為不然。昔魏文侯恃山河之固，吳起對以在德不在險；楚子問鼎之大小輕重，王孫滿對以在德不在鼎。今日之事，臣亦以謂在德不在兵。夫誠能修德以結民心，以固吾圉，兵雖弱未害也。德苟不修，而惟兵是急，惟民是殘，兵雖強未善也。彼謂醜虜方強，而吾兵力不敵者，非善覘國者也。」按：《行狀》載其賜對時論「在修德以結民心，固吾圉」，則《乞修德以待虜奏》為今年所作。而文淵閣四庫全書本《歷代名臣奏議》在文章開頭有「樞密院編修官胡銓上奏曰」一句，誤。

十二月，作《乞戒諸將持重奏》。

胡銓《乞戒諸將持重奏》：「近日道路之議，皆謂逆亮之敗，機不可失，宜一舉而空朔庭，然後為快。臣竊以為過矣。夫王者之師，必萬全而後動，不輕舉也。不得已而後應，不先發也。機雖不可失，然虜亦未可輕。雖先人有奪人之心，然必有以善其後。臣願陛下練兵選將，搜乘補卒，張皇六師，聲言大舉，而實不出境，陰拱以觀其釁，蓄銳以待其衰。十年生聚，十年教訓，密戒諸將務為持重，如彭祖之觀井，則社稷之福也。昔子路問子行三軍則誰與，子曰：『暴虎馮河，死而無悔者，吾不與也。必也臨事而懼，好謀而成者也。』此誠今日之至計，間不容髮，願陛下毋忽。」按：「逆亮之敗」指金主完顏亮被殺之事。此奏或為本月所上，故暫繫於此。

《宋史全文》卷二十三上：「十一月……乙未，金人弒其主亮於龜山寺。……十二月……庚子，黃旗奏報已殺虜酋完顏亮訖，朝野相賀。上曰：

『此酋篡君弒母，背盟興戎，自采石與海道敗後，知本國已為人所據，乃欲力決一戰。今遽滅亡，是天賜朕也。朕當擇日進臨大江，灑掃陵寢，肅清京都。但戒諸將無殺掠，此朕志也。』」〔註156〕

宋孝宗隆興元年癸未（1163年），六十二歲

正月，作《與張丞相小簡九》。

胡銓《與張丞相小簡九》：「某伏以元正啟祚，萬物維新，伏惟宣撫少傅大觀文丞相先生應時納祜，與國咸休。某即日蒙恩，不敢上勤鈞念。某臘月十一日入國門，次日得旨，十三日於內殿賜對，誤蒙識擢吏部外郎，十五日已視事。省循所自，實出大丞相先生平日教誨生成之力，感恩荷德，沒齒無忘。重惟天官劇曹，簿山埋沒，日虞瘝曠，以速罪戾。願終教之，俾立於無過之地，實不貲之惠。」按：去年十二月擢吏部外郎，今年正月遷秘書少監，信中只提及前者，可見應在遷秘書少監之前所作，故繫於此。

正月，遷秘書少監。

《神道碑》：「隆興元年正月，遷秘書少監。」

正月九日，命祕書少監胡銓點檢試卷。

《宋會要輯稿·選舉》二〇之一五：「壽皇聖帝隆興元年正月九日，命翰林學士承旨、知制誥洪遵知貢舉，試兵部侍郎周葵、試中書舍人張震同知貢舉、祕書少監胡銓、吏部郎中楊民望、司勳郎中宋似孫、都官郎中錢豫、吏部員外郎吳龜年、工部員外郎魏杞、監察御史陳良翰、芮燁參詳官，祕書丞唐閌、太府寺丞陳天麟、樞密院編修官尹穡、著作佐郎龔茂良、國子監丞王悅、諸王宮大小學教授吳祗若、大理司直惠迪、將作監丞鄒樗、軍器監丞張之剛、祕書省正字王東里、方翥、張宋卿、御史臺檢法官鄭丙、司農寺主簿陶去秦、武學博士劉敦義、國子錄高遁、臨安府府學教授陳禾、監登聞檢院單時、監太平惠民和劑局范成大、權行在榷貨務都茶場潘慈明、主管吏部架閣文字俞曄、主管刑部架閣文字劉大辯、臨安府府學教授莫沖點檢試卷。」

春，樓鑰策卷誤犯泰陵舊諱，知舉內相洪公欲奏聞，胡銓贊其決，遂叨末第。

樓鑰《跋胡澹菴和學官八詩》：「澹菴先生以一書觸秦氏，竄昭州，諸賢

〔註156〕汪聖鐸點校：《宋史全文·宋高宗十八》，中華書局，2016年，第1910～1912頁。

救之。高宗諒其忠，再徙為威武簽幕。羣憸承一時風旨，相與擠之，而又下石焉，乃始遠置新州，又復移吉陽，蓋秦氏必欲致之死地也。先生處之泰然，雖遭摧辱，略不為屈。益窮經學，又以昌其詩。紹興更化，始得北還。孝宗初政，擢吏部郎。隆興改元，鑰就試南省，先生以秘書少監為參詳官。鑰策卷誤犯泰陵舊諱，知舉內相洪公方欲為之奏聞，先生贊其決，遂叨末第，蓋憂恩也，於是始得拜先生下風。長身霜鬚，神采昭映，恭謙磬折，音吐洪暢，略不見久居嶺海煙瘴之狀。衣冠甚偉，如見古人。時以短箋投謝，坐主或報或不報。惟先生報章甚寵，以鑰多用諱事，遂引虁夏滕文等數十條，為言尤切，感服寶藏，又已載於先生集中。今見學省八詩，蓋攝祭酒時也。前輩固多唱酬，未聞大篇，而人人報之，愈出而愈奇。最後樊武論以其右科魁選，再登進士第。先生首言舞陽，次及魁紀，皆樊氏之先，一武一文，益見其工。是時年逾六十，思若湧泉，筆力愈勁，英特之氣，至今凜然。周益公為隧碑言：『先生刻意詩騷，後生投贄，率次韻以酬，多至百韻數十篇。』然則此八詩猶先生之細也。鑰頃既登門，又辱許從其長子季永遊，雖恨其蚤沒，而仲子季解及季永二子伯圜、仲方俱以才業自奮，今為湖南憲、江西漕，樞密院編修，遂踐世官，皆相與良厚。又在中書嘗預試仲方二子燿、煃童子科。鑰年七十有四，求歸未得，於先生之門遂識四世，抑以知澹菴之德澤為未艾也。謹並書於卷尾云。」〔註157〕

袁燮《資政殿大學士贈少師樓公行狀》：「隆興元年，試於南宮，主司偉其辭藝，欲以冠多士。而所答策偶犯廟諱，胡忠簡公贊知貢舉洪公奏言其故，有旨置末等之首。是歲廷不策士，即禮部所次定為五等，賜同進士出身。以啟謝諸公，胡公大稱之曰：『此翰苑長才也。』」〔註158〕

《宋史·樓鑰》：「樓鑰，字大防，明州鄞縣人。隆興元年，試南宮，有司偉其辭藝，欲以冠多士，策偶犯舊諱，知貢舉洪遵奏，得旨以冠末等。投贄謝諸公，考官胡銓稱之曰：『此翰林才也。』」〔註159〕

春，陳洙試南宮，胡銓奇其文，欲以魁多士，詘於異議，不果。

〔註157〕 曾棗莊、劉琳主編：《全宋文》第二百六十四冊，上海辭書出版社；安徽教育出版社，2006年，第298~299頁。

〔註158〕 曾棗莊、劉琳主編：《全宋文》第二百八十一冊，上海辭書出版社；安徽教育出版社，2006年，第256頁。

〔註159〕 （元）脫脫等撰，中華書局編輯部點校：《宋史》卷三百九十五，中華書局，1985年，第12045頁。

《永樂大典方志輯佚·福建省·建陽地區·建安志》:「陳洙,字聖涯,甌寧人。嗜學刻苦,博通群書。隆興初,試南宮,對《春秋》大義,援《易》二卦,論議精深。胡忠簡公銓奇其文,欲以魁多士,詘於異議,不果。後孝宗命胡公搜訪詩人,因遂薦之,其詞曰:『陳洙為《春秋》,學有師法,於書無所不觀,唯用以資為詩。』歷官知安豐縣,興崇學校,括廢田養士。芍陂久枯涸,失灌溉利,乃命修治。禱孫叔敖祠,新其宮,水果大溢,民至今賴之。性重義好施,家無贏餘,有以貧告貸者,鬻產不靳。官終奉議郎。」〔註160〕

春,作《司業口占絕句奇甚銓輒用韻和呈效吳體》詩。

胡銓《司業口占絕句奇甚銓輒用韻和呈效吳體》:「南山舊說王隱者,北斗今看韓退之。不須覓句花照眼,行見調羹酸著枝。」

王十朋《依韻奉酬胡秘監》:「平生恨未識剛者,今日豈期親見之。欲把江梅比孤潔,江梅無此歲寒枝。」(自注:時胡丈同館中諸公見訪,因留小酌。予舉和程泰之梅詩「壓到屋簷斜入枝」句,胡頗稱賞,和枝字韻以贈。)按:詩題稱「胡秘監」,則為胡銓任秘書少監期間所作,故繫於今年春天。

春,作《銓攜具賞石渠酴醾用坡韻呈同舍》詩。

胡銓《銓攜具賞石渠酴醾用坡韻呈同舍》:「酴醾獨殿春,得路未為晚。露葉張翠傘,月蕊明玉幰。洗妝雨亦妍,暗麝風更遠。唐時真宰相,勁氣凌諫苑。危言工切劘,壁立萬仞巇。帝為釀此花,以賞碩畫婉。清芬濯千古,天河豈須挽。不妨便醉死,聞香定魂返。」(自注:唐憲宗以李絳直言賜酴醾酒,未若此集真酴醾也。)

王十朋《次韻胡秘監酴醾》:「紅紫紛爭先,酴醾分甘晚。誰栽群玉府,童童翠張幰。華共芸芬香,韻隨官逸遠。(自注:館中酴醾在著廷之後,著作郎號逸遠官。)奚用燃青藜,端能照書苑。先生海上歸,平步到蓬巘。招邀飲醇酎,剛腸出清婉。遙思吳宮魂,故作楚辭挽。勿為花所留,興盡要知返。」

春,王十朋作《館中三月晦日聞鵞胡邦衡有詩用東坡酴醾韻有君側無讒人發口不須婉句某次韻》詩。

胡銓:「君側無讒人,發口不須婉。」

王十朋《館中三月晦日聞鵞胡邦衡有詩用東坡酴醾韻有君側無讒人發口不須婉句某次韻》:「久傷伐木廢,每歎吾生晚。黃鳥從何來,喬林綠垂幰。忽

〔註160〕馬蓉、陳抗、鍾文、樂貴明、張忱石點校:《永樂大典方志輯佚》,中華書局,2004年,第1178頁。

作相呼聲，朋來無近遠。高翥凌雲煙，斜飛集池苑。中有幽谷姿，遲遲下遙巘。羣音巧相和，出語獨不婉。啞啞如老烏，聞者弓欲挽。知心有杜鵑，勸爾故園返。」

四月，擢起居郎、兼侍講、國史編修官。

《南宋館閣錄續錄·國史院編修官》：「隆興以後二人：胡銓，元年四月以起居郎兼。」〔註161〕

《神道碑》：「四月，擢起居郎、兼侍講、國史編修官。」

《本傳》：「隆興元年，遷秘書少監，擢起居郎。」

因講《禮記》，進《講筵禮序》。

《宋會要輯稿·職官六》：「隆興元年四月，起居郎胡銓兼侍講，講《禮記》；右諫議大夫王大寶兼侍講，講《易》。」按：講《禮記》當在兼侍講之後，故暫繫其後。又《行狀》載講《禮記》在今年七月之前。

《行狀》：「兼侍講及國史院編修官，因講《禮記》，進序篇，其略曰：『君以禮為重，禮以分為重，分以名為重，名以器為重。願陛下辨其分，謹其名，守其器，勿輕假人。』」

《本傳》：「因講《禮記》，曰：『君以禮為重，禮以分為重，分以名為重，願陛下無以名器輕假人。』」

胡銓《講筵禮序》：「臣昨蒙賜對便殿，臣時論及武夫悍將宜令知禮，以革暴習。側聞玉音有及於『惟禮可以已之』之語，臣退而書之。竊謂晏嬰雖以此言告齊景，而齊景終不能行。陛下不惟聞而樂之，又能舉以為訓，一言可以興邦，陛下有焉。臣愚願力行其說，辨其分，謹其名，守其器，勿輕以假人，則社稷之福也。孔子曰：『名器，政之大節也，若以假人，與人政也。政亡，則國家從之，弗可止也已。』仰瀆宸聰，臣無任隕越之至。」

四月，上《乞先次起修太上皇帝日曆奏》。

胡銓《乞先次起修太上皇帝日曆奏》（隆興元年四月）：「國史日曆所修纂太上皇帝日曆，合要應干照修文，方節次申明朝廷，箚下至今，未見發到，竊慮積壓月日。今欲自登寶位先次起修。仍乞箚下催促，候發到上件所要文字同時政記，續行修入。」

五月一日，孝宗下《胡銓上左右史職事答詔》。

―――――――――――――

〔註161〕（宋）陳騤撰，張富祥點校：《南宋館閣錄》卷八，中華書局，1998年，第131～132頁。

　　宋孝宗《胡銓上左右史職事答詔》（隆興元年五月一日）：「侍上去處，令御史臺、閤門同共檢照典故討論，申尚書省取旨。余並依。」〔註162〕

　　五月三日晚，侍孝宗於後殿之內閣。

　　胡銓《經筵玉音問答》：「隆興元年癸未歲五月三日晚，侍上於後殿之內閣，蒙出示答金人書藁，上謂予曰：『內中有未善處，卿宜仔細說出。』予答曰：『出於天筆，小臣何敢有所妄議？』蒙賜金鳳箋，就所御玉管筆並龍腦墨、鳳砆硯，又賜以花藤席，命予坐於側草換書。上謂予曰：『朕以此禮待卿者，恩至渥也。金人無禮，書中務要得體，當不諛不亢。』頃予以草換書藁進呈，上自讀數次，又親改數字。上曰：『卿之才識學問，可謂過朕。』又曰：『當封呈太上皇。』……予又奏曰：『夜已四鼓，玉體疲倦。』上曰：『未。』王先覆奏曰：『雞已唱矣。』上曰：『朕若與宦官女子酣飲徹旦則不可，朕與胡侍讀相聚，雖夜以繼日，何害焉！』又與予同憑欄杆，曰：『月白風清，河明雲淡，這樣樂處，惟朕與卿同享之。』頃聞天竺鐘聲，池畔柳中鴉噪矣。上曰：『果然天明。』予乃再拜謝恩，上握手謂予曰：『昨夕之樂，願卿勿忘。』予答曰：『小臣當圖報陛下，且尚有侍宴之日。』於是侍上入內，至候春門，予揖退至中書，遠望正門已啟，百官畢聚候朝。梅谿王十朋問曰：『何來？』予乃大笑，握其手曰：『老夫夜來終夕不寢，今歸自天上，此段奇事，兄豈容不知！』於是即盥洗更朝服而見。」

　　《四庫全書總目・澹菴文集六卷》：「於南渡大政，多所補救。史但稱其高宗時請誅秦檜。今考集中《論撰賀金國啟》一篇，則於孝宗朝召還以後，更嘗請誅湯思退。又《孝宗本紀》：『隆興元年三月，金以書來索四州，未報。八月，又齎書兩省。』今考集中《玉音問答》一篇，知答金人書孝宗已與銓定於五月三日。遲至八月未遣，必湯思退有以持之。當時情勢，可以考見。史文疏漏，賴此集尚存其崖略也。」〔註163〕

　　五月七日，詔祕書省人吏自入仕遷至都孔目官滿一年半零半月，通入仕及二十五年以上，依條解發出職，補將仕郎。正月上《乞依六曹例解發出職奏》，詔從之。

〔註162〕曾棗莊、劉琳主編：《全宋文》第二百三十四冊，上海辭書出版社；安徽教育出版社，2006年，第83頁。

〔註163〕（清）永瑢等撰：《四庫全書總目》卷一百五十八，中華書局，1965年，第1360頁。

　　《南宋館閣錄・吏額》:「隆興元年正月,少監胡銓等箚子:『本省人吏,舊制繫二項出職:一項,守當官補至都孔目官理一年半;一項,正名楷書頭名理四年。並不理年限解發出職。昨敕令所將兩項條法並作一項,修到條:諸正名楷書自補授至遷補都孔目官,年滿日通及二十年以上,許出職;又條:都孔目官滿一年半零半個月,與將仕郎。若依新法,自正名楷書補授及二十年出職,積壓下名,遷補不行。』都省送吏部指定如上,詔從之。」〔註164〕

　　《宋會要輯稿・職官》一八之三〇:「隆興元年五月七日,詔祕書省人吏自入仕遷至都孔目官滿一年半零半月,通入仕及二十五年以上,依條解發出職。祕書少監胡銓等言:『本省人吏舊制繫兩項出職,一項守當官補至都孔目官理二年半,一項正名楷書頭名理四年,並不理年限解發出職。昨敕令所將兩項條法並作一項修到條,諸正名楷書自補授至遷補都孔目官年滿日通及二十年以上許出職。又條,都孔目官滿一年半零半箇月出職,緣卻有至解發出職日方及六年。若依新法以二十年出職,即是坐占職級名闕一十四年,積壓下名遷補不行。檢準紹興重修敕,諸稱省者謂門下中書後省、尚書六曹、祕書省。今來六曹人吏有自入仕補至主事,通入仕及二十年出職去處,緣本省依條繫與六曹一等官司,乞依六曹例通入仕及二十年解發出職,庶得下名遷補通流,不致積壓。』吏部勘會:『照得六曹主事出職格法內有立定理頭名主事年限,及通理入仕有用二十年或二十五年解發補官體例不等,今欲將祕書省人吏比附六部閒曹去處,自入仕遷至都孔目官滿一年半零半箇月,通入仕及二十五年以上,依條解發出職,補將仕郎。』從之。」

　　五月十一,直前奏事,論及王十朋。王十朋為侍御史,胡銓謂孝宗得人。

　　《宋史全文》卷二十四:「癸未隆興元年……五月……以王十朋為侍御史。……辛丑,起居郎胡銓直前奏事云:『臣罪廢二十六年,陛下登極首蒙召除,曾未旬浹,又擢左史。』上曰:『卿被罪許時,可謂無辜。朕自知卿與王十朋。』銓曰:『臣與十朋不同,十朋陛下潛邸之舊,且其材可用。』上曰:『潛邸亦有不當用者,如十朋,非朕私之,其人實可用也。近日除臺官,外議如何?』銓曰:『外人鼓舞,謂陛下得人。』上曰:『卿與十朋皆朕親擢也。』」〔註165〕

<hr>

〔註164〕（宋）陳騤撰,張富祥點校:《南宋館閣錄》卷十,中華書局,1998年,第154～155頁。

〔註165〕汪聖鐸點校:《宋史全文・宋孝宗一》,中華書局,2016年,第1972～1973頁。

五月，作《論左右史四弊疏》，奏今之史職廢壞者有四。

《宋史全文》卷二十四：「癸未隆興元年……五月……辛丑……銓奏：『今之史職廢壞，其尤甚者有四：一曰進史不當，二曰立非其地，三曰前殿不立，四曰奏不直前。』有旨前殿依後殿，輪左右史侍立，餘依舊制。」〔註166〕按：《論左右史四弊疏》載《全宋文》之胡銓文集。

《行狀》：「又遷起居郎，論史官失職有四，謂記注不必進呈，使史官無諱。史官當立於御座之前，庶幾言動皆得以書。今之史官，後殿立而前殿不立，請前後殿皆立。左右史奏事，請令直前，不必預白閣門及以有無班次為拘。許之。自是史職盡復唐制，反祖宗之舊。」

《本傳》：「論史官失職者四：一謂記注不必進呈，庶人主有不觀史之美；二謂唐制二史立螭頭之下，今在殿東南隅，言動未嘗得聞；三謂二史立後殿，而前殿不立，乞於前後殿皆分日侍立；四謂史官欲其直前，而閣門以未嘗預牒，以今日無班次為辭。乞自今直前言事，不必預牒閣門，及以有無班次為拘。詔從之。」

《宋史‧職官一‧門下省》：「隆興元年，用起居郎兼侍講胡銓言，前殿依後殿輪左、右史侍立。」〔註167〕

五月，公請遷都建康，上《乞都建康疏》。

《行狀》：「公請遷都建康，謂漢高入關中，光武守信都，大抵與人鬥，不搤其亢，拊其背，未能全勝。今日大勢，自淮以北，則天下之亢與背也。建康，則搤之拊之之地也。進據建康，下臨中原，此高光興王之計也。況今西北欲歸之人，如漢民之思漢，苟不移蹕，何以繫其心？詔議行幸，言者請紓其期，遂止。」按：《行狀》載此事在五月論史官失職之後，六月之前，據此，可知都建康之議應在五月，故繫於此。

《本傳》：「又進言乞都建康，謂：『漢高入關中，光武守信都。大抵與人鬥，不搤其亢，拊其背，不能全勝。今日大勢，自淮以北，天下之亢與背也，建康則搤之拊之之地也。若進據建康，下臨中原，此高、光興王之計也。』」按：《乞都建康疏》見《全宋文》之胡銓文集。

五月，金將蒲察徒穆、大周仁以泗州降，蕭琦以軍百人降，詔並為節度

〔註166〕汪聖鐸點校：《宋史全文‧宋孝宗一》，中華書局，2016年，第1973頁。

〔註167〕（元）脫脫等撰，中華書局編輯部點校：《宋史》卷一百六十一，中華書局，1985年，第3781頁。

使。胡銓願孝宗勿任以兵柄，遷其眾於湖、廣以絕後患。

《本傳》：「先是，金將蒲察徒穆、大周仁以泗州降，蕭琦以軍百人降，詔並為節度使。銓言：『受降古所難，六朝七得河南之地，不旋踵而皆失；梁武時候景以河南來奔，未幾而陷臺城；宣、政間郭藥師自燕雲來降，未幾為中國患。今金之三大將內附，高其爵祿，憂其部曲，以繫中原之心，善矣。然處之近地，萬一包藏禍心，或為內應，後將噬臍，願勿任以兵柄，遷其眾於湖、廣以絕後患。』二年，兼國子祭酒，尋除權兵部侍郎。」

《宋史·孝宗一》：「五月……庚子，復虹縣，金知泗州蒲察徒穆及同知泗州大周仁降。……丁巳，以蒲察徒穆、大周仁、蕭琦並為節度使，徒穆大同軍，周仁彰國軍，琦威塞軍。」〔註168〕

《行狀》：「除兵部侍郎。公言：『受降古所難。六朝七得河南之地，不旋踵而皆失。在梁武時，侯景以河南來奔，未幾而陷臺城。在宣政間，郭藥師自燕雲來降，未幾而為中國患。今虜中三大將內附，高其爵祿，憂其部曲，以繫中原之心，善矣。然處之近地，萬一包藏禍心，或為內應，後將噬臍。願勿任以兵柄，遷其眾於湖廣，勸之耕種，以絕後患。』」按：任命為節度使在隆興元年五月，胡銓之言應在此時，胡銓除兵部侍郎在二年六月，《行狀》此處載於除兵部侍郎後，似誤，應以《本傳》所載為是。

六月壬申，胡銓上《論符離之敗疏》，讀荀子至半，孝宗論及秦穆公、晉武帝、隋文帝。宿州之敗，胡銓勸孝宗毋以小衄自沮，搜乘補卒，期於身濟大業。

《宋史全文》卷二十四：「六月庚申朔……壬申，胡銓奏事，讀荀子至半，上曰：『秦穆公殽之敗，匹馬只輪無返者，尚能一戰而霸。』讀至『晉武平吳，何曾知其將亂。隋文平陳，房喬知其必亡』，上曰：『二君皆恃安平驕淫至此。』」〔註169〕按：「晉武平吳」見胡銓《論符離之敗疏》。

《行狀》：「隆興元年六月，忠獻張公自建康入，奏圖恢復計，侍御史王十朋力贊之。於是忠獻公督師進討金人。既克宿州，以大將李顯忠欲私其金帛，且與邵宏淵私憤，覆敗於虜。上憂甚，十朋亦自劾。上愈怒，公言：『近者淮上之衄，蓋天以是屬陛下之志，使動心忍性，增所不能。願益強其志，

〔註168〕（元）脫脫等撰，中華書局編輯部點校：《宋史》卷三十三，中華書局，1985年，第622～623頁。

〔註169〕汪聖鐸點校：《宋史全文·宋孝宗一》，中華書局，2016年，第1977頁。

毋以小衂自沮。搜乘補卒，期於身濟大業。』時宿州之師，賞罰衡決。公言：『宿州之敗，誤國之將厚賂權貴，游說自解。安處善地，誅戮不加。禍亂之漸，間不容髮，願毋忽。』」

《本傳》：「詔議行幸，言者請紓其期，遂以張浚視師圖恢復，侍御史王十朋贊之。克復宿州，大將李顯忠私其金帛，且與邵宏淵忿爭，軍大潰。十朋自劾。上怒甚，銓上疏願毋以小衂自沮。」

胡銓《論符離之敗疏》：「或多難以固其國，啟其疆宇；或無難以喪其國，失其守宇。豈不然哉！陛下思復不戴天之大讎，處心積慮，誓與醜虜不俱生，雖古人枕戈嘗膽，未能遠過。近者淮上之衂，蓋天以是屬陛下之志，使陛下動心忍性，增益其所不能，臣有以見天心之愛陛下也篤矣。臣願陛下益強其志，毋以小衂以自沮，搜乘補卒，休兵息民，期於身濟大業，實宗廟社稷之福。」

六月，作《侍御史周操兼侍講制》。

胡銓《侍御史周操兼侍講制》：「爾擢自諫苑，旋躋橫榻，知無不言，無吐剛茹柔、侮鰥畏強之譏，颷風凜然。進參經筵，僉論惟允。夫古之任是職者，在漢如張禹、鄭寬中，止優於學，有歉於剛方；在唐如褚無量、馬懷素，專贍於文，所乏者骨鯁。兼之者於爾乎責。然要當盡夫交相滋益之理，使膏澤下於民，則其為悅也大矣。」

《宋會要輯稿·職官六》：「隆興元年……六月……是月，起居舍人馬騏兼侍講，殿中侍御史周操兼崇政殿說書。既而操改除侍御史，陞兼侍講。」

陸心源《儀顧堂集輯校·周操傳》：「周操，字符持，歸安人。紹興五年進士。……隆興元年夏，除殿中侍御史，奏言：『建立長秋，費用不貲。方今軍旅未寧，歲時荒歉。望應奉繁文、內外錫賜，痛行裁抑。』二年，遷侍御史，兼侍講，知無不言，無吐剛茹柔、侮鰥畏強之譏，颷風凜然（《胡澹庵集·外制》）。」〔註170〕按：據《宋會要輯稿》所載為元年，此處二年似誤。

七月，孝宗以旱蝗星變，詔問闕政，胡銓上《應詔言事狀》。

《行狀》：「隆興元年……七月，上以旱蝗星變，詔問闕政。公請勿徼福於佛老之教，而躬行周宣憂旱之誠。戒監司守令，有貪殘者必罰，是應天以實。」

〔註170〕（清）陸心源撰，鄭曉霞輯校：《儀顧堂集輯校》卷十二，廣陵書社，2015年，第 221 頁。

《宋史全文》卷二十四：「癸未隆興元年……秋七月庚寅朔……以旱蝗星變，詔近臣條上闕政。起居郎胡銓請勿徼福佛老，躬行周宣政事。罰監司、守令之貪殘者。」〔註171〕

《本傳》：「時旱蝗、星變，詔問政事闕失，銓應詔上書數千言，始終以《春秋》書災異之法，言政令之闕有十，而上下之情不合亦有十，且言：『堯、舜明四目，達四聰，雖有共、鯀，不能塞也。秦二世以趙高為腹心，劉、項橫行而不得聞；漢成帝殺王章，王氏移鼎而不得聞；靈帝殺竇武陳蕃，天下橫潰而不得聞；梁武信朱异，侯景斬關而不得聞；隋煬帝信虞世基，李密稱帝而不得聞；唐明皇逐張九齡，安、史胎禍而不得聞。陛下自即位以來，號召逐客，與臣同召者張燾、辛次膺、王大寶、王十朋，今燾去矣，次膺去矣，十朋去矣，大寶又將去，惟臣在爾。以言為諱，而欲塞災異之源，臣知其必不能也。』銓又言：『周世宗為劉旻所敗，斬敗將何徽等七十人，軍威大震，果敗旻，取淮南，定三關。夫一日戮七十將，豈復有將可用？而世宗終能恢復，非庸懦者去，則勇敢者出耶！近宿州之敗，士死於敵者滿野，而敗軍之將以所得之金賂權貴以自解，上天見變昭然，陛下非信賞必罰以應天不可。』其論納諫曰：『今廷臣以箝默為賢，容悅為忠。馴至興元之幸，所謂一言喪邦。』上曰：『非卿不聞此。』」按：《宋史》此處所引胡銓之言出自《應詔言事狀》。

胡銓《應詔言事狀》：「臣七月二十三日伏準省箚，七月十六日三省同奉聖旨：『秋陽亢旱，飛蝗在野，星變屢見，朕心懼焉。意者政令多有所闕，賞罰或至不當。朕惟側身求應以實，卿等各思革正積弊，勿徇佞私，務塞災異之原，稱朕寅畏之意。』七月二十一日，三省樞密院同奉聖旨：『箚與侍從臺諫兩省官照會，仍依今月十五日已降指揮，各條具時政闕失奏聞。』臣伏讀聖訓，中夜以興，思所以對。」

為起居郎，奏王十朋、王大寶相繼引去，非國之福。

《宋史·王大寶》：「胡銓為起居郎，奏曰：『近日王十朋、王大寶相繼引去，非國之福。』上曰：『十朋力自引去，朕留之不能得。大寶論湯思退太早，令為兵部侍郎，豈容復聽其去。』未幾，以敷文閣直學士提舉太平興國宮。他日，銓奏事，上復論之曰：『大寶留之經筵，亦固求去，勢不兩立。』銓奏：『自古臺諫論宰相多矣，若謂勢不兩立，則論宰相者皆當去。』」按：據前一條所引《應詔言事狀》：「今燾去矣，次膺去矣，十朋去矣，大寶又將去，惟臣

〔註171〕汪聖鐸點校：《宋史全文·宋孝宗一》，中華書局，2016年，第1978頁。

在爾。」可知上《應詔言事狀》時王大寶尚未去，此處則已載其以敷文閣直學士提舉太平興國宮，故當在上《應詔言事狀》之後，故繫於其後。

八月，作《譚思順母龍氏墓誌銘》。

胡銓《譚思順母龍氏墓誌銘》（隆興元年八月）：「夫人姓龍氏，衡州茶陵人也。年十有九，歸同邑譚君某，譚氏邑之傑姓。夫人夙以溫淑稱，甚得婦道。年四十六而夫即世，屬世搶攘，夫人訓撫諸孤，家事咸理。自奉殊涼，賓祭則豐。其屋潤為鄉里冠，初不驕人，延師課子孫切切。輕財好義，賙及煢煢。頗喜黏湛說，至傾資飭旨帑，然非如世人徼福者。既老而視聽不衰，勤儉如一。享年七十有九，隆興元年春王正月甲子以疾終，迄無一言亂者。三子：伯曰勗，實董家政；仲曰助，兩試禮部；季曰勃，亦能肄宵雅之三。……其子以八月二十六日祔葬於邑南祖塋之下，以免解進士范君克舉狀來乞銘，三反益力。助嘗從予學《春秋》，義不可辭。」

八月二十五，與孝宗論賣直，作《論賣直疏》。

《宋史全文》卷二十四：「八月……癸未，起居郎胡銓奏曰：『陛下憂災，避殿減膳，蝗蟲頓息。天理去人不遠。』上曰：『朕逐日禱天，蝗蟲遂滅，安可不至誠。』銓奏曰：『陛下行之不息，豈特滅蝗，虜亦不足慮。』銓又奏：『側聞道路之言，近日臺諫論事，陛下謂為賣直。』上曰：『非也。朕近謂臺諫論事，要當辨曲直。故近日與張闡說此語，非賣直也。然非卿不聞此言。』銓奏云：『臣事君猶子事父，若於君有隱，則於父亦有隱，非忠孝也。』上曰：『卿言甚善。』銓又奏：『德宗謂姜公輔為賣直。』上曰：『朕嘗論德宗此言甚失，不足法。』銓奏：『天語誠然，宗社之福也。』」〔註172〕

衛涇《進故事五》：「臣又觀隆興初蝗蟲為災，孝宗謂史臣胡銓曰：『朕逐日禱天，蝗蟲遂滅，安可不至誠。』銓奏曰：『陛下行之不息，豈特滅蝗，敵亦不足慮。』嗚呼！銷變格天之道，端在乎此，銓又能推廣聖意，及於敵國外患。昔益言於禹曰：『惟德動天，無遠弗屆。』銓之言近於是矣。」〔註173〕

《行狀》：「公因論納諫曰：『今在廷之士，以箝默為賢，容悅為忠。道路相傳，近日臺諫論事，朝廷謂為賣直，臣未知信不。夫賣直之言，唐德宗之言

〔註172〕汪聖鐸點校：《宋史全文・宋孝宗一》，中華書局，2016 年 1 月，第 1 版，第 1979 頁。

〔註173〕曾棗莊、劉琳主編：《全宋文》第二百九十二冊，上海辭書出版社；安徽教育出版社，2006 年，第 42 頁。

也。德宗猜忌，謂姜公輔為賣直。此言一出，忠臣結舌，馴致興元之變，所謂一言喪邦者也。願陛下以德宗為戒，以太祖皇帝欲拜昌言為法。』上曰：『非卿不聞此。』」

胡銓《論賣直疏》：「近日臺諫論事，陛下謂為賣直。臣未知信否。陛下自登大位，樂聞讜言，四海欣欣，皆以為將見太平，則道路之言決不足信。然自頃以來，張震之去，西省一空；王十朋之去，臺列一空；王大寶之去，諫苑一空；金安節行又去矣，是瑣闥又將一空也。以此觀之，道路之言容或可信。夫賣直之言，唐德宗之言也。德宗猜忌臣下，謂姜公輔為賣直史臣，書以為戒。德宗一出此言，忠臣結舌，直士杜口，馴至興元之變，其末流遂有甘露之禍，害及忠良。所謂一言足以喪邦，德宗有焉。臣願陛下以德宗為戒，以太祖為法，則天下幸甚。」

李心傳《建炎以來朝野雜記・隆興臺諫》：「隆興初，湯慶公復除右僕射，王諫議大寶上章論列。不從。奉祠去。自是臺、諫多引退者。張忠簡闡時為工部尚書，因奏事，面請增臺、諫員。上曰：『士大夫多賣直，故難其選。』忠簡曰：『直言，士之所尚，陛下開納則有益於國家。』胡忠簡銓時為左史，因造朝，以張公之語質之。上曰：『此語非也。朕以張闡所言，謂臺、諫論事當辨曲直，非謂賣直也。』明日，張公請對，又論臺、諫一空。上曰：『卿與胡銓，昨日議論一同，得非傅會？朕止欲辨所論曲直，非惡直也。』忠簡曰：『陛下當受垢納污，若校曲直是非，便是拒諫。』上改容納之。隆興主聖臣直，蓋如此。」〔註174〕

八月二十七日，作《知藤州廖顯降官制》。

胡銓《知藤州廖顯降官制》：「有民人社稷，任莫重於一麾；死城郭封疆，義可忘於二戒？爾職在蕃宣之寄，民惟父母之依。初乏扞城如金湯之謀，徒務全身保妻子之計。寇至則先去，殊乖禦侮之忠；人殺則曰兵，深負保民之望。官鐫二等，庸示小懲，罪逭三危，尚云輕典。服予明訓，往省厥郵。」

《宋史・孝宗一》：「三十二年……十二月……辛卯，廣西賊王宣破藤州，守臣廖顯棄城遁。」〔註175〕

〔註174〕（宋）李心傳撰，徐規點校：《建炎以來朝野雜記》甲集卷五，中華書局，2000年，第125頁。

〔註175〕（元）脫脫等撰，中華書局編輯部點校：《宋史》卷三十三，中華書局，1985年，第621頁。

《宋會要輯稿・職官七一》：「孝宗隆興元年⋯⋯八月⋯⋯二十七日，詔左朝請郎、前知藤州廖顒降兩官放罷。坐凶賊王宣嘯聚，不能扞御，預先乘舟逃逸，致賊眾入城，焚燒公私舍宇，故有是命。」

九月，金人求更成，大臣欲從之。胡銓上奏，願孝宗絕口不言和字。

《行狀》：「九月，金人求更成，大臣欲從之。公奏曰：『虜知陛下銳意興復，移書請和，非甘言誘我，即詭計緩我爾。願鑒前車之覆，益修守備，益張吾軍。』上曰：『朕有二說，斷然不移。一則中原歸附之人決不可遣，二則夷夏名分決不可亂。』又曰：『邊事倚張魏公。』乃對曰：『陛下至誠如此，何憂醜虜？願持之以不懈，絕口不言和字。』上曰：『卿忠直如此，朕甚喜。』」

《神道碑》：「金人再求和，公曰：『彼知陛下銳意恢復，故以甘言詭計款我，願絕口不言和字。』上歎其忠直。侍郎王之望、侍御史尹穡皆主和，排張忠獻公，公廷責之，聞者稱快。兼權中書舍人，特升同修國史。」

《本傳》：「金人求成，銓曰：『金人知陛下銳意恢復，故以甘言款我，願絕口勿言『和』字。』上以邊事全倚張浚，而王之望、尹穡專主和排濬，銓廷責之。」

按：《行狀》《神道碑》《宋史》載胡銓上奏之事均在兼權中書舍人、同修國史之前，故繫於此。

楊萬里《跋林黃中書忠簡胡公遺事》：「林侍郎黃中，一字寬夫。其所書澹庵先生遺事，當萬里作行狀時所未聞者。豈特某所未聞，其子孫亦所未聞也。是時，王之望、尹穡得志，其威能陷張魏公，而不能不折於先生之一詰；其辯能獎虜勢以脅其上，而不能不沮於先生之一答。茲不謂大丈夫乎？」〔註176〕

九月二十五，起居郎胡銓奏事。

《宋史全文》卷二十四：「九月⋯⋯癸丑，起居郎胡銓奏事，上曰：『朕在藩邸時，養得性定。今或飲酒過度，未嘗不悔。』銓奏：『外人皆知陛下無酒色之過，然猶謹畏如此。』」〔註177〕

九月二十七，進呈手詔，望執政大臣公事公言，勿受私謁。

《宋史全文》卷二十四：「九月⋯⋯乙卯，進呈手詔：『頗聞中外士大夫不安義分，希進苟求，多事造請。執政大臣宣諭此意，公事公言之，勿受私謁

〔註176〕曾棗莊、劉琳主編：《全宋文》第二百三十八冊，上海辭書出版社；安徽教育出版社，2006 年，第 295 頁。

〔註177〕汪聖鐸點校：《宋史全文・宋孝宗一》，中華書局，2016 年，第 1981 頁。

等事。』」上曰：『賓客固不可全不見，但不當以此廢事。有干求者，卿等宜有以戒之。』」〔註178〕

九月，以起居郎兼權中書舍人、同修國史。

《行狀》：「兼權中書舍人，公遜於右史馬騏。上曰：『無以易卿。』又曰：『恐駁事不勝任。』上曰：『貴當理。』遂就職。進兼同修國史。」

胡銓《乞改差馬騏權中書舍人奏》（隆興元年九月）：「伏蒙聖慈差兼權中書舍人。臣與起居舍人馬騏同僚，其人詳練，乞改差馬騏。」

《宋史全文》卷二十四：「癸未隆興元年……九月……乙卯……起居郎胡銓言：『蒙差權中書舍人，臣與起居舍人馬騏同僚，其人詳練，乞改差騏。』上曰：『難以易卿。』銓奏：『臣與劉珙分上下房，劉珙得上房，臣得下房。下房多出內降，如劉珙近日繳田師中表，陳乞恩例，冒瀆聖聽。況臣綿薄，決不能勝任。』上曰：『劉珙繳得極是。朕初疑其稽遲耳。繳駁貴於當理，如卿名望不必固辭。』」〔註179〕

《宋史・職官四・祕書省》：「隆興元年，以編類聖政所併歸國史院，命起居郎胡銓同修國史。」〔註180〕

李心傳《建炎以來朝野雜記・庶官除同修國史》：「同修國史，故事未有以庶官為之者。隆興初，胡邦衡以起居郎兼權中書舍人，始特命焉。乾道二年冬，洪景盧亦以起居舍人兼同修，蓋用此例。四年九月，胡長文自右司除起居舍人，明年，有旨升帶，長文引故事力辭。乃命兼編修如舊。自趙溫叔後，修注官無復兼同修者矣。」〔註181〕

秋，作《答溫彥姪書一》。

胡銓《答溫彥姪書一》：「叔銓告：秋爽，想與諸幼康健。領字，甚慰老抱。昨辱贈別佳句，如『南朝欲相身方上，北國聞風骨已寒』，不敢當。謹藏十革，以無忘蓼蕭。數日前，傳姪婦違和，未的，殊在慮。叔此粗常，唯侍立修史，無暇奉訊。脫然馳想，不若是恝。未間，力職愛厚。」按：四月，擢起居郎、兼侍講、國史編修官。九月，以起居郎兼權中書舍人、同修國史。據

〔註178〕汪聖鐸點校：《宋史全文・宋孝宗一》，中華書局，2016年，第1981頁。

〔註179〕汪聖鐸點校：《宋史全文・宋孝宗一》，中華書局，2016年，第1981頁。

〔註180〕（元）脫脫等撰，中華書局編輯部點校：《宋史》卷一百六十四，中華書局，1985年，第3878頁。

〔註181〕（宋）李心傳撰，徐規點校：《建炎以來朝野雜記》乙集卷十三，中華書局，2000年，第713頁。

「唯侍立修史」一句，則溫彥姪尚不知胡銓任職情況，應為本年所作，故繫於此。

中人李綽等各進官一列，胡銓不奉詔。

《行狀》：「有旨，以中人李綽等嘗典發軍書無誤，各進官一列。公不奉詔。綽等泣訴，上曰：『胡銓不肯。』」按：《行狀》載此事在九月之後，十月壽聖明慈皇后改稱教旨為聖旨之前，故繫於此。

在經筵講《禮記》。

《行狀》：「經筵講《禮記》至『愛而知其惡，憎而知其善』，公曰：『愛而知其惡，必棄之勿疑；憎而知其善，必任之不貳。』上稱善。」按：《行狀》載此事在九月公不奉詔條之後，十月壽聖明慈皇后改稱教旨為聖旨條之前，故繫於此。

十月三日，作《知吉州王佐除直寶文閣制》。

胡銓《知吉州王佐除直寶文閣制》：「具官某：歸潁州而奪京尹，次公蒙貶秩之羞；由北地以遷西河，延年有徙官之寵。勸懲之際，賞罰攸分。爾蚤以時髦，郁為首選，輒自記言之地，出分共理之符。拔大薤以擊強，芟甘棠而聽訟。念為邦之去殺，嘉臨郡之有聲。進班寶閣之華，增賁鈴齋之靚。卓然治行，期追天下第一之稱；赫爾家風，勉繼京兆有三之譽。竚聞報政，亟下賜環。」

《宋會要輯稿·選舉三四》：「孝宗隆興元年……十月三日，詔：知吉州王佐，曾任起居郎，治郡有聲，可除直寶文閣。」

十月十一日，作《夏執中特補承信郎制》。

胡銓《夏執中特補承信郎制》：「昔班姬雖貴，叔皮自以學聞；而馮媛之賢，野王不屑倖進。爾乃椒風之寵，獲聯武爵之榮，其視叔皮、野王則有間矣。苟能以冰蘗戰膏粱，亦庶幾焉。服我明訓，俾厥後勿若漢元私後宮之陋，則予汝嘉。」

《宋會要輯稿·后妃二》：「孝宗隆興元年……十月十一日，詔夏執中特與依格補承信郎。」

十月十四日，上奏論王世祖不當給賜金帶。

胡銓《論王世祖不當給賜金帶奏》（隆興元年十月）：「孝宗隆興元年十月十四日，權中書舍人胡銓奏：『侍衛步軍司後軍統領王世祖援關德等例給賜金帶，照得關德等三人係一時特恩給賜，今王世祖所乞，顯是澆濫。』上曰：『繳得是，豈可援例？』」

十月十九日，壽聖明慈皇后改稱教旨為聖旨，胡銓以為不可。

《行狀》：「壽聖明慈皇后改稱教旨為聖旨，公言：『易曰：大哉乾元，至哉坤元。蓋天地之位不可並，故以大哉至哉為別。陛下雖奉親盡孝，而光堯與壽聖難於並稱聖旨。』上嘉納，謂樞密洪遵曰：『奉親之過，朕當自受。』」

《神道碑》：「太上皇后改稱教旨為聖旨，公奏：『大哉乾元，至哉坤元，今乃一之，將如太上皇帝何？』上曰：『奉親之過，朕當自受。』」

《宋史·孝宗一》：「冬十月戊午朔……丙子（十九），詔太上皇后教旨改稱聖旨。」〔註182〕

岳珂《愧郯錄·聖旨教令之別》：「然令，體重也；教，體輕也。漢侯王、郡守之用，唐尚書七等之別，亦可稽矣。以東朝而猶稱教，則非所以致人主尊親之誠，此孝宗之孝所以不能安也。既詔太上皇后稱聖旨，而胡忠簡銓在後省猶執不可，曰：『大哉乾元，至哉坤元，聖人固嘗有其辨。』其言深切著明，而聖意篤於奉親，竟弗之許，故近世壽慈、壽康皆稽以為據。」〔註183〕

十月二十三日，作《劉章除秘閣修撰制》。

胡銓《劉章除秘閣修撰制》：「觀過有遺珠之歎，指疵知白璧之全。人苟無瑕，孰明其善？具官某養氣無餒，經德不回。頃對廣廷，以一日而蓋天下；及官潛邸，陳六學以輔眇躬。旋班起部之聯，靡或行思之越。胡為久外，未此來歸？晉參雲閣之華，往即琳房之便。尚須恬養，以稱所蒙。噫，朕躬有罪而無以萬方，予深期於聞過；直道事人而焉不三斥，爾無懲於獻忠。嗣有渥恩，無忘溫訓。」

《宋會要輯稿·選舉三四》：「孝宗隆興元年……十月……二十三日，詔：左中奉大夫劉章舊係潛邸學官，與除祕閣修撰、提舉江州太平興國宮。」

十月二十三日，作《王時升吏部侍郎制》。

胡銓《王時升吏部侍郎制》：「古吏部十銓，權在吏部，故激濁揚清，其任不分；今侍郎二選，權歸朝廷，故據資按格，其職或貳。其任不分，則於振滯淹也易；其職或貳，則於振滯淹也難。爾具官某以介然自守之資，負卓爾不羣之器。權司民部，無牢盆邸閣之私；晉陟天官，協剛腸精心之譽。公方比玠，識量推濤。允合提衡，仰契玉衡之正；竮膺賜鏡，以旌藻鏡之明。檢吏柅

〔註182〕（元）脫脫等撰，中華書局編輯部點校：《宋史》卷三十三，中華書局，1985年，第624頁。

〔註183〕（宋）岳珂撰，朗潤點校：《愧郯錄》卷第二，中華書局，2016年，第27頁。

奸，要清靡沸；推賢揚善，毋效蟬寒。」按：「權司民部」，據《賜陳康伯御
箚》（隆興元年六月二日）：「王時升除權戶部侍郎，陳輝差權知臨安府，並日
下供職。」〔註184〕

《宋會要輯稿·職官三九》：「孝宗隆興元年……十月……二十三日，詔
王時升權吏部侍郎。」

十月二十四日，作《夏執中除閤門祗候制》。

胡銓《夏執中除閤門祗候制》：「祖宗時常欲以閤門祗候授一武列，司馬
光奏云：此在文臣，猶館職也，豈可輕授。然則其職不已榮乎！爾以椒除之
寵，雲幕之親，資性小忠，遂膺茲選。宜服大練之化，勿忘濯綺之箴。毋若漢
五侯依倚後家，致黃霧四塞之變。惟乃之休，予一人亦永有令聞。」

《宋會要輯稿·后妃二》：「孝宗隆興元年……十月……二十四日執中除
閤門祗候。」

十月二十六日，作《知盱眙軍周淙除直徽猷閣制》。

胡銓《知盱眙軍周淙除直徽猷閣制》：「昔漢黃霸、杜延年，治郡有過則
貶秩，或賜璽書加責；治理有效則增秩賜爵，或賜璽書徙官。孝宣信賞必罰，
大略具是矣。爾守盱眙，勤於招懷，有乘障之方；審於問探，得覘國之善。治
理之效，庶幾黃、杜。進直凝嚴，亦古增秩徙官之義。爾尚勉之，克固吾圉，
自有醲賞。」

《宋史·周淙》：「淮、楚舊有並山水置砦自衛者，淙為立約束，結保伍。
金主亮傾國犯邊，民賴以全活者不可勝計。除直祕閣，再任。孝宗受禪，王師
進取虹縣，中原之民翕然來歸，扶老攜幼相屬於道。淙計口給食，行者犒以
牛酒，至者處以室廬，人人感悅。張浚視師，駐於都梁，見淙謀，輒稱歎，且
曰：「有急，公當與我俱死。」淙亦感激，至謂「頭可斷，身不可去」。潛入
朝，悉陳其狀，上嘉歎不已，進直徽猷閣，帥維揚。」〔註185〕

吳廷燮《南宋制撫年表·淮南東路》：「隆興元年（一一六三），周淙，
《傳》：張浚視師入朝，淙進直徽猷，帥維揚。」〔註186〕

〔註184〕　曾棗莊、劉琳主編：《全宋文》第二百三十四冊，上海辭書出版社；安徽教
　　　　　育出版社，2006年，第92頁。
〔註185〕　（元）脫脫等撰，中華書局編輯部點校：《宋史》卷三百九十，中華書局，
　　　　　1985年，第11958頁。
〔註186〕　吳廷燮撰，張忱石點校：《南宋制撫年表》卷上，中華書局，1984年，第466
　　　　　頁。

《宋會要輯稿・選舉三四》：「孝宗隆興元年……十月……二十六日，詔直祕閣、權知盱眙軍周淙職事修舉，與除直徽猷閣。」

十月，張浚之子栻賜金紫，胡銓繳奏之。

《行狀》：「張栻召對，賜三品服。公言：『君子愛人以德，今賜栻服章，非愛之以德也。其父浚決不肯使之輕受，栻亦有守，決不肯妄受。恐或議浚，非全浚也。』」按：《行狀》記載胡銓繳奏之事緊接在壽聖明慈皇后改稱教旨為聖旨之後，十一月之前，故繫於此。

《神道碑》：「公雖與忠獻善，及其子栻賜金紫，則謂不當如待勳臣子，繳奏之。」

《本傳》：「張浚之子栻賜金紫，銓繳奏之，謂不當如此待勳臣子。浚雅與銓厚，不顧也。」

楊萬里《跋澹庵先生繳張欽夫賜章服答詔二首》：「平生師友兩相知，苦為君臣惜一時。今古爭來爭不得，青蠅猶傍太陽飛。」「紫綬當時賜兩人，一為乳臭一名臣。老韓不要今同傳，誰會先生此意真？（是時同日欽夫與一吳氏子，同賜命服，獨繳欽夫。）」〔註187〕

王應麟《困學紀聞》：「李微之問勉齋云：『南軒賜章服，兩為胡忠簡銓繳還，而不聞引避；東萊除職，既遭陳叔進行詞醜詆，乃復受之而不辭。皆所未曉。』勉齋答云：『先輩非後學所敢輕議，然辭受合尚嚴，今當嚴者反寬，是以不免為具眼者勘破，學者所當戒也。』」〔註188〕

十一月一日，作《王時升除集英殿修撰知婺州制》。

胡銓《王時升除集英殿修撰知婺州制》：「高位疾顛，古今所歎；急流勇退，賢哲惟艱。常恐若人，不見茲世。具官某進以德選，居以才稱，方需陳力之能，遽上乞身之請。重違素志，殊咈虛懷。眷乃名家，蓋本譽兒之曹；參華書殿，聊將婺女之麾。斯民方困於誅求，為政必先乎豈弟。勉思撫字，以拯彫殘。噫，汲卿雖在淮陽，肯念禁闈；蕭傅遠居獻次，雅意本朝。往祗厥官，尚期納誨。」

《宋會要輯稿・選舉》：「孝宗隆興元年……十一月一日，詔新除權尚書

〔註187〕（宋）楊萬里撰，辛更儒箋校：《楊萬里集箋校》卷三一，中華書局，2007年，第1623頁。

〔註188〕（宋）王應麟撰，孫通海整理：《困學紀聞》卷十五，大象出版社，2019年，第88頁。

吏部侍郎王時升除集賢殿修撰、知婺州。」

十一月，孝宗以和戎之利病，遣使之可否，禮文之後先，土疆之取予，下廷臣雜議。胡銓上《應詔集議狀》。

胡銓《應詔集議狀》：「臣準樞密院箚子，十一月十四日，三省、樞密院同奉聖旨，令於後省限一日集議當與不當議和，合與不合遣使，禮數之後先，土疆之取與，條具聞奏，仍令各舉所知，以備小使者。」

周必大《龍圖閣學士左通奉大夫致仕贈少師諡忠簡張公闢神道碑》：「十一月，宰執奏：『今秋金國副元帥紇石列志寧以書論通好，朝廷遣使臣盧仲賢報之。所論三大事，正國書、歲幣如數，皆定不疑，惟唐、鄧、海、泗未決，將遣王之望、龍大淵通問，而眾言紛紛不已。乞以當和與否、遣使與否、禮數後先、疆土取與，大詢侍從臺諫，擇其善者從之。』詔於後省限一日集議。於是吏部尚書凌景夏、戶部尚書韓仲通、權吏部侍郎余時言、刑部侍郎路彬同一議，禮部侍郎黃中、兵部侍郎金安節同一議，侍御史周操、右正言陳良翰為一議，給事中錢周材、起居舍人馬騏為一議，起居郎胡銓、監察御史尹穡、閻安中各自言之，其說人人不同。」〔註189〕

《行狀》：「十一月，上以和戎之利病，遣使之可否，禮文之後先，土疆之取予，下廷臣雜議。公議曰：『國家與金人講解，覆轍亦可睹矣。京都失守，自耿南仲主和；二聖播遷，自何㮚主和；維揚失守，自汪伯彥、黃潛善主和；完顏亮之變，自秦檜主和。國家罹戎狄之禍，何嘗不以和哉！議者乃曰姑與之和，而陰為之備，外雖和而內不忘戰，此又向來權臣誤國之言也。一溺於和則上下偷生，將士解體，終身不能自振，尚安能戰乎？』大臣見之，相顧失色。於是益忌公，且欲奪魏公兵柄。公復沮其議。」按：辛更儒《楊萬里集箋校·胡公行狀》：「大臣忌公，按：隆興元年七月湯思退除右僕射兼樞密使，至十二月，進左僕射。當是年十一月間，陳康伯雖為左僕射，不久即罷，而力主和議者為湯思退。執政則為參知政事周葵，同知樞密院事洪遵。皆附合湯思退者。」〔註190〕

《神道碑》：「十一月，詔以和戎利病、遣使可否、禮文後先、土疆取予

〔註189〕曾棗莊、劉琳主編：《全宋文》第二百三十二冊，上海辭書出版社；安徽教育出版社，2006年，第326～327頁。

〔註190〕（宋）楊萬里撰，辛更儒箋校：《楊萬里集箋校》卷一一八，中華書局，2007年，第4517頁。

大要詢禁近。或勸公從眾，公奮曰：「古有斷頭將軍，無降將軍。」乃上奏曰：「京師失守自耿南仲主和，靖康播遷自何㮚主和，維揚失守自汪伯彥、黃潛善主和，完顏亮之變自秦檜主和。議者乃曰：『外雖和，內不忘戰。』此又向來權臣誤國之言也。一溺於和，將士解體，尚能戰乎？」執政讀之失色。」

《本傳》：「十一月，詔以和戎遣使，大詢於庭，侍從、臺諫預議者凡十有四人。主和者半，可否者半，言不可和者銓一人而已，乃獨上一議曰：『京師失守自耿南仲主和，二聖播遷自何㮚主和，維揚失守自汪伯彥、黃潛善主和，完顏亮之變自秦檜主和。議者乃曰：外雖和而內不忘戰。此向來權臣誤國之言也。一溺於和，不能自振，尚能戰乎？』」

李心傳《建炎以來朝野雜記‧癸未甲申和戰本末》：「仍令侍從、臺諫集議，當與不當議和，合與不合遣使，禮數之後先，土貢之取予，仍令各薦所知，以備小使，凡五事於後省限一日集議。（十一月十四日辛丑。）翌日，吏部尚書凌景夏、戶部尚書韓仲通、權吏部侍郎余時言、刑部侍郎路彬同一議。大略謂：既正名分，則和當遣使，當與歲幣，而四州疆土當講與祖宗之陵寢及欽廟梓宮兩易之。禮部侍郎黃中、兵部侍郎金安節同一議。（大略謂：如稱叔姪二字，未得允當，國號不加大字，不用再拜。歲如增幣，當還欽宗梓宮。四州為淮、襄屏蔽，不可與，寧少增歲幣。欽宗梓宮，首當迎奉。陵寢地，彼必不肯歸我，宜因每遣使入國，恭謁陵寢一次。）侍御史周操、左正言陳良翰同一議。（大略謂：名分既正，則姪國之類不須深較，惟土疆不可與，歸正人不可遣，邊備不可撤，及每歲展敬陵寢，皆須預約。又乞令張浚條具。）給事中錢周材、起居舍人馬騏同一議。（大略謂：我當稱大宋謹白，如與大遼之禮，歲幣已有定議。四州決不可割。又乞令張浚參決。）工部尚書張闡自為一議。（大略謂：和不可不議，使不可不遣，歲幣不必校，四州不可割。今不如擊之，既勝而後與和，則恩威兼著。）起居郎胡銓自為一議。（大略謂：虜因符離之役，震慴求和，今欲與不共戴天之讎，講信修睦，三綱五常掃地盡矣。況萬萬無可信之理，何㮚、黃潛善、秦檜前車之覆，不可不戒。）監察御史尹穡自為一議。（大略謂：國家事力未備，當與虜和，惟增加歲幣，勿棄四州，勿請陵寢，則和議可集。）監察御史閻安中自為一議。（大略謂：四州我之門戶，決不可棄，當以和好為權宜，用兵為實政。）」〔註191〕

〔註191〕（宋）李心傳撰，徐規點校：《建炎以來朝野雜記》甲集卷二十，中華書局，2000年，第467頁。

　　《中興禦侮錄》卷下：「上命給筆箚，集百官於都省，各言和戰利害以聞。自宰執、侍從皆言和為便，餘皆首鼠，唯操與諫官胡銓數人固執不可，於上前力抵宰相之不善處事，至有倍禮要君之誚。於是宰臣陳康伯、湯思退，參政周葵，同知樞密院洪遵並乞解機政，疏屢上，皆優詔不允。二十四日張浚召赴闕。十二月一日陳康伯以少保、觀文殿大學士判信州，尋奉祠罷。初三日張浚見於內殿，上以宰執臺諫互有異論，俾浚決之。浚意亦不欲和，但乞修守備耳。而太上皇帝深勸上令從和，遂決議遣使，銓等猶力爭不已。」〔註192〕

　　十一月，兵部侍郎金安節請祠，中書舍人胡銓繳奏。

　　《宋史·金安節》：「拜兵部侍郎。金將僕散忠義遺三省、樞密院書，論和議，乃畫定四事，詔群臣議。安節謂：『世稱姪國，國號不加大字及用再拜二字，皆不可從。海、泗、唐、鄧為淮、襄屏蔽，不可與。必不得已，寧少增歲幣。欽宗梓宮當迎奉。陵寢地必不肯歸我，宜每因遣使恭謁。但講好之後，當益選將厲兵，以為後圖。』已而請祠，得請。中書舍人胡銓繳奏，謂：『安節太上之舊人，而陛下之老成也。漢張蒼、唐張柬之、國朝富弼、文彥博皆年八旬尚不聽其去，安節膂力未愆，有憂國心，豈宜從其引去。』上遂留之。」〔註193〕按：「詔群臣議」事見上條，且時為中書舍人，故繫於十一月。

　　金文剛《宋故敷文閣學士中奉大夫致仕休寧縣開國子食邑五百戶累贈開府儀同三司少保謚忠肅金公安節家傳》：「未幾，拜兵部侍郎。先公久欲去位，至是或以為非遷，勸其決去，曰：『若爾乃躁也，事君之義，不當如是。』越數月，乃丐祠。凡四上，皆降詔不允。執政者亦為之言，乃以敷文閣直學士提舉太平興國宮。時胡澹菴銓居後省，亟行繳奏：『臣聞《書》曰：圖任舊人共政。《詩》曰：雖無老成人，尚有典刑。金某太上之舊人，而陛下之老成也。臣嘗兩奉聖訓，決不令其去位。臣竊喜抃，謂陛下納諫之誠，遠追堯舜；貪賢之美，不減湯武。臣退而書之，以為萬世美談。玉音在耳，忽除金某職名宮觀，臣實未喻。陛下直以金某年當致仕，遂聽其請。以漢張蒼七十餘不當為柱下史，唐張柬之八十不當為宰相。況國朝富弼、文彥博皆八十餘，尚不聽

〔註192〕　（宋）佚名撰，黃寶華整理：《中興禦侮錄》，大象出版社，2019年，第29頁。

〔註193〕　（元）脫脫等撰，中華書局編輯部點校：《宋史》卷三百八十六，中華書局，1985年，第11861頁。

其去。金某齒髮未凋，筋力尚健，究心職事，愈於丁年，憂國之心，不在眾後，豈可遽令引去。陛下留之經筵，亦何不可？如臣等輩，不及金某遠甚，金某引去，臣輩胡顏？伏望聖慈追寢成命。』上從所奏。繼而先公又伸前請，上曰：『前日以卿請不已，姑勉從耳。後有繳留，雅合朕意，臺諫亦來留卿，卿其安職！』」〔註194〕

冬，楊萬里謁見中書舍人澹庵胡先生。

楊萬里《跋金尚書撰陳丞相誌銘稿》：「某隆興元年冬詣吏部受署，一日，謁中書舍人澹庵胡先生。坐未定，門外傳呼：『重客至。』某亟屏齋房避之，見主賓四人，皆鬚髯皓白，衣冠峻整，進退莊敬。以問先生之子泳，指曰：『此為彥亨金公，此為龜齡王公，此為邦彥陳公。』是時群賢充朝，氣象如此。慶曆、元祐間，而茲四人者，又其選也。其名日著，望之若神人。然而某乃得以瞻其聲，尤私竊自慶。以謂雖商山之皓，何必減焉。後三十六年，得金公之文稿於其孫篴，首篇蓋公所作文恭陳公墓誌銘也。讀之終篇，蓋自歐陽公碑、王文正公之後，才見此耳。蓋二相之文，相為頡頏云，敬書其後。慶元戊午季冬中澣日，太中大夫煥章閣待制楊某書。」〔註195〕按：此處所載胡銓尚為中書舍人，據下條「新舍人至」，可知在除宗正少卿之前，故繫於此。

冬，除宗正少卿，乞補外，不許。侍講如故。

《神道碑》：「會中貴人推金字牌賞越舊制，公索成法將論之。俄與宗正少卿何俌兩易其官，公未出省，吏白新舍人至，公叱曰：『命汝取成法，何遲也？』吏懼，探懷出之。公亟具奏，乃緘印上馬去。上尋悟中傷之由。請外，弗聽。」

《行狀》：「除宗正少卿。公請補外，不允。」

《本傳》：「除宗正少卿，乞補外，不許。」

按：《行狀》《神道碑》《本傳》載此事均緊接在應詔集議之後，故繫於此。

胡銓《辭免宗正少卿乞賜罷黜狀》：「右，臣竄逐嶺海垂三十年，太上脫臣於鯨波百艱千險之中，陛下起臣於虎口萬死一生之際。官九遷於一歲，任六押於七旬。方犬羊抵巇之時，肆蛇豕薦食之毒。九重有不安枕之慮，萬姓銜共戴天之冤，臺諫痛哭以陳辭，忠鯁拂膺而飲恨。事至於此，臣亦何顏！

〔註194〕曾棗莊、劉琳主編：《全宋文》第三百三十三冊，上海辭書出版社；安徽教育出版社，2006年，第48頁。

〔註195〕（宋）楊萬里撰，辛更儒箋校：《楊萬里集箋校》，中華書局，2007年，第5307頁。

是敢輒貢狂言，屢攖鱗逆。身寧瀕於九死，心實愧於三閭。方伏鑕以待斧鉞之誅，敢自意得逭雷霆之怒？尚叨厚祿，猶竊美官。雖聖神曲賜於保全，在臣子難安於愚分。惟望天慈特賜復竄嶺海，以為人臣不忠之戒。謹錄奏聞，伏候敕旨。」

　　周必大《二老堂雜誌·侍講說書》：「近事，侍從以上兼經筵則曰侍講，庶官則曰崇政殿說書。故左右史兼講筵者亦曰侍講，如程敦厚、趙衛是也。紹興二十六年，王綸為起居舍人，止帶崇政殿說書，誤矣。先是，殿中侍御史董德元、右正言王瑃皆兼說書。而瑃以家諱辭，遂並升侍講，蓋從權也。胡銓以左史兼侍講，既而改宗正少卿，而侍講如故。其後張栻為左司亦侍講。」〔註196〕

　　十二月二十二日，拜張浚尚書右僕射、同中書門下平章事、兼樞密使。奏胡銓可備風憲。

　　朱熹《少師保信軍節度使魏國公致仕贈太保張公行狀下之下》：「十二月二十二日，制拜公尚書右僕射、同中書門下平章事、兼樞密使，都督如故。……公既入輔，首奏當旁招仁賢，共濟國事。上令條具，公奏虞允文、陳俊卿、汪應辰、王十朋、張闡可備執政，劉珙、王大寶、杜莘老宜即召還，胡銓可備風憲，張孝祥可付事任，馬時行、任盡言、馮方皆可備近臣，朝士中林栗、王秬、莫沖、張宋卿議論據正，可任臺諫，皆一時選也。」〔註197〕

　　十二月，宿玉堂，以侍講夜對，勸孝宗委任張浚勿疑。

　　《行狀》：「嘗遞宿玉堂，上問曰：『虜人汲汲欲和，聞其勢窘甚。』對曰：『近有自淮甸來者，云虜人聞近陛下力任張浚，所以汲汲欲和。臣願陛下委任勿疑，則恢復可必。』上曰善。公又申前請，上曰：『卿久在瘴鄉，而略無瘴色。天祐直諒，卿未宜去。』」按：據「虜人聞近陛下力任張浚」，可知此事應在十二月二十二日，拜張浚尚書右僕射、同中書門下平章事、兼樞密使之後，故繫於此。

　　《神道碑》：「獨以侍講夜對。上曰：『金急欲和，其勢甚蹙。』公乞力任張浚，恢復可必，因再求去。上曰：『卿直諒，四海所知，且留經筵，事無大

〔註196〕　（宋）周必大撰，李昌憲整理：《二老堂雜誌》卷二，大象出版社，2019年，
　　　　　　第251頁。
〔註197〕　曾棗莊、劉琳主編：《全宋文》第二百五十二冊，上海辭書出版社；安徽教
　　　　　　育出版社，2006年8月，第1版，第259～260頁。

小皆以告朕。』」

　　冬，胡銓被召賜對，言及紹興年間太常少卿方庭碩使北虜，展陵寢事。

　　胡銓《送范至能使金序》：「紹興戊辰，太常少卿方庭碩使北虜，展陵寢。先是諸陵皆遭發，哲宗皇帝至暴骨，庭碩解衣裹之，惟昭陵如故。庭碩歸奏，太上皇帝涕下霑襟，悲動左右。故相大怒，劾庭碩奉使無狀，請竄斥，有旨除廣東提刑。到官不踰月，以瘴死。自是出疆者不敢復言陵寢矣。隆興改元冬，某被召賜對，首及庭碩語，上大感悟，奮然有恢復意，亟議遣使問發陵之故，會時相方主和議而止。」

　　是年，作《編修唐君墓誌銘》。

　　胡銓《編修唐君墓誌銘》：「君諱稷，字堯弼，世為兗之鄒人。避五季亂，徙贛之會昌，家焉。……隆興改元八月二十九日卒於正寢，享年七十有六。……以某年某月某日，將合葬君於硯岡之麓，澈以左通直郎郭景仁狀走行在，扶服乞銘，固辭不獲，遂敘而銘之。」按：隆興年間，胡銓在臨安，墓誌銘具體寫作時間不詳，暫繫於此年。

　　是年，作《諸王宮教授徐奉議墓誌銘》。

　　胡銓《諸王宮教授徐奉議墓誌銘》：「君諱淮，字佑元，系出衢之官堂，唐末徙信之永豐。……隆興改元夏五月，復抵邵陽攜其孥，沿潭湘，浮洞庭，檣傾檝摧，鄰數舟賴公精禱以濟。是日微公幾殆，人以方竇長者。先是，夢一持檝者報云：『今兩國兵交，忍坐視耶？』既寤，益以功名自許。還至鄂渚，謁岳公廟，往嘗入箚於執政，乞復公侯爵，過是悽愴嗚悒，感疾談笑而去。……子四人：時邁、時適、時遇、時造。女二人，長適進士俞潛宜，次在室。孫五人，女孫二人。時邁以左迪功郎、新德安府司戶參軍白與時狀乞銘於某，辭之而請益力。」按：徐奉議去世於隆興元年，從時間上看，可在本年內下葬，暫繫於此年。

　　是年，作《進唐服帶故事》。

　　胡銓《進唐服帶故事》（隆興元年）：「臣願陛下愛惜名器，必若世宗，非善射者不與焉；必法太祖，非善戰者不與焉。則人知貴上之賜，得者以為榮，而不得者有所勸矣。若果行是道，臣見南山之竹不足紀陛下之盛德矣，磨崖之石不足頌陛下之偉績矣。陛下其無以為狂而幸聽之。」

　　是年，作《成忠郎兼水軍同統制馮湛轉官制》。

　　胡銓《成忠郎兼水軍同統制馮湛轉官制》：「風濤戰扶胥，海賊橫尼子，

自古所歎。朕擇牧守不能盡善，致赤子弄兵潢池，陸梁廣舄之濱，以殘吾氓，幾有扶胥、尼子之橫。爾式遏寇略，克清鱷妖，聿收淮沔之功，可緩彤門之賞乎？進官一級，庸錄汝勞，祇服寵休，勉圖報效。」

袁燮《武功大夫閤門宣贊舍人鄂州江陵府駐箚御前諸軍副都統制馮公行狀》：「公諱湛，字瑩中，秦州成紀人也。……明年，遷公三官，得成忠郎……隆興元年，海寇朱百五聚二千人，左翼督府溫明、福建水軍莫能擒制。丞相舉公討之，使選於水軍及步兵，各三百人，率之以往。公言於二相：『有都統在，不先白之，將以專輒獲罪。相公獨不記往日事耶？』二相曰：『公第往，吾主之，誰敢不聽？』遂還屯。行有日矣，張子蓋聞之，果大怒，公走丞相府以告，改樞密院水軍統領，趣使趨海。至黑水洋交鋒，屢捷，擒八百餘人，多勇悍者，釋不殺，請於朝，亦以隸水軍，教以擊刺弓矢之技，卒獲其用。遷忠翊郎。詔選精兵二百，戰船一艘，與戚方往濠州措置邊面，以公為江淮都督府同統制。將行，點兵，卒長趙頤等四十八人棄甲而逃，公不為動，益嚴軍律。翼日，召其麾下告之曰：『朝廷養兵，本以禦敵。今欲退避自全，獨不念讎恥之未雪耶？』眾感泣。公曰：『若果忠誠，涅汝面以誓殺敵人，而賞汝以銀若絹，可乎？』眾樂從，刺者三百人，賞之如約，人無二志。又以所將寡弱，守禦不足，聞符離潰兵聚兩淮間，多者百餘，少者五六十輩，往往為盜，招集之，得五千餘人，有益兵之利，而除寇攘之害，其處事兩全如是。權知濠州，改建康左軍同統制。明年。」〔註198〕按：胡銓所云「式遏寇略，克清鱷妖」應指此事，故繫於此年。

是年，作《泉州晉江尉徐公壽循資制》。

胡銓《泉州晉江尉徐公壽循資制》：「海鶻之患，古人深憂；尼子之橫，前哲所歎。日者閩部有扶胥警，官吏望風服弁，爾乃能執馘執俘，以靖海氛。加秩策勞，庸昭懋賞。」按：據制文，應與上一條《成忠郎兼水軍同統制馮湛轉官制》為同一事，故繫於此年。

是年，作《洪适除司農少卿江淮總領制》。

胡銓《洪适除司農少卿江淮總領制》：「具官某：昔顏氏、溫氏兄弟在隋唐最盈，顏以學業憂，而溫以職位顯，朕甚嘉之。爾兄弟學業既憂，職位亦顯，視顏、溫何愧焉？矧總思之勞，濟吾興法，雖酇侯根本於關中，而子翼轉

〔註198〕曾棗莊、劉琳主編：《全宋文》第二百八十一冊，上海辭書出版社；安徽教育出版社，2006年，第340～343頁。

輸於河內，蓋未足多。進掌周稷之業，亦云稱矣。夫少皞以九扈為九農，肇興種植；而龍朔改司農為司稼，益廣耕芸。循名以考張官之由，則營田積穀，以實塞下，詎可緩哉？爾尚勉之。」

錢大昕《洪文惠公年譜》：「孝宗隆興元年癸未，四十七歲。在淮東總領任，符離用兵饋餉繁夥，公供億無闕，就遷司農少卿。」〔註199〕

是年，作《論改官及興水利營田疏》。

胡銓《論改官及興水利營田疏》：「臣去年十二月十四日蒙恩賜對便殿，臣時論及武夫悍將宜令知禮以革暴慢之習。陛下天語諄諄，有及於晏子對齊景公『唯禮可以已之』之語。臣側聆玉音，仰歎聖學高妙，遠到古人用意處，非臣淺識謏聞所能窺測。竊以謂一言可以興邦者，正謂此耳。臣是時知陛下可與為堯舜之聖，可與致唐虞之治，可使斯民為堯舜之民。臣雖蠢愚，遭時遇主如此，其忍箝嘿不言，甘自同於終日不鳴之馬？唯當披露肝膽，捐棄軀命，以報知遇，敢恤其他！是以輒極竭罤罤之慮。況臣於今月二十三日準御史臺牒，契勘今年三月一日視朝月分，依條於文班內從上輪二人充至日轉對。檢准續降指揮節文，今後視朝轉對官，如當日不作視朝，亦合前一日赴閣門投進文書。臣謹條陳一二。臣聞今日之弊，無甚於差役之法，無甚於改官之法，而其所當急者，莫若興水利，莫若營田，莫若復孝廉力田之科。夫差役不罷，則民之巨蠹不除，改官之舉將不罷，則士風之趨競不息。差役之弊，臣僚論之詳矣。若夫改官之弊，臣請為陛下極言之。」按：賜對便殿之事見上年記載。

宋孝宗隆興二年甲申（1164年），六十三歲

二月，兼權國子祭酒。

《神道碑》：「二年二月，兼權國子祭酒。」

二月，張孝祥同胡銓夜直。

辛更儒《張孝祥集編年校注·同胡邦衡夜直》：「慕用高名二十年，敢期丹地接周旋。先生義與雲天薄，老去心如鐵石堅。夢了瓊崖身益壯，煙銷金塢臭空傳。一尊莫惜空相屬，宮漏穿花夜色鮮。」〔註200〕

辛更儒：「右詩作於隆興二年二月，時于湖以中書舍人直學士院。《宋會

〔註199〕（清）錢大昕著，陳文和主編：《洪文惠公年譜》，鳳凰出版社，2016年，第559頁。

〔註200〕（宋）張孝祥著，辛更儒校注：《張孝祥集編年校注》卷六，中華書局，2016年，第240頁。

要輯稿・禮》六二之九一載隆興元年十月十四日權中書舍人胡銓言事。知其隆興二年二月必尚在中書舍人任上。宋制，中舍四人，輪值中書省。此當為同胡銓夜直時所賦。」〔註201〕

勸孝宗移蹕建康，堅復讎之志，孝宗留胡銓於經筵。

《行狀》：「兼國子祭酒。因見，公言：『往年睿旨欲移蹕建康，不可但已。』上曰：『澶淵之役，當時有勸幸蜀及江南，惟寇萊公決策。』公曰：『今張魏公，陛下之萊公也，願早定計。』上曰：『善。卿直諒，四海莫不聞，不可言去，且留經筵，事無大小，皆以告朕。』公言：『晉開運之末，有陳友者殺李璘之父，國初璘遇友於途，手殺之而自言，鞠之得實，太祖壯而釋之。臣願陛下堅復讎之志，以不忘太祖之訓。』」

孝宗令胡銓廣訪詩人。

《行狀》：「上在講筵，謂公曰：『卿之學術，士所甚服。』因及此曰：『文士如蘇軾、黃庭堅者誰歟？』對曰：『未見其人。』『詩人如張耒、陳師道者，誰歟？』對曰：『太上時，如陳與義、呂本中，皆宗師道者。』上曰：『如韓駒、徐俯，皆有詩名，卿可廣訪其人。』」按：《行狀》載此事在勸孝宗移蹕建康之後，除兵部侍郎之前，故繫於此。

周輝《清波別志》卷上：「天聖八年，虞部員外郎、祕閣校理韓羲落職為司封員外郎、同判興州，以賦山水石詩獨鄙惡故也。蓋先詔中書第其優劣，乃出之。當國家太平全盛際，留意篇章。唐亦尚騷雅，如『春城飛花』、『春日得衣』等句，悉被褒賞；語不工者但有『惡詩何用進』之誚，未聞顯寘黜典如斯。爾後學士大夫類以詩鳴，格律日益新奇，遂收激勵之效。乾道間，工部侍郎胡銓言：『隆興之初，仰承聖訓，令臣搜訪詩人，臣已物色得數人。』上曰：『可具姓名來。』後竟未知所具姓名為誰。壽皇聖帝蓋亦知詩人之於雅頌，薦郊廟，歌勳業，有補治世風化，故詔從臣羅致，欲收其效焉。」〔註202〕

六月，除權兵部侍郎，上《辭免兵部侍郎狀》。

《神道碑》：「六月，除權兵部侍郎。」

《本傳》：「二年，兼國子祭酒，尋除權兵部侍郎。」

〔註201〕（宋）張孝祥著，辛更儒校注：《張孝祥集編年校注》，中華書局，2016年，第241頁。

〔註202〕（宋）周輝撰，劉永翔、許丹整理：《清波別志》，大象出版社，2019年，第146頁。

周必大《承務郎胡君泳墓誌銘》：「今上登極，先生自吏部郎不逾時以左史入詞掖，遂為兵部侍郎。君日從中朝名士遊，聞見浸博。」〔註203〕

胡銓《辭免兵部侍郎狀》：「右，臣準尚書省箚子，六月二十六日三省同奉聖旨，除臣兵部侍郎日下供職者。臣聞命震驚，罔知所措。伏念臣資品妄庸，性識魯鈍，猥叨卿列，復長成均。每深非據之慚，未免首濡之誚。雖屢蒙聖訓，有直諒之褒；然自愧迂疏，無絲毫之補。居懷忱惕，慮積愆尤。驟膺躐等之除，益有踰涯之懼。陛下勵精為治，側席求賢。惟文思之明叡，上齊於堯舜；而武部之選要，暗合於孫吳。如臣何人，濫膺職擢。伏望收還成命，改畀時髦，庶利師貞，少安愚分。謹錄奏聞，伏候敕旨。」

六月，楊萬里作《賀兵部胡侍郎啟》。

楊萬里《賀兵部胡侍郎啟》：「恭審對天之寵，行夏之卿。持橐豈非至榮？人輕則否；選眾而得此老，國重方增。一賢已多，四海有恃。恭惟某官傳道為諸儒之倡，御風與造物者遊。見於文章，蓋其土苴，凜然忠義，塞乎乾坤。群邪重足而恐其來，吾君注想而歎其屈。召歸表著，再閱星霜。夫何屢免而稀遷，政緣自重而難合。迨茲人望之極，乃陟從班之崇。方虞正道之寖微，所賴我公之獨在。靈修數化，要回天卻日之功；申椒不芳，待轉石拔山之論。至於珠璣境土，疥癬裔夷，憂不自他，慮非所急。諫行則就，道合則從。其遂相之，登要路於百僚之上；又有大者，舉明主於三代之隆。某得之傳聞，趯然欣喜。豈特為鄉里而賀，與蒙其光；以此卜朝廷之興，實受其賜。」〔註204〕

六月，上《乞續修祖宗仙源積慶圖奏》。

胡銓《乞續修祖宗仙源積慶圖奏》（隆興二年六月）：「玉牒所宗正寺恭遇今上皇帝登極並三皇子大王授封冊，事體至重，併合於祖宗《仙源積慶圖》內修注。並太祖下『伯』『師』字行、太宗下『善』『汝』字行、魏王下『彥』『夫』字行，昭穆世系，委實蕃衍，亦合接續修入。候書成，繕寫圖本進呈。」

七月，胡銓奉詔撰大金國賀冬至啟，堅持不書「再拜」、「獻納」、御名。作《上孝宗論撰賀金國啟》。

〔註203〕曾棗莊、劉琳主編：《全宋文》第二百三十二冊，上海辭書出版社；安徽教育出版社，2006年，第260頁。

〔註204〕曾棗莊、劉琳主編：《全宋文》第二百三十七冊，上海辭書出版社；安徽教育出版社，2006年，第153頁。

　　胡銓《上孝宗論撰賀金國啟》：「隆興二年七月日，臣胡銓奉詔撰大金國賀冬至啟。內中用『再拜』、用『獻納』、書御名，此三大事也，已經二十餘年，臣下皆不能正其非。今臣年過六十，官逾三品，收嶺嶠海島之遺骸，為陛下侍從之尊職，復因循而書，不正救之，恐天下後世謂陛下何如主，謂臣何如人。三王之臣主俱賢，迄今史臣稱為美談。昨宰相湯思退集議中書堂，臣終坐以三事為說，而思退罔然不答。臣竊以為思退又一秦檜也，思退不去，國體弱矣。臣手可斷，臣筆不可搖；臣頭可去，臣筆不可去，而臣字不可寫。庶使遠夷知中國之有人，是亦彊國之一端。謹具奏聞，乞外而宣示臣章於朝堂，使姦夫佞子不敢肆其惡；內而宣示臣章於史館，使天下後世有所知。然後竄臣於海島，以為臣子敢言之戒。干瀆天威，不勝戰慄。」

　　七月三十日，孝宗以災異數見，避殿減膳，詔廷臣各陳闕政及急務。八月，胡銓上《應詔言和議決不可成奏》《上孝宗封事》。

　　《行狀》：「二年八月，上以災異數見，避殿減膳，詔廷臣各陳闕政及急務。公言：『禹有九年之水，而國無捐瘠，備先具也。今數路水潦，曾不踰時，而民已流殍，無備甚矣。願詔遭水之處，博施賑卹，使民被實惠。無至流徙，此先務也。陛下又令條陳闕失，臣謂今之闕失，孰有大於和議者？』因極陳和議可痛哭者十，上太息。公言：『自靖康至今凡四十年，虜未嘗不由詭道，而我終不悟也。竊聞道路之言，虜緩我以和，其實潛師以伺我。或言多作戈船，由海道以進。或言實粟塞下，由間道以來。願陛下堅守和不可成之詔，力修政事，十年生聚，十年教訓，如越之圖吳，則社稷幸甚。』」按：此處所引胡銓之言見《應詔言和議決不可成奏》，載《全宋文》之胡銓文集。

　　胡銓《應詔言和議決不可成奏》：「臣八月一日伏準省劄，七月三十日，三省同奉聖旨：『政事不修，災異數見，江浙水潦，有害秋成。朕自八月一日避殿減膳，思所以應天之實。可令侍從、臺諫、卿監、郎官、館職疏陳闕失及當今急務，毋有所隱。』」

　　《南宋館閣錄・詔館職言事》：「隆興二年七月三十日，有旨：『政事不修，災異數見，江浙水潦，有害秋成。朕自八月一日避殿減膳，思所以應天之實。可會侍從、臺諫、卿監、郎官、館職疏陳闕失及當今急務，毋有所隱。』」〔註205〕

〔註205〕（宋）陳騤撰，張富祥點校：《南宋館閣錄》卷六，中華書局，1998年，第63頁。

《神道碑》：「八月，上以災異避殿減膳，詔廷臣言闕政急務。公以賑恤為先務，議和為缺失。」

《本傳》：「八月，上以災異避殿減膳，詔廷臣言闕政急務。銓以振災為急務，議和為闕政。其議和之書曰：『自靖康迄今凡四十年，三遭大變，皆在和議，則醜虜之不可與和，彰彰然矣。肉食鄙夫，萬口一談，牢不可破。非不知和議之害，而爭言為和者，是有三說焉：曰偷懦，曰苟安，曰附會。偷懦則不知立國，苟安則不戒酖毒，附會則覬得美官，小人之情狀具於此矣。今日之議若成，則有可弔者十；若不成，則有可賀者亦十。』」

《行狀》：「公言：『側聞虜人有慢書，欲議書禮有所增損，議者謂末節不必較。臣竊以為，議者可斬也。四郊多壘，卿大夫辱之。楚子問鼎，義士恥之。獻納二字，富弼以死爭之。今醜虜橫行，與多壘孰辱？國號大小，與問鼎輕重孰多？獻納二字，與再拜孰重？臣子爭欲君父屈己從之，是多壘不足辱，問鼎不足恥，獻納不必爭也。臣願絕和議以鼓戰士，左氏謂無勇婦人，臣謂今日舉朝之士，皆婦人也。』」按：此段出自胡銓《上孝宗封事》。

胡銓《上孝宗封事》：「隆興二年八月日，右奉議、起居郎、兼權中書舍人、兼國史院編修官、國子祭酒、侍讀、兵部侍郎、充淮南東路淮南西路巡邊制置使、措置控扼海道點檢人船節制兵馬大使臣胡銓，奉詔言闕政急務。」

八月二十八日，張浚卒。作《祭張魏公文》。

胡銓《祭張魏公文》：「維隆興二年歲次甲申某月某日，門生權尚書兵部侍郎、兼侍讀胡某謹以清酌時羞之奠，致祭於近故座主大丞相魏國張公先生之靈……公嘗謂人，平生相知，邦衡、子韶，始末不移。子韶已矣，銓獨在此，懷祿不去，其顙有泚。敬遣家奴，惟致生芻，矯首望雲，涕泗霑裾。嗚呼哀哉，尚饗！」按：九月，陞兼侍讀，故此文或作於九月。

朱熹《少師保信軍節度使魏國公致仕贈太保張公行狀下之下》：「（二年八月）至二十有二日，始寢疾。二十八日，疾病。日晡時，命子栻等坐於前，問國家得無棄四郡乎，且命作奏乞致仕。日暮，命婦女悉去，夜分而薨。」〔註206〕

九月九日，林光朝作《九日同出真珠園再用前韻》。

林光朝《次韻呈胡侍郎邦衡並引》（某竊觀侍講侍郎先生大書著作之庭，其形摹濫觴發於小篆，豈八分未出，已有此書。又蒙傳示銀杏兼簡之什，謹

〔註206〕 曾棗莊、劉琳主編：《全宋文》第二百五十二冊，上海辭書出版社；安徽教育出版社，2006年，第263～264頁。

次韻奉和。）：「聲教從今已遠覃，翩翩作者問誰堪。石經猶有中郎蔡，金匱曾誇太史談。至竟銀鉤並鐵畫，相傳海北到天南。諸生考古頭渾白，禹穴何時更許探。」〔註207〕按：據「侍講侍郎先生」可知此詩作於今年。

　　林光朝《九日同出真珠園再用前韻》：「來自清源葛已覃，君王問獵我猶堪。百年耆舊如重見，九日登臨得縱談。才子不知汾水上，仙人長在大江南。明珠照夜應無數，要是層波更好探。」〔註208〕按：《咸淳臨安志》卷六八：「真珠園在雷峰北，張循王園內，有真珠泉，故以名。有高寒堂。」

　　九月，陞兼侍讀，進讀寶訓。

　　胡銓《考焚黃文二》：「維乾道元年歲次乙酉，二月朔庚辰，十一日庚寅，孝子左奉議郎、賜紫金魚袋某，敢昭告於考新贈奉議府君墳下：某不肖，去六月除權尚書兵部侍郎，秋九月陞兼侍讀。」

　　胡銓《秀野堂記》：「隆興甲申秋，走書錢塘，謂某：『其為我記之。』予時方進讀邇英，未暇也。」

　　《行狀》：「進兼侍讀，因進讀寶訓，至《食訖習射》，奏曰：『四裔易以兵制，難以信結。願陛下謹守此言。』上曰：『文武豈可偏廢？』又讀真宗顧李宗諤曰：『聞卿至孝，能保宗族。朕守二聖基業，亦猶卿之守門戶。』公奏曰：『唐柳玭云：積累如登天，覆墜如燎毛。祖宗基業，誠不易守。』上稱善。」

　　九月，金人以未如所欲為辭，遂分兵入寇。胡銓轉對，言虜不可和。

　　《續宋中興編年資治通鑒》卷八：「（甲申隆興二年九月）金人以未如所欲為辭，遂分兵入寇。乃命湯思退督師江淮，楊存中同為都督。胡銓轉對，為上言曰：『虜不可和，臣恐再拜不已，必至稱臣。稱臣不已，必至請降。請降不已，必至納土。納土不已，必至輿櫬。輿櫬不已，必至如晉帝青衣行酒而後為快。今日舉朝之士，皆婦人也。』虜既得此四郡，專事殺戮。上意中悔。思退懼，密諭以重兵脅和。上聞有虜師，乃命建康都督王彥屯昭關，范禁備淮，李寶備江。又命思退都督，思退辭不行。」〔註209〕

　　十一月，作《楊君文卿墓誌銘》。

　　胡銓《楊君文卿墓誌銘》：「廬陵楊萬里將葬其父，以左從政郎、前樞密

〔註207〕　（清）呂留良：《宋詩鈔初集》，中華書局，1986年，第2375頁。

〔註208〕　（清）呂留良：《宋詩鈔初集》，中華書局，1986年，第2375頁。

〔註209〕　（宋）劉時舉撰，王瑞來點校：《續宋中興編年資治通鑒》，中華書局，2014年，第181頁。

院編修官楊文昌狀謁銘於某，曰：公諱芾，字文卿，……逮歸，而公寢病矣。蓋隆興二年二月也。公喜其子歸，疾小愈。六月仲潘夕，忽呼萬里曰：『吾夢登蓬萊山，且誦玉川子乘此清風欲歸去之句，何祥也？』自是病益殆。八月四日早作，披以坐，嘿而逝。嗚呼，其告之矣！享年六十有九。……其孤欲以十一月十日，葬公於縣之同水鄉介山毛夫人之墓域。某曰：身立名揚以顯親，孝之終也，乞銘志墓抑末矣。矧予文非凱費，亦曷足為不腐託。然萬里與遊最故，且誠以請，義不得辭，遂刪取其行實，敘而銘之。」

楊萬里《謝胡侍郎作先人墓銘啟》：「丘園遺老，豈幸身名之必傳；道德宗師，所憂潛晦之遂泯。有華峻極之筆，施及不肖之孤。感非不多，悲曷能語？追惟先子，早企前修。負米為親，肯辭瀕死；絕甘教子，殆不可生。曾極天之罔酬，盍陰地之小緩？彼蒼不弔，莫白此冤。卜其宅兆而安厝之，欲留何及；惟是宦穸從禰廟者，所美未彰。蓋將無以擔諸幽，殆不可以謂之子。披肝為紙，滴淚到泉。控於仁人，屬此大事。亦知言語精神之方亂，何遽以聞；所恃州閭鄉黨之未忘，或為之動。孰云望外，已掛經端。表出先人之孝廉，寵貽驚代之詞翰。昔昌黎獨擅碑板之任，未免劉乂之譏；至東坡不作銘志之辭，乃為陳慥之傳。豈要人有賣文之瓜李，而匹士無點璧之埃塵。並韓之文而去其貪，踐蘇之戒而兼其妙。是惟具美，實在我公；豈繫寒門，專饗此福。茲蓋伏遇某官古之愛直，志在《春秋》。觀其請劍以斷佞臣，夫誰或怨？今也納石而銘處士，獨得曰私。某敢不思其所來，是必有勸？罔俾九京之憾，以忝所生；庶幾一字之褒，有代之答。」〔註210〕

十一月十三日，太學生張觀等七十二人上書，請用胡銓等。

《宋史·孝宗一》：「十一月……甲午，以黃榜禁太學生伏闕。是日，太學生張觀等七十二人上書，請斬湯思退、王之望、尹穡，竄其黨洪适、晁公武而用陳康伯、胡銓等，以濟大計。」〔註211〕

《宋史全文》卷二十四上：「時參知政事周葵實行相事，聞諸生有欲相率伏闕者，奏以黃榜禁之，略云：『靖康軍興，有不逞之徒，鼓唱諸生伏闕上書，幾至生變。若蹈前轍，為首者重置典憲，餘人編配。』黃榜出，物論

〔註210〕 曾棗莊、劉琳主編：《全宋文》第二百三十七冊，上海辭書出版社；安徽教育出版社，2006年，第154頁。

〔註211〕 （元）脫脫等撰，中華書局編輯部點校：《宋史》卷三十三，中華書局，1985年，第628頁。

譁然。於是太學生張觀、宋鼎、葛用中等七十餘人上書言湯思退、王之望、尹穡鈞致虜人，宜斬之以謝天下。書略曰：『逆亮授首之後，朝廷擢用張浚都督江淮，虜人不敢犯塞。蓋由張浚備禦有方，是以寢虜人之謀，故陛下無北顧之憂矣。自湯思退首唱和議，之望、尹穡附之，極力擠排，遂致張浚罷去，邊備廢弛，墮虜人計中，天下為之寒心。而思退輩方以為得計。今虜人長驅直至淮甸，皆思退等三人懷奸誤國，豈可置之不問哉。此三人之罪，皆可斬也。臣願陛下先正三賊之罪，以明示天下，仍竄其黨洪适、晁公武而用陳康伯、胡銓為腹心，召金安節、虞允文、王大寶、陳俊卿、王十朋、陳良翰、黃中、龔茂良、劉夙、張栻、查籥，協謀同心，以濟大計。』上怒，欲加重辟，晁公武及右正言龔茂良同入對，上怒稍霽，之望亦為之救解，乃止。」〔註212〕

　　《宋史·陳良翰》：「兩淮既撤備，金大入，孝宗始深悔。太學生數百人伏闕，乞召用良翰、胡銓、王十朋而斬思退等，思退由是始敗。」〔註213〕

　　《行狀》：「時有國學生獻書闕下，乞用福國陳公康伯及公為腹心者七十有七人。」

　　十一月十八日，郊祀大禮改用來年正陽之月，公上《論卜郊疏》，言不可者十。

　　《行狀》：「十一月，以邊鄙有釁，詔改卜郊，用來年正陽之月，大雩之辰。公稽參禮經及國朝故事陳不可者十。」

　　《神道碑》：「十一月，以邊事改卜郊，公言不可者十。」

　　胡銓《論卜郊疏》：「臣伏睹今月十八日指揮，郊祀大禮改用來年正陽之月。雩祀之辰，臣參考禮經及國朝故事，有不可者凡十，臣請為陛下言之。」

　　《宋史全文·宋孝宗二》：「去歲，有司請：『國朝郊祀，多用冬至。乾德元年，藝祖初郊，是年冬至適近晦日，遂改用十六日甲子。至道元年，李繼遷叛，遂改用次年正月。所有今年十一月二十九日冬至郊祀，可遵藝祖近晦之義、太宗改卜之典。』詔以來年正陽之月雩祀之辰。尋又遵至道典故，用獻歲上辛。」〔註214〕

〔註212〕汪聖鐸點校：《宋史全文》，中華書局，2016年，第2003～2004頁。

〔註213〕（元）脫脫等撰，中華書局編輯部點校：《宋史》卷三百八十七，中華書局，1985年，第11891頁。

〔註214〕汪聖鐸點校：《宋史全文》卷二十四下，中華書局，2016年，第2017頁。

十一月十九日，以本職措置浙西、淮東海道，命下即趣行。

《行狀》：「宰相湯思退、參政王之望等堅主和議，遂罷張魏公兵柄。公又力爭之，於是大臣皆不悅，遂除措置浙西淮東海道，使詔旨趣行，以二日為期。公即辭行，曰：『臣願今陛下先絕和議。』上曰：『要盡其在我者。』」

《神道碑》：「十一月……又大臣主和益堅，公爭之力。以本職措置浙西、淮東海道，命下即趣行。」

《宋史‧孝宗一》：「庚子，遣兵部侍郎胡銓、右諫議大夫尹穡分詣兩浙措置海道。」〔註215〕

被旨措置浙西淮東海道，賜白金十鎰，南彥姪請以營室。

胡銓《南彥姪墓誌》：「初隆興甲申，吾被旨措置浙西淮東海道，賜白金十鎰，或勸買田，吾曰：『嘗聞王介甫得施金以施僧，龜山先生非之曰：賜果懷核，況賜金乎？以施僧，非禮也。今若以買田，與棄賜果之核何異？』南彥時侍旁，以為然，請以營室。吾以詆和議竄嶺海垂三十年，無室廬以奉先人，念之薰心。然勞費百出，吾老矣，不能辦此。南彥奮然請執功，曾不踰歲而輪焉奐焉，不愆於素。吾得俎豆屏攝以妥祖妣，燕衍觴詠以聚宗族，南彥之力為多。於時吾宗如諸王宮教授從周，靜江府司戶參軍長彥，贛州興國丞忠彥，郡庠生世彥，通守兄之幼子公彥，太學免解進士斗南，郡庠經諭英彥，郡庠生溫彥，應庠新袁州州學教授季文，季文之弟季章，或詩或文，以紀發焉之盛，以道南彥董役之勤，未易殫舉。吾方任司平，適郊天大禮事叢，亦不暇不一書也。予出使海道，南彥借補上州文學，蓋勇爵去。」

《行狀》：「公於利不苟取。初，欽宗既祥及冊隆興皇后，公以職將事，皆賜金帛，再辭，必得請乃已。使海道日，賜金十鎰。既歸，或甚之以理生業者，悉以賙昏友之貧。是其於君賜尚爾，故沒齒先疇不益一畮。」

閏十一月十日，詔令胡銓合李寶專一措置江面。作《與李節使寶小簡》，望李寶激勵將士，一以當百。

胡銓《陳大夫墓誌銘》：「先是隆興甲申冬，某自前行少常伯被旨措置淮浙海道以備虜，時勍敵壓境，號八十萬，聲搖轂下，自維揚、海陵連數郡，望風棄城不守。敏守高郵，獨與虜相距於射陽湖。虜覘知淮上虛實，軒然自謂克在旦莫。三省密院箚下沿海駐箚御前水軍統制李寶，使速開具控扼要害申

〔註215〕（元）脫脫等撰，中華書局編輯部點校：《宋史》卷三十三，中華書局，1985年，第629頁。

海道使司，且謹邊備，而寶握兵數萬，首鼠避敵。某即以聞於上，寶亦抗疏自列。閏十一月十日，箚與某合寶專一措置江面，某覆奏云：『臣被奉十一月二十四日聖旨，令范榮捍通泰州料角、楚州鹽城一帶，李寶防江，如緩急即互相策應。今寶乃憚海陵之行，故違互相策應指揮。況陳敏孤軍深入不測，委實危急。寶若坐視，臣恐射陽湖失守，即大勢去矣。』又箚付寶，寶知某決不但已，竟發兵數千度淮與敏掎角，虜一夕退百餘里。已而敏告捷，即其日奏敏功。是時微敏，淮壖不守必矣。」

《行狀》：「時金寇及境，號八十萬，聲動輦轂。下自維揚、海陵，連數郡望風棄城。高郵太守陳敏與虜相距於射陽湖，水軍帥李寶屯江陰，寶預求密詔，謂扼守要害，陰為自安計。公檄寶發兵援敏，寶不行。公奏曰：『臣受詔，令范榮備淮，李寶備江，緩急則更相援。今寶逗留違詔，坐視敏之孤立，恐射陽失守，則大勢去矣。』上以命寶。公又移書切責之，寶乃發兵渡淮，與敏相掎角。虜一夕退。時天大雪，河冰皆合，舟車不能進。公先持鐵鎚鎚冰，士皆奮。」

《神道碑》：「時金寇深入，號八十萬，淮東郡縣望風退避，高郵守陳敏拒之射陽湖，而大將李寶駐師江陰不肯援敏，公檄寶出師。寶先嘗取密詔為自安計，公劾奏曰：『臣受詔令范榮備淮，李寶備江，緩急更相援。今寶視敏弗救，若射陽失守，大事去矣。』寶懼，與敏掎角退金兵。時大雪河凍，公親劚冰濟舟師，人以用命。」

胡銓《與李節使寶小簡》：「某昨日舟次五車堰，阻風，方欲具稟，忽承專人頒惠臺翰，備荷眷予之意。某臨陛辭，主上令面諭節使，緣舟行濡滯，未獲參展，不勝悵惘。泰州失守，已令同官移文。蒙諭軍兵單寡，誠如臺諭，然亦當量事遣兵，且張聲勢。姦臣誤國，勢至於此，上已赫然奮怒，行遣吾曹，正當今日力圖報主，見危致命之秋。望激勵將士，一以當百，雖奮空拳，可以落敵人之膽。僭越及此，伏乞臺炤。」按：《行狀》所云「公又移書切責之」，《陳大夫墓誌銘》所載「又箚付寶」，或為此信，故繫於此。

歐陽元鼎走江陰畫禦戎要策，胡銓奇之，遣深入覘虜。

周必大《歐陽元鼎墓誌銘》：「君尤博敏，年十三試郡庠，下筆袞袞不能休，咸謂科第可立取，已乃數奇，銳欲投筆。會隆興甲申從舅胡忠簡公以兵部侍郎措置海道，君走江陰畫禦戎要策，忠簡奇之，遣深入覘虜，得其要領而還。規畫日有緒，幕府當奏功，而忠簡罷。」〔註216〕

〔註216〕曾棗莊、劉琳主編：《全宋文》第二百三十三冊，上海辭書出版社；安徽教

作《與張判院敦義小簡》。

胡銓《與張判院敦義小簡》：「某拜違忽如許，渴仰德義，何可具云！屢枉鼎誨，甚慰鄙抱，佩刻誠意。某已次江陰，道中河冰，寸步千里。已約束諸將，收復殘破州縣，福山詩浦及料角控扼去處，一一嚴備，似可以保海道無他。探聞虜舟二百餘隻，尚敢睥睨，然已知其無能為也。匆匆不一。」按：此信所述應屬被旨措置浙西淮東海道期間之事，故繫於此間。

閏十一月十一日，罷措置浙西、淮東海道。攜孥北行，因此罷。

《神道碑》：「初，公與尹穡同出使，穡使浙東，置家於京。公使江淮，蓋受敵之地，攜孥北行，實安眾心。言者乃並指為罪，閏十一月，與穡俱罷。」

《宋史‧孝宗一》：「閏月……壬戌，詔罷胡銓、尹穡。」〔註217〕

《中興禦侮錄》卷下：「十九日詔左諫議大夫尹穡往浙東，權兵部侍郎胡銓往浙西，各措置海船，坐以家屬行，並放罷。」〔註218〕

《朱子語類》卷第一百三十二：「虜騎來時，思退、之望既罷，穡不罷。上令胡銓、穡往經略邊備，二人皆搬家先去。上但知胡如此，怒去之。時召陳魯公，魯公至，留胡。上曰：『用其經略邊事，遂搬家先去，用是罷之。』陳曰：『如此，則穡亦搬家去。臣途中見之。』遂罷。」〔註219〕

《朱子語類》卷第一百三十二：「渠初除浙西制置，胡邦衡除浙東。邦衡搬家從蘇秀，迤邐欲歸鄉，因此罷。陳魯公再用，因言於上曰：『胡銓搬家固可罪，尚向北；尹穡搬家乃向南。』上云：『無此事。』公云：『臣親見之。自古人主無與天下立敵之理。天下皆道不好，陛下乃力主張。』」〔註220〕

胡銓自海道罷歸經過衢州，作《過三衢呈劉共父》。

周必大《跋劉共甫與胡邦衡帖》：「右劉共甫樞密與胡邦衡資政三帖。前二者，隆興甲申共甫守衢，邦衡自海道罷歸經過時。後一幅，淳熙乙未共甫帥金陵，邦衡隨其長子泳守官時也。邦衡書二幅，所謂季羔正字者，王端朝也，時紹興己卯，量移在雁峰。惟《知郡帖》，不知何人，視題銜則乾道庚寅

育出版社，2006 年，第 110 頁。

〔註217〕 （元）脫脫等撰，中華書局編輯部點校：《宋史》卷三十三，中華書局，1985年，第 629 頁。

〔註218〕 （宋）佚名撰，黃寶華整理：《中興禦侮錄》，大象出版社，2019 年，第 35 頁。

〔註219〕 （宋）黎靖德編，王星賢點校：《朱子語類》，中華書局，1986 年，第 3170 頁。

〔註220〕 （宋）黎靖德編，王星賢點校：《朱子語類》，中華書局，1986 年，第 3170～3171 頁。

歲也。最後予與邦衡書，亦乙未歲者。鄉人羅克宣次召出以相示，今遠者四十年，近則二十九年，邦衡父子、共甫、季羔墓木皆拱，惟予養疾山林。王羲之云『俯仰之間，已為陳跡』，況歲月如是之久乎！太息題其後。嘉泰癸亥九月戊寅。」〔註221〕

胡銓《過三衢呈劉共父》：「別離如許每引領，邂逅幾何還著鞭。微服過宋我何敢，大國賜秦公不然。衰鬢凋零已子後，高名崒嵂方丁年。即看手握天下柄，山中宰相從雲眠。」（自注：予自兵侍罷歸，從三衢城外遵陸，以兩夫肩籃輿，太守劉共父謂予云：「兩夫肩輿，甚似微服過宋。」因作此戲簡，效吳體。）紀批：「三、四雖有本事，然終不佳。澹庵一代偉人，可不必更以詩見。」〔註222〕

冬，作《與斗南姪小簡》，感謝斗南姪為胡銓新居所寫上梁之作。

胡銓《與斗南姪小簡》：「冬寒，想與諸幼吉健，老人太宜人必善官下矣。領示，兼辱惠上梁佳作，歎服歎服。趙武築室而張老頌之，東坡起樓而少游賦之。湫隘之居，僅容屏攝，遠慚趙室，近愧蘇樓，而拋梁之篇，近軼少游，遠追張老，發藻泉石，寵光衡茅，榮耀多矣。雖白鶴親作，何以加焉！謹以付執樸者，且藏本以無忘棠棣之賦。匆匆，不恪。」按：據胡銓《南彥姪墓誌》：「於時吾宗如諸王宮教授從周，靜江府司戶參軍長彥，贛州興國丞忠彥，郡庠生世彥，通守兄之幼子公彥，太學免解進士斗南，郡庠經論英彥，郡庠生溫彥，應庠新袁州州學教授季文，季文之弟季章，或詩或文，以紀發焉之盛，以道南彥董役之勤，未易殫舉。吾方任司平，適郊天大禮事叢，亦不暇不一書也。」則上梁文當作於今年，故此信亦作於今年。

胡銓《秀野堂記》：「明年，予以譴罷歸廬陵，圖南復來速記，偶葺敝廬，又不果作。」按：明年指乾道元年，繼續修造新居。

周必大《雙柏頌》：「侍讀胡公去值夏之三十年，始葺舊第而居之。顧視異時手植草木十不一在，惟門術之右雙柏凜然，同本歧枝，對聳交茂。公指謂客：『茲土壚於盜也久矣，而柏獨存，真後凋者哉！』客曰：『不然，惟公之德可況有五，其存也固宜。棟梁之器雖小，已異袁司徒之言，公生似之。置於

〔註221〕曾棗莊、劉琳主編：《全宋文》第二百三十一冊，上海辭書出版社；安徽教育出版社，2006年，第45頁。
〔註222〕（元）方回選評；（清）紀昀刊誤，諸偉奇，胡益民點校：《瀛奎律髓》，黃山書社，1994年，第678頁。

平地，千丈日至，昌黎伯之論，公學以之。雖坎壈於中年，亦殊群而挺正。逮茲時之重芳，葉江夏之流詠。瞻漢臺之列樹，棲晨昏之慈烏。方弄印而闕長，諒匪公其孰居？既扶持以神明，必君臣之際會。告成功於歲寒，非武侯吾誰賴？且夫抗疏紹興，其砥柱乎！立我大廈，其該輔乎！雙幹之祥，又何著耶！不然，是柏也雖非霜雪之可移，設若燎於爇屬，薪以蕘兒，殆與蒲柳等爾，其免佇立而籲怪者幾希。」夫然，故客譽之非詑也，公受之非過也。言有不足，誦以播之。其詞曰：公之居兮畝宮，公之材兮棟隆。尚封植乎此木，以無忘乎角弓。」〔註223〕

是年，作《徽猷閣直學士向公墓表》。

胡銓《徽猷閣直學士向公墓表》：「向公諱子諲，字伯恭，丞相文簡公之五世孫，欽聖憲肅皇后之再從姪也。父諱宗明，武德大夫、提點江南東路刑獄，贈開府儀同三司，世濟其美。公生而穎悟絕人，弱冠已嶷然有立。元符三年，以後復辟，推恩補假承奉郎。越明年後崩，以恩遷雄州防禦推官。久之，除鎮南軍節度推官，改宣義郎。累官至右大中大夫，終於徽猷閣直學士。公之云為，則吏部侍郎汪公應辰所撰誌銘詳之，而其子朝奉郎、新知興國軍澹以公遺事屬予表其墓，三請益堅，乃不辭而聞命。……今年實隆興二年，是以為其表。」

是年，兵部侍郎胡銓上書，語及吳璘。

《宋史·吳璘》：「沈介為四川安撫、制置使，與璘議不協，兵部侍郎胡銓上書，語頗及璘。璘抗章請朝，上親箚報可。未半道，請罷宣撫使及致仕，皆不允。乾道元年詣闕，遣中使勞問，召對便殿，許朝德壽宮。高宗見璘，歡曰：『朕與卿，老君臣也，可數入見。』璘頓首謝。兩宮存勞之使相踵，又命皇子入謁。拜太傅，封新安郡王。越數日，詔仍領宣撫使，改判興元府。及還鎮，兩宮宴餞甚寵。璘入辭德壽宮，泣下。高宗亦為之悵然，解所佩刀賜之，曰：『異時思朕，視此可矣。』」〔註224〕按：胡銓今年六月除權尚書兵部侍郎，又吳璘「乾道元年詣闕」，據此可知胡銓上書之事在今年下半年。

是年，作《論用人疏》。

〔註223〕曾棗莊、劉琳主編：《全宋文》第二百三十二冊，上海辭書出版社；安徽教育出版社，2006年，第198頁。

〔註224〕（元）脫脫等撰，中華書局編輯部點校：《宋史》卷三百六十六，中華書局，1985年版，第11419頁。

　　胡銓《論用人疏》（隆興二年）：「臣聞人主高拱一堂之上，而天下之事無不知，人之賢不肖無不察，事之利害無不聞，豈他術哉？不過曰委任一相而已矣。夫一相豈能盡知天下之事，盡察人之賢不肖，而盡決夫事之利害哉？不過曰人之賢者進之，人之不賢者退之，言之善者用之，不善者罷之，事之利則行之，害則去之。故賢相能兼眾人之善，而賢主能兼宰相之善。」

　　是年，作《論中國禦夷狄失道奏》。

　　胡銓《論中國禦夷狄失道奏》（隆興二年）：「臣竊謂自昔夷狄憑陵中原，未有如今日之甚者也。非夷狄有常勝之勢，蓋中國御之失其道爾。何謂御之失其道？自靖康之變，二聖蒙塵，兩宮執辱，非有他也，講和禍之也。自維揚之變，太上皇浮海，生靈屠戮，大內飛羅綺之灰，九衢轔公卿之骨，非有他也，講和禍之也。自逆亮之變，淮甸丘墟，原野靡人之肉，川谷流人之血，遺毒至今，非有他也，講和禍之也。夫自靖康迄今凡四十年，三遭大變，皆坐和議，則醜虜之不可與和彰彰然矣。」按：自靖康元年至隆興二年正四十年。

　　是年，作《上孝宗論兵書》。

　　胡銓《上孝宗論兵書》：「自靖康迄今凡四十年，虜人未常不由詭道，未嘗不以奇勝，而我終不悟也。前車覆，後車戒，前事之失，後事之師。竊聞道路之言，虜人款我以和，潛師窺伺，或言多造戰艦，由海道以進，或言實粟塞下，由間道以來。雖未必可信，然弼之沿江防人必集歷陽，前事之驗也，醜虜之計安知不出於此？而陛下前日奮然詔下，謂和決不可成，有識咸鼓舞，以謂聖神遠慮，洞見犬羊之情，有如箸蔡。近日邊臣遣兵官孫造往返境上，疲於奔命，竟不能得虜人要領，其愆期爽約亦可見矣。臣願陛下堅守前日和不可成之詔，力修政事，十年生聚，十年教訓，如越之圖吳，則社稷幸甚，生靈幸甚。」按：自靖康元年至隆興二年正四十年。

　　是年，作《乞減省冗官員數奏》。

　　胡銓《乞減省冗官員數奏》（隆興二年）：「臣聞官冗者國用之大蠹也。臣江西人也，且以江西諸州言之。如吉州小郡，而兵官七八人，幕職、郡掾六七人，酒官、稅官四五人。贛州雖號劇郡，兵官至十餘人，幕職、郡掾八九人，酒官、稅官六七人。如筠如袁，又非贛、吉比，而兵官亦不下三四人，幕職、郡掾四五人，稅官三四人。隆興大府，兵官宜倍於他州，而幕職、郡掾、酒官、稅官亦復稱是。繁然淆亂，徒費廩給。今縱未能頓罷，宜稍損其數，大郡止存二員，小郡一員，此省官冗之一也。如臣言可採，乞令給舍更加商榷。倘

以為可行，望賜行下諸路，庶國用稍寬，少紓民力，天下幸甚。」

宋孝宗乾道元年乙酉（1165 年），六十四歲

正月，回廬陵。

胡銓《會昌縣東尉羅迪功墓誌銘》：「某壬午冬十月被旨召赴闕，與長卿別不三年，而長卿即世。乾道改元春正月，某還自王所，急往弔哭。」

胡銓《此庵記》：「乾道改元春，還自天目，復寓智度，而證老日來索記。」

正月，作呈宮使中書舍人箚子。

胡銓《呈中書舍人箚子》：「銓伏蒙臺慈盼賜細肋上樽，敢不跽受，然顏有靦矣。朝夕奉詣硯廬以謝，伏幸臺炤。右，謹具呈宮使中書舍人臺坐。正月日，左奉議郎、賜紫金魚袋胡銓箚子。」

按：據胡銓《考焚黃文二》：「維乾道元年歲次乙酉，二月朔庚辰，十一日庚寅，孝子左奉議郎、賜紫金魚袋某。」胡銓《祭向運使文》：「維乾道元年歲次乙酉十一月朔丙午，左奉議郎、賜紫金魚袋胡某。」或寫作於同一時期，故暫繫此年。

二月，作《考焚黃文二》。

胡銓《考焚黃文二》：「維乾道元年歲次乙酉，二月朔庚辰，十一日庚寅，孝子左奉議郎、賜紫金魚袋某，敢昭告於考新贈奉議府君墳下：某不肖，去六月除權尚書兵部侍郎，秋九月陞兼侍讀，適上踐祚之初郊，凡官陞朝已封贈者，更與封贈，而官為侍從，考贈典有加焉，仍命辭給誥。某既叨與從列，濫該此恩，遂獲贈府君右奉議郎。嗚呼，自紹興辛酉明堂恩迄今，凡二十五年，渥典始克復霑泉壤，某不孝之罪，尚忍言之！尚饗。」

罷歸還鄉後，與胡商隱、胡遜臣歲時杖履往來。

胡銓《胡君商隱墓誌》：「隆興甲申冬，措置海道罷歸，而昌辰之行在選，又以訃聞。惟商隱、遜臣同里居，邑屋相比，歲時杖履往來，有桂林壽亭溪山之勝，一觴一詠，甚自適也。」

四月八日，應永和智度寺僧請為作《此庵記》。

胡銓《此庵記》：「永和智度寺僧、前章貢六和寺長老子證榜其庵曰『此庵』，而求記於澹庵老人胡某。余官三年矣，而記未暇作也。乾道改元春，還自天目，復寓智度，而證老日來索記。又三谷朔矣，又未暇作也，而請益力。……四月八日記。」

　　周必大《跋此庵記》：「韓退之力排佛氏，慾火其書。柳子厚乃推尊之，謂與《易》、《論語》合，浩初之序，左右佩劍。今考二公心跡，誰為善學展季者耶？侍讀胡公平生未嘗啟梵夾，效膜拜，戲為證老作《此庵記》，而辭理超詣，便得儒釋之妙。正使三十年默照坐破蒲團，一萬里行腳踏盡草履，恐亦未能到此地位，真今代退之也。若子厚者，風斯在下矣。乾道丁亥二月十一日。」〔註225〕

　　四月，作《跋東坡寫淵明詩》。

　　胡銓《跋東坡寫淵明詩》：「坡寫淵明詩『藍縷茅簷下』，豈無旨哉！銓案欒武子云『若敖蚡冒篳路藍縷以啟山林』，杜預云：『藍縷，敝衣，言勤儉以啟土。』然則坡老之旨微矣。乾道改元四月仲潘，廬陵胡銓識。」

　　七月，作《歐陽先生墓誌銘》。

　　胡銓《歐陽先生墓誌銘》：「某外姪歐陽袞乞其父銘，且以某族子國學生箕狀來言曰：先生諱應求，字仲俊，姓歐陽氏，世為廬陵永和人，其族譜有文忠公之世次在。……卒於隆興二年三月辛丑，享年七十有六，以其年七月壬辰葬於縣之膏澤鄉桃花原先塋之右。繼室解氏。一男曰袞，好學有立，蓋申鮮虞之傅摯云。四女，長歸箕從弟昌容，次適羅鎮、彭允成，季在室。孫男某，孫女某，皆幼。先生之葬易歲矣，而銘未刻。重惟積行之君子，不幸不見用於世，至抱其業以卒，而世之君子樂道人之善者，又無從揭而揚之，則生者有愧，而死者長遺恨於無窮，輒次其事以授其子，使告後世達者。」

　　周必大《跋永和歐陽樗叟銘》：「歐陽樗叟，一鄉之善士。始予登第，叟不以儒先臨我，贈我以詩。今四十年，叟之墓木已拱，而其子若孫復與予遊，皆謹厚好學，不忘秋蘭朝菌之家訓，叟為不亡矣。讀胡忠簡公所述銘文，不勝懷人念舊之歡。紹熙改元八月十三日。」〔註226〕

　　八月，應廣文先生李君璘率學正亮功、學錄恪直暨盧中、世顯等請，作《葛司成祠堂記》。

　　胡銓《葛司成祠堂記》：「崇寧間，大司成、贈少師毗陵葛公嘗蒞呻嗶，時方右新學，公獨好古尚《離騷》，而風化翕然，一時名儒踵相躡。自公之去

〔註225〕曾棗莊、劉琳主編：《全宋文》第二百三十冊，上海辭書出版社；安徽教育出版社，2006年，第263～264頁。
〔註226〕曾棗莊、劉琳主編：《全宋文》第二百三十冊，上海辭書出版社；安徽教育出版社，2006年8月，第1版，第334頁。

六十餘年，而詩文經論，士爭膾炙，是誠有功於名教。上踐祚之三年，公之子右朝散大夫立象來守此邦，政先教化。曾未期月，訟簡而盜清，士相與謀曰：『司成公有子哉！微司成公之教，斯文化為異端矣。微大夫之來，崇寧之教熄矣。吾儕小人，其何以報德？』於是相與建司成公之祠以祀三公。僉曰韙哉。乾道元年八月谷朔祠成，廣文先生李君璘率學正亮功、學錄恪直暨虛中、世顯等凡十有二人，踵門謂某：『侍讀幼嘗肄業鄉校，距公之時未久也，需丐公之膾馥亦已多矣，焉得默默？請紀厥美，以託不腐。』」

八月，作《與汪養源小簡》。

胡銓《與汪養源小簡》：「某皇恐。一昨輒以《葛守祠堂記》有請思，駭汗如雨，並坐食言，想必有謂。古人有父病書太守姓名厭禳者，或請殺之，太守笑曰：『是為其父則孝也，何罪之深！』某每歎今之為士大夫者，一行作吏，饕富貴，去墳墓，棄親戚，上忘其君，內忘其親。有一人知念其親而割俸以立祠，使尼父復生，當大書特書，盛稱以為勸矣。今乃曰『是嘗為盜，是嘗貪墨，豈不污我直筆』，則管敬仲不當舉盜，袁司徒不當不鞫人以贓，古人行事皆不足法矣。孟子曰：『子以為有王者作，將比今之諸侯而誅之乎？其教之不改而後誅之乎？』郭林宗門下士皆前日綠林人也，聖人化惡進善，不專誅責。薛贛君使掾平鋸，是亦林宗之用心，若不教而誅，雖比今之諸侯而誅之，恐竭南山之木不足以為桍也。高君謹不敢再有請，輒附家僕寓書為謝。家僕偶送方耕道之子至臨川，的便具稟不悋，敢乞炤恕。祠堂字已領，並冀臺察。」按：此信，應該是胡銓決定寫《葛司成祠堂記》之後作，此時胡記完成否不好說，但就在此時前後不久，故亦繫於八月。

九月，作《會昌縣東尉羅迪功墓誌銘》。

胡銓《會昌縣東尉羅迪功墓誌銘》：「某壬午冬十月被旨召赴闕，與長卿別不三年，而長卿即世。乾道改元春正月，某還自王所，急往弔哭。越三月，其子泌扶服乞銘。某曰：『予與若父最故且厚，銘非予而誰。但方以狂瞽被譴，姑少須。』泌請益虔，自夏徂秋，固辭不獲，則敘而銘之。長卿姓羅氏，諱良弼，長卿字也。……某與長卿幼學時相與肄制舉業，服其博洽。某嘗賦詩云『笑春燭底影，溜淚風前杯』，用衛恒書故事。口占未畢，長卿應聲云：『此法帖第五卷，隋僧智果書也。』又嘗讀《崇文總目》，長卿曰：『某書若干卷，某集若干卷。』已而檢眂，無一不讎。雖唐二崔號為強識，不及也。……其孤卜以歲之秋九月辛酉葬於縣之膏澤鄉石蓼崗之原。」

按：胡銓《長卿見過賦美人插花用其韻》：「花亦興不淺，美人頭上開。心事眼勾破，鬢香魂引來。笑春燭底影，澆淚風前杯。分韻得先字，客今誰可哉。」

九月九日，作《青玉案》詞。

胡銓《青玉案》（乙酉重九葛守坐上作）：「宜霜開盡秋光老。感節物、愁多少。塵世難逢開口笑。滿林風雨，一江煙水，颯爽驚吹帽。玉堂金馬何須道。且鬮取、尊前玉山倒。燕寢香清官事了。紫萸黃菊，皁羅紅袂，花與人俱好。」

十月，應劉嗣林請，作《北真觀記》。

胡銓《北真觀記》（乾道元年十月）：「吉之安成有所謂北真觀者，崇寧壬午，有歐陽君者實始破荒，鍾鼓隱然；而曾有慶者繼之，遂極土木剞劂之勝。建炎己酉為兵火所燉，片瓦無遺。紹興改元，復創堂廡，其徒劉師林、劉嗣林者實董其役，而鄉老合辭，請聞於朝，以北真為額，郡將從之。未幾，曾君羽化，而嗣林繼董觀事。里豪王功成者復出力建殿塑像，而王俊臣者又出力捏塑眾真列星。嗣林之徒劉元明、王元恭者，又協贊百役，屏攝一新。嗣林以予與曾君有瓜葛，不遠數舍，請記觀之興毀。義不得辭，遂書其始末，且擬楚些以招曾君之魂，並刻之碑。……乾道改元陽月壬寅記。」

王庭珪《跋胡侍郎撰北真觀記》：「安福圖經舊無此觀，獨有遺址在深林窮僻之野，亦以碑刻可攷。里中王氏諸豪力請建屋於其上，始得今名而榜之，復得侍讀胡公之文以為記。碑成，龜趺璀然，氣象雄偉，如天球琬琰金鐘大鏞，列在東序，拭目者改觀。楦桷之華，豈止百年，無慮其隳墮也。萬一千載之下，陵谷變而壑澤，不能守此碑，或淪棄於頹垣斷塹之間，好事者得之，決不沈泯，跡其姓氏猶足以誇世耀眾，而復興於寂寞不詔之後。然則此碑實為比真不朽之託也歟。」〔註227〕

十月，周必大作《訪胡邦衡庭前四菊茂甚因賦二絕》詩。

周必大《訪胡邦衡庭前四菊茂甚因賦二絕》（乙酉十月）：「大杓親分兩玉瓶，東籬手植萬金英。荒園有酒愁無菊，擬乞繁華助眼明。」「揮毫曾對沈郎花，好事今同元亮家。看即槐庭滿桃李，霜枝留與野人誇。（自注：今西省紫薇花沈德和初植，前日當及之。）」

十一月，作《祭向運使文》。

胡銓《祭向運使文》：「維乾道元年歲次乙酉十一月朔丙午，左奉議郎、賜

〔註227〕曾棗莊、劉琳主編：《全宋文》第一百五十八冊，上海辭書出版社；安徽教育出版社，2006年，第236～237頁。

紫金魚袋胡某，謹以清酌時饌，敬祭於致政都督直閣向公尊丈靈筵。」

十二月，作《越國太夫人郭氏墓誌銘》。

胡銓《越國太夫人郭氏墓誌銘》：「乾道改元十二月丙戌，武德大夫、權發遣江南西路兵馬副都監、吉州駐紮喬昭祖將葬其母，以左朝散郎、直秘閣、提舉福建路常平茶鹽公事吳龜年狀踵門乞銘，扶服拜且哭，不勝哀。又屬其族家子免解進士昌齡、新贛州興國縣丞昌言繼有請，不憚益虔。某曰：近世冠鵔尾者，親死不服，且曰『是在三尺法，敢戾法乎』。某頃在西掖，當草淮南將士奪服告，嘗抗議乞聽其服，廟堂執不可，奏請自今將士不服免給告，遂為定制，識者非之。今昭祖執母喪應禮，又能力請銘其墓，固當大書特書，以羞鵔冠之類，可但已耶？刪取其狀，序而銘之。……甫盡孝，而夫人以疾終，實乾道改元六月二十三日也，享年七十有一。」

宋孝宗乾道二年丙戌（1166年），六十五歲

二月十三日，周必大作《次韻胡邦衡二首》詩。

周必大《次韻胡邦衡二首》（丙戌二月十三日）：「馮翊當年助匡頌，殊方此日奉賓歡。淺斟想對銷金帳，生意重尋白玉槃。蟻泛似緣羶足慕，海凝如得雹逃寒。十羊百榼何須辨，試問東風可味酸。（自注：右春日飲羊羔酒。）」「姚魏紛紛殆百家，天香一出自無嘩。傷多莫厭扶頭醉，貴少翻嫌滿眼花。康樂舊聞宜水竹，翰林新調帶煙霞。（自注：李白云他人之文如山無煙霞，而其《清平調》正為牡丹作。）從渠草木呈新巧，終愧吾公正且葩。（自注：右二月十二日牡丹一花先開。）」

二月十六日，周必大作《頃創棋色之論邦衡深然之明日府中花會戲成二絕》詩。

周必大《頃創棋色之論邦衡深然之明日府中花會戲成二絕》（丙戌二月十六日）：「局勢方迷棋有色，歌聲不發酒無飲。明朝一彩定三賽，國手秋唇雙牡丹。（自注：謂新妓李榮、李棠也。）」「醉紅政不妨文飲，呼白從來要助歡。棋色應同三昧色，牡丹何似九秋丹。」

二月十七日，周必大作《二月十七日葛守錢倅出所和胡邦衡羊羔酒詩再次韻簡二公》詩。

周必大《二月十七日葛守錢倅出所和胡邦衡羊羔酒詩再次韻簡二公》（丙戌）：「德似羊羔春共頌，政如醇酎野多歡。屬厭靖節杯中物，屢費將軍竹裏

槃。疇昔調饑惟飲濕，祗今軟飽不言寒。唱酬妍麗歸公等，自笑梅翁語帶酸。」

　　五月，為清江之新淦楊圖南作《秀野堂記》。

　　胡銓《秀野堂記》：「清江之新淦楊君圖南，年未及衰，已為菟裘計，蓊林向公名其堂曰『秀野』，取東坡詩所謂『花竹秀而野』者也。隆興甲申秋，走書錢塘，謂某：『其為我記之。』予時方進讀邇英，未暇也。明年，予以讜罷歸廬陵，圖南復來速記，偶葺敝廬，又不果作。明年，書來不已，且抵書家弟從周，請益力。予屬負茲，固辭弗獲，乃書其始末以諗之。……乾道柔兆閹茂五月記。」

　　七月，應侄兒贛州學教授胡籍之請，作《贛州教授廳記》。

　　胡銓《贛州教授廳記》：「贛州學教授籍，某猶子也。書來言：『籍官舍在學宮之左，自兵火以來，屋才數楹，不能蔽風雨，日欲加葺，玩歲愒時。太守郭侯下車未幾，百廢具舉，如籍官舍亦煥然一新。材得於官用之餘，復以二十萬錢資之役，不及民材，不經費工，既訖功而官與民不病焉，可書也已。先是學區不加甃，凡級磚之費，為縉蓋以千計，侯不一吝。其垂意學校如此，願並書之，謹伐石以俟。』……乾道柔兆閹茂中元日記。」

　　七月，應廬陵孝友先生葛聖功之從孫澮請，作《葛聖功文集序》。

　　胡銓《葛聖功文集序》：「廬陵孝友先生葛聖功，其學淵源多根乎《離經》楚些，而世之知之者鮮。杜子美云『君意人莫知，人間夜寥闃』，有味其言之也。雖然，天下有道則行有枝葉，天下無道則辭有枝葉，載記尚矣。行與文恒相須，而行為先。韓子謂行以為本，文以為華，言重本也。四科之設，顏、閔德行，游、夏文學。西漢四科，德行則唐林，文學則杜欽。史家先卓行後文學，而諡法亦以正惠冠文，此誠聖門設科之本意。然則先生之沒，門人以孝友易名，其德行之卓卓，亦豈專以文為華哉！先生之從孫澮，屬予為集序。顧予才非夐雅，固辭久之，而澮請益力，輒為發《離騷》、《楚辭》之蘊，以原其文之所由出，而歸之於德行，庶有益於後人。夫聖門遠矣，有志乎古者，由先生而求焉，而漢四科獨可及也已。先生諱敏修，字聖功，乾道柔兆閹茂之七月穀朔，澹庵野叟胡某謹序。」

　　是年，楊萬里作《賀澹庵先生胡侍郎新居落成二首》詩，賀胡銓新居落成。

　　楊萬里《賀澹庵先生胡侍郎新居落成二首》：「清廟欹斜一笑扶，歸來四壁亦元無。可憐拙計輸餘子，住破僧房始結廬。三徑非遙人自遠，萬間不惡

我何須？冥搜善頌終難好，賀廈真成燕不如。」「眼高不肯住清都，夢繞江南水竹居。卻入青原更青處，飽看黃本硬黃書。剷裁風月聊堪醉，拆洗乾坤正要渠。賜宅不應公得免，未知此第似林廬。」〔註228〕

辛更儒：「澹庵先生胡侍郎新居，按：胡銓舊宅在城南香城山下。萬曆《吉安府志》卷一二：『香城山，在七十五都，一作蕥城。周回百餘里，南北麓界永豐、吉水，銳聳約數百仞，以文筆名三峰，中一峰尤奇，麗譙登望，實高聳雲表，胡忠簡宅其下。』周必大《益國文忠公集》卷九《雙柏頌》：『侍讀胡公在值夏之三十年，始葺舊第而居。顧視異時手植草木，十不一在。』卷一六六《閒居錄》：『值夏在永和之上二十里小江中，云王仙在此值盛夏，因以為名。』又胡銓有《修值夏街疏》，見存四庫本《澹庵集》卷六。按：值夏，胡氏自五代由長沙徙於吉州，後分三派：值夏之胡，胡銓其後也。另為南城之胡、禾溪之胡。見元王禮《麟原文集》卷三《澗月居士胡君行狀》。右詩賦胡氏新居，當在值夏。值夏，民國《廬陵縣志》卷三《墟市》：『值夏市在縣東三十五里。』」〔註229〕

辛更儒《誠齋先生楊萬里年譜》：「乾道二年（一一六六）丙戌誠齋四十歲，居喪在家。是春，往廬陵見胡銓、周必大。見誠齋集卷三《賀澹庵先生胡侍郎新居落成二首》及《見周子充舍人敘懷》、《自值夏小溪泛舟出大江》詩。」〔註230〕

是年，作《洞巖講坐記》。

胡銓《洞巖講坐記》（乾道二年）：「上踐祚之四年，知元元疾苦狀，擇良吏惟艱。太守徐公以德選來牧，廬陵以理。待荒政事暇，按視往牒，見古所謂洞巖觀者，喟然曰：『天下聞山也，在祀典甚重，當付一佳士。』得玉笥莊君昭林，莊蓋汴都重華講師也。至則大革宿蠹，觀且理，乃正尚席，以講進其徒。撾鼓登座，大言曰……卒講，予合掌稱善，請條其說，勒之石，以備太史氏觀採。」

〔註228〕（宋）楊萬里撰，辛更儒箋校：《楊萬里集箋校》卷三，中華書局，2007年，第179頁。

〔註229〕（宋）楊萬里撰，辛更儒箋校：《楊萬里集箋校》卷三，中華書局，2007年，第180頁。

〔註230〕（宋）楊萬里撰，辛更儒箋校：《楊萬里集箋校》，中華書局，2007年，第5186頁。

宋孝宗乾道三年丁亥（1167 年），六十六歲

二月，作《廉夫弟墓誌》，堂弟胡鍔卒，與胡銓幼同學，長同春簸。

胡銓《廉夫弟墓誌》：「處士府君胡鍔字廉夫，吉州廬陵人。祖諱愷，父諱汝明，皆鑣跡丘園。母任氏夫人生一男一女，羅氏夫人生五男六女。君羅出也，與予同堂，少予八歲，幼同學，長同春簸。紹興初，予官於朝，坐狂瞽謫閩越，又削爵投嶺海，不見君久者惟嶺海時為然。辛巳夏，得旨自便還里，弟兄相處如初。未幾予召赴闕，隆興甲申冬，自少常伯使淮東浙西措置海道，以遏金寇，獲譴罷歸，復把盞論文道舊，歡甚。丙戌春偶邅地傷足，不良於行者久之。冬十二月庚寅，疾革，辛卯遂屬續不亂，享年五十有八。……漸等卜以丁亥二月乙酉葬於吉水縣中鵠鄉白蓮之原，君之同胞兄鎬手書。卒葬，姑識歲月，其詳則俟暇日。乾道三年。」

三月，作《李元直文集序》。

胡銓《李元直文集序》（乾道三年三月）：「乾道乙酉提點刑獄江西，丙戌冬出其編以示某，且屬為序。獵繆把玩，終日不能去手。如《郊祀慶成頌》，典則弘深，奄有二《雅》三《頌》之美，豈止兼《國風》《小雅》而已哉！僕固願掛名集端，以託不腐，其又奚辭？……公諱稙，字符直。丁亥上巳。」

六月，作《貴州防禦使陽曲伯張公墓誌銘》。

胡銓《貴州防禦使陽曲伯張公墓誌銘》（乾道三年六月）：「乾道丁亥六月庚辰，宋故知循州兼管內勸農使、特授貴州防禦使、陽曲開國伯、食邑七百戶張公諱寧字安道終於正寢，其孤舜臣將以十一月庚寅葬於廬陵膏澤鄉李塘山之原，以左朝奉大夫、新權知武岡軍羅公棐恭狀踦予門，扶服請銘。予辭之固，而舜臣踰年不忘益虔。予謂繁冠者流，親死不喪，如舜臣知《禮經》自盡之義，世豈多有，銘其親為宜。矧公與予居同郡，有一日雅。予頃自海南內徙合江，公被雨送別，面致百金為賻。予雖不受，然是時兩社方修故相怨，力欲真逐客於死，公獨敦夙義如此，其視徐晦送楊臨賀何遠哉！可書也已。遂剟其狀序而銘之。」

夏，作《與方務德小簡》。

胡銓《與方務德小簡》：「某託庇苟活，疇昔間關嶺海，逾兩星終，生理蕭然，無尺椽之居，近始卜築村落，才御風雨。老杜云：『捲簾惟白水，隱几只青山。』此貧者家風也。惟婚嫁未畢，殊關念。自嶺南歸，長學生李泰發家親，次學生已二十，尚未議親，二幼子亦未有親，而頭已半白，尚能得幾寒

暑？日徯執事進用，輟一小邑相處，陶淵明有是福哉！盛炎，汗筆奏記，不覺覿縷，亦不敢累紙。正遠良覿，伏冀上為簡在，益愗鼎第，以對休明，垂副欣屬。」按：胡銓次子紹興十八年戊辰（1148 年）出生，至今年正好二十歲。

九月，作《宴罷》詩二首。

胡銓《乾道三年九月宴罷一》：「晚年種德聽和鑾，露冷林深綻錦團。金鳳花殘秋欲半，木犀香遠晚初寒。擬將艾制候朝紱，愧把蘆芽易釣竿。早與君王乞歸去，仕途方險戰於鞍。」

胡銓《乾道三年九月宴罷二》：「萬古雲霄一鳳鸞，歸來蓬島月光團。久將忠義私心許，要使奸雄怯膽寒。漏盡玉龍隨彩仗，敕銜金鳳下長竿。天家催賜黃花酒，笑指是翁能據鞍」。

十二月一日，周必大得胡銓《和林和靖先生梅韻》詩。

周必大《泛舟遊山錄三》：「十二月甲午朔，午後，十四弟、平上人來迓，得邦衡梅字韻詩，答之。」〔註231〕按：此處所指「梅字韻詩」應為胡銓《和林和靖先生梅韻》，這組詩或作於此時。

胡銓《和林和靖先生梅韻》其一：「感時漰淚幾時乾，顧影伶俜獨立難。自恐節孤無與對，誰憐族冷不勝寒。未應一世供愁斷，長願三更秉燭看。雨過花邊行更好，猶嫌子美借銀鞍。」

胡銓《和林和靖先生梅韻》其二：「風亭小立夢初殘，步步凌空對廣寒。照眼雙明清可掬，閒情一味淡相看。曉縈瑞霧黏初潤，晴映高雲暴未乾。三嗅臨風思無限，蕊宮遙夜酒初闌。」

胡銓《和林和靖先生梅韻》其三：「瘦吟幽玩有餘妍，更向高人獨樂園。無垢未應經露沐，不緇寧信受塵昏。春風自識明妃面，夜雨能清吏部魂。插向膽瓶看更好，凜如明月薦雷樽。」

胡銓《和林和靖先生梅韻》其四：「一年佳處早梅時，鉤引清風巧釣詩。未分霜冷禁瘦朵，漸看春入奈愁枝。晚尤奇特憐無伴，夜更分明不可私。冷落更須憑酒煖，從今鄒律未消吹。」

胡銓《和林和靖先生梅韻》其五：「紛紛紅紫勿相猜，自古騷人酷嗜梅。皂蓋折花憐老杜，黃梅時雨憶方回。一生耐凍天憐惜，滿世趨炎我獨來。桃李爭春身老大，急須吟醉莫停杯。」

〔註231〕曾棗莊、劉琳主編：《全宋文》第二百三十二冊，上海辭書出版社；安徽教育出版社，2006 年，第 24 頁。

十二月三日，周必大作《向以書戲邦衡云某自廬山遊西山當就迎公召節今邦衡有詩督此語不驗次韻》詩。

周必大《向以書戲邦衡云某自廬山遊西山當就迎公召節今邦衡有詩督此語不驗次韻》（丁亥十二月三日）：慧遠遙同社，洪崖近拍肩。松枝年紀萬，棐實歲踰千。（自注：天池在廬山絕頂，有萬年松。香城在西山絕頂，有千歲棐。）徑欲通天漢，忙因櫂酒船。（自注：帥漕附致廚醞四十尊，寄邦衡。）香城均一握，易地即皆然。（自注：邦衡所居亦曰香城山。）

十二月五日，周必大歸永和，胡銓相候。

周必大《泛舟遊山錄三》：「（十二月）戊戌，臘，大雪。已後至永和，歸家飯訖，胡邦衡相候。招季懷，以小舟置酒，同至值夏報謁。已二鼓，復飲三杯。欲順流歸，以月黑而止。」〔註232〕

十二月，周必大作《次韻胡邦衡相迎》詩。

周必大《次韻胡邦衡相迎》（丁亥十二月）：「路逢驛使嶺頭回，喜得新詩勝得梅。情似春風繰楚柳，句如臘雪屑韓瑰。祇今皇側求賢席，底事公銜樂聖杯。臺路六符行復煥，丹心一寸未應灰。」

宋孝宗乾道四年戊子（1168年），六十七歲

五月，作《惠佑廟路寢記》。

胡銓《惠佑廟路寢記》（乾道四年五月）：「某幼側聞螺城佳山水，而城之南隅有所謂神岡者尤卓詭斬絕。後得唐人記南城，鳴鳳中曲江縣開國彭城劉侯竺嘗牧廬陵而死，遺愛在民，廟食此山。飛甍歸然，張平子所謂『托喬基於山岡，直墆霓以高居』。竊欲往拜山椒，且快臨觀之勝。宦遊北南，莫適所願。紹興壬午，以狂瞽斥閩幕，需次於里，謂當修敬祠下，而屏居念詧，又弗克往。有頃，之官三山，獲郵投嶺海。越兩星終，始內徙合江，又累歲乃得歸田。道神岡，攜孥敬款屏攝。有唁於旁者曰：『向焉復閣霞爛，往往變為敗壁月剝。向焉綺疏璿題，往往變為蠧歷蛛網。向焉雕幾石碏，往往變為野草荒煙。』某太息久之，恨至之晚。聖人龍飛，召某赴闕。舟次太皋渡，復謁焉，拜揖而去，初不敢招梗也。甲申冬，虜騎長征，犬牙淮甸，某自前行少常伯被旨總戎淮浙海道。舟師濟河，虜一夕遁，議者謂必有陰相如鍾山

〔註232〕（宋）周必大撰，黃寶華整理：《泛舟遊山錄》卷三，大象出版社，2019年，第371頁。

之神者。亡幾何,某以譴罷來歸,首造其庭,則輪奐一新。……乾道著雍困敦五月朔,具官胡某記。」

夏,作《與安國小簡》。

胡銓《與安國小簡一》:「某悚息。季夏劇熱,恭惟判府安撫中書舍人待制鈞齊整暇,神明扶持,臺候萬福。某僻居深村,不往記者久之,必蒙炤恕。方時多虞,厝火積薪之下,火未及然之秋,謂宜臥薪嘗膽,日虞寇至,而廟堂已為太平事業。賢者遠屏江湖,竊為太息。偶故人之子孫省幹次襄,欲出門下,輒寓數字候問。匆匆具稟,不恪,伏幸臺炤。」按:張孝祥,字安國。

胡銓《與安國小簡二》:「某皇悚。自聞除書,竊謂朝廷惜賢者之遠,古人所以有驥垂兩耳伏鹽車之歎。僭越僭越。某一親戚楊昭文,忠襄公之次子,學且廉,獲在宇下,望不白眼。忠襄死節,葉少蘊識其廟詳矣,不俟僕糞土之言。匆匆具記,不恪,伏祈臺炤。」

辛更儒《張孝祥集編年校注‧於湖先生張孝祥年譜》:「胡銓來書,論及時事出處。……按:據楊萬里所作《胡銓行狀》,胡銓於隆興二年冬措置海道,以攜眷同行,為言者論列,罷兵部侍郎。于湖罷廣西帥時,胡銓正寓居於吉州。其第一篇書中『孫省幹赴襄』,或經蕪湖,故介紹與之相識,且有『賢者遠屏江湖』語。第二篇書有『除書』云云,當指今年稍晚于湖移帥荊南而言,故附次於此。忠襄公即楊邦乂,亦吉州人,建炎三年通判建康。兀朮陷城,楊以不降被殺,後賜謚忠襄,《宋史》卷四四七有傳。光緒《忠節楊氏總譜‧楊莊亨公支系圖》載:『昭文,字文明,以父蔭,終鄂州武昌令。』又載:『邦乂生五子,振文、郁文、昭文、蔚文、月卿。』」〔註233〕

八月,周必大作《胡邦衡相過賞金鳳許詩未送邦衡復作木犀會二花殆是的對偶成四韻》詩。

周必大《胡邦衡相過賞金鳳許詩未送邦衡復作木犀會二花殆是的對偶成四韻》(戊子八月):「身閒端合醉秋光,兩地名花況並芳。金作鳳形如許巧,木成犀理若為香。鬢頭自笑辜釵色,沙面誰知識帶黃。莫問詩壇偃旗鼓,天生的對欠平章。」

八月,劉珙知隆興府、江南西路安撫使。是年,胡銓作《與吳明可小簡二》。

〔註233〕（宋）張孝祥著,辛更儒校注:《張孝祥集編年校注》,中華書局,2016年,第 1631～1632 頁。

　　胡銓《與吳明可小簡二》：「某自承徙鎮隆興，雖樂正子為政，喜而不寐，未嘗衰朽之喜也。某官固宜師保萬民，光輔明主，而越在南服，徒勞州縣，而僕以為喜，無乃左乎？此不知吾兄之用心者之見也。若僕則深知吾兄之用心，吾兄豈以內外二其心哉？苟行其志，身雖在外猶內也；志苟不得行，身雖在內猶外也。此吾兄之用心，故其來也，僕以為喜，僕非私喜也，為斯民失職者喜也。厥今斯民失職者何可徧舉，略舉江西數州言之；其為民害者亦何可徧舉，略舉一二甚者言之。……某坐視則不忍，欲言則不敢，倘不於吾兄撫字之時一吐其蘊結，斯無時矣。末由侍對，伏乞上為眷隆，倍護鼎第，即膺大拜，垂惠四海具瞻之切。」

　　按：任仁仁、顧宏義《張栻師友門人往還書札彙編·劉珙》：「劉珙（1122～1178），字共父，一字共甫，一作恭父，建寧崇安（今福建武夷山市）人。劉子羽子。建炎三年（1129）補承務郎。紹興十二年（1142）中進士第。乾道元年（1165）三月除敷文閣待制、知潭州、荊湖南路安撫使。三年正月召除赴行在，除翰林學士、知制誥兼侍讀。十一月，拜同知樞密院事，四年七月兼參知政事，八月除端明殿學士在外宮觀，改知隆興府、江南西路安撫使。五年四月除資政殿學士、知荊南府、荊湖北路安撫使。六年九月丁母慶國夫人憂。八年十二月服除，除知潭州、荊湖南路安撫使。九年三月赴闕奏事，進大學士以行。淳熙二年（1175）正月除知建康府、江南東路安撫使。五年七月卒，年五十七。諡忠肅。」〔註234〕據「自承徙鎮隆興，雖樂正子為政，喜而不寐」觀之，此信似為劉珙初任時所作，故暫繫於今年。

　　秋，胡銓與王庭珪、周必大赴郡府宴舉人之盛會。

　　王庭珪《跋錢吏部燕舉人詩》：「國家網羅英材，必始於郡國，命鄉論秀而升之，太守實任其責。廬陵多士之域，方升平時掉鞅於舉場者四千人，拔其尤而充貢者才四十五人。厥後寖盛，而州郡多事，止給牒與計吏偕至京師，廢罷《鹿鳴》之禮。乾道四年戊子賓興之秋，乃遇臨安錢侯吏部縜銅虎適至，閱仕版，見峨冠侈袂，爭鋒而入棘圍者至八千人，拔其尤而升者六十八人。侯乃修故事，舉墜典，以鄉飲酒禮設賓主，陳俎豆，合樂張宴，歌《鹿鳴》之詩，敘長少焉。太守即席賦詩，鄉先生胡侍講、周舍人，貢首劉懷英等六十八人皆屬和。州民耆老聚觀以為榮，咸稱頌太守之美，使此州文物益大張

〔註234〕　（宋）張栻等著，任仁仁、顧宏義編撰：《張栻師友門人往還書札彙編》，中華書局，2018年，第52～53頁。

闡，真稀闊盛事，前所未有，不可不書。盧溪王某謹跋。」〔註235〕

十月，陳敏自高郵抵書盧陵，屬胡銓作《陳大夫墓誌銘》。

胡銓《陳大夫墓誌銘》：「乾道戊子十月癸丑，光州觀察使、高郵軍駐紮御前武鋒軍都統制、兼知高郵軍事兼管內勸農營田屯田使、節制山水寨、南康郡開國侯、食邑一千戶陳公敏，自高郵抵書盧陵，屬某銘其父武翼大夫、寧都巡檢公之墓，且以門人宜州文學、權高郵錄事參軍兼推官教授溫度狀來。初，某與禮部尚書張公大猷同直玉堂，大猷談敏不容口。一日，經筵同舍有言虜騎長驅，敏恐不能當一面，以間敏者，宰執咸唱然，大猷即對，力請專任敏，上曰：『朕自知敏。』自是識者僉謂大猷知人。嗚呼，大猷已矣，世之知敏者無幾，然則銘其父，非某其誰宜為？乃不辭而承命。大夫諱皓，字彥章，贛州石城人。……紹興庚申五月癸酉終，享五十有六年。……卒年戊子月庚申日，殯於邑之南門外，庚午年戊子月壬辰日，卜吉遂葬。」

十一月，周必大作《邦衡置酒出小鬟予以官柳名之聞邦衡近買婢名野梅故以為對》詩。

周必大《邦衡置酒出小鬟予以官柳名之聞邦衡近買婢名野梅故以為對》（戊子十一月）：「濁水難攀清路塵，偶曾先後掌絲綸。歸來久侍茵憑舊，至後初逢梅柳新。湖水欹斜應有意，（自注：東坡詩：日出冰湖水散花，野梅官柳漸欹斜。）春光漏泄不無因。絳帷幸許天荒破，日日當為問道人。」

冬，作《與蔣子禮小簡》，贊蔣芾能以母喪去位，辭起復。

胡銓《與蔣子禮小簡》：「某嘗讀《春秋》，晉侯享諸侯，子產相鄭伯，辭於享，請免喪而後聽命。時鄭有簡公之喪，晉人許之，禮也。杜預云：『善晉人不奪孝子之情。』則知奪服為非禮矣。晉山濤釋衰服冕，為識禮者所嗤。唐房玄齡、褚遂良皆以宰相奪服，崔善為力詆其非是。若乃灌夫之罵坐，袁聃之呼盧，李義甫之貪位，殆又甚矣。灌、袁、李不足道也，玄齡、遂良亦為之，乃知違禮奪情，雖大賢有時乎不免。閣下獨能回瀾於既倒，屹若砥柱，當有如國僑者，大書特書，以砭薄俗之膏肓，此非僕一人之私言也。仰瀆鈞嚴，下誠不任皇悚之至。」

《宋史·蔣芾》：「蔣芾字子禮，常州宜興人，之奇曾孫。紹興二十一年，

〔註235〕曾棗莊、劉琳主編：《全宋文》第一百五十八冊，上海辭書出版社；安徽教育出版社，2006年，第239～240頁。

進士第二人。」〔註236〕

　　《宋史・孝宗二》：「四年……二月……己亥，以蔣芾為尚書右僕射、同中書門下平章事兼樞密使兼制國用使……六月……戊午，蔣芾以母喪去位。……冬十月……庚子，蔣芾起復尚書左僕射，……十二月丙申，遣胡元質等賀金主生辰。甲辰，賜魏掞之同進士出身，為太學錄。蔣芾辭起復，許之。」〔註237〕

　　十二月，周必大作《戊子歲除以柵代酒送邦衡邦衡有詩見戲仍送牛尾貍次韻》詩。

　　周必大《戊子歲除以柵代酒送邦衡邦衡有詩見戲仍送牛尾貍次韻》：「先生豈比習池徒，薄醞仍慙校尉廚。獻柵聊將追粔籹，餉糟只欲伴屠蘇。削肌知自何人手，灌頂疑嘗釋氏醐。必許尋花兼問柳，敢辭挈榼更提壺。（自注：來詩有尋花柳之句。）」

宋孝宗乾道五年己丑（1169年），六十八歲

　　正月十日，周必大作《邦衡再送二詩一和為甚酥二和牛尾貍》詩。

　　周必大《邦衡再送二詩一和為甚酥二和牛尾貍》（己丑正月十日）：「金谷烹煎豈我徒，磨春爭語夜闌廚。六年不賜湯官餌，除日猶分刺史酥。（自注：是日錢守送酥，故用東坡謝泗守故事。）小惠無多真畫餅，大篇有味勝清醐。遙知發覆鬪堂處，不見蒸鵝只瓠壺。」「追跡猶應怨獵徒，截肪何敢恨庖廚。鱠鱸湖上休誇玉，煮豆瓶中未是酥。伴食偏宜十字餅，先驅正賴一盂餬。卻因玉面新名字，腸斷元正白獸壺。（自注：牛尾貍一名玉面貍。）」

　　正月十一日，周必大作《後兩日大雪邦衡復用前韻作窮語戲和》詩。

　　周必大《後兩日大雪邦衡復用前韻作窮語戲和》（己丑正月十一日）：「天憐寓客混緇徒，十日無煙香積廚。暮雪故教投碎米，饞涎那更忍流酥。旃毛齧盡寒生粟，風絮吟時韻怕醐。誰似維摩坐芳縟，散花別是一方壺。」

　　正月，楊萬里作《和胡侍郎見簡》詩。

　　楊萬里《和胡侍郎見簡》：「花邊雪裏拈霜髭，怪底詩來妙一時。聊復小

〔註236〕（元）脫脫等撰，中華書局編輯部點校：《宋史》卷三百八十四，中華書局，1985年，第11818頁。
〔註237〕（元）脫脫等撰，中華書局編輯部點校：《宋史》卷三十四，中華書局，1985年，第642頁。

吟開後悟，便應大用到前疑。先生此曲難先和，著句如碁且著持。每望南雲尺有咫，其人甚遠只嗟諮。」〔註238〕

辛更儒《楊萬里集箋校》：「題，據《宋史》卷三七四《胡銓傳》、《益國文忠公集》卷三〇《資政殿學士贈通奉大夫胡忠簡公神道碑》及本書卷一一八胡銓行狀，胡銓於隆興二年十一月罷兵部侍郎措置浙西淮東海道，提舉江州太平興國宮。乾道五年冬，起知漳州，未赴，六年春改泉州，趣令奏事。留為在京宮觀兼侍講。五月除權工部侍郎。《宋會要輯稿‧選舉》三四之二三：『乾道五年十一月四日，詔左奉議郎胡銓除集英殿修撰知漳州。』右詩作於乾道五年正月，是時胡銓正閒居於盧陵值夏鎮家中。」〔註239〕

四月，作《頤齋記》。

胡銓《頤齋記》：「潯江舉子陸生南金名其齋曰『頤』，而乞記於澹庵老人胡某。……生嘗舉進士，試禮部云。乾道己丑清和記。」

六月三日，周必大作《胡邦衡生日以詩送北苑八銙日注二瓶》詩。

周必大《胡邦衡生日以詩送北苑八銙日注二瓶》（己丑六月三日）：「賀客稱觴滿冠霞，（自注：樓名。）懸知酒渴正思茶。尚書八餅分閩焙，主簿雙瓶揀越芽。（自注：見梅聖俞《謝宣城主簿》詩。）妙手合調金鼎鉉，清風穩到玉皇家。明年敕使宣臺餽，莫忘幽人賦葉嘉。」

六月六日，周必大作《邦衡再和再次韻》詩。

周必大《邦衡再和再次韻》（己丑六月六日）：「金華絕出氣凌霞，不愧君王坐賜茶。（自注：講讀罷例賜茶一甌。）商嶺烹來思舊樣，（自注：王元之詩云樣標龍鳳號題新，賜得還因作近臣。烹處豈期商嶺雪，採時猶想北溪春。固知龍餤堪烹處，豈羨峨眉慕雪吟云爾。）洛泉煎處歎新芽。（自注：唐劉言史《與孟郊洛北野泉煎茶》詩云：粉細越筍芽。）詩評未怕人生瘻，鹽濟惟防賊破家。賸欲蒼生蘇息否，剛嚴須是相王嘉。」

七月十五日，胡銓送薰衣香二貼，周必大作《七月十五日邦衡用前韻送薰衣香二貼次韻為謝》詩。

周必大《七月十五日邦衡用前韻送薰衣香二貼次韻為謝》（己丑）：「天香

〔註238〕（宋）楊萬里撰，辛更儒箋校：《楊萬里集箋校》卷五，中華書局，2007年，第272頁。
〔註239〕（宋）楊萬里撰，辛更儒箋校：《楊萬里集箋校》卷五，中華書局，2007年，第272～273頁。

猶帶曳裙霞，銀合行參到闕茶。（自注：故事：召用兩府將到闕，中使賜銀合茶藥及香。）膩馥欲霑吾臭味，普薰聊發善萌芽。心清此去誇僧舍，意可由來出內家。乞與博山添正氣，嶄巖曾辱更生嘉。（自注：劉向《薰爐銘》云：嘉此正氣，嶄巖若山。）」

七月十六日，胡商隱卒。作《胡君商隱墓誌》。

胡銓《胡君商隱墓誌》：「一日，商隱以疾告，亟往問所苦，則言笑猶平日，謂行且瘳矣。自春涉秋，病益侵，遂至大故，亟往哭之，曰：『商隱又棄而先耶！』時五年七月十有六日也。既踰月，其孤廷端等將以十月乙卯葬於吉水縣中鵠鄉長橋之原，來請銘甚哀，義不得辭，遂次其家世名字事始末而銘曰：君諱傑，商隱字也。」

八月，虞允文拜右僕射、同中書門下平章事兼樞密使。薦胡銓等知名士。

《宋史·虞允文》：「五年八月，拜右僕射、同中書門下平章事兼樞密使。允文多薦知名士，如洪适、汪應辰。及為相，籍人才為三等，有所見聞即記之，號《材館錄》。凡所舉，上皆收用，如胡銓、周必大、王十朋、趙汝愚、晁公武、李燾其尤章明者也。」〔註240〕

趙善璙《自警編》卷七：「虞公允文感上不世之遇，深思所報，每曰：『宰相無職事，旁招俊乂，列於庶位而已。』懷袖有一小方冊，目曰《材館錄》，聞人一善必書。再論蜀，首薦汪應辰、趙雄等六人，及為相，首用胡銓、張震、洪适、梁克家、留正等二十人，一時得人之盛，凜凜有元祐、慶曆之風。」〔註241〕

十一月，作《武岡軍太守羅公墓誌銘》。胡銓在海上時，羅棐恭移書云：「邦衡此行，前無古人，後無來者。」

《武岡軍太守羅公墓誌銘》（乾道五年十一月）：「公諱棐恭，字欽若，其先襄陽人也。五世祖拯，中景祐進士第，攝從事廬陵，因家焉。……乾道戊子三月，授左朝散大夫，四月得祠祿，而疾作矣。是月庚申，坐而逝。……其孤以乾道五年十有一月庚申卜葬公於吉水縣仁壽鄉太平里東郭山，以左宣教郎、新差知隆興府奉新縣楊萬里狀走行在，乞銘於某。……銘公則莫如某，矧廷秀請之力？廷秀，萬里字也。某在海上時，公移書云：『邦衡此行，前

〔註240〕（元）脫脫等撰，中華書局編輯部點校：《宋史》卷三百八十三，中華書局，1985年，第11797頁。

〔註241〕（宋）趙善璙撰，程郁整理：《自警編》，大象出版社，2019年，第230頁。

無古人，後無來者。」某得書太息流涕者久之。方權臣當國，飛鳥不敢問，公獨惓惓如此，所言不畏彊禦，惟公有焉。嗚呼，某尚忍言耶！輒刪取其狀，敘而銘之。」

　　冬，除集英殿修撰、知漳州，未赴。

　　《行狀》：「除提舉江州太平興國宮，加集英殿修撰知漳州。」

　　《神道碑》：「乾道五年冬，上語諫臣單時，思得節誼之士。時奏公中興初率鄉兵遏金事。上雅知公，陳、虞二丞相復薦之，遂除集英殿修撰、知漳州，未赴。」

　　冬，王十朋作《胡邦衡以集英殿修撰知漳州正人起廢有識相賀詩以誌喜》詩。

　　王十朋《胡邦衡以集英殿修撰知漳州正人起廢有識相賀詩以誌喜》：「左右同時兩舍人，（自注：隆興初，某與邦衡同立螭。）莫年得郡偶為鄰。泉山久著癡頑老，漳浦新除正直人。熱撰可能酬壯節，炎州聊復屈朱輪。拾遺補過須公輩，汲黯行歸侍紫宸。」

宋孝宗乾道六年庚寅（1170 年），六十九歲

　　春，改泉州，趣令奏事。

　　《神道碑》：「六年春，改泉州，趣令奏事。」

　　周必大《吳康肅公苕湖山集並奏議序》：「當乾道庚寅，公帥豫章，胡忠簡公邦衡以泉守、予以閩憲俱入奏事，過焉，燕集款甚。將別，各為二詞以送，備載集中。」〔註242〕

　　王十朋作《聞胡邦衡改知泉州復用前韻》詩。

　　王十朋《聞胡邦衡改知泉州復用前韻》：「上念溫陵為擇人，知公名節世無隣。犯顏合在論思地，起廢聊為岳牧臣。繆政居前誚穰秕，剛腸別久轉車輪。天教我輩簪重盍，只恐留中拱帝宸。」

　　五月，新知泉州胡銓進對，上《論禮及知人疏》，留為在京宮觀兼侍講。

　　《行狀》：「改泉州。入見，言郡邑害民之大者三。上曰：『每思卿直諒，朕恢復之志已決。今虜中土木不息，旱乾相仍，機不可失。』對曰：『陛下嘗許臣以誓不與虜和，何為中變？』又謂：『臣決移蹕建康，何為中輟？』上曰：『以

─────────────────

〔註242〕曾棗莊、劉琳主編：《全宋文》第二百三十冊，上海辭書出版社；安徽教育出版社，2006 年，第 179 頁。

民之不易。』少須，又曰：『在廷大半腐儒，卿不可去。』一日，秘書郎張淵對選德，上因子不詭隨者云：『猶有胡銓一人在。』除在京宮觀兼侍講。」

《神道碑》：「上曰：『每思卿直諒，今朕恢復之志已決。』公曰：『陛下嘗欲移蹕金陵，何為中輟？』上曰：『以民之不易，少需耳。』留為在京宮觀兼侍講。」

《宋史全文》卷二十五：「庚寅乾道六年……五月……癸酉，新知泉州胡銓進對，讀劄子至『臣嘗恭聞聖訓，有及於唯禮不可以已之說，如不欲平治天下則已，如欲平治天下，捨禮何以哉』。上曰：『朕記得曾與卿說禮之用甚大。』於是詔胡銓可與在京宮觀兼侍講。」〔註243〕

胡銓《論禮及知人疏》：「臣嘗於經筵恭聞聖訓，有及於『惟禮可以已之』之說。臣退，竊歎曰：大哉王言！如不欲平治天下則已，如欲平治天下，捨禮何以哉？如不欲恢復天下則已，如欲恢復天下，捨禮何以哉？何謂禮？禮即道也。道者適治之路也。『有言逆於汝心，必求諸道；有言遜於汝志，必求諸非道』，可謂善言禮矣。」

楊萬里作《與胡澹庵書》。

楊萬里《與胡澹庵書》：「某悚息再拜，屬者客裏落寞，乃得望見玉立之容於東湖之西，西山之東，一聽談間之淙琤，便覺滿面康衢之埃，拂拂吹去矣。『君子不可得而侍也』，吾家子云此語，豈可誹其不解事也哉？登仙之行，獨不得與追送之列。折腰之役，實使之然。涉世之禮，事賢之敬久矣，二者之不相為用也，而況以涉世者而事其師乎？雖然，語離之際，遠送之情，此古人所為登山臨水，黯然銷魂者也。某獨無情哉？情生於中而不可制，勢禁於外而不得逞，所謂一行作吏，此事便廢，言之太息。即辰夏氣歸奇，恭惟邇歸修門，得覲帝所。忠勤天助，臺候動止萬福，師門玉眷均祉。某以四月二十六日受職，今且踰月矣。上官見容，吏民見信者，不曰自澹庵門下來乎？始至之日，深念為邑者平生之所病，欲試行其所學，而有所未敢信，欲效世之健吏，而又有所必不能。二者交於心，而莫知所定，卒置其所必不能者，而守其所未敢信者。於是治民以不治，理財以不理。非不治民也，以治民者治其身也；非不理財也，以理財者理其政也。其身治者其民從，其政理者其財給。某雖不佞，行之期月，亦庶幾焉。用此知天下無不可為之事也。士大夫見一邑而畏之，則大於一邑者，何如也？畏事生於不更事，更事則不畏事矣。然作邑有可畏者，重為任而罰不

〔註243〕汪聖鐸點校：《宋史全文》，中華書局，2016 年，第 2084 頁。

勝，遠其塗而誅不至，此其可畏也。以作邑者之心為作州者之心，則何畏之有？而今則不然也，敢私布之，先生或造膝所陳，倘可及此乎？先生是行必居中，必得政，必盡言，必伸道，必尊主而芘民，必強中國而弱夷狄。天下所以望先生，先生所以許天下者，於此不更舉矣。多賀多賀。麻陽叔父有書於先生，欲求一字之褒於劉帥恭父，先生豈嗇此於門弟者，蒙揮毫斜行，使傔人領之以歸，某當即送似於麻陽也。欽夫猶外補，先生獨無意乎？函丈之侍眇在天半，雖先生以身為社稷之依，可不愛重？」〔註244〕

辛更儒《楊萬里集箋校》：「與胡澹庵，右書作於乾道六年五月末閏五月初之際。時誠齋知奉新縣已逾月，胡氏於此年夏被召，途經隆興府赴行在，而誠齋適有南昌之行（見本書卷六《送別吳帥》詩），因得相晤。胡氏抵行在後，除工部侍郎。《宋史》卷三七四《胡銓傳》載：『乾道初，以集英殿修撰知漳州，改泉州。趣奏事，留為工部侍郎。』按：《宋會要輯稿·選舉》三四之二三：『乾道五年十一月四日，詔左奉議郎胡銓除集英殿修撰知漳州。』胡氏因改命泉州，未赴，有入見奏事之命，故自廬陵起赴行在，而有此行。」〔註245〕

閏五月，范成大充奉使金國祈請國信使，請祖宗陵寢河南故地。胡銓作《送范至能使金序》。

胡銓《送范至能使金序》：「乾道庚寅夏五月，某以溫陵守奏事，上喟然曰：『朕復仇雪恥，此志決矣。』某奏云：『陛下此舉已遲。』上默然。及是，詔丞相選才識有經學通達國體者一人，持節以往，以申請陵之思。由是范侯成大自起居郎兼侍讀、資政殿學士往使。」

周必大《資政殿大學士贈銀青光祿大夫范公成大神道碑》：「初，大臣與上謀移侍槖馬軍屯金陵，示將進取，先遣使請祖宗陵寢河南故地；又隆興再講和，名體雖正，失定受書之禮，上常悔之。六年五月，遷公起居郎，假資政殿大學士、左太中大夫、醴泉觀使、兼侍講、丹陽郡開國公，充金國祈請國信使，為二事也。」〔註246〕

〔註244〕（宋）楊萬里撰，辛更儒箋校：《楊萬里集箋校》卷六五，中華書局，2007年，第2779～2780頁。

〔註245〕（宋）楊萬里撰，辛更儒箋校：《楊萬里集箋校》卷六五，中華書局，2007年，第2781頁。

〔註246〕曾棗莊、劉琳主編：《全宋文》第二百三十二冊，上海辭書出版社；安徽教育出版社，2006年，第333頁。

《宋史·孝宗二》:「五月……閏月……戊子,遣范成大等使金求陵寢地,且請更定受書禮。」〔註247〕

閏五月,除權工部侍郎。以修史書成,轉承議郎。

《行狀》:「公論:『前古未有不由講學而興,滅學而亡。精兵百萬,不如道德之威。被練三千,不敵忠信之冑。陛下之意,端在於是。』上稱善,除權工部侍郎。以修史書成,轉承議郎。」

《神道碑》:「閏五月,除權工部侍郎,論前修史功,進官一等。」

《宋史·孝宗二》:「五月……己未,陳俊卿、虞允文等上神宗、哲宗、徽宗、欽宗《四朝會要》、《太上皇玉牒》。」〔註248〕按:修史事當指此。

六月,周必大作《去夏邦衡胡侍郎生日嘗因茶詩致善頌其語果驗再賦一篇為大用長生之祝且求賜茗作潤筆》詩。

周必大《去夏邦衡胡侍郎生日嘗因茶詩致善頌其語果驗再賦一篇為大用長生之祝且求賜茗作潤筆》(庚寅六月崑山發):「壽杯又是酌流霞,醉眼還醒講殿茶。舉世訛謠思舊德,隔年詩讖託新芽。漢帷果慶登三傑,胡幕何愁不一家。賜也多言如屢中,合分龍餅示旌嘉。」

七月,周必大權寓臨安普惠院,胡銓前往相會。周必大生日,胡銓有詩相贈。

周必大《乾道庚寅奏事錄》:「(六月)丁丑,早,祗受告命,尋抵臨安閗。飯後入北關門,權寓普惠院。俗呼北寺。庚辰春到關亦館此,主僧善倫,相別十餘年矣。……(七月)庚辰,同年劉文潛焞著作相過,劉軍資恪繼之。胡邦衡侍郎攜具來。晚借李德章鞏知縣修文巷小宅徙居,以北寺太僻遠也。設榻小樓,略無蚊蚋,殊覺安寢。客云,昨日進呈予到國門狀,上再三稱能文。……癸巳,劬勞之日,胡邦衡惠詩。」〔註249〕

七月十五日,周必大作《邦衡侍郎再惠春字韻詩次韻懷舊敘謝且致登庸之祝》詩。

周必大《邦衡侍郎再惠春字韻詩次韻懷舊敘謝且致登庸之祝》(庚寅中

〔註247〕 (元)脫脫等撰,中華書局編輯部點校:《宋史》卷三十四,中華書局,1985年,第648頁。

〔註248〕 (元)脫脫等撰,中華書局編輯部點校:《宋史》卷三十四,中華書局,1985年,第648頁。

〔註249〕 (宋)周必大撰,李昌憲整理:《乾道庚寅奏事錄》,大象出版社,2019年,第200～201頁。

元日）：「年年郡圃共尋春，夜夜神岡醉問津。公從雞翹恩典厚，我遊麟省寵光新。願聞玉鉉調元日，幸攝金鑾草制人。致主勛華端有望，澆風於此合還醇。」

七月，周必大作《昨以清醇之酒為邦衡侍郎壽乃蒙惠詩且約深秋清集至時侍郎當捨芙蓉而面三槐某已歸醉東籬悠然見南山矣次韻為謝》詩。

周必大《昨以清醇之酒為邦衡侍郎壽乃蒙惠詩且約深秋清集至時侍郎當捨芙蓉而面三槐某已歸醉東籬悠然見南山矣次韻為謝》（庚寅七月臨安侍對）：「觚稜回首六經春，重挈荷囊上要津。桑下未忘三宿戀，柳邊仍喜一番新。（自注：復居舊宅，然芙蓉豈若楊柳腰肢耶。）即開東閣招奇士，快與西湖作主人。（自注：聞今日玉壺盛事。）濁酒誇張真過矣，如公詩句乃清醇。」

九月，作《季懷姪墓誌》。

胡銓《季懷姪墓誌》（乾道六年九月）：「乾道庚寅九月中浣，姪孫柯抵書行在所曰：『柯不天，考一疾不起，屬纊時八月二十三日也，享四十有八年。曾祖拱辰，學有根源，屢中進士舉，婆娑丘園以終。祖權，有隱操。父鈇，以國學免解試禮部不中，歸林泉。考幼孤，能自植立，志學攻苦。逮壯，與計偕，聲震場屋。連不得志於春闈，乃於廬陵之永和鎮築室，榜曰時中。著書訓子，號《明儒方》，凡二十有五卷，大概發明《大學》之說。又著《易筌蹄》一卷，詩集二十卷，《周官類編》五卷，《春秋類例》十五卷，《屬比》五卷，《左氏類編》十卷，文集十五卷，皆藏於家。娶羅氏，主簿孝逸先生之女。男六人，柯、柲、桷、札、棣、榆。女二人，長適士人任日就，次尚幼。孫女一人。以其年十二月丙午葬於吉水縣中鵠鄉龍塘之原。考易簀之際，意欲得老人書於石以託不腐。老人幸哀其意，而特書焉。』吾發書驚，即其日為位哭曰：哀哉季懷，痛哉季懷，而止於斯耶！復哭之以詩云：『四十餘年一夢寒，平生篤學困瓢簞。傷心一念鳥驚哭，灑淚數行風裊殘。苦海要除根豈易，甘泉欲去本非難。何時得請臨其穴，緣斷三生指漫彈。』時秘書少監、直學士院周公子充來會，哭曰：『吾亡友也，能無一言以寫予悲！』亦用我韻哭之云：『詞鋒激烈劍鋩寒，素蘊輝光珠在簞。萬里未行騏驥死，百圍將半豫章殘。山中宰相今誰繼？地下修文古亦難。一讀名章二太息，淚流何待雍門彈？』是為銘。」

秋，作《傳示銀杏兼簡林謙之》詩。

　　胡銓《傳示銀杏兼簡林謙之》：「頭白經筵思漫覂，駸駸末路我何堪。八年還作玉堂集，一笑真懷銀杏談。敢說麤書譏聶北，聊因麟趾詠周南。梅開更得珠園去，紅粟寒梢試一探。」

　　周必大《淳熙玉堂雜記》卷下：「渡江後，每遇開講、罷講，臨安治具宴侍講讀、修注官。紹興三十二年冬，予為左史。趙清卿子瀟。知臨安，初獻議盡罷百司餽送及所供飲饌。時洪景嚴以內翰兼侍讀，開講日，學士院自置酒五行，自後遂為例。乾道六年，予與鄭仲益兼侍講。是秋開講，鄭主席，謂予亦院官，當與其事。予但簽書招客之目，而以不兼講讀，不赴坐。時胡邦衡銓以工侍兼侍講，坐中，賦覂字韻詩，見及，予次其韻，有云：『寓直敢同東道主』，蓋謂是也。」〔註250〕

　　周必大《題胡邦衡講筵詩卷》：「中興以來，侍從百司燕餽之費率取辦於臨安。每歲經筵開講讀及修注官會於學士院，府吏治具以為常，住講亦如之。紹興壬午，壽皇初即位，力修節用裕民之政。守臣趙子淵因條具異時雜費，悉罷之，歲省緡錢一二十萬，歸之朝廷，講會其一也。是年秋，洪遵景嚴以翰林承旨兼侍讀，某時為起居郎，與洪議用學士院餐錢置酒五行，以毋廢故事，後遂為例。逮乾道庚寅秋，蓋九年矣，某以秘書少監兼直翰苑。既費自我出，則與院官鄭仲益侍郎同約客，而以非經筵官不赴坐。此忠簡胡公見懷之詩所為作也。今二十年，真蹟尚藏予家。因公姪濟以予和篇紙弊墨渝來求別書，並取原詩界之。然當時忠簡公第見供張假之臨安，遂以為肆筵甚盛，不知事始如此。其後壽皇復以所省緡錢歸臨安，於是燕餽如故，惟講會學士院仍自為之，蓋其費初無多耳。明年，某遷禮部侍郎，既仍舊直，又兼侍講，復增三勸，為半日之歡，至今不廢云。此卷唱酬凡九人，惟某與趙子直尚存，可為永歎。紹熙辛亥十月二十五日，益國公周某書。」〔註251〕

　　九月二十日，周必大作《與館中同僚會邦衡侍郎於南山真珠園後兩日翰苑作開講會予不赴邦衡有詩見懷次韻》詩。

　　周必大《與館中同僚會邦衡侍郎於南山真珠園後兩日翰苑作開講會予不赴邦衡有詩見懷次韻》（庚寅九月二十日）：「講席人期相鄭覂，石渠我忝繼齊

〔註250〕（宋）周必大撰，李昌憲整理：《淳熙玉堂雜記》，大象出版社，2019年，第234頁。

〔註251〕曾棗莊、劉琳主編：《全宋文》第二百三十冊，上海辭書出版社；安徽教育出版社，2006年，第348頁。

堪。碧琳殿邃同宣召，白玉堂深接笑談。寓直敢陪東道主，登高尚想北山南。洞巖勝集空回首，何日芒鞵許再探。（自注：碧琳在禁中，近因宣召至焉。洞巖，廬陵勝處，去年於此賞梅。來詩有紅粟寒梢之約，故云。）」

十月，上《乞令有司預備賑濟米斛奏》。

胡銓《乞令有司預備賑濟米斛奏》：「臣準御史臺牒，契勘今年十月一日視朝月分，依條轉對，檢準續降指揮，合前一日赴閣門投進文書。臣仰惟聖學高妙，睿智淵微，夐出千古，猶海嶽崇深，而欲以涓埃益之，多見其不知量也。然臣猶諄諄不已者，事陛下首尾九年，竊知陛下海嶽之量，不拒涓埃之微也。是敢極竭毛毛之慮，仰瀆天聰，惟聖神少加採納。……臣昨在田野，竊聞乙酉之歲，北關門外民戶流移疾疫五萬餘人。以一門外計之，則諸門可見。是時四方客旅，斗米博一婦女，半斗易一小兒，左右前後之人不以實告，致仁聖之澤不被於死徙之民。非陛下不卹民也，此亦當時謀國者不能先事而圖之過也。伏望聖慈行下諸路帥漕、提刑、提舉、守令及總領司、都大發運司，疾速相度準備來年賑濟米斛，以遵太宗豫備之制。以元祐五年為準，不至如熙寧後時之患，則生靈受實惠，莫不被堯舜之澤矣。切緣今來已入冬孟，去來年青黃不交之際無幾。比及相度往復取旨，深恐無及於事。伏乞睿斷，速賜指揮。」按：孝宗紹興三十二年即位，自此九年。

《行狀》：「除權工部侍郎。以修史書成，轉承議郎。因入見……又言：『四方多水旱，乃者乙酉之歲，修門之外斗米易一婦女，小兒半之。左右不以告，此謀國者之過也。宜令有司，速為先備。』」

十一月十一日，周必大作《草具屈邦衡侍郎蒙賦即事新詩次韻皆敘坐上語他時共發一笑也》詩。

周必大《草具屈邦衡侍郎蒙賦即事新詩次韻皆敘坐上語他時共發一笑也》（庚寅十一月十一日）：「舊第閒梅塢，新知泥柳橋。情先春色動，節後歲寒凋。久矣承三接，宜然冠百僚。不須驚鶴髮，未礙插蟬貂。」

十一月，真拜工部侍郎。

《行狀》：「尋工部為真，公辭焉。詔曰：『汲黯在漢，謀寢淮南；隨會仕晉，盜奔秦境。卿其奚辭？』賜對衣金帶，封廬陵縣開國男，食邑三百戶，令參政周公必大視草，以御箚歸公，今藏於家。公嘗燕見言：『初元經筵之臣七人，惟臣獨在。臣老矣，願乞身歸田里。』上曰：『卿忠孝，有物護持，且留觀朕恢復。』」

　　《神道碑》：「十一月，真拜侍郎。公言：『初元經筵七人，老臣獨在，願乞身歸田里。』上曰：『卿忠孝，神物護持，且留觀朕恢復，同載大樑。』或忌公敢言，摘細故雜他朝士並撼公，冀不得獨留。」

　　周必大《左承議郎權尚書工部侍郎兼侍講胡銓辭免工部侍郎不允詔》（乾道六年十一月二十一日）：「汲黯在漢，謀寢淮南；隨會仕晉，盜奔秦境。本朝尊用吉士，分治六職，庶幾逆折奸萌而使幸民退聽，非必專以事諉也。如卿堅強肅括，輔之文學，忠言奇論，老而不衰。再儀周行，侃然從近臣之後，朕每向焉。就正貳卿，蓋憂宿望。卿其益勵壯志，自同古人，副朕所以眷待之意，尚何辭之有？」〔註252〕

　　楊萬里《跋澹庵先生辭工部侍郎答詔不允》：「高臥崖州二十年，黑頭去國白頭還。身居紫禁鵷花裏，心在青原水石間。願挽天河洗北夷，老臣底用紫荷為？丹心一寸凌霜雪，祇有隆興聖主知。」〔註253〕

　　十二月，應詔舉詩人王廷珪、朱熹、楊萬里、周必正、陳洙、弟鎬、猶子昌齡、籍。

　　《宋史全文》卷二十五：「十二月……己未，工部侍郎胡銓奏：『於隆興之初，仰蒙聖訓，令臣搜訪詩人。臣已物色得數人。』上曰：『可具姓名來。』」〔註254〕

　　《行狀》：「上曰：『如韓駒、徐俯，皆有詩名，卿可廣訪其人。』退而乃薦王廷珪、朱熹、楊萬里、周必正、弟鎬、猶子昌齡、籍云。」

　　辛更儒《胡公行狀》箋校：「弟鎬、猶子昌齡、籍，雍正《江西通志》卷七五：『胡鎬字從周，廬陵人，任新淦尉。兄銓謫海外，鎬甘退二十年，終不求謁。張浚始薦進之，除諸王宮教授。樞密劉珙嘉其靜退，謂朝廷當以中秘處之，不果。請外，補授湖南參議。』民國《廬陵縣志》卷一七宦業：『胡昌齡，銓從子，乾道己丑對策萬餘言，入高等。歷官至靜江府司戶參軍，滿一歲去，帥守張栻留之不能，作詩遂之。卒，賜服金紫，宣教郎。昌齡母早喪，孝事二繼母，誠篤好學，著述不為遊辭，積籍五十卷。』胡籍，紹興三十年庚辰梁克家榜進士，見雍正《江西通志》卷五〇《選舉表》。本書卷五有《和周子

〔註252〕曾棗莊、劉琳主編：《全宋文》第二百二十六冊，上海辭書出版社；安徽教育出版社，2006年，第249頁。

〔註253〕（宋）楊萬里撰，辛更儒箋校：《楊萬里集箋校》卷三一，中華書局，2007年，第1622頁。

〔註254〕汪聖鐸點校：《宋史全文》，中華書局，2016年，第2096頁。

中病中代書之韻兼督胡季文季永遊山之韻》詩，而《益國文忠公集》卷四三有追挽《胡季文籍知縣》詩，知胡籍字季文。」〔註255〕

《宋史·朱熹傳》：「六年，工部侍郎胡銓以詩人薦，與王庭珪同召，以未終喪辭。」〔註256〕

葉紹翁《四朝聞見錄·考亭》：「胡公銓以詩薦先生於孝宗，召除武學博士，先生不拜。蓋先生之意，以為胡公特知其詩而已。」〔註257〕

胡銓《監簿敷文王公墓誌銘》：「初隆興甲申，某備員侍讀，於榻前論人物及公云：『王某雖老，宰相才也。』蓋用狄梁公薦張柬之語，上不以為過。逮庚寅冬，某應詔舉詩人，再以公為舉首，且奏云：『周必大深知其人。』必大，端人也。上雅記前語，肯首久之。」

陸游《監丞周公墓誌銘》：「公諱必正，字子中。……善屬文，尤長於詩。孝宗皇帝嘗訪當代詩人於胡忠簡公銓，忠簡首稱公。」〔註258〕

《永樂大典方志輯佚·福建省·建陽地區·建安志》：「陳洙，字聖涯，甌寧人。……後孝宗命胡公搜訪詩人，因遂薦之，其詞曰：『陳洙為《春秋》，學有師法，於書無所不觀，唯用以資為詩。』」〔註259〕

是年，作《南彥姪墓誌》。

胡銓《南彥姪墓誌》（乾道六年）：「吾寡兄弟，視群從兄弟猶同氣也。有名雲字南彥者，蓋再從祖兄諱俏字幾先之子，出繼其從父諱典賢字明道之後。其祖諱方中，有隱德。其曾祖諱諒，故仕將仕郎。南彥娶同郡劉氏，生男六人，相、極、楫、楹、棣、橐，皆讀書。女四人：長適玉牒師宗；次適郭贄，工部侍郎諱孝友之孫；次潘娘，早夭；次順娘，尚幼。南彥享年五十，以乾道己丑七月二十有三日終於家，卜以庚寅某月日葬於施塘之原。」

是年，上《論復讎疏》。

〔註255〕（宋）楊萬里撰，辛更儒箋校：《楊萬里集箋校》卷一一八，中華書局，2007年，第 4517～4518 頁。

〔註256〕（元）脫脫等撰，中華書局編輯部點校：《宋史》卷四百二十九，中華書局，1985 年，第 12753 頁。

〔註257〕（宋）葉紹翁撰，馮惠民、沈錫麟點校：《四朝聞見錄》，中華書局，1989 年，第 38 頁。

〔註258〕（宋）陸游著，錢仲聯、馬亞中主編：《渭南文集校注》卷三十八，浙江古籍出版社，2015 年，第 170 頁。

〔註259〕馬蓉、陳抗、鍾文、欒貴明、張忱石點校：《永樂大典方志輯佚》，中華書局，2004 年，第 1178 頁。

　　胡銓《論復讎疏》:「臣聞前車覆,後車戒,自紹興初肉食者不能遠謀,遂墮虜計。和議三十年,廢防弛備,干戈朽,鈇鉞鈍,上下偷安,不戒宴安之酖。一旦金人肆席捲併吞之計,宗廟社稷幾不血食,天下寒心。陛下即位以來,懲羹吹虀,誓不與醜虜共天,日夜厲民秣馬,搜乘補卒,志馳於伊吾之北,氣軼乎甌脫之外,不復鴈門之踦不已也,不澡二殽之恥不已也。醜虜知陛下銳意興復,知吾力脩守備,知吾將士思奮,近者輒移書請和,非甘言誘我即詭計款我爾。陛下宜鑒前車之覆,益脩守備,益張吾軍,益固吾圉,且戒將士。」按:自紹興十一年和議至此,正好三十年,故繫於此。

　　《行狀》:「以修史書成,轉承議郎。因入見,上曰:『屬已得契丹要領,觀朕施設。』公言:『少康以一旅復禹跡,今陛下富有四海,非特一旅,而即位九年,復禹之效尚未赫然。』」按:此與上《論復讎疏》或為同時之事。

　　是年,作《論濟饑疏》。

　　胡銓《論濟饑疏》:「陛下勤卹民隱,若保赤子,近緣江浙水旱,詔令為濟饑而下者十常七八,監司郡守為濟饑而行者踵相躡也。比詔州縣修築圩田,又遣使覈實,誠懼官吏徒為虛文,而實惠不下究,陛下卹民之心,可謂至矣盡矣,不可以有加矣!而臣猶欲極竭毫毫之慮以為陛下獻者,誠欲效涓埃於崇深,可笑不自量也。謹案國朝故事,濟饑之說有三:糶常平米,一也;截撥本路上供及寬減本路上供斛斗,二也;給賜度牒,三也。元祐五年,浙西災傷,自正月開倉糶常平米,臨安倚郭兩縣日糶千石,外七縣大縣日糶百石,小縣日糶五十石,計日糶五百餘石。自二月至六月終,民無流殍。此濟饑之一術也。是年十一月中,首發德音,截撥本路上供二十萬石賑濟,又於十二月寬減漕司四年上供額斛三分之一,為米五十餘萬斛,命下之日,所至懽呼。此又濟饑之一術也。蘇軾知杭州日,乞給降度牒二百道,召募蘇、湖、常、秀人戶於本州闕米縣分入中斛斗,以優價入中,減價出賣。又元祐五年賜浙西度牒三百道,以助賑濟,而一路帖然。此又濟饑之一術也。是三者皆今日之急務,然常平之米已不多,而截撥寬減之說恐難卒行,惟給降空名度牒惠而不費。臣愚欲望聖慈特賜給降,付逐路轉運、提刑、安撫司分擘與災傷州軍,仍須參州郡大小、戶口眾寡及災傷分數,品配合得道數,依公分擘,庶幾實惠及民,老弱轉於溝壑者無不被堯舜之澤矣。臣復契勘熙寧中兩浙飢饉,是時米斛二百,人死大半,父老至今言之酸鼻。今來行在米斛已及數百,日長駸駸,深可憂慮。臣愚受知之深且久,素餐無補,若不盡言,

臣之罪大矣。」

按：《歷代名臣奏議》載此疏有「孝宗乾道間兵部侍郎胡銓上疏曰」一句。

《宋史·孝宗二》：「六年……是歲，兩浙、江東西、福建水旱。」又，胡銓今年十月所上《乞令有司預備賑濟米斛奏》云「今歲諸路或旱或水，方秋成之際，米已翔貴，日甚一日」，與此疏所云「今來行在米斛已及數百，日長駸駸，深可憂慮」情況相似，似為同時之作，故繫於此年。

宋孝宗乾道七年辛卯（1171 年），七十歲

二月初八，立皇太子，胡銓請飭太子賓寮，朝夕勸講。

《行狀》：「立皇太子，公請飭太子賓寮，朝夕勸講。上曰：『三代長且久者，由輔導太子得人所致。末世國祚不永，或七八年，或五六年，或三四年，皆由輔導不得其人所致。』對曰：『誠如聖訓。』」

《宋史·孝宗二》：「二月癸丑，詔立子惇為皇太子，大赦。以慶王愷為雄武、保寧軍節度使，判寧國府，進封魏王。丁巳，增置皇太子宮講讀官。」〔註260〕

《宋史全文》卷二十五下：「工部侍郎胡銓亦請飭太子賓寮，朝夕勸講。上曰：『三代長且久者，由輔導太子得人所致。末世國祚不永，皆由輔導不得其人。』」〔註261〕

二月十六日，詔皇太子冊、寶，差工部侍郎胡銓篆。

《宋會要輯稿·輿服》六之十二：「七年二月十一日，禮部、太常寺言：『今討論到皇太子受冊合行典禮下項。一依禮例，寶文合以皇太子寶四字為文。』詔並依。十六日，詔皇太子冊、寶差禮部尚書劉章撰，戶部尚書曾懷書，工部侍郎胡銓篆。」

二月二十五日，類試。胡銓命長子胡泳類試，中之。

周必大《承務郎胡君泳墓誌銘》：「隆興初郊，奏補右承務郎。家居累年，或勉以仕，則曰：『吾斯之未能信。』乾道七年，先生固命君類試，中之。虞丞相邀與相見，略不干以私。調監淮西江東總領所太平惠民局，兼監行宮雜買

〔註260〕（元）脫脫等撰，中華書局編輯部點校：《宋史》卷三十四，中華書局，1985年，第 650 頁。

〔註261〕汪聖鐸點校：《宋史全文》，中華書局，2016 年，第 2112 頁。

場。」

《宋會要‧選舉》二〇之二一：「七年二月二十五日，銓試、公試、類試：命監察御史劉季裴監試，國子祭酒芮燁、司農寺丞留正、大理正胡仰考試，祕書郎許克昌、太常博士邱崇、國子博士楊萬里、大理評事陳溓、俞子陵、吳宗旦、祕書省正字丁時發、唐仲友、武學博士孫顯祖考校點檢試卷。」

三月，詔除寶文閣待制、在外宮觀，二十四日，特留提舉祐神觀，侍講如故。

《行狀》：「公力乞致仕，除寶文閣待制，與外祠。既出都門，有旨復留，改佑神觀兼侍讀。公辭不得，請於經筵，講罷復申前請。上曰：『卿大節可嘉，朕不忍令卿去。』因論納諫，公曰：『從諫，人主之高致。陛下自登大位，虛懷受言，中外翕然，咸謂恢復之期，指日可冀。然靡不有始，鮮克有終。光武之殺韓歆，文皇之殺劉洎，終之實難。』」

《神道碑》：「公自以年踰七十，遂求致仕。詔除寶文閣待制、在外宮觀，七年三月也。未數日，特留提舉祐神觀，侍講如故。上曰：『卿大節可嘉，朕不忍令卿去。』」

《宋史全文》卷二十五：「辛卯乾道七年……三月乙亥朔……戊戌，虞允文奏：『胡銓蚤歲一節甚高。今縱有小小過失，不宜令遽去朝廷。』上曰：『朕昨覽臺章，躊躇兩日，意甚念之。但以四人同時論列，不欲令銓獨留。』梁克家奏：『銓流落海上二十餘年，人所甚難。』上曰：『銓固非他人比，宜且除在京宮觀，留侍經筵。』」〔註262〕

《皇宋中興兩朝聖政輯校》卷之五十：「臣留正等曰：自昔賢人君子難進而易退，惟聖明之主則欲留以自近，而不忍輕使之去，所以崇節義，厲風俗也。壽皇惓惓於胡銓而留之經筵，蓋取其蚤歲一節，有大過人者，聖心好賢如此，多士安得不勸乎？」〔註263〕

《宋史全文》卷二十五下：「銓自五年冬，因除知泉州，趣令入對，遂留侍經筵。尋有是除。或忌銓敢言，指細故雜他朝士並言之，冀不得獨留。銓以年逾七十，力求致仕，除待制與外祠。未數日，復留侍講筵。」〔註264〕

〔註262〕汪聖鐸點校：《宋史全文》，中華書局，2016 年，第 2113 頁。
〔註263〕（宋）佚名撰，孔學輯校：《皇宋中興兩朝聖政輯校》，中華書局，2019 年，第 1121 頁。
〔註264〕汪聖鐸點校：《宋史全文》，中華書局，2016 年，第 2112 頁。

《宋史‧孝宗本紀》：「三月乙亥朔……丙申，御大慶殿冊皇太子。禮部侍郎鄭聞、工部侍郎胡銓、樞密院檢詳文字李衡、祕書丞潘慈明並罷。虞允文乞留銓，乃以為寶文閣待制兼侍講。」〔註265〕

《宋史‧職官二》：「國初自元豐以來，多以宮觀兼侍讀。乾道七年，寶文待制胡銓除提舉佑神觀兼侍講。是日，以宰執進呈，虞允文奏曰：『胡銓早歲一節甚高，不宜令其遽去朝廷。』帝曰：『銓固非他人比，且除在京宮觀，留侍經筵。』故有是命。」〔註266〕

胡銓《辭免寶文閣待制狀》：「右，臣伏準三月二十二日尚書省箚子，三省同奉聖旨，除臣寶文閣待制、提舉江州太平興國宮。臣聞命震驚，罔知所措。臣受杖駕下，人不比數。太上全之於萬死一生之中，陛下擢之於千官百僚之上，獲依日月之末光，十年於此矣。臣非木石，豈無犬馬戀主之情，而驟乞身者，實以年迫桑榆，難以勉強，遂至屢瀆天聽。伏蒙特賜俞允，臣得此生以為厚幸，而又寵以美職，優以祠廩，既以光其行，又以華其老，所以待遇老臣，度越常人千萬。臣之榮幸足矣，尚復何望？然臣災患垂三十年，人不堪其憂，聖慈特達，力加親擢，全家飽煖，盡出天地父母之恩。常恐福過災生，故瀝誠懇，乞全晚節，而又有此叩冒，臣懼必速顛躋。伏望皇帝陛下察臣曲衷之款，憐臣孤立之蹤，收還成命，只守本官致仕，庶安愚分。所有恩命，臣不敢祗受，謹錄奏聞，伏候敕旨。」

上《論從諫疏》。

《行狀》：「因論納諫，公曰：『從諫，人主之高致。陛下自登大位，虛懷受言，中外翕然，咸謂恢復之期，指日可冀。然靡不有始，鮮克有終。光武之殺韓歆，文皇之殺劉洎，終之實難。』」按：論納諫之事《行狀》載於提舉祐神觀之後，六月降授左通直郎之前，故繫於此。

胡銓《論從諫疏》：「臣聞從諫，人主之高致，……陛下自登大位，虛懷受嬰鱗之言，兼聽盡天下之美，有不善未嘗不知，知之未嘗復行。有不知未嘗廢言，言之未嘗不聽。凡獲賜對者，人人皆以為得盡其忠，中外翕然，咸謂恢復之期，指日可冀。然臣愚竊以謂靡不有初，鮮克有終。以漢光武之聖明，

〔註265〕（元）脫脫等撰，中華書局編輯部點校：《宋史》卷三十四，中華書局，1985年，第651頁。

〔註266〕（元）脫脫等撰，中華書局編輯部點校：《宋史》卷一百六十二，中華書局，1985年，第3814～3815頁。

而大司徒韓歆用直諫死。唐文皇晚節殺劉洎，而魏徵有勉強從諫之規。故《春秋傳》曰『終之實難』，而先正司馬光重為世祖惜。臣愚伏望陛下置臣章於坐右，永鑒漢光、唐宗之失，則社稷之福也。」

六月三日，周必大作《慶邦衡生朝用去年韻》詩。

周必大《慶邦衡生朝用去年韻》（辛卯六月三日）：「勁氣危言五十春，今騎殿馬踏天津。葵傾夏日心彌切，松度秋霜色轉新。鼎鼐調和知有日，君臣慶會豈因人。（自注：謂壬午與丁未合。）周流四府須三紀，壽斝休辭痛飲醇。（自注：湖廣周流四公三十餘年，《通鑒》五十七。）」

六月初九，右正言許克昌奏胡銓薦士不實，降授左通直郎。

《行狀》：「詔舉堪刑獄錢穀及有智略吏能各二人，公以張敦實、昌永、周必達、李發、劉之柄應書。言者謂舉李發、劉之柄非是。公坐貶秩二等。三求去，上不得已從之。」

辛更儒《楊萬里集箋校·胡公行狀》箋校：「張敦實，《新安志》卷八：『張敦實，紹興五年汪應辰榜，婺源人，朝散郎，樞密院檢詳諸房文字兼皇子慶王府贊讀，兄敦頤。』昌永，《建炎以來繫年要錄》卷一六二：『紹興二十一年閏四月戊子，特奏名進士昌永等五百三十一人、武舉進士湯鸞等六人，授官有差。永，宣城人也。』周必達，雍正《江西通志》卷三九《袁州古蹟》：『遵德堂，《輿圖備考》：宋淳熙間州守周必達建，其弟必正記。』李發，同書卷七六：『李發字秀實，吉水人。重和舉特恩，赴集英試，補鼎州司理參軍，攝黃陂令，調零陵。正豪民猾吏欺隱田糧二萬五千餘畝，移永興，通判橫州，攝守於賓廣，俗誘民童男女，易翠羽於蠻中，其初一丁值二羽，僅半歲掠買至數百人，多烹以祭鬼。發奏請禁之，高宗惻然命焚翠羽。自是無敢有以人易羽者。胡忠簡公稱其長於吏事。三為邑，五典郡，皆迤方餘地，未究其才志。』劉之柄，《宋史全文》卷二五下：『乾道七年六月壬子，右正言許克昌奏：日者命臺諫、兩省以上以四條薦士，宜皆盡心公選。訪聞劉之柄頃為京局，以侵盜官錢擒付棘寺，盡償所盜，鐫官放罷。』」〔註267〕

《神道碑》：「未幾，受詔舉堪任刑獄錢穀及智略吏能各二人。言者又謂公所舉非其人，貶秩二等。」

《宋史全文》卷二十五：「六月壬子，右正言許克昌奏：『日者命臺諫、

〔註267〕　（宋）楊萬里撰，辛更儒箋校：《楊萬里集箋校》卷一一八，中華書局，2007年，第4518～4519頁。

兩省以上以四條薦士，宜皆盡心公選。訪聞劉之柄頃為京局，以侵盜官錢擒付棘寺，盡償所盜，鐫官放罷。李發頃為靖州，迫於七十，輒自申部，擅減十年，意欲撓冒關陞磨勘。吏部以其無廉恥、欺罔劾奏之，降兩官勒令致仕。二人皆污薦墨，聞者竊笑。又聞二人皆胡銓所薦，而之柄與之衡，又劉章子也。章身為從官，奉詔薦士，而乃徇私罔上，烏得無罪。望下三省公議舉者之罪。』詔依。胡銓可降授左通直郎，劉章可降授左中奉大夫。」〔註268〕

楊萬里《答曾主簿書》：「示戒澹庵先生之說，敢不服於箴言？但澹庵之彈文，言者憾之，假薦士不實以擊之。澹庵初薦李秀實，蓋應詔書，求財賦獄訟之才。澹庵以秀實充薦，未為失也。特當時薦章不曾說破，秀實雖有隱年之譎，而其才不可廢，以此遂為言者所排爾。若夫澹庵貫日月之忠，塞天地之明，言者何得而掩之哉？孔北海曰：『今之後生，喜謗前輩。』此近世尤甚之病也。澹庵紛紛之論，無乃出於孔北海所云者乎！願吾友勿輕信之。生則為東家，而萬世以多能為仁義禮樂之主，此吾夫子所以不免也，澹庵獨得免乎？可付一笑也。」〔註269〕

周必大《靖州太守李君發墓誌銘》：「初，公與今龍圖閣學士澹菴胡公同肄業鄉校，其休致也，胡公入佐冬官，適奉詔薦士，即上疏曰：『李某文采議論皆過人，尤長於吏事，三為邑，五典郡，然皆遷方僻地，未究其才。上官數交薦，今雖老，尚可治劇。』未報。有諫官者乃以是咎胡公，胡公坐去國，猶念公不置，移書責當路云：『諸公皇皇市駿骨，而使老驥伏櫪耶？』嗚呼，士大夫視時向背，不肯犯嚴出薦口，聞胡公勇為義，篤於舊，而不以進退二其心，寧不愧哉！」〔註270〕

七月，進敷文閣直學士，再提舉興國宮，特許陛辭。令繕寫所解經進呈。特賜通天犀帶以寵之。

胡銓《與梁叔子小簡》：「某辛卯七月初十日陛辭，面奉聖訓，令某進所解諸經。」

《行狀》：「除敷文閣直學士，與外祠。辭行，……又問：『卿今何歸？』對曰：『廬陵。』又賜通天犀帶。又曰：『臣在嶺海，無所用心，妄意經學，三

〔註268〕汪聖鐸點校：《宋史全文》，中華書局，2016年，第2116～2117頁。

〔註269〕曾棗莊、劉琳主編：《全宋文》第二百三十七冊，上海辭書出版社；安徽教育出版社，2006年，第316～317頁。

〔註270〕曾棗莊、劉琳主編：《全宋文》第二百三十二冊，上海辭書出版社；安徽教育出版社，2006年，第267頁。

十年粗能訓傳。」上曰：『卿可進來。』」

《神道碑》：「公知不容，力求退，進敷文閣直學士，再提舉興國宮，特許陛辭。……又問：『卿今何歸？』公曰：『臣向在嶺海嘗訓傳諸經，今歸廬陵，將成此書。』特賜通天犀帶以寵之。」

《本傳》：「七年，除寶文閣待制，留經筵。求去，以敷文閣直學士與外祠。陛辭，猶以歸陵寢、復故疆為言，上曰：『朕志也。』且問今何歸，銓曰：『歸廬陵，臣向在嶺海嘗訓傳諸經，欲成此書。』特賜通天犀帶以寵之。」

胡銓《周禮解序》：「臣自癸未夏迄辛卯秋，四時經筵，屢蒙獎諭，受知實深。陛辭之日，親承玉音，令臣繕寫所解經進呈。」

周必大《跋胡邦衡辭工侍並御批降詔真本》：「乾道六年冬，澹庵先生胡公正貳冬官，具章陳免。皇帝親批降詔不允，臣某實視草也。明年，先生求去甚力，進公敷文閣直學士奉祠還廬陵，敬以宸翰歸之。」〔註271〕

七月，陛辭之時，胡銓上《論規恢遠圖疏》，希望孝宗必報國讎，必歸陵寢，必復故疆。

《行狀》：「除敷文閣直學士，與外祠。辭行，言於上曰：『願陛下規恢遠圖，任賢黜邪，理財訓兵，撫鰥恤孤，然後布告中外，必報國讎，必歸陵寢，必復故疆，以副太上付託。』上曰：『朕志也。』」

《神道碑》：「公知不容，力求退，進敷文閣直學士，再提舉興國宮，特許陛辭。公奏：『願陛下任賢斥邪，理財訓兵，逮鰥恤孤，必報國仇，必歸陵寢，必復故疆。』上曰：『朕志也。』」

胡銓《論規恢遠圖疏》：「迫於七十致仕之禮，懇祈再三，陛下委曲保全，又復寵以延閣之美。臣雖碎身粉骨，不足以報天地父母之恩，輒敢極竭愚衷，少裨國論之萬一。伏望陛下體堯蹈舜，轔禹轢湯，規恢遠圖，委任賢哲，植正黜邪，理財訓兵，濟師練將，逮鰥卹孤，然後布告中外，大明君臣父子之義，必報國讎，必歸陵寢，必復故疆，混一區夏，以副太上付託之重。臣雖在畎畝，死無所憾。臣既陛辭，即出修門，無復再瞻日表。臣不勝惓惓愛君憂國之誠。」

九月，作《永明主簿彭迪功墓誌銘》。

胡銓《永明主簿彭迪功墓誌銘》（乾道七年九月）：「乾道辛卯十一月上浣，執喪彭君方燧以其猶子免解進士郁持狀扶服踵門，泣告某曰：『先君主簿既葬，

〔註271〕曾棗莊、劉琳主編：《全宋文》第二百三十冊，上海辭書出版社；安徽教育出版社，2006年，第273頁。

敢請銘。」某流涕曰：『吾里故有燕許筆，如僕不文，請辭。』方燧重拜，泣曰：『禮以親不得銘為死其親，況先君辱知最故，銘莫如君宜，敢固以請。』其言哀惻，輒刪取其狀序而銘之。……享年六十有八，實七年二月二十四日也。……方燧千里扶柩歸，以九月壬申安厝於儒行鄉南塘原夫人之墓左。」

宋孝宗乾道八年壬辰（1172年），七十一歲

六月，周必大至梅林，胡銓來迎。

周必大《南歸錄》：「（六月）己未，早，微有北風，舟人方擊鼓掛帆，得未曾有。僅行兩箭地，已轉南薰矣。未後將至梅林，胡邦衡及知識皆來迎。尋艤舟候春亭下。太守周仲應、姨夫通判左承議郎趙善待、右宣義郎鹿何、釐務通判右宣義郎趙永年及郡官並相候。晚入城，略至所居，遂往謁太守，拜從母。歸船中宿。庚申，早，挈家入宅。」〔註272〕

六月，長沙布衣劉光祖與其弟紹祖寓書彭叔夏，乞為王庭珪文集作序，作《盧溪先生文集序》。

胡銓《盧溪先生文集序》：「乾道壬辰六月，長沙布衣劉君光祖與其弟紹祖寓書安成彭君叔夏，走千餘里抵盧陵，乞為先生集序，固辭弗獲，遂書以畀叔夏。先生姓王名庭珪，字民瞻云。敷文閣直學士、降授左通直郎、提舉江州太平興國宮、盧陵縣開國男、食邑三百戶、賜紫金魚袋胡銓序。」

七月，周必大作《頃在道中聞邦衡侍郎將進周禮新解嘗賦詩就為六月三日壽或謂名在丹書不當玷污西清之儔老羞愧而止今蒙俯記生朝特貽佳作既仍舊韻敢隱鄙言狗尾之續斐然鶴頭之側必矣》詩。

周必大《頃在道中聞邦衡侍郎將進周禮新解嘗賦詩就為六月三日壽或謂名在丹書不當玷污西清之儔老羞愧而止今蒙俯記生朝特貽佳作既仍舊韻敢隱鄙言狗尾之續斐然鶴頭之側必矣》（壬辰七月）：「九十談經似子春，（自注：杜子春年且九十，以《周禮》授鄭眾等。）三公虛位待平津。禮文元秉周邦舊，義訓重頒楚老新。鷗閣行看迎太宰，象篦應記講庖人。（自注：去年公在講筵，講《周禮》至《庖人》而請去。）太平致了陰謀息，方信儒真道粹醇。」

十二月，作《陳君世望墓誌銘》。

胡銓《陳君世望墓誌銘》（乾道八年十二月）：「府君諱雲，字世望，姓陳

〔註272〕曾棗莊、劉琳主編：《全宋文》第二百三十二冊，上海辭書出版社；安徽教育出版社，2006年，第66頁。

氏，世為吉之吉水人。……享年六十有八，其終實八年六月十一日也。娶同里曾氏，有淑德。子男二人，夢材、侯裔也。夢材左迪功郎、新贛州寧都縣主簿。女五人，長適進士謝文振，前卒，余在室。孫男五人，淵、濤、涝、浩、洵，皆嗜學。是年十有二月丙午，葬於鄉之東林院東偏高峰之下，以同年生秘書省著作佐郎蕭侯國梁狀來乞銘。某頃為起部時，夢材適在部，與之語，察其所安，欲舉以應薦士詔，而夢材不屑也。以是知府君有子，可銘也，矧著作請之力乎！遂敍而銘之。」

十二月，周必大作《前歲冬至與胡邦衡小語端誠殿下道值夏舊事今年邦衡舉易緯六日七分之說輒用子美五更三點為對後數日得劉文潛運使書記去年館中團拜人今作八處感歎成詩》。

周必大《前歲冬至與胡邦衡小語端誠殿下道值夏舊事今年邦衡舉易緯六日七分之說輒用子美五更三點為對後數日得劉文潛運使書記去年館中團拜人今作八處感歎成詩》（壬辰十二月）：「青城小語慶新陽，共向紅雲拜玉皇。六日七分驚歲月，五更三點憶班行。屬車誰從黃麾仗，釣艇還飛白羽觴。猶勝去年三館客，十人八處耿相望。」

十二月，周必大與胡銓三書。

周必大《與胡邦衡侍郎銓箚子一》（乾道八年）：「某密瞻香城，幸不為官守所繫，而經時不到長者之門，其罪大矣，未論渴仰也。冬候晏溫，恭惟臺體起居萬福。一陽又將來復，端誠小語，恍如夢事，洞巖相從，尚踐此言，因以面致道長邇歸之慶也。為甚酥一槃，敬侑壽觴。燕俎豈乏此，亦以尋舊盟耳，皇恐皇恐！」〔註273〕

周必大《與胡邦衡侍郎銓箚子二》（乾道八年）：「某竊以餞臈迎春，雪余寒勁，恭惟宮使侍讀閣學侍郎契丈將奉詔除，神人欣相，臺候動止萬福。青陽動陸，君子泰徵之時。當軸秉鈞，燮調元化，理有必至，奚待頌禱？嘗以五行家說參之，壬午辛卯得癸巳而貴全，其大拜機會也，多賀多賀！地黃條稍脆，輒修故事。來歲茲辰，隱顯相望，願致此饋，其何可得？雖然，口脂面藥拜賜九霄，猶望分銀罌之餘瀝也。」〔註274〕

〔註273〕曾棗莊、劉琳主編：《全宋文》第二百二十九冊，上海辭書出版社；安徽教育出版社，2006年，第287頁。

〔註274〕曾棗莊、劉琳主編：《全宋文》第二百二十九冊，上海辭書出版社；安徽教育出版社，2006年，第287頁。

周必大《與胡邦衡侍郎銓箚子三》（乾道八年）：「某竊聞下帷著書，不敢時為安昌客。心馳誨色，晨夕以之。方遣介具記，忽紆真帖，敬審臺候動止萬福，下情慰甚。閩荔頻拜珍賜，亟同如丹之酒，薦諸屏攝。白糖薄少，姑實來笥，雖不足奉墮玉船之懽，亦可助調金鼎之味，當未以輕觸過督之也。新元善頌，已列前緘，伏乞臺察。」〔註275〕

按：據「一陽又將來復」「餞臘迎春」「新元善頌」等，可知作於十二月。

是年，羅氏兄弟泳、泌，欲將蕭楚《春秋經辨》鋟板以傳，乞序於胡銓，作《蕭先生春秋經辨序》。

胡銓《蕭先生春秋經辨序》：「某既進詞業，即其日除樞密院編修官，於是先生沒已數年，其學始大行於世。時宰相張忠獻公濬、參知政事張公守、陳公與義聞先生名，皆願見其書而不可得。後忠獻公得先生所著《戰辨》，喟然歎謂某：『是可謂切中時病矣。』某以妄言不可與金和議觸宰相，秦檜嗔，罷編修官，削爵竄嶺表凡八年。而新州守張棣觀望廟堂意旨，奏徙某朱崖島上又八年，而內徙合江。險阻艱難，食有並日，衣無禦冬，而先生之書未嘗一日去手。暇則教子，且訓生徒，各授一經，朝夕肄業，所得綴集成《易》《禮記》《春秋》傳。又覃思《詩》《書》《周官》凡十有七年，而未能卒業。然彭費之說，骫骳之文，皆先生緒餘也。某自癸未夏迄辛卯秋，凡四入經筵，咫尺天顏，備顧問，或及經學，則謹對曰：『先生實臣之師。』頃得旨進群經傳，玉旨丁寧，有『速寫進來』之諭。倘遂一經天目，則先生之學皭然愈光，豈特某得以追思遺老而已哉！羅氏兄弟泳、泌，博學君子也，欲鋟板以傳，且乞予序所以，固辭不可，於是乎書。乾道壬辰。」

《四庫全書總目·春秋辨疑四卷》（永樂大典本）：「宋蕭楚撰。楚字子荊，廬陵人。紹聖中游太學，貢禮部不第。於時蔡京方專國，楚憤疾其奸，謂京且將為宋王莽，誓不復仕，遂退而著書。明《春秋》之學，趙暘、馮澥、胡銓皆師事之。建炎四年始卒。曾敏行《獨醒雜志》稱所著《春秋經辨》行於廬陵。《宋史》亦載其《春秋經解》十卷。朱彝尊《經義考》謂其已佚，僅摭錄胡銓之《序》。此本所載銓《序》，與《經義考》合，惟題曰《春秋辨疑》為小異。或後來更定，史弗及詳歟？《江西通志》及《萬姓統譜》皆云是書四十九篇。今止四十四篇，蓋有佚脫。《宋志》云十卷，今《永樂大典》所載止二卷，則

〔註275〕曾棗莊、劉琳主編：《全宋文》第二百二十九冊，上海辭書出版社；安徽教育出版社，2006年，第288頁。

明人編輯所合併也。書之大旨，主於以統制歸天王，而深戒威福之移於下。雖多為權奸柄國而發，而持論正大，實有合尼山筆削之義，與胡安國之牽合時事，動乖經義者有殊，與孫復之名為尊王，而務為深文巧詆者用心亦別。陳振孫《書錄解題》稱胡銓以《春秋》登第，歸拜床下。楚告之曰：『學者非但拾一第，身可殺，學不可辱，毋禍我《春秋》乃佳。』厥後銓以孤忠讜論，震耀千秋，則其師弟之於《春秋》，非徒以口講耳受者矣。每篇各有注文，皆楚自作，亦間有胡銓及他弟子所附入。謹以原注及胡銓附注別題之，而以今所校正附其下，俾各不相淆焉。」〔註 276〕

是年，作《與虞並甫小簡》，論和議之害，望虞允文於當國之時早為之所。

胡銓《與虞並甫小簡》：「某嘗讀《春秋傳》，見無禮於其君者，如鷹鸇之逐鳥雀，惟恐力之不贍。某竊聞虜人日肆無禮，有封豕長蛇薦食上國之漸，雖傳聞未必是，以愚料之，亦似可信。蓋自去秋王龜齡物故，國之老成一空，又聞比日朝士引去者踵相躡，殆非國之福也。如此則虜人何憚而不肆？……竊聞田夫野老之議，皆云自秦太師講和，民間一日不如一日，虜人坐困中國之術，所謂宴安酖毒，無以易此。不於明公當國之時早為之所，後害益深，豈特赤子不得乳其母而已哉？某向者受知門下亦有年矣，平生周身之防，初無遠慮，屢遭射影之毒，中以深文，自非公扶持而全之，豈有今日！所以不避斧鉞之誅，僭越及此，以為門下之報。誅之恕之，俯伏俟命。」

按：信中云「去秋王龜齡物故」，汪應辰《龍圖閣學士王公墓誌銘》：「七年三月，除太子詹事，詔旨敦趣，公力疾造朝，上特御選德殿，而公足弱不能趨，詔給扶減拜，且賜坐，又詔免朝參，又遣使以告及金帶就賜。公三上章乞致仕，乃詔以龍圖閣學士致仕，命下而公薨矣。實七月丙子也，享年六十。」〔註 277〕據此，信作於乾道八年。

是年，作《敦復齋記》。

胡銓《敦復齋記》：「左朝散郎、直秘閣、荊湖南路轉運判官陳侯從古希顏學問文章，凜凜有了翁家法，於其里之故居讀書，齋名曰『敦復』。自長沙不遠千里，抵書廬陵，謂予記之，且寄示左司張欽夫之銘。顧予朽拙，安敢斐然措辭，然亦不敢但已，輒擬欽夫之銘以飾其說。夫銘固善矣，惜其止論本

〔註 276〕　（清）永瑢等撰：《四庫全書總目》卷二十六，中華書局，1965 年，第 217 頁。
〔註 277〕　曾棗莊、劉琳主編：《全宋文》第二百一十五冊，上海辭書出版社；安徽教育出版社，2006 年，第 277 頁。

卦而不及《小畜》，故並論二卦，蓋期希顏以牽復之去，登金門，上玉堂，朝夕論思，以拾遺補闕，不止無悔而止也。紹興辛巳，某嘗走二水，請益於故丞相魏國張公，先生館某於讀易堂，因公讀《易》之味，公曰：『人莫不飲食也，鮮能知味也，熟讀當自知之。』今十有二年矣，乃知誠有味其言之也，敢並以為獻。退之有言『不以頌而以規』，予亦云。乾道壬辰記。」

是年，作《與鹿倅小簡》，追憶在朝時與王十朋相知最深。

胡銓《與鹿倅小簡》：「某不見龜齡一年矣，見龜齡所與遊而厚且善者，又如其為人者，則如見其人焉。《易》曰：『神而明之，存乎其人。』龜齡亡矣，其所與遊而厚且善者，又如其為人，吾得見焉，則龜齡不亡矣。所謂不亡者，非止謂其人不亡也，謂其道不亡也。龜齡之道不亡，非神而明之者有其人乎？某向者在朝路時，與之遊者有矣，與之厚且善者有矣，身與之遊而心不同者亦時有焉，求其厚且善而心相知者，龜齡一人而已。彼婉孌者有舌如棘，群起而見攻者非憎僕也，憎僕所與遊而厚且善者非其徒也。自龜齡之亡，可與語此者誰乎？可與語天下之大利病者誰乎？」

宋孝宗乾道九年癸巳（1173 年），七十二歲

正月二十八日，周必大作《胡邦衡賦琉璃燈簾詩次韻》詩。

周必大《胡邦衡賦琉璃燈簾詩次韻》（癸巳正月二十八日）：「雞林空詫夜明簾，鼇禁曾迎金炬蓮。卻向江城度元日，同看燈箔樂新年。盤紅坐覺光如畫，（自注：《杜陽編》：同昌公主夜以紅琉璃盤盛夜光珠，堂中光明如畫。）鞍白端令意欲仙。（自注：《西京雜記》：漢武時西毒國獻白光琉璃鞍，在暗室中光照十餘丈。坡詩漢武憑虛意欲仙，蓋用梁武論書事。）歸對短檠惟寂寞，酒醒漏永不成眼。」

閏正月二十二日，周必大作《邦衡再送皇字韻詩來次韻》詩。

周必大《邦衡再送皇字韻詩來次韻》（癸巳閏正月二十二日）：「賓鴻列陣競隨陽，卻向丹山隱鳳凰。銀管題詩紛滿帙，金釵度曲儼分行。漢宮早促三更席，梁苑行稱萬壽觴。（自注：上頃諭公，非晚令卿觀朕大舉，同遊大梁。又聞虞相陛辭奏云：今年當會東都上壽。）顧我飄零無著處，非公湔祓尚誰望。」

正月，繕寫《周易》《禮記》《周禮》《春秋》四經解畢。三月三日，奉聖旨投進。

《行狀》：「既歸，詔趣之，遂表進《易》、《春秋》、《周禮》、《禮記》解，

命藏之秘書省。」

　　《宋會要輯稿・崇儒五》：「九年閏正月二十三日，敷文閣直學、左通直郎、提舉江州太平興國宮胡銓言：『昨奉聖訓，令臣所解諸經，可繕寫進來。今先次繕寫到《周易》、《周禮》、《禮記》、《春秋》四經解，未敢擅便投進。』詔令投進。」

　　胡銓《李仲永易解序》：「聖上銳精經術，某頃侍邇英，備員侍讀，得旨進六經解，側聞不輟丙夜之觀。」

　　胡銓《與梁叔子小簡》：「某辛卯七月初十日陛辭，面奉聖訓，令某進所解諸經，至今年正月內，已先次繕寫到《周易》《禮記》《周禮》《春秋》四經解了畢，尋具奏取旨投進。於三月三日準省劄，三省同奉聖旨，令某投進。省循所自，實出樞使大丞相陶右成就，感恩荷德，銘縷肺肝。竊惟漢韋賢、唐楊綰、鄭覃皆以大儒輔政，崇雅斥浮，銳精經術，措世於大安，世稱賢良。閣下致君堯舜，豐功偉績，固已上侔稷契。至於崇雅斥浮，銳精經術，視漢唐數子，蓋不足多道。某平生區區之志遂伸，豈惟僕之幸，實斯文之幸，天下萬世之幸。」按：梁叔子為梁克家，《宋史・孝宗二》：「八年……二月……辛亥，以虞允文為左丞相，梁克家為右丞相，併兼樞密使。……九年……冬十月甲子，遣留正等使金賀正旦。右丞相梁克家與同知樞密院張說議使事不合，乃求去。辛未，克家罷為觀文殿大學士、知建寧府。」〔註278〕

　　周必大《承務郎胡君泳墓誌銘》：「先是先生得旨進所解《易》、《春秋》及二《禮》，君日夜編次讐校，先生賴之。」

　　胡銓《周禮解序》：「臣既為《易》、《春秋》、《禮記》傳，又覃思《周官》凡十有餘年，僅成集解。嘗以謂韓愈辟邪說，欲尊六經，而邪說卒不能革；歐陽修欲刪去九經緯書，而異端故在。臣之區區欲卒歐、韓之業，而學術膚淺，志苦心勞，徒益蕪累，終莫能探賾發潛。重念昔之賢士伸於知己，臣自癸未夏迄辛卯秋，四時經筵，屢蒙獎諭，受知實深。陛辭之日，親承玉音，令臣繕寫所解經進呈。伏惟陛下天縱之資，聖學高妙，卓冠百王，頃因論治道，有及於『惟禮可以已之』之說，大哉王言，非精於禮，孰能與於斯！顧臣糠粃，曷補萬一，殆如無榮所云者。倘辱皇慈寬狂瞽之誅，略加睿覽，則臣之志願畢矣。」

　　馬端臨《文獻通考・經籍考三》：「《易傳拾遺》十卷。陳氏曰：敷文閣直

〔註278〕（元）脫脫等撰，中華書局編輯部點校：《宋史》卷三十四，中華書局，1985年，第653～656頁。

學士胡銓邦衡撰。銓謫新州，作此書。大概宗主程氏，而時出新意於易傳之外。李泰發為之序。其曰『拾遺』，謙辭也。」〔註279〕

《四庫全書總目‧讀易詳說十卷》：「光嘗作胡銓《易解序》曰：『《易》之為書，凡以明人事。學者泥於象數，《易》幾為無用之書。邦衡說《易》，真可與論天人之際。』又曰：『自昔遷貶之士，率多怨懟感憤。邦衡流落漳鄉，而玩意三畫，可謂困而不失其所亨，非聞道者能之乎？』」〔註280〕

馬端臨《文獻通考‧經籍考十》：「《春秋集善》十一卷。陳氏曰：端明殿學士廬陵胡銓邦衡撰。銓既事蕭楚為《春秋》學，復學於胡文定公安國。南遷後作此書，張魏公為之序。」〔註281〕

朱熹《少師保信軍節度使魏國公致仕贈太保張公行狀下之下》：「胡銓求公序其所著《春秋傳》者，公告之曰：『《春秋》所書，莫非人事章章者。作之於心，見之於事，應之於天，毫釐不差。夫子敘四時，稱天王，以謂順天則治，生物之功於是興；逆天則亂，生物之功於是息，為千萬世訓至明也。故一言以斷《春秋》之義曰天理而已矣。嗚呼！使王知有天，則諸侯知有王，大夫知有諸侯，陪臣知有大夫，馴致之理，得之自然，禍難孰為而作哉？蓋王者知有天而畏之，言行必信，政教必立，喜怒必公，用捨必當，黜陟必明，賞罰必行。彼列國諸侯雖曰彊大，敢違天不恭，以重拂天下之心而自取誅滅耶？周道既衰，王之不王，不能正身行禮，奉承天心，以大明賞罰於天下。《春秋》為是作，以我褒貶，代天賞罰，庶幾善者勸、惡者懼，亂臣賊子易慮變志，不復接踵於後，天地之大德，始獲均被萬物。聖人先天心法之要，蔑有著於此書者矣。』」〔註282〕

進書，復奉議郎。

《神道碑》：「公既歸，上趣所進書，遂上《易》、《春秋》、二《禮》解，詔藏秘書省，尋復原官。」

《行狀》：「既歸，詔趣之，遂表進《易》、《春秋》、《周禮》、《禮記》解，

〔註279〕 （元）馬端臨撰，上海師範大學古籍研究所、華東師範大學古籍研究所點校：《文獻通考》卷一百七十六，中華書局，2011年，第5258頁。
〔註280〕 （清）永瑢等撰：《四庫全書總目》卷二，中華書局，1965年，第8頁。
〔註281〕 （元）馬端臨撰，上海師範大學古籍研究所、華東師範大學古籍研究所點校：《文獻通考》卷一百八十三，中華書局，2011年，第5410頁。
〔註282〕 曾棗莊、劉琳主編：《全宋文》第二百五十二冊，上海辭書出版社；安徽教育出版社，2006年，第266頁。

命藏之秘書省。復奉議郎。」

　　四月，作《興國軍太守向朝散墓誌銘》。

　　胡銓《興國軍太守向朝散墓誌銘》（乾道九年四月）：「公諱澹，字伯海，姓向氏，世為開封人，丞相文簡公五世孫。曾祖繪，故任右贊善大夫，贈正奉大夫；妣碩人曹氏。祖宗明，故任武德大夫、提點江南東路刑獄公事，贈開府儀同三司；妣永國夫人李氏。考子諲，故任徽猷閣直學士、右中大夫致仕，贈少師……忽疾革，終於郡齋，屬纊之際了然，實閏月九日也，享年六十有八。……將以九年四月之吉葬於清江縣建安鄉龍會之原，其孤不遠數百里，以狀來請銘，而其弟伯原書來，且曰：『仲氏立身行己無玷。』遂刪取其狀，敘而銘之。」

　　五月十六日，周必大作《邦衡侍郎作一字韻詩贈麻姑觀道士李惟賓次韻仍效其體》詩。

　　周必大《邦衡侍郎作一字韻詩贈麻姑觀道士李惟賓次韻仍效其體》（癸巳五月十六日）：「蓋世成功陋漢黥，翩翩詔掛許誰縈。氣凌霄漢哮崖鶻，文閱波瀾掣海鯨。囊水謾疑韓信怯，柵淮終畏晉兵劻。先生餘事為詩老，天宇行將一柱擎。」

　　六月三日，周必大作《邦衡生日用舊歲韻》詩。

　　周必大《邦衡生日用舊歲韻》（光武以壬午歲起兵，宣王六月北伐，皆中興也。邦衡以壬午六月生，故用二事。癸巳六月初三日。）：「翊戴南陽第一春，馳驅北伐太原津。天開今代風雲會，運應中興歲月新。霖雨正宜蘇大旱，（自注：近日禱雨未應。）清風未可作閒人。一杯安足為公壽，看飲思堂萬斛醇。（自注：飲思堂春萬斛，豈止二十四考中書而已。此則祝壽深意也。）」

　　七月十五日，周必大作《邦衡侍郎用洪範五行推薄命而成傑句歎仰大手幾至閣筆勉賡盛意兼敘天人之應庶知託契辱愛如此其厚決非偶然耳》詩。

　　周必大《邦衡侍郎用洪範五行推薄命而成傑句歎仰大手幾至閣筆勉賡盛意兼敘天人之應庶知託契辱愛如此其厚決非偶然耳》（癸巳七月十五日）：「五行陳範推箕子，三壽為朋及魯申。二紀環周元附驥，（自注：某後公二紀生而同在午，故用馬事。）四辰鱗次豈因人。（自注：公月日時胎在未辰卯戌，某月日時胎在申巳辰亥，率後一辰。）交承紫掖追隨舊，遞宿金鑾契分申。人事天時已如此，更看坏甄累陶鈞。（自注：胡詩用東坡耳字故事押兩申字。）」

　　十月，作《景範弟墓誌銘》。

胡銓《景範弟墓誌銘》（乾道九年十月）:「景範，吾從父弟也。……不幸感疾，終於寢，享年六十，實癸巳三月二十九日也。娶任氏。男一人，浩，業儒，已克干蠱。女六人，長先卒，次適進士陸蘊，次適鄉貢進士曾同文，次亦先卒，次許進士劉大猷，次尚幼。孫女一人。浩卜以十月甲申葬於儒行鄉孤塘山之原，以時舉狀泣謂予曰:『人皆以不得椽筆為死其親，玷辱在宗盟，可無壙辭以谷後？』遂刪取其狀，敍而銘之。」

周必大作《與胡邦衡侍郎銓箚子四》，胡銓將有秣陵之行。

周必大《與胡邦衡侍郎銓箚子四》（乾道九年）:「某竊以霜風清厲，恭惟宮使侍讀閣學侍郎契丈盛德所居，自天垂祐，臺候動止萬福。某違離左右，忽焉累旬。雖在旅瑣，不忘慕向。茲審稍還議郎之秩，雖再期而敍，具存成憲，然非九重眷注，固有寢而弗下者。郊禋密邇，又當申命。側聞治舟檝為秣陵之行，伏計道拜嚴召，遂登黃閣，豈止復青氈而已，多賀！某過樟鎮而心氣大作，不免再上祠請，稽留詔命。經涉八月，似聞朝廷有語，勢應譴謫，度月末可以得報。季真夕拜，必已聞之。方務德緣武憲窘其多差攝局求致仕，遂進閣學士奉祠歸嘉禾，前所傳非是。王日嚴卻仙去，又有客云嘉叟六月間夢與王龜齡論詩，次日賦一篇，皆歎世之語，焚之祠堂，（龜齡守泉，故有生祠。）俄暴下而卒。異事因便具稟，不盡所懷。向寒，乞順令珍攝，以輅宸渥。寶氣迎謁，今且驗矣。」〔註283〕

是年，以郊恩進封開國子，食益三百戶。

《行狀》:「復奉議郎，以郊恩進封開國子，食益三百戶。」

是年，以南郊恩，薦贍軍姪。

胡銓《贍軍姪墓誌》:「乾道癸巳，吾時任敷文閣直學士，以南郊恩次當奏弟浹，浹曰:『有同堂兄某在。』遂奏汝。」

是年，作《監簿敷文王公墓誌銘》。

胡銓《監簿敷文王公墓誌銘》:「乾道八年歲在壬辰三月己丑，瀘溪先生王公卒。公諱庭珪，字民瞻……將以九年某月某日葬於安福縣清化鄉連嶺吟峰之下烏石巖，其孤頔扶服乞銘殊專，某曰:『禮部侍郎周公狀自足傳信不朽，安用糞土之言？』頔請益虔，敍而銘之。」

〔註283〕曾棗莊、劉琳主編:《全宋文》第二百二十九冊，上海辭書出版社；安徽教育出版社，2006年，第288～289頁。

宋孝宗淳熙元年甲午（1174年），七十三歲

春，胡泳之官，胡銓與之同至金陵。

胡銓《淮西江東總領題名記》：「乾道庚寅，某備數起部亞卿，識錢塘單公於民曹郎。淳熙改元之春，某偶至秣陵，公適總餉於此，又獲經從。」

周必大《承務郎胡君泳墓誌銘》：「調監淮西江東總領所太平惠民局，兼監行宮雜買場。……淳熙元年春，君當之官，而不忍去親。先生曰：『吾固欲泛大江、遊金陵，其亟具舟，吾與爾俱。』君乃迎侍以行。留守劉公珙以二府重望，少許可，獨禮君厚，薦之公交車。」〔註284〕

四月，作《從周弟墓誌銘》。

胡銓《從周弟墓誌銘》（淳熙元年四月）：「某從父弟鎬字從周。……疾竟不起，實乾道九年九月丁未也，享年七十。……淳熙元年四月癸酉，葬於吉水縣中鵠鄉白蓮塘之原。初，從周之官，某罔罔若有失。一日據繩床假寐，忽夢從周來歸，告某曰：『朱褏。』覺而識之，然不解其義。既訃至，以所夢語直院侍郎周公子充，答曰：『朱謂書丹，褏謂銘也，從周其以銘屬乎。』及是，某適以干至秣陵，猶子登仕郎瀟、迪功郎新靜江府司戶參軍昌齡以狀來速銘，某泣曰：『周公豈欺我哉！』遂敘而銘之。」

周必大《題胡邦衡侍郎撰胡從周寺丞志文》：「金昆玉友，無復二難；鴻筆瓌詞，有華三絕。緗篋中之遺跡，附宰上之豐碑。解白墮之嘲，倏焉隔世；圓朱褏之夢，恍若平生。偉詩禮之傳芳，森兒孫其競爽。尚襲藏於手澤，期光紹於寶章。（白墮、朱褏皆一時實事。）」〔註285〕

六月，周必大作《用舊韻為邦衡生日壽》詩。

周必大《用舊韻為邦衡生日壽》（甲午）：「自公重踏秣陵春，便覺威加析木津。尺五去天沙路近，八千為歲壽杯新。休論滄海長生藥，要是清朝不死人。萬目睽睽觀夑理，紀元真欲稱熙淳。」

十二月，作《蕭君端偉墓誌銘》。

胡銓《蕭君端偉墓誌銘》（淳熙元年十二月）：「府君諱正奇，字端偉，姓蕭氏，吉州廬陵人。……疾革，進二子諗之曰：『吾不天，少遭閔凶，力學覬

〔註284〕曾棗莊、劉琳主編：《全宋文》第二百三十二冊，上海辭書出版社；安徽教育出版社，2006年，第260頁。

〔註285〕曾棗莊、劉琳主編：《全宋文》第二百三十冊，上海辭書出版社；安徽教育出版社，2006年，第411頁。

立門戶，而卒無以表世。爾其修身謹行，以孝友信愨勉卒爾業，毋改吾志。』越翌日乃瞑，時乾道壬辰九月庚辰也，享年五十有四。子男四人：伯景瑀，美秀而文；仲景嵩，貢禮部；叔景衡；季未名。女八人，婿曰吳明可、胡渙、王揚烈，皆登進士，余未字。厥孤卜以淳熙甲午十二月庚申葬府君於吉水縣中鵠鄉葛山之彭塘，葬裴夫人於蛟塘之原，距府君墓一里。渙其猶子也，與景瑀以友人葛君溙狀踵門扶服乞銘。某昔嘗奉推官公左右，又與府君有瓜葛，知其行實為詳。矧葛君言有物，以予有知者，考其未知者，信不予欺，是宜銘。」

十二月，作《靖州太守李承議墓誌銘》。

胡銓《靖州太守李承議墓誌銘》（淳熙元年十二月）：「公諱發，字秀實，世為吉水人。曾大父宗應，大父復，秘跡田野。父汝明，累贈朝散大夫。母彭氏，累贈宜人。乾道辛卯，公以右承議郎致仕。淳熙甲午正月既望，以疾卒於家，享年八十有一。公初娶鄂守潘公女，繼娶待制張公妹，皆贈安人。再室莫氏，亦先卒。子男六人，千里、千秋、千頃、千得、千言皆殤，惟一存者千乘，公守沅時，遇登極恩，授右迪功郎，調柳州柳城縣主簿，官滿擬融州司法參軍。以是年十二月某日，葬公於臨江軍新淦縣揚名鄉蛟嶺先大夫之塋側，以公猶子從政郎、新靖州州學教授誦狀來請銘。某時寓秣陵，相距數千里，而千乘不以遠為難，具見誠孝，矧誦文典事核，其又奚辭？」

是年，作《送韋生序》，追憶與劉珙在兩省中舊事。

胡銓《送韋生序》：「西昌韋生蹜予門，言曰：『吾聞長沙樞密大資劉公仁義人也，吾將謁之，且觀道德於前後，聽教誨於左右，如退之所云者。第無因至前，君盍一言以為先容？』某曰：隆興之初，劉公以中書舍人直玉堂，時金公彥衡、陳公宗卿、錢公元英迭為鎖闈，某與王公龜齡同為水官立螭蚴。亡幾何，彥衡、宗卿相繼引去，龜齡遷南林，惟元英及某與公處。才踰月，某冒居西掖，遂與公同省，朝夕親炙謦咳，聞而樂之者亦已多矣。公俄以直道去國，元英以優去，某斥為宗正少卿，而馬公德駿、何公德輔繼來。不十餘年間，彥衡、宗卿、元英、龜齡、德輔踵相躡為鬼錄，公獨無恙，得非天將降大任於公，扶持而安全之耶？雖然，公嘗位樞，不能使其身一日安於朝廷之上，而東西北南，幾老於行，天意果安在哉！於韋生之行，喟然有感，故書兩省舊事以遺之。韋生至長沙，或辱與進，出以示公，想亦為之撫然。」

朱熹《觀文殿學士劉公神道碑》：「八年免喪，乃復除知潭州，安撫湖南。過闕，見上言曰：『人君能循天下之理，然後有以得天下之心而立天下之事。

然非至誠虛己，兼聽並觀，使在我者空洞清明而無一毫物慾之蔽，亦未有能循天下之理者也。』因以極論時事，言甚切至。上加勞再三，進職大學士以行。……淳熙二年，除知建康府，安撫江南東路，留守行宮。」〔註286〕

　　按：劉珙乾道八年至淳熙二年知潭州、湖南安撫使，胡銓此文應作於此間，暫繫於此年。

宋孝宗淳熙二年乙未（1175年），七十四歲

　　正月，作《乙未元夕坐上用東坡上元韻二首》。

　　胡銓《乙未元夕坐上用東坡上元韻二首》：「勝遊寶籙記吾曾，（自注：故都寶籙宮燈萬碗。）五十年來一衲僧。晝短莫吟千歲燭，年豐聊看九華燈。一球未放寒星墜，萬炬渾驚烈日升。詩酒雖堪驅使在，照愁佳句愧坡能。」「漫云學佛竟何曾，且伴西鄰正覺僧。莫笑酒狂剛止酒，且來燈下看傳燈。人言星近如堪摘，誰謂天高不可升。見說燧人初改火，固知將聖信多能。」

　　春，周必大作《邦衡侍郎留金陵再用津字韻賦詩謝送賜茗復以丙申小春四銙寄贈》詩。

　　周必大《邦衡侍郎留金陵再用津字韻賦詩謝送賜茗復以丙申小春四銙寄贈》（乙未）：「淳熙又貢第三春，驛騎新馳度劍津。七祖師泉難話舊，（自注：謂青原。）八功德水且嘗新。雪亭烹處休裝景，火閣煎時卻可人。只恐春從官柳動，（自注：官柳，邦衡侍婢名。）樂天還欲醉精醇。（自注：唐《朱敬則傳》：醇精流，糟粕棄。）」

　　夏，特升十等，遂為龍圖閣學士、承議郎、提舉江州太平興國宮。

　　《行狀》：「又復承議郎，除龍圖閣學士、提舉江州太平興國宮。製有『身蹈東海，獨仲連不欲帝秦；名重泰山，微相如何以強趙』之語。」按：製詞為王卿月所作，樓鑰《太府卿王公墓誌銘》：「公諱卿月，字清叔……二年，兼直學士院。公起尉曹，不四年擢用為文字官，製詞溫厚，真若素宦。嘗草胡公銓詞云：『吾寧身蹈東海，獨仲連不欲帝秦；至今名重泰山，微相如何以強趙？』人多稱之。」

　　《神道碑》：「淳熙二年，上思公不置，論大臣令進職。初擬稍遷，上特升十等，遂為龍圖閣學士，前此未有也。」按：據周必大《次韻賀胡邦衡除龍

〔註286〕曾棗莊、劉琳主編：《全宋文》第二百五十三冊，上海辭書出版社；安徽教育出版社，2006年，第22～23頁。

圖閣學士且為六月三日眉壽之祝》可知除龍圖閣學士應在夏季。

周必大《回胡邦衡謝龍學啟》：「河圖峻職，已冠時髦；盧皋真祠，復憂廩假。辰良拜命，賢類均歡。竊觀累聖以來，最重西清之長。或解天官之常伯，或辭翰苑之主人。欲賁其行，始加此職。然猶考平時之望實，亦復稽在服之歲年。自非光前絕後之巨公，未有躐至徑躋之殊禮。恭惟某官爽邦壽雋，華國文師。天子倚以弼諧，時人望其平治。應五百年之昌運，久宜當路於王朝；進十二等之清資，姑復假途於楚闈。某倘寬簿責，尚及班迎。敬酬大覘之臨，並效小夫之祝。」〔註287〕

六月，周必大作《次韻賀胡邦衡除龍圖閣學士且為六月三日眉壽之祝》詩。

周必大《次韻賀胡邦衡除龍圖閣學士且為六月三日眉壽之祝》（乙未）：「馬負羲圖二百春，榮光猶屬大河津。細推班列論思舊，誰似耆英寵數新。（自注：今班簿中老龍惟公一二人。）龍閣便為黃閣老，洞巖應繼紫巖人。（自注：張魏公與公至厚。）他年笑視孫思邈，只自開皇至永淳。」

方以智《通雅》卷之二十三：「唐以舍人年久者為閣老，非今所稱閣老也。故事：舍人年久者，呼為閣老，宰相相呼為堂老。胡邦衡除龍圖閣學士，周益公賀詩，有『龍圖便為黃閣老』之句。」〔註288〕

八月十三日，周必大作《次胡邦衡韻》詩。

周必大《次胡邦衡韻》（乙未八月十三日）：「右相虛來三見春，都人日夜望平津。驊騮開路雲霄逼，霖雨思賢鼎鼐新。赤縣尚多淪異域，潢池猶自擾齊人。（自注：謂茶寇。）公如不為蒼生起，風俗何由使再醇。」

九月十九日，作《淮西江東總領題名記》。

胡銓《淮西江東總領題名記》：「乾道庚寅，某備數起部亞卿，識錢塘單公於民曹郎。淳熙改元之春，某偶至秣陵，公適總餉於此，又獲經從。越明年秋九月，公謂某：『題名有記古也，而總領所獨闕，其敢以請。』既辭不獲，則敬對曰：『諾。』……時九月十九日，龍圖閣學士、承議郎、提舉江州太平興國宮胡某記。」

十一月，胡銓長子泳卒於官。

〔註287〕曾棗莊、劉琳主編：《全宋文》第二百二十八冊，上海辭書出版社；安徽教育出版社，2006年，第382頁。

〔註288〕（明）方以智著，諸偉奇、紀健生、阮東升整理：《通雅》，黃山書社，2019年，第251頁。

　　《行狀》：「泳，承務郎監江東淮西總領軍馬錢糧所太平惠民局兼行宮雜
賣場，淳熙二年卒於官，參政周公哀而銘之。」

　　周必大《承務郎胡君泳墓誌銘》：「君諱泳，字季永，吉州廬陵人。曾祖
愷；妣張氏，以百歲封孺人。祖載，贈朝議大夫；妣碩人陳氏、張氏。父澹菴
先生銓，以勁節危言為國司直，雖小夫賤隸、椎髻卉服無不知其姓名，今為
龍圖閣學士；妣碩人劉氏。紹興八年，先生自樞掾黜佐福州幕，道由姑蘇而
君生，故小字蘇郎。……二年秋，得寒疾，逾月，病益侵，呻吟皆詩，間作樂
府，詞旨超詣。十一月庚午竟不起，得年才三十八。……弟澥、浹、瀍及其孤
奉先生之命，卜以三年夏四月壬辰葬君吉水縣中鵠鄉白蓮塘之原，使以妹壻
葉昌嗣之狀來請銘。」〔註289〕

　　十二月，太上皇壽七十，遷朝奉郎，轉朝散大夫提舉隆興府玉隆萬壽觀。

　　《行狀》：「光堯天壽七十，慶壽湛恩，轉朝奉郎，進封開國伯，益邑三百
戶。公自收科至是，未嘗以伐閱自言增秩也。詔吏部舉行所宜得之官，特畀四
秩，轉朝散大夫提舉隆興府玉隆萬壽觀，復加恩封郡侯，加食邑三百戶。」

　　《神道碑》：「太上慶七十，獨公以前朝龍飛甲科遷朝奉郎。祠滿，又納
祿。上令因任，近臣有言：『秦檜時臣僚被貶斥者後皆還其所歷歲月，惟胡某
為議郎將四十年，未嘗自列。』詔特予四官，遂轉朝散大夫。」

　　《宋史·孝宗二》：「二年春正月癸巳，……三月丙申，以太上皇壽七十，
詔禮官討論慶壽典禮。……十二月辛巳，班淳熙吏部七司法。遣張宗元等賀金
主生辰。甲午，朝德壽宮，行慶壽禮，大赦，文武官封父母，賞諸軍。」〔註290〕

　　是年，作《李仲永易解序》。

　　胡銓《李仲永易解序》：「某故人番陽逍遙公李仲永潛心《易》學，衛道
甚嚴，一旦夢弼而有得，遂成一家之書，殆與歐陽子之意默契。其門人府庠
校正云巖吳君說之攝其樞要，冠於篇首，丐予正其說，則曰『就有道而正焉』。
某固辭不獲，遂書其始末。昔蜀人趙賓為《易釋文》授孟喜，賓死，喜因不遵
師說。及博士缺出，眾人薦喜，漢帝聞喜改師法，遂不用喜。若說之，可謂不
背本矣。聖上銳精經術，某頃侍邇英，備員侍讀，得旨進六經解，側聞不輟丙

〔註289〕曾棗莊、劉琳主編：《全宋文》第二百三十二冊，上海辭書出版社；安徽教
　　　　　育出版社，2006年，第259～261頁。
〔註290〕（元）脫脫等撰，中華書局編輯部點校：《宋史》卷三十四，中華書局，1985
　　　　　年，第659～660頁。

夜之觀。倘逍遙之書達聖聽，說之當遂補博士缺矣。孟喜有知，得不泚其顙？仲永名椿年，嘗直學士院云。淳熙乙未。」

宋孝宗淳熙三年丙申（1176 年），七十五歲

二月九日，乞休致不允。

周必大《龍圖閣學士承議郎提舉江州太平興國宮胡銓辭檢舉磨勘指揮乞檢會匯奏許休致不允詔》（淳熙三年二月九日）：「卿蚤持正論，負九牧之名；晚釋群經，得先儒之旨。養恬真館，冠職西清。恩章所加，度越諸老。惟是階秩，以稽勞能。而卿周旋議郎，殆四十載。使踵長途而序進，猶當取甘茂之十官；況由禁路以陟明，蓋屢計成周之三歲。寧容廉退，獨不舉行？削牘以辭，既非所望，遂欲致君事而去，是豈乃心王室之誼哉？所請宜不允。」〔註291〕

十一月，作《贍軍姪墓誌》。

胡銓《贍軍姪墓誌》：「吾名汝曰瀟，字曰幾道。長以孝友聞，學作賦詩，嘗偕計不偶，歸益溫故學。乾道癸巳，吾時任敷文閣直學士，以南郊恩次當奏弟浹，浹曰：『有同堂兄某在。』遂奏汝。是年冬，孟弟泳之官金陵，澥之官會稽，吾送至江東，假館秣陵驛，汝始受官來省，實淳熙改元夏六月也。至秋八月乃去，泣曰：『明年當復來。』越明年夏四月伴來，言已抵行在所類試，試已即覲省。吾喜甚，令掃室以待。秋八月二十有九日，書忽來告疾，且云取道三衢以歸，吾悵然惘然。及聞訃，乃知卒於壽昌縣之寓舍，實吾得告疾書之日也。享年四十有三，同途女弟之夫迪功郎易君嘉謨實歛之。……娶同郡李氏，左奉議郎、知邵州邵陽縣文度之女，丙申六月十二日亦以疾終，享年四十有四。男二人，欈、枛，皆向學。女四人尚幼。濟與其孤以其年十一月庚申附葬汝於吉水縣中鵠鄉毛塘之原所生母曾氏墓之左。李氏以丙申八月壬寅附葬於汝墓之左而不同藏，是為銘。」

冬，三納祿，優詔不允。

《神道碑》：「三年冬，三納祿，優詔不允。」

是年，作《龍圖閣學士廣平郡侯程公墓誌銘》。

胡銓《龍圖閣學士廣平郡侯程公墓誌銘》（淳熙三年）：「淳熙三年八月，宣教郎、充江南西路提點刑獄司幹辦公事程宏靖以其先君子龍圖閣學士、廣

〔註291〕曾棗莊、劉琳主編：《全宋文》第二百二十六冊，上海辭書出版社；安徽教育出版社，2006年，第298頁。

平郡侯行述抵某乞銘。某宣和乙巳冬在上庠，適醜虜圍京城，詔求願使太原者，人莫敢往，公奮然請行。某聞其風而壯之，願為公執鞭而不可得。今獲書公之盛德懿範，其榮多矣，其又奚辭！謹摭行述，紀其世，敘其文行，以識其珊。公諱瑀，字伯宇，……二十二年正月，以疾致其事，授左中奉大夫。辛亥薨，享年六十有六。遺表聞，特贈左通奉大夫。其子曰宏靖，以其年十二月返葬於程山之左。久之，塋側檻泉觱沸，用風水家說，以乾道丙戌改卜於龍潭之東五里白南鄉松林寺之右。」

是年，作《易氏夫人墓誌銘》。

胡銓《易氏夫人墓誌銘》（淳熙三年）：「夫人易氏，世為吉之安成望族。父翔，止一女，幼敏慧，殊愛異之。及笄，擇所宜配，得同里劉君京字子高者，曰是足依也，因歸焉。……以淳熙二年閏九月初二日終於寢，享年七十有七。……卜以淳熙三年十月初二日葬於邑之新樂鄉城門岡黃石之原，易以同年進士宣教郎知袁州萍鄉縣臨川王謙狀來乞銘，某曰：夫人教子，無愧劬勤之母矣，可銘也已。」

是年，和王行簡詩。

周必大《跋胡忠簡公和王行簡詩》：「予嘗評胡忠簡公詩有不可及者三：用事博而精，下語豪而華，一也；士子投獻，必用韻酬答，雖百韻亦然，蓋愈多而愈工，二也；此篇和王君行簡，時年七十五，長歌小楷與四五十人無異，三也。行簡世家臨川，志大而瞻於文，久從公遊，其人亦可知矣。慶元丙辰四月七日。」

宋孝宗淳熙四年丁酉（1177 年），七十六歲

正月十六，乞致仕不允。

周必大《龍圖閣學士朝散大夫提舉江州太平興國宮胡銓乞致仕不允詔》（淳熙四年正月十六日）：「朕惟人臣有奮忠鯁而辭不撓，涉患難而氣不衰，豈獨國家所當尊禮哉，天必相之矣！是故位雖高無盈滿之意，年雖至有康強之福。士大夫方倚以為重，而朕聽其納祿可乎？又況燕佚殊庭，弗勞以事，從容故里，惟適之安。豈必退休，以孤眷矚？所請宜不允。」〔註292〕

七月七夕，作《經筵玉音問答·後跋》。

〔註292〕曾棗莊、劉琳主編：《全宋文》第二百二十六冊，上海辭書出版社；安徽教育出版社，2006 年，第 307 頁。

胡銓《經筵玉音問答·後跋》：「予半生嶺海，晚遇聖天子擢用，一歲之間，凡九遷其職。一月之間，凡三拜二千石之命，十拜遷秩之旨。至於隆興癸未夏侍宴之恩，古今無比。予老矣，風燭可虞，謹親書於後，以為後人之征。嗚呼，天語諄勤，後之子孫，當永保之，以無墮予志。淳熙丁酉七夕，澹庵老人胡銓跋之，以示男泳、澥、浹、㴀，姪孫婿周鐸。右云《經筵玉音問答》，乃予隆興癸未侍宴所記也。」

七月中元，作《經筵玉音問答·又跋》。

胡銓《經筵玉音問答·又跋》：「原有予當時親札槁一小冊，為瀟姪取去，日後切不可落附他姓之手。又有正本一卷，乃吏札也，視予親札者反無失。天語諄勤，後人可以憑信，故又以吏札之本精加刪潤，親手錄藏於家，使後覽者有所訂焉。昔司馬文正公不喜後人寶其祖宗之畫像，但喜後人寶其祖宗之字跡，以為心畫也，手法也，見其字跡即見其人之手。予之後能以文正公之心為心，其亦賢矣。中元日，胡銓又跋，時祀先分胙罷，喜雨涼而書也。」

秋，提舉隆興府玉隆萬壽宮。

《神道碑》：「四年秋，秩滿，特命提舉隆興府玉隆萬壽宮。」

秋，辭免提舉隆興府玉隆萬壽宮，乞休致，不允。

周必大《龍圖閣學士朝散大夫胡銓辭免提舉隆興府玉隆萬壽宮乞休致不允詔》：「卿壯猷宏議，簡在朕心，未嘗忘也。重以吏事，煩吾耆老。故稽歲月，申命祠庭。賦祿養賢，厥惟古誼。使子弟孝悌而忠信，則國家安富而尊榮。不素餐兮，孰大於是。趣其承命，毋致為臣。所請宜不允。」〔註293〕

宋孝宗淳熙五年戊戌（1178年），七十七歲

四月，胡箕率諸弟以安人行實來，請胡銓作《安人陳氏墓誌銘》。

胡銓《安人陳氏墓誌銘》：「安人姓陳氏，先兄處士府君諱宗古字民師之配也。……安人之終，實淳熙四年十有一月己酉也。安人居家盡和易，馭奴婢未嘗大聲色，不事鞭扑。子姓或戾慈訓，則移日不食，以故家人為之弛鞭扑，而家事益理。奴婢既去復來，待之如初，有老死不忍去者。自亂離凡八徙居，所至有恩意，鄉閭敬服其德。至於恤孤保煢，終始不替。某頃聞猶子昌齡云：府君仁恕，田夫輸租米多濕，收者難之。府君曰：『米雖濕猶可食。』人

〔註293〕曾棗莊、劉琳主編：《全宋文》第二百二十六冊，上海辭書出版社；安徽教育出版社，2006年，第315頁。

推為長者，中饋之助為多焉。某嘗竊謂吾宗同堂同薦者則有之矣，未有同胞同薦如楷、模者，此又見積善之報云。戊戌夏四月，箕率諸弟以安人行實來請銘，且曰：『先親平日仁厚慈祥，皆可以率世勵俗，懼湮沒不聞。顧今非核不言，言必信後，莫如吾叔。願丐一言為不朽。』某泣曰：『吾受先兄教多矣，義不可辭。』」

六月，周必大作《胡邦衡端明用癸巳舊韻寵賜佳篇輒續貂為不一之賀》詩。

周必大《胡邦衡端明用癸巳舊韻寵賜佳篇輒續貂為不一之賀》（戊戌）：閏六還同載誕辰（自注：公壬午閏六月三日生，今七十七年，復閏六月。），壽川方至浩無津。位虛左轄民瞻舊，職視西樞睿眷新（自注：賀端明也。）。玉果又霑湯餅客（自注：今年五月生子。），銀環仍進雪膚人（自注：新買妾。）。風流富貴誰能並，未害先生道德淳。

夏，進端明殿學士。

《行狀》：「公復乞致仕，優詔不許，除端明殿學士。」

《神道碑》：「五年夏，上以公連歲納祿，舉大梁同載之言諭大臣使留公，仍進端明殿學士。」

宋孝宗《諭端明殿學士胡銓御箚》：「朕惟人臣有奮忠鯁而辭不屈，涉患難而氣不衰，豈獨國家所當尊禮，祖宗天地亦必相之矣。卿三遷嶺海，竟底生還，自初年至於今，清操之職屢領，直諒之節益堅。非祖宗天地之留相以扶持安全，鮮克若是。是故位雖高而無滿盈之患，年雖至而有康強之福。士大夫方倚為重，天下方倚為安，朕方倚為用。聲名足以寒夷狄之心，德望足以折奸民之變，當時幾何人哉！而朕聽其納祿，可乎？固卿輕軒冕求佚丘園，極其爵祿不足以為榮，朕亦豈得自己？又況燕佚金華，弗勞以事，從容金殿，惟適之安，何必退休之為樂哉！卿不為朕留，曷不為太上留？卿不受朕爵，曷不受太上爵？至如人從之請，家人之俸，宮室衣藥，已令重與支給，幸卿相體，實所徯望。昨李端至，聞苦足疾，想無大害。勿藥，無吝忠告。沉香酒十瓶，龍涎香三十兩，盾琴一張，用賜卿，意厚矣。內盾琴一張，乃昔時太上皇自出己意製造，以示不忘武之意。太上皇以賜朕，朕以賜卿，至可領也，切勿表謝，老君臣削去禮文為宜。卿多病，欲就家養。恢復未就，正宜留卿輔朕。俟舉兵之日，以安車載卿與朕偕行。昔文王以後車載呂望，卿之忠節，呂望何足論！安車偕行，誰云不可？明日相見，並可面諭。足若未便，不若肩

興一來之為便。匆匆親箚，不多寫。右諭端明殿學士胡詮。」〔註294〕

七月二日，乞休致不允。

周必大《龍圖閣學士朝散大夫提舉隆興府玉隆萬壽宮胡銓辭免端明殿學士依舊宮觀乞檢會前奏許休致不允詔》（淳熙五年七月二日）：「因殿名官，起于麟趾，初以待文學之士而已。爰暨本朝，恩禮隆重，非執政大臣若侍從耆德，未有徑躋而驟至者。以卿早居朝列，言眾人之所不敢言；久徙炎荒，處眾人之所不能處。無窮之報，乃在於今。故天畀卿以壽考康寧，而朕賜卿以高爵厚祿。尚堅壯志，迄獲我心。告老常儀，毋容數至。所辭宜不允。」〔註295〕

七月，趙伯溥抵書廬陵，請胡銓作《龍圖閣學士贈少傅趙公墓誌銘》。

胡銓《龍圖閣學士贈少傅趙公墓誌銘》（淳熙五年）：「淳熙戊戌七月戊辰朔，朝請郎、權發遣臨江軍趙公伯溥抵書廬陵，以朝奉郎、守國子司業王公速狀其尊府君故龍圖閣學士、左通奉大夫、累贈少傅公歷官行事請銘於某，其略云：公諱子瀟，字清卿，太祖皇帝六世孫也。初諱嫌於光堯太上皇帝，改今名。……以乾道丁亥某月某日葬於紹興府上虞縣瑞象上管鄉南源村開陽里瑞峰之原。某頃塵報部時，嘗辱公以齊年之契，時賜教督，且蒙知遇之深。是時稔聞龜齡、元龜二王議論人物，必以公為首稱。矧司業公不妄許人，又安用糞土之言？然義不得辭，謹刪取其狀，敘而銘之。」

十一月，作《祖焚黃文》。

胡銓《祖焚黃文》：「維淳熙五年歲次戊戌，十一月庚申朔，二十一日庚辰，孝孫端明殿學士、朝散大夫、提舉隆興府玉龍萬壽宮、廬陵郡開國侯、食邑一千二百戶、賜紫金魚袋某，謹以清酌時饌，昭告於祖新贈承務郎五郎府君。伏以三歲一郊，凡官升朝者皆得贈封其父母，常也，而不得贈封其祖，必官常伯，謂之八座，乃可得也。某也雖不官常伯之位，而得贈封其祖，則為非常。然某何人哉，而蒙聖主非常之恩如此。退省其由，實吾祖積行累功，盛德至善所致，顧何以為報？謹卜良日，躬率諸孫詣墳下敬焚黃告。尚饗！」

是年，周必大作《再用邦衡韻贊其閒居之樂且致思歸之意》詩。

〔註294〕曾棗莊、劉琳主編：《全宋文》第二百三十五冊，上海辭書出版社；安徽教育出版社，2006年，第202～203頁。

〔註295〕曾棗莊、劉琳主編：《全宋文》第二百二十六冊，上海辭書出版社；安徽教育出版社，2006年，第343～344頁。

周必大《再用邦衡韻贊其閒居之樂且致思歸之意》（戊戌）：「一別龍門不計春，思公夢渡太皋津。遙知綠野朱顏好，應笑紅塵白髮新。午茗親烹留上客，夜棋酣戰調佳人。道腴有味詩彌勝，何止冰凝與蜜淳。（自注：曹植《魏德論》有甘露冰凝蜜淳之語。）」

宋孝宗淳熙六年己亥（1179年），七十八歲

六月，周必大作《胡邦衡惠淳字韻佳什回首十年間不知幾往返矣雖歲月逾邁而格律益高降歎不足敬用賡和》詩。

周必大《胡邦衡惠淳字韻佳什回首十年間不知幾往返矣雖歲月逾邁而格律益高降歎不足敬用賡和》（己亥）：「掃跡龍門六小春，渴聞談論齒生津。築巖勳業方圖舊，倚市工夫謾闢新。百二山河行入手，三千風月莫迷人。彌縫直出羲農上，舉世終由魯叟淳。」

六月，作《林宜人墓誌銘》。

胡銓《林宜人墓誌銘》（淳熙六年六月）：「朝奉大夫、新江南西路安撫司參議官董公將葬其室宜人林氏，抵書某請銘。某與董氏世有姻契，且與參議公厚，知宜人為詳，銘其何辭！宜人林姓，先世家四明，故敷文閣待制庇民長女。……晚年生理就緒，從夫之爵。方期偕老，董公單騎之官浙東參議，宜人不幸逝於家。易簀之際，神色不亂，蓋有所得。實淳熙丁酉十二月乙酉也，享年六十有八。……卜以淳熙己亥六月丙午，葬於廬陵曲石之原。」

九月，增邑戶三百，實封百戶。

《行狀》：「明堂合祭禮成，復增邑戶三百，實封百戶。」

《宋史·孝宗三》：「六年……九月辛未，合祭天地於明堂，大赦。」〔註296〕

十一月，召赴行在所，公引疾力辭，上《乞用直言遠私昵戢貪吏奏》。乞致仕，不許。

《行狀》：「淳熙六年十一月，召赴行在所，公辭焉。復力乞致仕，不許。」

《本傳》：「六年，召歸經筵，銓引疾力辭。」

《神道碑》：「六年冬，三省覆奏公祠滿。上曰：「銓雖老不衰。昨去國，

〔註296〕（元）脫脫等撰，中華書局編輯部點校：《宋史》卷三十五，中華書局，1985年，第671頁。

欲他日從朕中原。朕嘗壯其言，可召歸，處以經筵。」公引疾力辭，因陳時病五事，且曰：「劉琪、張栻將死，其言甚忠。李椿、鄭鑒之去國，論議皆有補。陛下盍念之，顧何以老臣為？」上知公不能來。」

胡銓《乞用直言遠私昵戢貪吏奏》：「臣遭遇聖明，深懼無以稱塞。顧有誠悃，輒忘誅戮，願為陛下無隱而盡言之。竊惟陛下臨御於茲十有九年，立政立事，宵旰勤勞，堅復讎之心，奮復境之略，義不自已，功期必成。然而坐閱歲時，未知收濟，其故何哉？陛下天縱英明，其臣莫及，以首出帝王之資，有獨運區宇之智，而宰執大臣但求救過塞責，無敢興立事功。邊鄙無虞，未睹其害，一有緩急，誰為陛下奮不顧身以任大寄乎？況醜虜包藏禍心，未易盡測。陛下雖與之講信修睦，政恐其窺伺之意未已。願陛下奮發英斷，收召正人，選將練兵，力圖大舉之策，枕戈嘗膽，期於有成而後已。此老臣平昔忠誠所激，而望於陛下者也。夫諫官御史，陛下之耳目，以得人為先，以用言為急。陛下廣於用人，樂於從諫，士氣振起，夐出古初。群臣每進讜言，陛下必溫言頻納，天語嘉獎，朝野誦傳，實為盛事。然聽之而不見於用，嘉之而不施於政，臣恐蹇諤之言不復聞於陛下矣。竊聞比年以來，嬖幸私昵之人，姓名籍籍，出入禁闥，詭秘莫窮，納賄招權，紊亂名器。凡官僚之進遷，則先事而騰播；陛下之所親擢，則彼掩為己私。意者簡記之初，藉以遊談之助，揣知聖意，洩露除音，譸張外庭，薰灼朝路。賢否既混，綱紀浸瀆，殆非國家之福也，可不慮乎！古者張官置吏，所以養民。今之官吏，適以殘民。催科則竭民膏血以為材能，獄訟則視賄低昂以為曲直。老羸轉於溝壑，丁壯聚為盜賊，焦熬困苦，所不忍聞。陛下愛恤黎民，屢蠲常賦，而官吏掊歛，民心日離，誠可為邦本之憂也。臣願陛下任輔弼之臣，堅恢復之志，用直言，遠私昵，戢貪吏，掃除蠹弊，廓清朝廷。公道既闢，不患無賢；國勢既張，不患無將。內政畢舉，外侮易攘，則陛下聰明英武，所以紹藝祖之基業者，至是而益光。陛下嚴恭寅畏，所以受光堯之付託者，至是而無負。斯可以祈天永命，萬世而不窮也。臣又聞劉琪、張栻之亡，皆有遺奏；李椿、鄭鑒之去，俱獻嘉言。望陛下取四臣之疏，並留聖慮，採而行之，實社稷生靈之幸。臣待盡田野，永隔清光，今而不言，死亦有辜。臣之所陳五事，苟未隕沒，獲見陛下設施，臣之志願畢矣。冒瀆天聽，臣無任俯伏待罪之至。」

崔敦詩《賜端明殿學士朝散大夫賜紫金魚袋胡銓辭免召赴行在乞檢會前累奏許休致不允詔》：「朕觀漢李固一日朝會，見侍中並皆年少，無大臣宿儒

可備顧問，為之歎異，乃知老成在朝，誠國之福也。況朕今臨御久長，耆明凋謝，疏觀外服，歷數舊臣。忠壯之節，早有以激士風；正大之言，晚有以起朕志。維卿一德，茲世幾人？睠焉有懷，召以自近。而乃輕視軒冕，即安丘園，則豈朕之所望哉！年齡雖高，精力尚壯，彊為一起，來從吾遊。」〔註297〕

十一月，楊萬里作《送胡端明赴召》詩。

楊萬里《送胡端明赴召》：「紫泥夜下日星輝，赤舃朝看袞繡歸。中國如今相司馬，四夷見說問非衣。金魚玉帶明霜鬢，斗極臺符拱太微。衛武年齡子儀考，一身雙美古來稀。」〔註298〕

辛更儒《送胡端明赴召》箋證：「胡端明赴召，胡端明即胡銓。據《誠齋集》卷一一八《胡銓行狀》，胡銓於乾道七年以工部侍郎留經筵，求去，以敷文閣學士與外祠。淳熙二年，以太上皇高宗七十慶壽進端明殿學士。六年十一月召赴行在，胡銓辭免，又力乞致仕，不許，遂引疾提舉太平興宮。七年五月卒於家。誠齋此詩，當在胡銓力辭召命之前，因有赴召之傳聞，故作此詩送之。」〔註299〕

十二月，侄胡英彥卒。英彥克肖先生。

楊萬里《胡英彥墓誌銘》：「澹菴先生胡公以道德文學師表一世，仁濡義染，丕變大江以西，而其宗族家庭，俊茂尤角立。其好學刻深，厲操清苦，克肖先生者，猶子英彥也。英彥諱公武，……晚自號學林居士，澹菴先生賡符《讀書城南》韻以勗之。蜀人何子應亦寄以詩，而予亦嘗為賦之云。其論交極不苟，如范浚明尤所厚者，嘗以書與之上下其論，往復千里。歲在癸巳，嬰末疾，自是沉綿無瘳。後六年卒，實淳熙六年十二月晦也，享年五十有五。」〔註300〕

宋孝宗淳熙七年庚子（1180年），七十九歲

正月，楊萬里作《曉出郡城往值夏，謁胡端明，泛舟夜歸》詩。

楊萬里《曉出郡城往值夏，謁胡端明，泛舟夜歸》：「郡城至值夏，兩日

〔註297〕曾棗莊、劉琳主編：《全宋文》第二百七十三冊，上海辭書出版社；安徽教育出版社，2006年，第92頁。

〔註298〕（宋）楊萬里撰，辛更儒箋校：《楊萬里集箋校》卷一五，中華書局，2007年，第739頁。

〔註299〕（宋）楊萬里撰，辛更儒箋校：《楊萬里集箋校》卷一五，中華書局，2007年，第739～740頁。

〔註300〕曾棗莊、劉琳主編：《全宋文》第二百四十冊，上海辭書出版社；安徽教育出版社，2006年，第266～267頁。

非寬程。奔走豈吾願？詔書促南征。出郭星未已，歸棹月已生。問人水深淺，舟子喧未應。水石代之對，淙然落灘聲。危峰起夕蒼，暗潭生夜清。江轉風颯至，病肩難隱稜。添衣初懶尋，忍寒良不能。近城一二里，遠岸三四燈。望關恐早閉，驅舟祇遲行。多情半環月，久矣將西傾。欲落且小留，知我要入城。月細光未多，大星助之明。至捨心未穩，麗譙才一更。」〔註301〕

辛更儒《曉出郡城往值夏，謁胡端明，泛舟夜歸》箋證：「題，值夏，前文已見。同治廬陵縣志卷二：『值夏市在縣東三十五里。』值夏為胡銓所居，在郡城東南。誠齋謁見胡銓，在其出使廣東之前，故詩中有『詔書促南征』句。」〔註302〕

辛更儒《誠齋先生楊萬里年譜》：「淳熙七年（一一八〇）庚子誠齋五十四歲。正月，赴廣東提舉任。誠齋集卷一五有《庚子正月五日曉過大皋渡》《晚出郡城往值夏謁胡端明泛舟夜歸》《之官五羊過太和縣登快閣觀山穀石刻賦兩絕句》《二月一日曉渡太和江》詩。」〔註303〕

春，超轉朝議大夫，再食興國宮祿。

《行狀》：「公遂引疾，轉朝議大夫提舉江州太平興國宮。」

《神道碑》：「七年春，超轉朝議大夫，再食興國宮祿。」

四月，加資政殿學士致仕。

《行狀》：「遂稱篤，且極陳時病五事。上察公志不可奪，乃加資政殿學士致仕。」

《神道碑》：「公稱疾篤，四月加資政殿學士致仕。」

《本傳》：「七年，以資政殿學士致仕。」

四月，作《家訓》詩，以訓子孫。

《家訓》（淳熙庚子四月日，詔加資政殿學士致仕。是月之望，告之祖考，會諸姻親。暮景至此，不亦樂乎？頃年經筵，蒙玉音曰：「祖宗創門戶之艱難，未有不自子孫不肖破之。朕今保太祖之國家，亦猶卿子孫他日保卿家門戶也。」有感於茲，斐然縱成古律一通，以訓予之子孫者，願世世子子孫孫努力云。）：

〔註301〕（宋）楊萬里撰，辛更儒箋校：《楊萬里集箋校》卷一五，中華書局，2007年，第740頁。

〔註302〕（宋）楊萬里撰，辛更儒箋校：《楊萬里集箋校》卷一五，中華書局，2007年，第740～741頁。

〔註303〕（宋）楊萬里撰，辛更儒箋校：《楊萬里集箋校》，中華書局，2007年，第5205頁。

「悲哉為儒者，力學不知疲。觀書眼欲暗，秉筆手生胝。無衣兒號寒，絕糧妻啼饑。文思苦冥搜，形容長枯羸。俯仰多迍邅，屢受胯下欺。十舉方一第，雙鬢已如絲。丈夫老且病，焉用富貴為。可憐少壯日，適在貧賤時。沉沉朱門宅，中有乳臭兒。狀貌如婦人，光瑩膏粱肌。襁褓襲世爵，門承勳戚資。前庭列嬖僕，出入相追隨。千金辦月廩，萬錢供賞支。後堂擁姝姬，早夜同笑嬉。錯落開珠翠，艷輝沃膏脂。妝飾及鷹犬，繪彩至薔薇。青春付杯酒，白日消枰棋。守俸還酒債，堆金選娥眉。朝從博徒飲，暮赴娼樓期。逢人說門閥，樂性惟珍奇。絃歌恣娛燕，繒綺飾容儀。田園日脧削，戶門日傾欹。聲色遊戲外，無餘亦無知。帝王是何物，孔孟果為誰。咄哉驕矜子，於世奚所裨。不思厥祖父，亦曾寒士悲。辛苦擢官仕，錙銖積家基。期汝長富貴，豈意遽相衰。儒生反堅耐，貴遊多流離。興亡等一瞬，焉須嗟而悲。吾宗二百年，相承惟禮詩。吾早仕天京，聲聞已四馳。樞庭皂囊封，琅玕肝膽披。但知尊天王，焉能臣戎夷。新州席未煖，珠崖早窮羈。輒作賈生哭，謾興梁士噫。仗節擬蘇武，賡騷師楚纍。龍飛覿大人，忽詔衡陽移。帝曰爾胡銓，無事久棲遲。生還天所相，直諒時所推。更當勉初志，用為朕倚毗。一月便十遷，取官如摘髭。記言立螭坳，講幄坐龍帷。草麻賜蓮炬，陟爵銜金卮。巡邊輒開府，御筆親標旗。精兵三十萬，指顧勞呵麾。聞名已宵遁，奏功靖方陲。歸來笳鼓競，虎拜登龍墀。詔加端明職，賜第江之湄。自喜可佚老，主上復勤思。專禮逮白屋，悲非吾之宜。四子還上殿，擁笏腰帶垂。父子拜前後，兄弟融愉怡。誠由積善致，玉音重獎諮。資殿尊職隆，授官非由私。吾位等公相，吾年將期頤。立身忠孝門，傳家清白規。但願後世賢，努力勤撐持。把琖吸明月，披襟招涼颸。醉墨雖欹斜，是為子孫貽。」

白居易《悲哉行》：「悲哉為儒者，力學不知疲。讀書眼欲暗，秉筆手生胝。十上方一第，成名常苦遲。縱有宦達者，兩鬢已成絲。可憐少壯日，適在窮賤時！丈夫老且病，焉用富貴為？沉沉朱門宅，中有乳臭兒。狀貌如婦人，光明膏粱肌。手不把書卷，身不擐戎衣。二十襲封爵，門承勳戚資。春來日日出，服御何輕肥！朝從博徒飲，暮有倡樓期。平封還酒債，堆金選蛾眉。聲色狗馬外，其餘一無知。山苗與澗松，地勢隨高卑。古來無奈何，非君獨傷悲。」〔註304〕按：《家訓》詩本此。

〔註304〕（唐）白居易撰，顧學頡校點：《白居易集》卷第一，中華書局，1979年，第17頁。

　　五月庚辰，薨，不及家事，惟命諸子口授遺表，有「死為鬼以厲賊」之語。

　　《行狀》：「夏五月疾革，庚辰薨。不及家事，惟命諸子口授遺表，有「死為鬼以厲賊」之語。」

　　《神道碑》：「五月庚辰薨，遺表猶欲為厲鬼殺賊。」

　　胡銓《遺表》：「有生必死，何必動心；無路報恩，實不瞑目。興言氣鬱，戀闕神馳。竊念銓奮自孤生，早陟膴仕，不識忌諱，自取顛躋。太上赦臣於萬死一生之中，陛下擢臣於九卿六官之列，曾何補報，徒積罪尤！久違闕廷，待盡田野，屢升真祠之逸，復叨秘殿之崇。收召節以遂其愚，許掛冠以優其老。身塗草野，雖自誓於平生；命在膏肓，恨不獲其死所。強支微喘，更畢余忠。伏願皇帝陛下捨己從人，安民和眾，大秦襄復讎之義，監周公《無逸》之書。任忠直之士，而勿親便佞之人；守祖宗之法，而勿聽紛更之說。益堅初志，懋建豐功，混胡越於一家，壯基圖於萬世。臣莫瞻九陛，行即三泉。相如草《封禪》以貢諛，切所不敢；張巡有厲鬼以殺賊，死亦不忘。」

　　表聞，特贈通議大夫。

　　《行狀》：「惟命諸子口授遺表，有「死為鬼以厲賊」之語。表聞，特贈通議大夫，年七十有九。」

　　《神道碑》：「贈通議大夫，官其後三人。享年七十有九。初封盧陵縣開國男，加至本郡開國侯，食邑自三百戶積至一千五百戶，實封百戶。」

　　七月，諡胡銓曰忠簡。

　　《宋史‧孝宗本紀》：「秋七月……壬寅，諡胡銓曰忠簡。」〔註305〕

　　九月，楊萬里作《宋故資政殿學士朝議大夫致仕盧陵郡開國侯食邑一千五百戶食實封一百戶賜紫金魚袋贈通議大夫胡公行狀》。紹熙三年，周必大作《資政殿學士贈通奉大夫胡忠簡公神道碑》。

　　《行狀》：「萬里與公同郡，且嘗從學。公將竁，萬里以繫官嶺表，不得築室於場。瀞走書二千里，以公猶子承務郎致仕昌齡所述公之言行，詭萬里論次，將乞銘於參政周公。萬里敬慟哭而書之，謹狀。淳熙七年九月日，門人朝奉郎提舉廣南東路常平茶鹽公事楊萬里狀。」

　　《神道碑》（紹熙三年）：「自公之歿，其子以門人今秘書監楊公萬里所狀

行實來求銘。某自少知慕公名德，隆興初先後入兩省，中間郊居從遊幾十年，已復遞宿玉堂，凡公文行皆親薰而炙之，銘其敢辭？獨念公官品雖未應諡，而名節如此，顧在隱德丘園之下耶？幸從執政之後，當任斯責，暨尸宰事，始奉明詔諡公『忠簡』，而郡庠又以公配祠六一先生，然後哀榮兩備，銘公有辭矣。」

十月，葬於廬陵縣之儒行鄉松山原祖承務府君塋之右。

《行狀》：「諸孤卜以是歲十月丙午，葬於廬陵縣之儒行鄉松山原祖承務府君塋之右。」

《神道碑》：「是年冬十月丙午，葬於縣之儒行鄉松山原祖塋之右，以子升朝，遇郊恩贈通奉大夫。」

《吉安府志‧山川志‧廬陵》：「學士胡銓墓，在七十五都天梁山麓。」〔註306〕

〔註306〕（明）余之禎總修，（明）王時槐纂修，汪泰榮點校：《（萬曆）吉安府志》卷之十二，中華書局，2018年，第202頁。

附錄　胡銓研究資料選輯

一、宋　代

（一）文

王庭珪《跋曾世選三賢論》：古之人有負天下之賢，而天下翕然師尊之，決非偶然者，必推其本末，權其禍福之輕重，以救當世之弊，乃能然耳。歐陽文忠公以道德文章震耀一時，昭若日星，終古不可掩也。金虜圍建康，守臣大將不戰而降，獨楊忠襄為通判，如百鍊之鋼不可屈。虜燕守將於堂上，引忠襄於堂下，誘以好辭，忠襄詬賊不絕於口，毅然之氣至死不折，諸失守者垂頭喪氣，虜亦駭而退。厥後我國家兵威稍震，大軍已屯東京，虜亦畏讋。秦檜忽自虜舉族以歸，力主和議，有異議者檜輒害之，人皆股栗，獨一胡編修上書乞斬檜，罷和議。方其歷天階，攀殿檻，陳禍福，左右皆震動，虜亦知國有人焉，俛首聽命，不復他言。然則二賢者可謂有功於國。昔孔子作《春秋》，孟子距楊墨，其功乃配於禹。善乎！曾世選以二士合文忠公為《三賢論》，其道一也。三賢者皆盧陵人，他日有能繪三賢之像，屋而祠之，使千載之下亂臣賊子過之者，猶縮項而趨，可畏而仰哉！盧溪王某書。（《全宋文》第一百五十八冊）

王庭珪《與向宣卿》：某比數見士大夫說直閣議論似不與胡邦衡，聞者皆有疑焉，故不敢不以告於下執事。此說豈不猶用居安福時所聞乎？其源始於曾某戲談，歐陽某從而和之，復增飾惡言，若不熟察，豈不誤大君子聽聞？某嘗詢考輿言及其鄉里，皆謂不然。且邦衡進說之時，內外方以言為諱，心知其非而嚜不敢發，獨邦衡批逆鱗於萬死一生之中，時論以為鳳鳴朝陽。於

今之時有如此人，縉紳先生宜少與之進，亦助善之一端也。他日公道顯行，其偉名直節，決不在人下。某非敢有欺於左右，既聞此論，頗繫事體，故反覆言之，尚幸情察。(《全宋文》第一百五十八冊)

李正民《舉胡銓應十科薦士狀》：伏睹左承直郎、前吉州軍事推官胡銓早富文藝，峻擢甲科。去官累年，恬養自守，杜門讀書，深究治體。議論堅正，剛而不屈。臣今保舉，堪充節操方正可備獻納科。如蒙朝廷擢用後不如所舉，及犯贓入己，甘伏朝典。(《全宋文》第一百六十三冊)

鄭剛中《申救胡銓疏》：臣竊聞樞密院編修官胡銓上書論使事，其言狂悖，力詆大臣，聖恩寬容，聞止除名，送昭州編置，可謂父母之矣。然臣區區尚欲一言者，非謂銓無罪也。臣獨以陛下南渡以來，未嘗拘顧忌諱，逐一言者。豈不以時方艱難，事功未濟，與其罪狂夫而容有後悔，曷若並包並受，以來天下之言？故內懷一槩者，雖伸吭感激，怨諮天地，陛下率聽而納之，如是者有年矣。今也豈不能容一胡銓，以增盛德之光乎？重念銓一介書生，坐無思慮，但聞眾論洶洶，不知使事曲折。原其用意，亦為愛君。銓本貫吉州，奉老母於此，銓竄遠去，母將疇依？陛下方孝友格天，欲成和議，若置銓於聖度之內，使其子母相保，不至狼狽，誠莫大之恩也。臣不勝禱祈之至。冒犯天威，罪當萬死。(《全宋文》第一百七十八冊)

秦熺《論南北和議》：是年冬十二月，達賚遣張通古至，欲先盡還河南故地，徐議餘事。金誠意若是，蓋南北未有也。自使者入境以及行朝，士大夫議論洶洶，皆以為不可信。樞密院編修官胡銓上書，力詆大臣，冀必置之死地。執政如王庶，侍從如曾開、李彌遜，臺官方廷實，館職范如圭等，尤唱異論，蠱惑群聽。其他不能徧舉。蓋懷奸飾詐者，但欲取一時市井虛名，而利害不切於身，初無體國親上之意，故趨向如此。(《全宋文》第一百九十五冊)

杜莘老《乞昭雪岳飛奏箚》：臣聞，燕昭築臺而羣賢願歸，句踐式蛙而戰士思奮，故能破強齊，擒夫差，霸諸侯，威震天下，良由二君有激厲之術，使人樂為用也。恭惟陛下憤虜渝盟，躬行天討，必欲掃除強敵，再清中原，復二帝之讎，隆萬世之業，詎可無激厲之術以勸士大夫邪？臣竊見往者秦檜擅權，力主和議，沮天下忠臣義士之氣，使不得伸。是以胡銓直臣也，以上書激切，檜遂貶之遠方，二十餘年不用；岳飛良將也，以決意用兵，檜文致極法，家屬盡徙嶺表，至今人言其冤，往往為之出涕。臣願陛下思咸感之義，需渙號之恩，召還胡銓，亟賜擢用，昭雪岳飛，錄其子孫，以激天下忠臣義士之氣，則

在廷之臣必黽勉而盡忠，沿邊之將必踴躍而効命。臣鄰盡忠於內，將士効命於外，以此破敵，何敵不摧，以此建功，何功不立！誠帝王鼓動天下之至權也。(《全宋文》第二百冊)

王十朋《跋王僉判植詩》：秦氏以國事讎，非和也，三綱五常之道滅矣，何足以語《春秋》？當時士大夫能力爭者無幾，惟胡君邦衡慨上請劍之書，至今讀之，令人增氣，且令後世不謂我宋無人，可謂有功於名教矣。王君十詩，引《春秋》尊王以譏切時事，韙矣。然於邦衡詆為小吏寡謀，豈詩人之語，固自有深意耶？乾道三年七月十四日書。(《全宋文》第二百八冊)

王十朋《與王總領之望》：浙中去蜀如在天上，不修興居狀又復一年，惟是萬里鬥仰之誠，不替朝夕。幾叔至臨安，出所賜書，欽閱以還，感佩謙抑。去歲聞召命，某喜尤不自勝，謂即有瞻拜之幸。既而改除，輿論殊郁，蓋朝廷以蜀為重，姑留大賢，然議者謂汲長孺當在朝，不當使之在外也。近日廟堂設施皆合人心，如張右相、胡邦衡自使，凌、汪二公為天官，豫章、宣城之除，無不稱善。縉紳日徯先生之歸，便當為治裝計。(《全宋文》第二百八冊)

汪應辰《與吏部陳侍郎書一》：朱元晦在建安相遇，問學材識，足為遠器，亦招其來此，帥司準備差遣。傅鉄者，信州人，沿檄歸鄉，不復為來此計。近相見，云明年正月即乞休致，蓋其家富厚，明年即七十也。傅雖差下替人，輒欲俟其投下文字，作非次闕申乞辟差元晦。敢望同凌丈見宰執言之，如許得的確，方敢申上也。與宰執書亦云其詳，託吏部兩侍郎矣。切乞留念，仍示報曲折，幸甚。王龜齡、胡邦衡、劉賓之相繼造朝，當有卓絕切至之論也。(《全宋文》第二百一十五冊)

韓元吉《故中散大夫致仕蘇公墓誌銘》：公諱師德，字仁仲。……公之為計議也，與端明殿學士胡邦衡為僚。邦衡上書論和議，詆執政為可斬，公謂之宜婉也。後邦衡謫嶺外，用事者罪公嘗預其薰而不以言，遂罷廣德矣。(《全宋文》第二百一十六冊)

趙善括《祭趙運乾文》：堂堂我朝，胡公邦衡。下斥權相，上逆龍鱗。放之海隅，與死為鄰。一旦東歸，亟登神明。富貴壽考，五福兼併。(《全宋文》第二百四十一冊)

陸游《吏部郎中蘇君墓誌銘》：正議嘗為樞密院計議官，同僚胡公銓上書詆斥時相，胡公既貶竄，正議亦株連去國，不調者久之。(《全宋文》第二百二十三冊)

周必大《跋胡邦衡辭工侍並御批降詔真本》：乾道六年冬，澹庵先生胡公正貳冬官，具章陳免。皇帝親批降詔不允，臣某實視草也。明年，先生求去甚力，進公敷文閣直學士奉祠還廬陵，敬以宸翰歸之。（《全宋文》第二百三十冊）

周必大《跋胡忠簡公和王行簡詩》：予嘗評胡忠簡公詩有不可及者三：用事博而精，下語豪而華，一也；士子投獻，必用韻酬答，雖百韻亦然，蓋愈多而愈工，二也；此篇和王君行簡，時年七十五，長歌小楷與四五十人無異，三也。行簡世家臨川，志大而瞻於文，久從公遊，其人亦可知矣。慶元丙辰四月七日。（《全宋文》第二百三十冊）

周必大《題胡邦衡講筵詩卷》：中興以來，侍從百司燕饋之費率取辦於臨安。每歲經筵開講讀及修注官會於學士院，府吏治具以為常，住講亦如之。紹興壬午，壽皇初即位，力修節用裕民之政。守臣趙子淵因條具異時雜費，悉罷之，歲省緡錢一二十萬，歸之朝廷，講會其一也。是年秋，洪遵景嚴以翰林承旨兼侍讀，某時為起居郎，與洪議用學士院餐錢置酒五行，以毋廢故事，後遂為例。逮乾道庚寅秋，蓋九年矣，某以秘書少監兼直翰苑。既費自我出，則與院官鄭仲益侍郎同約客，而以非經筵官不赴坐。此忠簡胡公見懷之詩所為作也。今二十年，真蹟尚藏予家。因公侄濟以予和篇紙弊墨渝來求別書，並取原詩界之。然當時忠簡公第見供張假之臨安，遂以為肆筵甚盛，不知事始如此。其後壽皇復以所省緡錢歸臨安，於是燕饋如故，惟講會學士院仍自為之，蓋其費初無多耳。明年，某遷禮部侍郎，既仍舊直，又兼侍講，復增三勸，為半日之歡，至今不廢云。此卷唱酬凡九人，惟某與趙子直尚存，可為永歎。紹熙辛亥十月二十五日，益國公周某書。（《全宋文》第二百三十冊）

周必大《跋王民瞻送胡邦衡南遷詩》：有澹庵壓嵩岱、排淮泗之舉，然後可以發瀘溪穿天心、透月窟之詩，不如是不稱二絕。澹庵授之從弟廉夫鍔，廉夫復授其子渙，所謂文獻相承，衣鉢單傳者。若能刻石，人授之本，則法周沙界矣。慶元丙辰四月十四日。（《全宋文》第二百三十冊）

周必大《跋張仲宗送胡邦衡詞》：長樂張元幹字仲宗，在政和、宣和間已有能樂府聲。今傳於世，號《蘆川集》，凡百六十篇，而以《賀新郎》二篇為首，其前遺李伯紀丞相，其後即此詞。送客貶新州，而以《賀新郎》為題，其意若曰失位不足弔，得名為可賀也。慶元丙辰五月十三日題。（《全宋文》第二百三十冊）

　　周必大《題胡邦衡侍郎撰胡從周寺丞志文》：金昆玉友，無復二難；鴻筆璟詞，有華三絕。翻篋中之遺跡，附宰上之豐碑。解白墮之嘲，倏焉隔世；圓朱褒之夢，恍若平生。偉詩禮之傳芳，森兒孫其競爽。尚襲藏於手澤，期光紹於寶章。（白墮、朱褒皆一時實事。）（《全宋文》第二百三十冊）

　　周必大《跋胡忠簡公論和議稿》：紹興戊午，胡忠簡公三十有七，以樞密院編修官上書論和議，此其稿也。時長子方生，未幾南遷。公知後禍叵測，惟從侄昌齡字長彥賢而可託，故以稿屬之，今五十餘年矣。昔顏魯公與魚朝恩《論坐位帖稿》，摹本已數百載，人爭傳寶。公之所論豈止坐位，而其心畫端勁，實法魯公，自當並傳於百世。慶元丙辰六月。（《全宋文》第二百三十冊）

　　周必大《廬陵縣學三忠堂記》：文章天下之公器，萬世不可得而私也；節義天下之大閑，萬世不可得而踰也。吉為江西上郡，自皇朝逮今二百餘年，兼是二者得三公焉。曰歐陽公修，以六經粹然之文，崇雅黜浮，儒術復明，遂以忠言直道輔佐三朝。士大夫翕然尊之，天子從而諡之曰文忠，莫不以為然。南渡搶攘，右相杜充擁眾臣虜，金陵守陳邦光就降，惟通判楊邦乂戟手罵賊，視死如歸。國勢凜凜，士大夫復翕然尊之，天子從而褒贈之，賜諡曰忠襄，則又莫不以為然。時宰議和，眾論訩訩，惟一編修官胡銓毅然上書，乞斬相檜，使三綱五常賴以不墜。士大夫復翕然尊之，厥後天子從而褒贈，賜以忠簡之諡，則又莫不以為然。是之謂三忠。雖然，此邦非無宰相，如劉沆沖之在朝嘗力薦文忠，留寘翰苑，又引富文忠公弼共政，今姓名著在勳臣之令，而諡則未聞。子瑾、孫簡，俱為待制，迄不能請，矧被遇之從臣乎？夫然後知節以壹惠，天子猶不敢專，亦必士大夫翕然尊之乃可得耳。廬陵宰趙汝廈即縣庠立三忠祠，歲時率諸生祀焉。巍巍堂堂，袞服有章。揭日月而行天，學者固仰其煒煌。若夫百世之下聞清風而興起，得無慕休烈揚顯光者耶！汝廈用意遠矣。嘉泰四年八月日。（《全宋文》第二百三十一冊）

　　周必大《跋胡邦衡奏箚稿》：歲在戊申，高宗策士，淮海胡忠簡公年二十有七，因御題問「治道本天，天道本民」，公首答云：「湯武聽民而興，桀紂聽天而亡。今陛下起干戈鋒鏑間，外亂內訌，而策臣數十條皆質之天，不聽於民。」又謂宰相非晏殊，樞參非杜衍、韓琦、范仲淹，既批逆鱗，復侵當軸。聖主獨察其忠，擢置巍科。是時直聲已著縉紳間。後十年當紹興戊午，以密院編修官上書，乞斬宰執，時年三十七，直聲遂震於夷夏。尚有可誘曰年壯氣剛也，已而竄逐嶺海，去死一發，隆興初然後還朝，攝貳夏官，年已六十

餘，議論盍少卑之？今覽奏箚殘稿，忠憤峻厲視戊申、戊午反有加焉。其孫知邕州槻將刻石傳遠，見屬一言。夫人之生也有血氣，有浩然之氣。少而剛，老而衰，血氣也，眾人以之；秉彝好德，養之以直，塞乎天地，少老如一，浩然之氣也，胡忠簡公以之。嘉泰二年四月。（《全宋文》第二百三十一冊）

周必大《跋張德遠與胡邦衡帖》：右張忠獻公與胡忠簡公帖。或在廟堂，或居遷謫，或罹憂患，無不勸人以學，潛心於天，所謂造次顛沛必於是者。今忠簡公家集亦有與忠獻公九帖，往往相應。長孫槻守邕管，宜並刻之。嘉泰二年四月。（《全宋文》第二百三十一冊）

周必大《跋劉共甫與胡邦衡帖》：右劉共甫樞密與胡邦衡資政三帖。前二者，隆興甲申共甫守衢，邦衡自海道罷歸經過時。後一幅，淳熙乙未共甫帥金陵，邦衡隨其長子泳守官時也。邦衡書二幅，所謂季羔正字者，王端朝也，時紹興己卯，量移在雁峰。惟《知郡帖》，不知何人，視題銜則乾道庚寅歲也。最後予與邦衡書，亦乙未歲者。鄉人羅克宣次召出以相示，今遠者四十年，近則二十九年，邦衡父子、共甫、季羔墓木皆拱，惟予養疾山林。王羲之云「俯仰之間，已為陳跡」，況歲月如是之久乎！太息題其後。嘉泰癸亥九月戊寅。（《全宋文》第二百三十一冊）

周必大《又求胡忠簡公贊》：春秋尊王，外攘夷狄。幼學壯行，終始惟一。凜然英氣，尚父是匹。揭之徂徵，可卻回紇。（《全宋文》第二百三十二冊）

楊萬里《答曾主簿書》：某再拜主簿學士：久無閩中端便，疏於上狀，辱翰墨之賜，感刻則多矣，愧又倍之。即辰冬溫，恭惟臺候萬福。示戒澹庵先生之說，敢不服於箴言？但澹庵之彈文言者憾之，假薦士不實以擊之。澹庵初薦李秀實，蓋應詔書求財賦獄訟之才，澹庵以秀實充薦，未為失也。特當時薦章不曾說破秀實雖有隱年之謫，而其才不可廢，以此遂為言者所排爾。若夫澹庵貫日月之忠，塞天地之名，言者可得而掩之哉！孔北海曰：「今之後生，喜謗前輩。」此近世尤甚之病也。澹庵紛紛之論，無乃出於孔北海所云者耶？願吾友勿輕信之，生則為東家而萬世以為仁義禮樂之主，此吾夫子所不免也，澹庵獨得而免乎？可付一笑也。所冀保重，立俟薦用。（《全宋文》第二百三十七冊）

楊萬里《與胡澹庵書》：某悚息再拜：屬者客裏落莫，乃得望見玉立之容於東湖之西、西山之東，一聽談間之淙錚，便覺滿面康衢之埃拂拂吹去矣。君子不可得而待也，吾家子云此語豈可誹其不解事也哉！登山之行，獨不得

與追送之列，折腰之役實使之然。涉世之禮、事賢之敬，久矣二者之不相為用也，而況以涉世者而事其師乎？雖然，語離之際，遠送之情，此古人所為登山臨水黯然銷魂者也。某獨無情哉！情生於中而不可制，勢禁於外而不得逞，所謂一行作吏，此事便廢，言之太息。即辰夏氣歸奇，恭惟遄歸修門，得觀帝所，忠勤天助，臺候動止萬福，師門玉眷均祉。某以四月二十六日受職，今且踰月矣。上官見容，吏民見信者，不曰自澹庵門下來乎？始至之日，深念為邑者平生之所病，欲試行其所學，而有所未敢信，欲效世之健吏，而又有所必不能。二者交於心，而莫知所定，卒置其所必不能者，而守其所未敢信者。於是治民以不治，理財以不理。非不治民也，以治民者治其身也；非不理財也，以理財者理其政也。其身治者其民從，其政理者其財給。某雖不佞，行之期月，亦庶幾焉。用此知天下無不可為之事也。士大夫見一邑而畏之，則大於一邑者，何如也？畏事生於不更事，更事則不畏事矣。然作邑有可畏者，重為任而罰不勝，遠其塗而誅不至，此其可畏也。以作邑者之心為作州者之心，則何畏之有？而今則不然也，敢私布之，先生或造膝所陳，倘可及此乎？先生是行必居中，必得政，必盡言，必伸道，必尊主而庇民，必強中國而弱夷狄，天下所以望先生，先生所以許天下者，於此不更舉矣。多賀多賀。麻陽叔父有書於先生，欲求一字之褒於劉帥恭父，先生豈嗇此於門弟者？蒙揮毫斜行，使傔人領之以歸，某當即送似於麻陽也。欽夫猶外補，先生獨無意乎？函丈之侍，眇在天半，惟先生以身為社稷之依，可不愛重！（《全宋文》第二百三十七冊）

楊萬里《澹庵先生文集序》：故澹庵先生資政殿學士忠簡胡公，中興人物未能或之雙也。紹興戊午，高宗皇帝以顯仁皇太后駕未返，不得已將以大事小，屈尊和戎。先生上書力爭，至乞斬宰相，在廷大驚。金虜聞之，募其書千金，三日得之，君臣奪氣，知中國有人，奉皇太后以歸。自是胡馬不南者二十年。昔魯仲連不肯帝秦，秦軍聞之，為卻五十里。後人疑之，以為說士之誇辭，以今揆古，古為誇矣；以今觀今，今亦誇乎？信所見，疑所聞，古今一也。吾宋之安強不以百萬之師，而以先生之一書，後之人聞之者，烏知其不若今之人聞仲連之事者乎？亦以為誇，未可知也。若今之人親見先生之事，則誰以為誇者？今事之誇與否，可信與否，不較也。使後之人無所疑於古之人者，先生歟？今不信古，古奚病焉。後不信今，必當有時而無不信矣。逢其事，思其人，嗚呼，先生之功其遠矣哉！先生之功其遠矣哉！先生之文肖其

為人，其議論閎以挺，其記序古以馴，其代言典而嚴，其書事約而悉，其為詩蓋自詆斥時宰，謫竄嶺海，愁狄酸骨，饑蛟血牙，風呻雨喟，濤謳波詭，有非人間世之所堪耐者，宜芥於心而反昌其詩，視李、杜夜郎、夔子之音益加恢奇云。至於騷辭涵茫嶄崒，鈗劌刻屈，扶天之幽，泄神之秘，槁瘁而不瘁，恫愀而不懟，自宋玉而下不論也，靈均以來一人而已。是數者得其一猶足以行於今而傳於後，而況萃其百者乎？何其盛也！何其盛也！先生既沒，後二十年，其子澥與其族子渙、族孫秘哀輯先生之詩文七十卷，目曰《澹庵文集》，欲刻板以傳，貧未能也。之官中都，舟過池陽，太守蔡侯必勝相見，因問家集，慨然請其書刻之，命郡文學周南董振之，學錄何巨源校讎之。未就而蔡侯移守山陽，雷侯孝友、顏侯踵成之。嗟乎！先生功被於中國，名震於夷狄，文範於學者，學者得其片言半簡，猶寶之師之，求見其書之全，何可得也？今三侯獨能刻而傳之，以幸學者。夫先生此集為之百年而始成，使學者得之，今乃一日而盡見，三侯之用心可不謂賢矣哉！而蔡侯首發其端，可不謂又賢矣哉！萬里嘗學於先生者，先生之言曰：「道六經而文未必六經者有之矣，道不六經而文必六經者無之。」先生之文其所自出蓋淵矣乎，而萬里何足以知之！先生廬陵人，諱銓，字邦衡，澹庵其自號也。若其世系、歷官行事，則丞相益國周公書於神道碑矣。慶元己未八月二十八日，門人通議大夫、寶文閣待制致仕楊萬里謹序。（《全宋文》第二百三十八冊）

楊萬里《跋忠簡胡公先生諫草》：澹庵先生之孫槻寄示先生諫草凡十一行，卒章云「臣不忍見虜寇入門」等語，其痛次骨。萬里讀至此，不覺涕泗之沱若也。蓋當是時，和戰未定之時也，國是數定而屢搖，國勢將怯而復壯。仲尼曰：「民到於今受其賜。」（《全宋文》第二百三十八冊）

楊萬里《跋張魏公答忠簡胡公書十二紙》：此帖十二紙，皆紫岩先生魏國忠獻張公答澹庵先生忠簡胡公手書也。紹興季年，紫岩謫居於永，澹庵謫居於衡，二先生皆年六十矣。此書還往無一語不相勉以天人之學，無一念不相憂以國家之慮也。萬里時丞零陵，一日並得二師。今犬馬之齒七十有六，夙夜大懼此身將為小人之歸。復見此帖，再拜三讀，二先生忽焉洋洋乎如在其上，如在其左右。（《全宋文》第二百三十八冊）

楊萬里《跋林黃中書忠簡胡公遺事》：林侍郎黃中一字寬夫，其所書澹庵先生遺事，當萬里作行狀時所未聞者。豈特某所未聞，其子孫亦所未聞也。是時王之望、尹穡得志，其威能陷張魏公而不能不折於先生之一詰，其辯能

獎虜勢以脅其上，而不能不沮於先生之一答，茲不謂大丈夫乎？（《全宋文》第二百三十八冊）

樓鑰《跋胡澹庵和學官八詩》：澹庵先生以一書觸秦氏，竄昭州，諸賢救之。高宗諒其忠，再徙為威武簽幕。羣憸承一時風旨，相與擠之，而又下石焉，乃始遠置新州，又復移吉陽，蓋秦氏必欲致之死地也。先生處之泰然，雖遭摧辱，略不為屈。益窮經學，又以昌其詩。紹興更化，始得北還。孝宗初政，擢吏部郎。隆興改元，鑰就試南省，先生以秘書少監為參詳官。鑰策卷誤犯泰陵舊諱，知舉內相洪公方欲為之奏聞，先生贊其決，遂叨末第，蓋憂恩也，於是始得拜先生下風。長身霜鬛，神采昭映，恭謙磬折，音吐洪暢，略不見久居嶺海煙瘴之狀。衣冠甚偉，如見古人。時以短箋投謝，坐主或報或不報。惟先生報章甚寵，以鑰多用諱事，遂引釁夏滕文等數十條，為言尤切，感服寶藏，又已載於先生集中。今見學省八詩，蓋攝祭酒時也。前輩固多唱酬，未聞大篇，而人人報之，愈出而愈奇。最後樊武論以其右科魁選，再登進士第。先生首言舞陽，次及魁紀，皆樊氏之先，一武一文，益見其工。是時年逾六十，思若湧泉，筆力愈勁，英特之氣，至今凜然。周益公為隧碑言：「先生刻意詩騷，後生投贄，率次韻以酬，多至百韻數十篇。」然則此八詩猶先生之細也。鑰頃既登門，又辱許從其長子季永遊，雖恨其蚤沒，而仲子季解及季永二子伯圜、仲方俱以才業自奮，今為湖南憲、江西漕，樞密院編修，遂踐世官，皆相與良厚。又在中書嘗預試仲方二子耀、煒童子科。鑰年七十有四，求歸未得，於先生之門遂識四世，抑以知澹庵之德澤為未艾也。謹並書於卷尾云。（《全宋文》第二百六十四冊）

張栻《困齋記》：弋陽方君耕道謫居零陵，其友盧陵胡君邦衡自海外以書抵之曰：「公取《易·困卦》詳玩而深索之，則得所以處困之道矣。」耕道於是榜其齋曰「困齋」，自號曰「困叟」，其居閒而讀《易》則謂之「困交」。耕道可謂能尊其所聞矣。在《易》之《繫辭》三陳九卦，意義深切，至於《困》則曰「困，德之辨也」，又曰「困窮而通」，又曰「困以寡怨」。嗚呼！聖人發明處困之義，備盡於此，其惠後世學者至矣，是可不盡心以體之乎！夫窮達者在外者也，理義者在我者也。在外者存於時命，而在我者無斯須而可離。世之惑者於其存於時命者乃欲人力而強移，於其不可離者則違之而忘反，居得則患失，居失則覬得，或能行於其所易，而不能行於其所難，能自保於安逸之時，而有變於危窮之際。是皆非其心之正也，窮達亂之也。君子則不然。

其心日夕皇皇然，惟知在我者禮義之安而行，寧恤其他！故其處困也，致命而已，於天何怨！順義而已，於人何尤！而反諸其躬，則益念其所未至，惟恐思之不精，益勉其所未能，惟恐行之不力。是君子之處困，抑其進德深切之時也。如斯而後，庶幾為不負聖人之訓歟！耕道往以直道忤權臣，既而以非罪罷吏議，方且責己自克，好問不倦，可謂知所處矣。而邦衡以危言切論，一貶嶺海近二十年，窮經自樂，浩然以歸，豈非有得於斯邪？宜乎以此道相切勵也。又聞橫渠先生之言曰：「貧賤憂戚，庸玉女於成也。」噫！安知造物者不以是金玉耕道之德乎？此豈特邦衡所望於耕道也。耕道以記文見屬，栻雖晚生，念不為無契，是以不敢以固陋辭。紹興二十八年春二月戊申，廣漢張栻記。（《全宋文》第二百五十五冊）

李洪《雙鶴賦（並序）》：侍講舍人胡邦衡，清節忠言，冠冕當代，具疏誅奸，明若蓍龜，厭服天下，若漢汲大夫，近古社稷臣，炳炳千古，名烈莫二。方犯雷霆之怒，回薄嶺海，南極窮髮，二十六年，處之泊焉，與造物者遊。晚際上皇更化，趣使來朝，轍環萬里，入天官，冠蓬省，司言動，掌編制。今天子優禮舊德，以祭酒侍經幄，日進嘉謨，陰功隱利，膏澤天下多矣。直廬靜深庭有一鶴，緇襟俛啄，戛然長鳴，命儔寥廓。俄有胎禽，玄裳羽衣，將翱將翔，軒然來儀。麾之不去，遂玩雙鶴。昔趙清獻入蜀，以一鶴一龜自隨。李文正公居洛，亦名六客，鶴其一焉。惟公清節，可媲清獻，而謨猷剴切，視文正無愧。將晉秉國鈞，為社稷鎮。功成身退，從赤松遊，雖驂仙人之騏驥，朝玄圃而夕瀛洲，為不難也。（《全宋文》第二百四十一冊）

趙善括《祭趙運乾文》：堂堂我朝，胡公邦衡。下斥權相，上逆龍鱗。放之海隅，與死為鄰。一旦東歸，亟登神明。富貴壽考，五福兼併。（《全宋文》第二百四十一冊）

朱熹《答蔡季通》：得楊子直書，亦奉問，但似云不敢相聞。前日答之，不曾入題，只云小時見趙忠簡、李參政諸公在海上，門人親舊歲時問訊不絕，如胡澹庵猶日與知識唱和往來，無所不道，秦檜亦不能掩捕而盡殺之，蓋自有天也。以此知人之度量相越，其不啻九牛毛，既可歎惜，又可深為平生眼不識人之愧也。（《全宋文》第二百四十九冊）

朱熹《答鞏仲至》：謝鳳之文，不知果何如。近日盧陵人來，說紹興間有太府丞長樂陳剛中彥柔者，坐以啟賀胡澹庵謫安遠宰而死，周益公尚識其人。因為檢《長樂志》，則但云終於江陰簽判，都不及所歷官及謫死事。方此為扣

其鄉人，使尋訪之。此其不幸，又有甚於謝鳳者，尤可歎也。(《全宋文》第二百四十九冊)

朱熹《戊午讜議序》：癸未之議，發言盈庭。其曰虜世讎不可和者，尚書張公闡、左史胡公銓而止耳。自余蓋亦有謂不可和者，而其所以為說，不出乎利害之間。又其餘，則雖平時號賢士大夫，慨然有六千里為讎人役之歎者，一旦進而立乎廟堂之上，顧乃惘然，如醉如幻而忘其疇昔之言。厥或告之，則曰：「此處士之大言耳。」嗚呼！秦檜之罪，所以上通於天，萬死而不足以贖者，正以其始則唱邪謀以誤國，中則挾虜勢以要君，使人倫不明，人心不正，而末流之弊，遺君後親至於如此之極也。(《全宋文》第二百五十冊)

朱熹《與魏元履》：寇日深矣，為之奈何？諸報想自聞之。此聞事甚遲，方傳古藤之命，未知果否？誤國至此，參之肉其足食乎？小譴何益？龜齡既起，不知復作何計？今日正懼狐鼠之妖蠱蝕君心，此為本根之禍。不去此物，國勢無自而張，邊備無自而立，賢才無由而見任，直言無由而上聞矣。老兄以為如何？成都全不聞近報，不知到何許？胡邦衡痛哭之書見之否？說病證甚危急，而無甚治法。但顯言西帥跋扈，欲誅沈介，取其首，其機事不密乃爾，可怪。久不聞問，念念不忘。適有均亭便，晨起手凍，作字不成，幾不可讀，亦所以僟鞏耳。一笑。（逐湯相陳，豈非賞魏無知之功乎？可笑可笑。）(《全宋文》第二百五十冊)

朱熹《跋胡澹庵所作李承之論語說序》：通經之士固當終身踐言，乃為不負所學，斯言之要，所以警乎學者可謂至深切矣。然士之必於通經，正為講明聖賢之訓，以為終身踐履之資耳，非直以分章析句為通經，然後乃求踐言以實之也。李君承之來自盧陵，出示澹庵先生胡公所為作《論語解序》，斂袵三復，如奉音旨。敢竊推其餘意，以附卷尾。李君幸以愚言思之，則庶乎知先生所以推揚期待之意矣。淳熙乙巳六月乙丑，新安朱熹敬書。(《全宋文》第二百五十一冊)

朱熹《跋胡澹庵和李承之詩》：蜀人李君承之見過山間，示詩一編，詞源奔放而句律謹嚴，讀之令人亹亹不厭。間出澹庵先生胡公和章一卷，皆其手筆，又知君詩之勝，已為名流知重如此也。因復自念頃歲嘗得一見先生於臨安，其後遂叨薦寵，而不知所以得之，或者以為先生嘗見其詩而喜之也。顧今衰落，惠許不酬，而李君辯博縱橫，究知西南利病，蓋不但深於詩者，亦復流落艱難，疲於道路，豈先生所許以為可與言詩者例如此耶？慨念先生不可

復見，因太息為書其後云。淳熙乙巳六月乙丑，新安朱熹書。（《全宋文》第二百五十一冊）

胡元質《辭兼同修國史奏》（乾道五年九月三日）：伏蒙恩命，兼同修國史，嘗具奏辭免，不允。臣竊以史官分職，考之故事，記注官少有兼同修者。緣昨者胡銓任起居郎兼權中書舍人日，嘗升同修，自是以來，沿襲為例。竊恐朝廷用此近例，遂俾臣升兼是職。伏念臣昨於去年七月奏對，乞朝廷凡所施行，一切屏絕已行之例。誤蒙嘉納，嘗降指揮，至今遵守。臣備數後省，比有援例以請之事，臣不敢不駁，臣豈有言之於前，而躬自蹈其非於後？欲望聖慈追寢成命。（《全宋文》第二百六十冊）

呂祖謙《代倉部通吉州胡邦衡侍郎啟》：避蓋公之舍，夙願趨承；倚韓子之門，尚虞麾斥。敢陳尺牘，恪布寸誠。恭惟某官名冠倫魁，學窮根柢，貫大忠於日月，際浩氣於堪輿。早抗危言，力扶正論。帝臣蹇蹇，豈容藜藋之乾；王道平平，忍使荊榛之塞。風波萬里，金石一心。逮鼎邑之承堯，首弓旌而聘尹。屹中流之砥柱，坐閱頹波；澹欲曉之長庚，獨高眾宿。浸□□□，□□□□□。□汲直於淮陽，□孚輿論；見賈□□□□，□束宸衷。共期三接之餘，亟奉四鄰之拜。某素思慕用，茲幸瞻依。秣馬膏車，已遡風於牆屏；墨筆操牘，先展敬於緘縢。（《全宋文》第二百六十一冊）

陳褒《瓊州重修儒學記》：堂之北闢東坡、澹庵二公之祠，俾學者晨香夜燈，景仰遺風。生蒭一束、神契而心融，不惟發潛德之光，而以惠迪後人，寧有遷延之役已。（《全宋文》第二百八十四冊）

衛涇《進故事五》：臣又觀隆興初蝗蟲為災，孝宗謂史臣胡銓曰：「朕逐日禱天，蝗蟲遂滅，安可不至誠。」銓奏曰：「陛下行之不息，豈特滅蝗，敵亦不足慮。」嗚呼！銷變格天之道，端在乎此，銓又能推廣聖意，及於敵國外患。昔益言於禹曰：「惟德動天，無遠弗屆。」銓之言近於是矣。臣愚惓惓，願今日常以斯言為警，則弭災致祥，寧內服外，皆自一念推之耳。（《全宋文》第二百九十二冊）

王介《乞許左右史官分立殿上奏》：本朝循唐入閣之制，左右史不立前殿，若御後殿，則立朵殿下，何所見聞而修起居注乎？乞依歐陽修、王存、胡銓所請，分立殿上。（《全宋文》第二百九十三冊）

周南《書胡澹庵為忠獻作卞壼祠記後》：右，《晉驃騎將軍卞侍中祠記》，紹興辛巳故資政殿學士澹庵先生胡公筆也。距今五十二年矣。石未克立，而

廟及忠孝亭滋圮。某既繕而新之，會公之仲子將漕適至，亟請於參預樓公，書而刻諸祠下。惟澹庵先生行遠之文足以垂世扶教，某幸甚得附名於碑陰雲。（《全宋文》第二百九十四冊）

洪諮夔《病乞補外奏》：臣竊惟窮則呼天，疾痛則呼父母。方臣頻年擯退，窮莫之恤，陛下更新萬化，不待呼天，首加搜拔。自閒外為禮部郎如蘇軾，不作縣為御史如周必大，以殿中執法出臺而升詞掖如張震，還久廢之磨勘如胡銓。又涉筆史館，攝組銓曹。曾未逾年，徧歷華要。（《全宋文》第三百六冊）

梁成大《乞將楊長孺等人重議施行奏》：朝廷特以其名臣之子，遂加拔拭，賜以命召，此初政之美意。臣聞其人故態不改，顛怪自如，形之詩詠，公肆譏訕。其送胡夢昱行詩之末句云「便是吾鄉小澹庵」者，前朝名臣胡銓也。今長孺乃以夢昱況銓，流傳道路，有識駭聞。方且以辭口自高，對客昌言，略無忌憚。臣謂長孺之所為，若使立朝，必黨和邪說，簧鼓在列；或叨外任，必復行怪政，貽害士民。長孺之一身進退，初無繫於輕重，第恐中外觀望，相師成風，崇詭尚異，波流莫返，必致是非混亂，分義不明，他時復費朝廷區處，臣實憂之。臣欲望陛下特頒睿旨，收請長孺召命指揮，仍畀祠祿，理作自陳，俾知循省，以正人心，以厚風俗，以為詭僻狂悖之戒。謹具覺察以聞。伏候敕旨。（《全宋文》第三百七冊）

方世功《澹庵泉記》：嘉定丙子夏，世功以瓊郡丞受部使者命攝守儋耳，行臨高道中，海風揚沙，畏日爍金，兀坐籃輿，如薰如炙，思得清泉以濯之，而濱海地鹵蔑如也。停午次博頓，得水，甘寒清冽，冰澌流齒，顧問里旅何以得斯泉。有戴雄飛者曰是官井水也。先是，胡公澹庵以危言忤權貴，南遷珠崖，時夏愆陽水涸，先生步村陰，止茂林，穴甌出泉瀹於地，觱發潰溜，由是汲者聯綆接轆，率盈缶以旋也。夫當屯膏未施，土焦石烈，望雲霓濟渴之時，得涓涓之溜於指顧之頃，餘澤至今不渴，是豈無所司相之哉！驚異諮嗟，盤旋久之。既而雄飛具言其父寔曾受《春秋》大義於先生，頗諳旨趣，自是預計偕，收特科，歷仕僉幕，終老於博頓。迨啟手足，屬有治命：「吾生窮島，得綴名於吏部之籍，皆澹庵指教之功。今觀井泉，其故跡也，汝其擇善書者作『澹庵泉』三字，伐石峙於井之湄，以垂我後人，庶無忘胡公之德。」壬戌之秋，得方宗萬書之，獨未有文以紀其事。雄飛思昔群陰在朝，忠賢擯逐，天下鉗口，以言為諱。有提刑方公抗論於朝，願削己爵以贖先生罪，抑非先少卿其人乎？幸公軫先世為記之。世功自揣不肖，顧何足以與斯文。惟昔賢之跡

有不容泯，故沿敘雄飛之說，俾歸而勒之石。嗚呼，患不極則德不深，身不危則道不直。是泉也，以旱而後利濟之名顯，而先生顛沛炎阰，固所以昭其忠誠於不朽歟！昔蘇文忠公記韓吏部廟，其言曰：「公之精誠如水行地中，無所往而不在也。譬如鑿井得泉，而曰水專在是，豈理也哉！」世功於是井也亦云。是歲七月記。（《全宋文》第三百八冊）

魏了翁《顯謨閣直學士提舉西京嵩山崇福宮許公奕神道碑》：公每歎今左右史絕戾古意，因歷舉元豐王存及隆興胡銓嘗所論奏，極言其弊。其略曰：「今前殿坐則侍立官從東朵殿徑過，後殿坐則臣僚奏事畢方外殿近龘坐，面西少立，所聞無公事，所見駕興而已，未嘗有一事可得而書。陛下總攬之初，謂宜一正前失。今後如遇朝會，起居郎、舍人分左右立如常儀，前後殿坐則令輪當侍立官由東朵殿徑至御坐東南，面西立，豈惟獲聞聖訓，傳示無極，抑使臣僚奏事不敢恃陛下如天之度而肆其頗僻。」（《全宋文》第三百一十一冊）

方大琮《與曾劍守書二》：某之曾大父之弟宗卿庭實字公美，紹興初以宣諭使朝陵，還對榻前，具以所見言，君臣至於感泣。秦檜聞之大不樂，曰：「公美自失從官矣。」又上書乞贖胡澹庵罪，愈忤檜意，出之使閩，又推之使廣；劾檜黨愈急，終於官，識者哀之。澹庵還朝，聲其事者屢，雖直氣見扼於權奸，而流澤不墜者累世。今監鬱林州都鹽倉炳者，其孫曾也。每見明公歎世道之衰，而慨然有感於前賢，憤嶺官之饕，而察其能，拔於儔品，炳也其庶幾焉。（《全宋文》第三百二十一冊）

方大琮《與新州左守書一》：某適沐臨顧，安境保障事宜，若開陳其端，而條上方略，則猶有待者。使君之言及此，千里之福也。澹庵先生書院某猶欲知其詳。此奸檜所以遺新之人者，當時四方想慕不得見，獨為新留許久，宜有可表而出者，此百世之師，非徒曰鄭鄉之前輩。某歸有日，甚欲更奉從容，恐稽來莫者望，輒易虎圖一堵、兔筆百枚、安國茶二十圭為行軒浼。輕眇，皇恐。他容詰旦面違次。（《全宋文》第三百二十二冊）

方大琮《謝贛州提刑都鈐胡尚書札》：某竊觀廬陵文字之士皆致身兩地，而義不帝秦一疏，為名節第一，而位反不稱焉。此澹庵子孫所以光明俊偉，秀出於其鄉也。某官抱負濟時之定力，皎潔許國之丹誠，家世履聲，克還舊物矣。黃扉紫闥，忠簡所留，而未肯為者，正或有待。倅藩鎮撫，提綱分目，得近臣之體；名章流播，非民則國，有忠臣之心。願副九重之延佇，以竟先正之經綸。（《全宋文》第三百二十二冊）

劉克莊《寶學趙尚書神道碑》：予惟前輩風流篤厚，橫渠聞二程談《易》，撤去皋比，坡公見淳夫奏疏，曰軾文字失之過當，服善也。徂徠為明復執杖履，文、富扳溫公入社，公年六十四，以晚進辭，後長也。道鄉沒二十年諫書始出，惡其傳也。李竹溪送胡邦衡南遷，曰名節之士未知道，勉其進也。了翁則沈《後尊堯》之作，責己也。程子曰故人情厚不敢疑，恕人也。其後俗薄，有欲以蕪詞惡札蓋他人之長、涼德稚齒加父兄之上矣。疏未至道鄉，謬竊直聲；禍未如邦衡，自矜名節矣。不修身、不齊家而欲禁切人主，不反己、不進德而妄裁量人物矣。（《全宋文》第三百三十一冊）

牟子才《論君子小人聚散劄子》：中興以來，張浚、趙鼎為相，君子又聚矣。未幾，秦檜當國，力主和議，一時讜論如胡銓等三十二人，不肯附麗如李綱等八十餘人，率皆擯棄，或死於囹圄，或死於貶所，或流落於魑魅之區，累赦不移，或棲遲於林泉之下，屏逐不出。是紹興之人才，散於多主戰而少主和，其為禍又不止於散也。（《全宋文》第三百三十四冊）

方岳《答應武論劄》：六一翁之鄉里，以道德文章名天下者相望，暇日亦嘗訪平園之草木，訊澹庵之閭巷乎？遺書滿家，應接不暇，為況想甚適，正自不必祝餐飯也。（《全宋文》第三百四十二冊）

高斯得《書咸淳五年事》：嗚呼，京之奸，陳瓘拄之；檜之凶，胡銓折之，彌遠之專，真德秀、魏了翁排之。堂堂天朝，無一人發似道之奸詐，方且相與仇仇執之，使逐其所大欲而後已，志士仁人，雖有繞朝之策，亦安所施，悲夫！（《全宋文》第三百四十四冊）

歐陽守道《題家狀序》：曾君某來訪，袖籍一通告予：「是為明歲題試卷家狀籍，請題其首。」予思建炎戊申胡忠簡對策維揚行在所，張魏公第其文為進士第一，既而寘之第五，雖第五，然有魏公之定論在，猶第一也。天運再周，百二十有一年矣，當有真第一者，當有再忠簡其人者。第一易能也，忠簡其人難能也，曾君試為我搜之。徒曰可第一而已矣，則未為此籍重；可第一、可忠簡，則為此籍重。（《全宋文》第三百四十六冊）

姚勉《擬上封事》：臣聞祖宗朝許館職非時言事，仍許銀臺進入，與臺諫等。祖宗之所以優異館職者何也？儲材於館閣，正欲其言天下之事也。然而不當言而言，謂之躁；當言而不言，謂之隱。必其事關國體，人不能言，然後館中之臣抗章極論。胡銓之竄，范如圭留之；朱熹之劾，葉適辨之；曾覿、龍大淵之恣，王十朋論之，是皆得其言而後言也。（《全宋文》第三百五十一冊）

馬廷鸞《陳壩除資政殿學士致仕制》：朕餞惠先猷，尊寵耆德。昔孝宗淳熙之世，有劉章、胡銓其臣。繇從班而陟殿帷，初示優賢之禮；自延康而拜資政，用為告老之榮。雖保身喜明哲之獨全，亦謀國惜典刑之得謝。其頒坦制，以獎高風。（《全宋文》第三百五十三冊）

文天祥《跋胡景夫藏澹庵所書讀書堂字》：此澹庵所隸，以與壽亭者也。壽亭於澹庵為累從弟。澹庵臨大難，決大議，不負所學，於國為忠臣，於親為孝子，斯讀書之所致也。公崇敘宗族，復以讀書惠幸其弟，固曰使之有所顯揚也，於其先與有榮焉。《詩》云：「孝子不匱，永錫爾類」，澹庵以之。壽亭曾孫景夫世其家，寶澹庵真墨，徹堂而新之，復其扁，用詔於子若孫，以追孝也。考作室既底法，厥子乃弗肯堂，景夫追斯責矣。雖無老成人，尚有典刑，藏修於此者尚勉之哉！（《全宋文》第三百五十九冊）

文天祥《龍泉縣監漕鄉舉題名引》：恭惟祖宗以取士為國，三歲大比，所謂從數路得人。古遂江，吾廬陵佳山水邑也。廬陵諸老，發身六一公，澹庵以學舍，益公、誠齋以鄉舉，獻簡公以漕貢。而獻簡生遂江，文獻風流，又其最近且親者。山川毓靈，人物代興，高山仰止，景行行止，是為《題名引》。（《全宋文》第三百五十九冊）

《宋元學案補遺·忠簡胡澹庵先生銓》：孝宗贊其像曰：正直之資，剛毅之色。獨立敢言，施為有德。朱衣象簡，貂冠貂蟬。惟像卓爾，清風息然。（《宋元學案補遺》卷三十四）

（二）詩　詞

王庭珪《胡邦衡移衡州用坐客段廷直韻》：朱崖萬里海為鄉，百鍊不屈剛為腸。復出光芒動星斗，定隨雷雨起江湘。歸期正待春回雁，賀客爭持酒滿觴。笑說開元丞相宅，淒涼偃月上標堂。

王庭珪《寄胡邦衡兼簡陳僉判黃書記》：斯文久寂寞，誰應擅雕龍。萬事問伯始，今復得此公。濤瀾翻筆舌，錦繡蟠心胸。平時吐佳句，逸氣如長虹。制策收俊異，行當推選鋒。元龍湖海士，江夏無雙童。詞采俱秀出，春葩發青紅。鏗鏘排律呂，純音玉琤琮。草木吾臭味，坐隔神螺峰。遙聞玉荊產，長松想清風。安得奮餘勇，提戈噪其中。且願試音響，徑須撞巨鐘。

王庭珪《次韻胡邦衡衡陽縣瑞竹堂》：牆裏圍修竹，竹間開草堂。經春多夜雨，入夏長新篁。節抱幽人操，風敲明月璫。孤根元獨立，並干兩爭長。影落龍蛇動，清移枕簟涼。門常對衡嶽，氣足傲羲皇。日射玲瓏色，林疏瑣碎

光。雙莖非別種，異物出時方。海嶠名雖久，湖海跡愈彰。行當臥龍起，天為見珍祥。

王庭珪《胡邦衡北歸先寄詩二首次韻迎之》（其一）：無何真是本來鄉，莫遣閒愁犯肺腸。會見棟樑扶大廈，不將文字弔沈湘。揮毫未辯銀為管，沽酒奚須玉作觴。雙竹端能作奇瑞，衡人宜護竹間堂。

王庭珪《胡邦衡北歸先寄詩二首次韻迎之》（其二）：當年大冊撼天扉，聖主今呼逐客歸。應是風雲乘此會，便令鵷鷺著行飛。久埋劍氣沖星氣，暫裂荷衣換錦衣。穩上丹墀踏龍尾，九霞光裏望晨暉。

王十朋《懷胡侍郎邦衡》：今世汲長孺，盧陵胡侍郎。孤忠一封事，千載兩剛腸。晚節逢明主，丹心契上蒼。群兒巧相中，直道亦何傷。

王十朋《用登和樂樓韻酬胡邦衡送別兼簡劉韶美秘監》：未訪鄱陽范與顏，雁山深處且投閒。紫泥長記曾同召，丹陛何緣更對班。我媿未行平日誌，公應不創昔時艱。筆端能制人生死，兼有劉郎在道山。

王十朋《得張大猷尚書書云比每進對屢以待御為言而邦衡舍人言尤數切云云某為群邪所疾獨見知二公因讀邦衡和和樂樓詩復用前韻》：一月霜臺屢犯顏，未回天聽已身閒。愛君憂國寸心赤，感物傷時雙鬢班。文舉才疎意徒廣，子雲思苦語尤艱。尚書左史雖知我，超海應難挾太山。

王十朋《館中三月晦日聞鶯胡邦衡有詩用東坡酴醾韻有君側無讒人發口不須婉句某次韻》：久傷伐木廢，每歎吾生晚。黃鳥從何來，喬林綠垂幰。忽作相呼聲，朋來無近遠。高翥凌雲煙，斜飛集池苑。中有幽谷姿，遲遲下遙巘。羣音巧相和，出語獨不婉。啞啞如老烏，聞者弓欲挽。知心有杜鵑，勸爾故園返。

周必大《胡邦衡送酒有酒婢之語次韻》（乙酉）：侍郎情所寄，九醖屈楊枝。釀熟仍親酌，方成一段奇。

周必大《邦衡侍郎用舊韻慶予生朝賡續為謝》：蓬山落拓復經春，宦海茫洋懶問津。志節漸消平日壯，鬢毛空比去年新。午橋早並緋衣相，一月還同赤壁人。（自注：邦衡以壬午六月生，某以丙午七月生，又同居盧陵，故用裴度、周瑜事。）天遣駑駘追驥騄，無如才德異疵醇。

楊萬里《見澹庵胡先生舍人》：澹翁家近醉翁家，二老風流莫等差。黃帽朱崖飽煙雨，白頭紫禁判鶯花。補天老手何須石？行地新堤早著沙。三歲別公千里見，端能解榻瀹春芽。

　　楊萬里《中書胡舍人玉堂夜直，用萬里所和湯君雪韻和寄逆旅，再和謝焉》：紫禁仙人視草閒，宮雲低到綺疏間。玉妃為作回風舞，金炬高燒帶笑看。得句卻嫌椽筆小，沖泥遣慰客氈單。夜哦妙語鏘鸞鶴，不覺梅梢霽月團。

　　楊萬里《過白沙渡得長句呈澹庵先生》：收紅拾紫消幾許，也費一春強半雨。不辭長江萬波阻，來聽先生夜深語。尚憶向來侍樽俎，微雪斜飛小梅吐。先生半酣染霜兔，金章玉句空萬古。今年寒食還相聚，明年寒食知何處。只道先生押班去，不道門生折腰苦。

　　楊萬里《澹庵坐上觀顯上人分茶》：分茶何似煎茶好？煎茶不似分茶巧。蒸水老禪弄泉手，隆興元春新玉爪。二者相遭兔甌面，怪怪奇奇真善幻。紛如擘絮行太空，影落寒江能萬變。銀瓶首下仍尻高，注湯作字勢嫖姚。不須更師屋漏法，只問此瓶當響答。紫微仙人烏角巾，喚我起看清風生。京塵滿袖思一洗，病眼生花得再明。漢鼎難調要公理，策勳茗椀非公事。不如回施與寒儒，歸續茶經傳衲子。

　　范成大《次韻胡邦衡秘監》：斯言向來立，千古敢疵瑕。有命孤蓬轉，何心勁箭加。人窮名滿世，天定客還家。回首冥恩怨，虛空不著花。

　　范成大《戲答澹庵小偈》：莫問前程事，漂然海上舟。命乖逢鬼國，緣合遇蓬丘。畢竟非身計，俱成錯路頭。故鄉隨腳是，流浪不知休。

　　林光朝《次韻呈胡侍郎邦衡》：聲教從今已遠覃，翩翩作者問誰堪。石經猶有中郎蔡，金匱曾誇太史談。至竟銀鉤並鐵畫，相傳海北到天南。諸生考古頭渾白，禹穴何時更許探。

　　王遂《方丈壁讀胡邦衡書草》：僧房高揭諫和書，知是高人意不虛。我亦今年三十七，閉門畏禍獨何如。

　　高斯得《孤憤吟十三首其五》（甲戌十一月以後，邊事日急，作此以紀一時之事）：國家元氣是人材，稍露光芒盡力摧。今日舉朝皆婦女，邦衡此語亦誠哉。

　　翁定《送胡季昭竄象郡》：應詔書聞便遠行，廬陵不獨詫邦衡。寸心祇恐孤天地，百口何期累弟兄。世態浮雲多變換，公朝初日盍清明。危言在國為元氣，君子從來豈顧名。

　　楊長孺《送胡季昭竄象郡二首》（其二）：世事昏昏酒正酣，苦言難藥佞言甘。李庭男子真奇絕，便是吾鄉小澹庵。

　　李元實《送胡季昭謫象州次王盧溪送澹庵貶新州韻》（其一）：知公不怕

鬼門關，直氣橫乾清禁闥。鶻嘴明知林甫毒，鯁言要與澹庵班。一身渠任黃茆裏，千古名標青史間。非晚清朝邪正辨，紫薇紅藥待君還。

李元實《送胡季昭謫象州次王盧溪送澹庵貶新州韻》（其二）：清名傳播到黃支，直節寧憂趙氏危。虎尾蹈時都不畏，象臺到日大為奇。是行廊廟人皆怍，所過山川鬼亦知。官職本為錫底鳩，傷今正論有誰持。

羅耕《送胡季昭謫象州》：赤心端欲贊皇圖，鼓瑟那知卻好竽。崇論已聞驚仗馬，攄忠寧復忌城狐。當為天下奇男子，肯學人間小丈夫。更問澹庵老居士，儋州還似象州無。

陸文圭《送劉侯之官吉州》：暨州美政不三年，江右遺民借二天。皂蓋朱旛新牧守，青原白鷺舊山川。邦衡奏疏雲中有，永叔詩章洛下傳。故里諸孫無恙否，下車第一表先賢。

余鳳《胡澹庵招宴》：稱藩割地竟何如，抗疏孤臣只索居。萬死不回三寸舌，千金空募一封書。醉中益抱蒙塵恨，夢裏猶呼和議愚。長腳老奸今已朽，請君努力上安車。

王亙《次胡澹庵題挹翠軒韻》：西山排闥來，周遭自環翠。俗眼少見之，一覽忘世味。平生三徑心，盍早賦歸計。縱落塵土居，不與草木敝。公餘事幽尋，清風拂衣袂。最喜軒中人，所挹多爽氣。蓬蒿天地寬，萬境發詩思。白雲未能閒，時出過窗幾。簷雨聽夜語，池草生春媚。山靈若相知，好風為裂眥。餘光雖力挽，回次那得致。

劉黻《和張無垢胡澹庵二先生清江亭記》（其一）：一靜心境融，飛躍昭上下。大道元不磨，人情自榮謝。兩翁投遐荒，浩然獨餘暇。悲此當道狐，羞彼立仗馬。命義俯仰間，誰復論冬夏。一笑清江濱，瓦杯勝瓊斝。

劉黻《和張無垢胡澹庵二先生清江亭記》（其二）：丙子復丙辰，（自注：丙子無垢謫，丙辰余被謫。）居然百載下。青山招我來，寒燠任更謝。窅寐古人心，處變亦如暇。紛紛豔孔張，翕翕噴賈馬。世道長江流，何人屹中夏。漆室空興，且酌宜城斝。

方回《正月十九日四更起讀朱文公年譜至天大明賦十二首》（其一〇）：澹庵老薦此詩人，屈道何妨可致身。負鼎乾湯公豈肯，本來餘事壓黃陳。

方回《送鄧善之提調寫金經》：平生識字乃餘事，倉頡科斗揚雄奇。飾翠泥金寫梵夾，凡善書者能辦之。至用儒流董厥役，藉此進賢培邦基。晦翁豈止能詩者，澹庵胡公薦以詩。唐柳公權以筆諫，忠鯁隨事堪箴規。去去行行

勿復遲，未至烹雌炊屎屢。白玉之堂鳳凰池，不著君輩當著誰。

陳元晉《胡文昌和東坡子由彭城月詩並錄澹庵新州以所和見示索和》：澹庵眼似坡仙高，眇視軒冕如秋毫。忠臣要作社稷計，那知平陸生風濤。當時蓋亦輕餘子，富貴轉頭真逝水。汗青不朽姓字香，百世聞風尚興起。函關正要封泥丸，金陵王氣開龍蟠。一書乞借尚方劍，搢紳環睨心為寒。要扶鑾駕還都汴，鼎鑊在前顏不變。低頭辦了著南冠，斂手笑還丞相板。飛鳶跕跕古錦山，氣老益壯窮益堅。銀河流空月照地，肺肝洞作冰玉看。緬懷坡仙亦大好，詩比離騷與香草。持杯滿滿賀素娥，嶺海百年逢二老。聞孫趾美德不貧，清文高節猶前人。何當佳話重拈出，只慚授簡梁園客。

趙蕃《挽胡澹庵二首》（其一）：憶昔樂全公，暮為老蘇表。載其辨奸論，此老一生了。澹庵夫何如，書有斬檜草。顧豈無他歉，言大可略小。

趙蕃《挽胡澹庵二首》（其二）：昔我曾大夫，嘗作舂陵適。時惟蕭子荊，袖書實見客。公經本蕭自，於義豈秦越。三年期掃門，竟欠今生識。

文天祥《敬和道山堂慶瞻御書韻》：墨灑天奎映籀紅，斯堂殿閣與俱隆。方壺圓嶠神仙宅，溫洛榮河造化工。列聖文章千載重，諸孫聲氣一時同。著庭更有邦人筆，稽首承休學二忠。（著作之庭，乃胡忠簡公書，周文忠公立。）（以上《全宋詩》）

張元幹《瑞鷓鴣‧彭德器出示胡邦衡新句次韻》：白衣蒼狗變浮雲。千古功名一聚塵。好是悲歌將進酒，不妨同賦惜餘春。風光全似中原日，臭味要須我輩人。雨後飛花知底數，醉來贏取自由身。

周必大《西江月‧暮春魯氏坐上次胡邦衡韻》：三月羣賢畢集，二天五馬生光。傳觴擊鼓底忽忙。畫鷁將飛江上。魯國方虛兩社，齊人要復侵疆。延英引對上東廊。應念幽人相望。（以上《全宋詞》）

（三）語　錄

《朱子語類‧論取士》：今時文日趨於弱，日趨於巧小，將士人這些志氣都消削得盡。莫說以前，只是宣和末年三舍法纔罷，學舍中無限好人才，如胡邦衡之類，是甚麼樣有氣魄！做出那文字是甚豪壯！當時亦自煞有人。及紹興渡江之初，亦自有人才。那時士人所做文字極粗，更無委曲柔弱之態，所以亦養得氣宇。只看如今秤斤注兩，作兩句破頭，如此是多少衰氣！（《朱子語類》卷第一百九）

　　《朱子語類・中興至今日人物上》：胡邦衡作書，記當時事。其序云：「有張扶者，請檜乘副車。呂願中作《秦城王氣圖》。」他當初拜相罷去，極好。再來，卻曰：「前日但知道行則留，不行則去，今乃知不可去。」漸漸便到此田地。及至極處，亦顧其家，曹操下令云云是也。問霍光。先生曰：「霍光無此心，只是弒許後一事不發覺，此大謬。」又問秦氏科第。先生曰：「曾與汪端明說，此是指鹿為馬。汪丈云：『只是無見識。』」可學。璘錄云：「『秦太師專政時，張扶，或云張柄，請乘副車。呂願中作《秦城王氣詩》以獻，檜皆受不辭。呂知靜江府，府有驛名秦城，忽傳言有王氣。呂作詩與僚屬和之，成冊以獻。此見胡邦衡所作《紹興間被貶逐人事實序》。熊子復欲作一書記其事，從其子借之。或云，非邦衡所作。』又曰：『私科舉，或云恐是愚弄天下之人，指鹿為馬之意。』汪聖錫云：『恐不如此，只愚駭耳。』初時人以伊周譽檜，末後人以舜禹譽檜，檜亦受之。大抵久執權柄，與人結怨多。才欲放下，恐人害己。似執守不放，其初未必有邪心，到後來漸漸生出，皆是鄙夫患失之謀耳。』」（《朱子語類》卷第一百三十一）

　　《朱子語類・中興至今日人物上》：秦檜己亥年冬死。未死前一二年間，作一二件無狀底事，起獄斷送士大夫之類。近死兩年，朝不保暮，日日起獄，兇焰張大可畏。黃豐知興化日，有人有一弟，因爭兄財不與，遂以其兄嘗編錄得胡銓上書，言秦檜緊要數語，告以為兄罵秦太師。官司亦以尋常，不曾為理會。（《朱子語類》卷第一百三十一）

　　《朱子語類・中興至今日人物上》：殺岳飛，范同謀也。胡銓上書言秦檜，檜怒甚，問范：「如何行遣？」范曰：「只莫採，半年便冷了。若重行遣，適成孺子之名。」秦甚畏范，後出之。揚。（《朱子語類》卷第一百三十一）

　　《朱子語類・中興至今日人物下》：方伯謨問：「某人如何。」（忘其姓名。）先生曰：「對移縣丞一節，全處不下。」又問：「是當初未見得？」曰：「他當初感發踊躍，只是後來不接續。」語朱希真曰：「天下有一等人，直是要文采，求進用。」因說及尹穡，「前日趙蕃稱他是好人。」伯謨問：「他當初如何會許多年不出？」曰：「只是且礙過，及至上手則亂。渠初擢用，力言但得虜和，三二月綱紀自定。龔實之云：『便是他人耳聾，敢如此說！』如減冗官事是，但非其人，行之失人心。渠初除浙西制置，胡邦衡除浙東。邦衡搬家從蘇秀，迤邐欲歸鄉，因此罷。陳魯公再用，因言於上曰：『胡銓搬家固可罪，尚向北；尹穡搬家乃向南。』上云：『無此事』。公云：『臣親

見之。自古人主無與天下立敵之理。天下皆道不好，陛下乃力主張。』張魏公在督府，渠欲搖撼。一日，陳彥廣對言：『張某似有罷意』。上曰：『安有此事！方今誰出魏公上？（上每呼張相，只曰『魏公』。）必是臺諫中為此，卿可宣諭。』陳見尹，道上意，尹云：『某請對。』數日，駕在德壽，批出，陳知建寧府，魏公亦罷。」某問：「當時諸公薦之，何故？」曰：「亦能文章，大抵以此取人，不考義理，無以知其人，多為所誤。如蘇子由用楊畏，畏為攻向上三人，蘇終不遷。畏曰：『蘇公不足與矣。』乃反攻之。」可學。（《朱子語類》卷第一百三十二）

《朱子語類·中興至今日人物下》：或問胡邦衡在新州十七八年不死。先生曰：「天生天殺，道之理也，人如何解死得人！」廣。（《朱子語類》卷第一百三十二）

《朱子語類·中興至今日人物下》：胡邦衡尚號為有知識者，一日以書與范伯達云：「某解得易，魏公為作序；解得春秋，鄭億年為作序。」以為美事。范答書云：「易得魏公序甚好。鄭序春秋者，不知是何人，得非劉豫左相乎？是此人時，且請去之。」胡舊嘗見李彌遜，字似之，亦一好前輩。謂胡曰：「人生亦不解事事可稱，只做得一兩節好便好。」胡後來喪名失節，亦未必非斯言有以入之也。揚。（《朱子語類》卷第一百三十二）

黃震《黃氏日抄·南軒先生語錄》：鄒道鄉貶昭州，氣終不衰。胡澹庵大節極好。趙忠簡人品甚高，黨籍至忠簡始除。汪聖錫不妄假人以詞色，得大臣體。李巽岩議論如雪中松栢。（《黃氏日抄》卷三十九）

（四）筆 記

羅大經《鶴林玉露·夜績》：《漢·食貨志》云：「冬，民既入，婦人相從夜績，女工一月得四十五日。」注謂每日又得半夜，為四十五日也。然則農之宵爾索綯，儒之短檠夜誦，豈可少哉！胡澹庵書遺從子維寧曰：「古之君子，學欲其日益，善欲其日加，德欲其日起，身欲其日省，體欲其日強，行欲其日見，心欲其日休，道欲其日章。以為未也。又曰日知其所亡，日見其所不見，一日不使其窮偄焉。其愛日如是足矣，猶以為未也，必時習焉，無一時不習也。必時敏焉，無一時不敏也。必時術焉，無一時不術也。必時中焉，無一時不中也。其競時如是，可以已矣，猶以為未也，則曰夜者日之餘也，吾必繼晷焉，燈必親，薪必然，膏必焚，燭必秉，蠟必濡，螢必照，月必帶，雪必映，光必隙，明必借，暗則記。嗚呼！如此極矣，然而君子人曰，終夜不寢，必如

孔子，雞鳴而起，必如大舜，坐以待旦，必如周公，然則何時而已耶？范甯曰：『君子之為學也，沒身而已矣。』」（《鶴林玉露》卷之二）

　　羅大經《鶴林玉露‧前輩志節》：胡忠簡公為舉子時，值建炎之亂，團結丁壯，以保鄉井。隆佑太后幸章貢，虜兵追至，盧陵太守楊淵棄城走。公所居曰薌城，距城四十里，乃自領民兵入城固守。市井惡少乘間欲攘亂，斬數人乃定。張牓責楊淵棄城之罪，募人收捕。淵懼，自歸隆佑，隆佑赦之，降勅書諭胡銓。事定，新太守來，疑公有他志，不敢入城。公笑曰：「吾保鄉井耳，豈有他哉！」即散遣民兵，徒步歸薌城。楊忠襄公少處郡庠，足不涉茶坊酒肆。同舍欲壞其守，拉之出飲，託言朋友家，實娼館也。公初不疑，酒數行，娼豔妝而出。公愕然，疾趨而歸，解其衣冠焚之，流涕自責。人徒見忠簡以一編修官乞斬秦檜，甘心流竄，忠襄以金陵一倅唾罵兀朮，視死如歸，豈知其自為布衣時，所立已卓然矣。（《鶴林玉露》卷之三）

　　羅大經《鶴林玉露‧胡忠簡上書》：胡忠簡乞斬秦檜之書，既具藁矣，遲疑未上。以示所親厚，其人畏懦，力止之曰：「公有老母，詎可為此？」以其藁寸裂之。忠簡愈疑。有書吏楊其姓者，請間曰：「編修此書，外間已籍籍傳誦，廟堂計亦知之矣。今書上亦得罪，不上亦得罪。書上而得罪，其去光華。不上而得罪，其去曖昧，且其禍恐甚於不上也。」忠簡大悟，亟繕寫投進，乘夜潛詣逆旅，託其所親厚以老親妻子。其後口詞，猶以謄藁四傳為其罪。且曰：「倘有心於為國，自合輸忠；惟詭道以取名，故茲惑眾。」乃知天下事，不可不密，不可不斷。此吏真忠簡之忠臣，其識見如此，士大夫不如者多矣。（《鶴林玉露》卷之五）

　　羅大經《鶴林玉露‧斬檜書》：胡澹庵上書乞斬秦檜，金虜聞之，以千金求其書。三日得之，君臣失色曰：「南朝有人。」蓋足以破其陰遣檜歸之謀也。乾道初，虜使來，猶問胡銓今安在。張魏公曰：「秦太師專柄二十年，只成就得一胡邦衡。」（《鶴林玉露》卷之六）

　　羅大經《鶴林玉露‧存問逐客》：李泰發忤秦檜，貶海上，雷州守王彥恭存問周饋甚至。檜聞之，貶彥恭。辰陽陸升之，泰發侄婿也，告訐泰發家事，得刪定官。檜死，彥恭復官，升之貶雷州。胡澹庵謫嶺南，士大夫多凌蔑之，否則畏避之。方滋字務德，本亦檜黨，待之獨有加禮。澹庵深德之。檜死，其黨皆逐。務德入京，謀一差遣不可得，棲棲旅館。澹庵偶與王梅溪語及其事，梅溪曰：「此君子也。」率館中諸公訪之，且揄揚其美，務德由此遂晉用。由

此觀之，君子贏得做君子，小人枉了做小人。（《鶴林玉露》卷之二）

羅大經《鶴林玉露·天佑忠賢》：劉元城貶梅州，章惇輩必欲殺之。郡有土豪，凶人也。以貲得官，往來京師，見章惇，自言能殺元城。惇大喜，即除本路轉運判官。其人驅車速還。及境，郡守遣人告元城。元城略處置後事，與客笑談飲酒以待之。至夜半，忽聞鐘聲，問之，則其人已嘔血死矣。秦檜晚年，嘗一夕秉燭獨入小閤，治文書至夜半。蓋欲盡殺張德遠、胡邦衡諸君子凡十一人。區處既定，只俟明早奏行之。四更忽得疾，數日而卒。檜父嘗為靜江府古縣令，守帥胡舜陟欲為檜父立祠於縣，以為逢迎計。縣令高登，剛正士也，堅不奉命。舜陟大怒，文致其罪，送獄鍛鍊，備極慘毒，登幾不能堪。未數日，舜陟忽殂，登乃獲免。近時大理評事胡夢昱，以直言貶象郡，過桂林，帥錢宏祖欲害之。未及有所施行，亦暴亡。嗚呼！謂天不佑忠賢，可乎？（《鶴林玉露》卷之二）

羅大經《鶴林玉露·自警詩》：胡澹庵十年貶海外，北歸之日，飲於湘潭胡氏園，題詩云：「君恩許歸此一醉，傍有梨頰生微渦。」謂侍妓黎倩也。厥後朱文公見之，題絕句云：「十年浮海一身輕，歸對黎渦卻有情。世上無如人慾險，幾人到此誤平生。」文公全集載此詩，但題曰「自警」云。余觀東坡志林載張元忠之說曰：蘇子卿齧雪啖氈，蹈背出血，可謂了死生之際矣。然不免與胡婦生子，而況洞房綺繡之下乎？乃知此事未易消除。文公之論澹庵，亦猶張元忠之論蘇子卿也。近時劉叔友論劉、項曰：項王有吞嶽瀆意氣，咸陽三月火，骸骨亂如麻，哭聲慘怛天日，而眉容不斂，是必鐵作心肝者。然當垓下訣別之際，寶區血廟，了不經意，惟眷眷一婦人，悲歌悵飲，情不自禁。高帝非天人歟？能決意於太公、呂后，而不能決意於戚夫人。杯羹可分，則笑嫚自若。羽翼已成，則歔欷不止。乃知尤物移人，雖大智大勇不能免。由是言之，「世上無如人慾險」，信哉！（《鶴林玉露》卷之六）

曾敏行《獨醒雜志》：胡邦衡《春秋》之學受教於蕭子荊。子荊名楚，盧陵人。紹聖間貢於鄉，不第，因留太學。時方尚詞賦，子荊獨崇經術，尤深於《春秋》。從其學者，嘗百餘人。會蔡京當國，黜《春秋》之學，子荊慨然引還，移書謂馮澥曰：「蔡氏廢麟經，忘尊王之義矣。是將為宋王莽，吾不願仕。」澥得書不敢答。澥亦嘗受《春秋》大義。邦衡擢進士甲科而歸，子荊尚無恙，謂邦衡曰：「學者非但拾一科而止，身可殺，學不可辱，無禍吾《春秋》。」子荊建炎四年卒，以未嘗娶，故無子。門人私諡曰「清節先生」。有《春秋經辯》

行於廬陵。（《獨醒雜志》卷之六）

　　羅大經《鶴林玉露・胡忠簡碑》：周益公作胡忠簡神道碑云：「武王一戎衣而天下定，義士猶或非之，孔子奚取焉，為萬世計也。」蓋忠簡力詆和議，乞斬秦檜，而紹興終於和戎，故以忠簡比夷、齊，以高宗比武王，可謂迴護得體。（《鶴林玉露》卷之五）

　　曾敏行《獨醒雜志》：羅欽若、李東尹與胡邦衡同在學舍，甚相得。他日同就試，欽若見邦衡試卷，問曰：「此欲何為？」邦衡曰：「覓官也。」欽若因撫邦衡背，指示卷中一諱字，謂曰：「與汝一官。」邦衡改之，是榜遂中選。故邦衡有啟謝欽若，具述與一官之語。胡公既為侍從，東尹亦仕至中大夫，欽若止正郎。嘗謂余曰：「頃在學舍，偶乏僕供庖，同舍不免自執烹飪。邦衡能操刀，東尹能和面，某無能，但然火而已。今之官職小大，已定於此。」欽若名棐恭；東尹名孝恭。（《獨醒雜志》卷六）

　　曾敏行《獨醒雜志》：紹興戊午冬，奉使王倫與金使來和，欲天子受偽詔。國論未定，朝士無敢言者。胡邦衡銓時為樞密院編修官，上書請羈留金使，斬主議者之首，以謝天下。語大憤直，上怒其訐，將褫官竄昭州。時御史中丞鄭剛中，諫議大夫李誼，吏部尚書晏敦復，戶部侍郎李彌遜、向子諲，禮部侍郎曾開、張九成，入對便坐，引救甚力。時丞相秦檜、參政孫近亦迫於公論，請從臺諫侍從議，謫廣州監鹽倉。御史再以為言，乃以為福州簽判云。（《獨醒雜志》卷八）

　　曾敏行《獨醒雜志》：胡邦衡自福唐貶新州，王民瞻以詩送之，有曰：「百辟動容觀奏牘，幾人回首愧朝班。」又曰：「癡兒不了公家事，男子要為天下奇。」民瞻，安福人，名庭珪。登科嘗為茶陵縣丞，累年不調，居鄉里以詩名家。二詩既傳，或以為訕，由是亦坐謫辰州。邦衡在新州，偶有「萬古嗟無盡，千生笑有窮」之句，新守亦訐其詩，云「無盡」指宰相，蓋張天覺自號「無盡居士」；「有窮」則古所謂「有窮后羿」也。於是再遷儋耳。其後，邦衡還朝，嘗以詩人薦民瞻，凡再召見。初除國子監簿，後除直敷文閣，終於家。（《獨醒雜志》卷八）

　　程大昌《續考古編・嶺南飲酒》：劉器之謫居新州，斷酒不飲，曰：「酒性熱，以父母遺體，犯極南瘴熱之地，又益之以酒，不可活矣。」因斷酒得不死。紹興間，胡銓邦衡謫新州，還，謂予曰：「新州嵐瘴最重，每日惟正午時薄見日影，不彌時即陰，過此，昏霧常濛濛也。」新州產好米，價甚廉，邦衡

素喜飲，多羅而廣釀，日常釃酤。於是中既有主，外瘴不能入，遂得全。於酒，則與器之所說全異。唐初，太宗以盧祖尚任交州都督，祖尚辭曰：「嶺南瘴癘，而臣不能飲，當無還理。」則又與謂酒能御瘴也。今近世士大夫南者，醫皆教食附子，曰：「南方氣不正，一日之間俱有四時之候者，為其地土薄，藏儲不固耳。夫其氣不應序，已自生病，又地遠人少，物價大廉，人無貴賤，既翕邪氣，又食物過多，脾胃素傷。及已成瘴，又服涼冷之藥，故多不全。今以附子暖助脾胃，則邪氣始去，故瘴可愈也。予之所識者龔參政實之，先為廣帥，後五六年，程某及司馬季思皆自嶺外回，面無瘴容。問其故，則皆服附子也。此亦可記。（《續考古編》卷之六）

洪邁《容齋隨筆·朱崖遷客》：紹興中，胡邦衡竄新州，再徙吉陽，吉陽即朱崖也。軍守張生，亦一右列指使，遇之亡狀，每旬呈，必令囚首詣廷下。邦衡盡禮事之，至作五十韻詩，為其生日壽，性命之憂，朝不謀夕。是時，黎酋聞邦衡名，遣子就學，其居去城三十里，嘗邀致入山，見軍守者，荷枷絣西廡下，酋指而語曰：「此人貪虐已甚，吾將殺之，先生以為何如？」邦衡曰：「其死有餘罪，果若此，足以洗一邦怨心。然既蒙垂問，切有獻焉。賢郎所以相從者為何事哉？當先知君臣、上下之名分。此人固亡狀，要之為一州主，所謂邦君也。欲訴其過，合以告海南安撫司，次至廣西經略司，俟其不行，然後訟於樞密院，今不應擅殺人也。」酋悟，遽釋之，令自書一紙引咎，乃再拜而出。明日，邦衡歸，張詣門悔謝，殊感再生之恩，自此待為上客。邦衡以隆興初在待從，錄所作生日詩示仲兄文安公，且備言昔日事。乃知去天萬里，身陷九淵，日與死迫，古今一轍也。（《容齋隨筆》三筆卷一）

洪邁《夷堅志·胡邦衡詩讖》：黃師憲魁省闈時，胡邦衡以樞密院編修官點檢試卷，得其程文，黃袖啟謝之，有「欲治之主不世出，大名之下難久居」之語。胡雖賞其駢儷精切，而訝「難久居」之句為不祥。後胡獲罪來福州，黃致子魚紅酒為餉。胡報以詩曰：「盈尺子魚來丙穴，一瓶女酒敵新州。」自言以子對女、丙對新為工。蓋新興酒絕佳，閩人重之，故形於詩句。未幾，胡再謫新州，黃亦不至達官。所謂難久之詞，皆先讖也。（《夷堅志》支戊卷第九）

陸游《老學庵筆記》：前輩置酒飲客，終席不襯帶。毛達可守京口時尚如此。後稍廢，然猶以冠帶勸酬，後又不講。紹興末，胡邦衡還朝，每與客飲，至勸酒，必冠帶再拜。朝士皆笑其異眾，然邦衡名重，行之自若。（《老學庵筆記》卷七）

　　王明清《揮塵後錄》：紹興戊午，秦會之再入相，遣王正道為計議使，以修和盟。十一月，樞密院編修官胡銓邦衡上書曰：「王倫本一狎邪小人，市井無賴，頃緣宰相無識，遂舉以使虜，專用詐誕，欺罔天聰，驟得美官，天下之人切齒唾罵。今日無故誘致虜使，以『詔諭江南』為名，是欲臣妾我也，是欲劉豫我也。且豫臣事醜虜，南面稱王，以為子孫帝王萬世之業，牢不可拔，一旦豺狼改慮，捽而縛之，父子為虜。商監不遠，而倫乃欲陛下傚之。夫天下者，祖宗之天下也，陛下之位，祖宗之位也。奈何以祖宗之天下為犬戎之天下，祖宗之位為大戎藩臣之位。陛下一屈膝虜人，則祖宗社稷之靈盡污夷狄，祖宗數百年之赤子盡為左衽，朝廷之宰輔盡為陪臣，天下士大夫皆當裂冠毀冕，變為胡服。異時豺狼無厭之求，安知不加我以無禮如劉豫也哉。夫三尺童子至無知也，指犬豕而使之拜，則拂然怒。堂堂天朝相率而拜犬豕，曾童穉之所羞，而陛下忍為之耶？倫之議乃曰：『我一屈膝，則梓宮可還，太后可復，淵聖可歸，中原可得。』嗚呼！自變故以來，主和議者誰不以此說啖陛下，然而卒無一驗，則虜之情偽已可見矣。而陛下尚不覺悟，竭民膏血而不恤，忘國大讎而不報，含垢忍恥，舉天下而臣之甘心焉。就令虜決可和，盡如倫議，天下後世以陛下為何如主也？況醜虜變詐百出，而倫又以姦邪濟之，則梓宮決不可還，太后決不可復，淵聖決不可歸，中原決不可得，而此膝一屈不可復伸，國勢陵夷不可復振，可不為慟哭流涕長太息哉？向者陛下間關海道，危如累卵，尚未肯臣虜，況今國勢既張，諸將盡銳，士卒思奮。如頃者醜虜陸梁，偽豫入寇，固嘗敗之於襄陽，敗之於淮上，敗之於渦口，敗之於淮陰，較之往時蹈海之危，固已萬萬不侔。倘不得已而至於用兵，則我豈遽出虜人下哉？今無故欲臣之，屈萬乘之尊，下穹廬之拜，三軍之士不戰而氣已索，此魯仲連所以義不帝秦，非惜夫帝之虛名，惜天下大勢有所不可也！今內而百官，外而軍民，萬口一談，皆欲食倫之肉。謗議洶洶，陛下不聞，正恐一旦變作，禍且不測。臣故謂不斬王倫，國之存亡未可知也。雖然，倫固不足道也，秦檜為心腹大臣，而不為之計。陛下有堯、舜之資，檜不能致陛下於唐、虞，而欲道陛下為石晉。頃者禮部侍郎曾開以古議折之，檜乃厲聲責之曰：『侍郎知故事，我獨不知。』則檜之遂非愎諫，已自可知。而乃建議日令臺省、侍臣僉議可否，蓋畏天下議己，令臺省、侍臣共分謗耳。有識者皆以謂朝廷無人，吁！可惜也。孔子曰：『微管仲，吾其被髮左衽矣。』夫管仲，伯者之佐，尚能變左衽之軀而為衣裳之會。秦檜，大國之相也，反驅衣裳之俗

而為左衽之鄉，則檜也，不惟陛下之罪人，實管仲之罪人也。孫近傅會檜議，遂得參知政事，天下望治有如饑渴，而近伴食中書，漫不知可否。檜曰虜可講和，近亦曰可和，檜曰天子當拜，近亦曰當拜。臣嘗至政事堂，三發問而近三不答，但云：『已令臺諫、侍臣議之矣。』嗚呼！身為執政，不能參贊大政，徒取容充位如此。若虜騎長驅，近還能折衝禦侮耶？竊謂秦檜、孫近皆可斬也。臣備員樞屬，義不與檜等共戴天，區區之心，願斬三人頭，竿之藁街，然後羈留虜使，責以無禮，徐興問罪之師，則三軍之士不戰而氣自倍。不然，臣有赴東海而死耳，寧能處小朝廷求活耶！」疏入，責為昭州鹽倉，而改送吏部，與合入差遣，注福州簽判，蓋上初無深怒之意也。至壬戌歲，慈寧歸養，秦諷臺臣論其前言弗效，詔除名勒停，送新州編管。張仲宗元幹寓居三山，以長短句送其行云：「夢遶神州路，悵秋風，連營畫角，故宮離黍。底事崑崙傾砥柱，九陌黃流亂注。聚萬落千村狐兔。天意從來高難問，況人生，易老悲如許。更南浦，送君去。涼生岸，柳銷殘暑。耿斜河，疎星淡月，斷雲微度。萬里江山知何處？回首對床夜語。鴈不到，書成誰與？目斷青天懷今古，肯兒曹恩怨相爾汝？舉大白，唱《金縷》。邦衡在新興，嘗賦詞云：「富貴本無心，何事故鄉輕別？空使猿驚鶴怨，誤薜蘿風月。囊錐剛要出頭來，不道甚時節！欲駕巾車歸去，有豺狼當轍」。郡守張棣繳上之，以謂譏訕。秦愈怒，移送吉陽軍編管。棣乃擇使臣之刻核者名游崇，管押封小項筒過海。邦衡與其骨肉徒步以涉瘴癘，路人莫不憐之。至雷州，太守王彥恭趯雖不學而有識，適使臣者行囊中有私茶，彥恭遣人捕獲，送獄奏治。別差使臣護送，仍厚饋以濟其渡海之費，邦衡賴以少蘇。彥恭緣此，賢士大夫推重之。棣訐邦衡後，即就除湖北提舉常平，乘韜一日而殂。又數年，秦始聞仲宗之詞。仲宗掛冠已久，以它事追赴大理削籍焉。邦衡因朱崖幾一紀，方北歸。至端明殿學士、通奉大夫，八十餘而終，諡忠簡。此天力也！（此一段皆邦衡之子澥手為刪定。）（《揮麈後錄》卷之十）

孫奕《履齋示兒編》：澹庵先生胡忠簡《跋保靜庵記》云：「『靜』，古文作『靘』，考經史，有數義。《韓奕》詩《傳》云『祁祁，徐也，靘也』，許氏《說文》云『靘，召也』，賈誼《鵩賦》云『澹乎若深淵之靘』，則取澹泊之義；相如《上林賦》『靚莊刻飾』，郭璞云『靚莊，粉白黛黑』，則取刻飾之義；閻朝隱之文，如『麗服靚莊』，則取文章靡麗之義。然又有以為名者，周顯王四十八年『子譁靚王定立』是也。按陸德明：『靘，音靜，又一音才

性反。」則『靚』非惟數義，亦自兩音。然『祁祁』之義一也，德明於《風》則云『舒遲』，於《雅》則云『徐也』，此又不可不辨。近世學者，不精音訓，如上庠魁選『夫子之道忠恕』於『恕』字押『誰毀誰譽』，不知『譽』字乃在平聲，故予讀《保靜庵記》，表而出之，貴學者以根經為本。」忠簡公諱銓。（《履齋示兒編》卷之二十一）

　　王應麟《困學紀聞》：「《小畜》下體乾，《復》上體坤，乾、坤相應，故《小畜》初九『復自道』，九二『牽復吉』，與《復》六四『中行獨復』，六五『敦復無悔』，義甚相類。『牽復』中不自失，『敦復』中以自考，二、五皆得中故也。」澹庵云。（《困學紀聞》卷一）

　　王應麟《困學紀聞》：《隰有萇楚》箋云：「人少而端愨，則長大無情慾。」胡邦衡解《學記》取之。（《困學紀聞》卷三）

　　王應麟《困學紀聞》：《檀弓》載申生辭於狐突曰：「伯氏不出而圖吾君。」澹庵胡氏謂：「狐突事晉未嘗去，此云『不出』，記《禮》者誤。」愚考《晉語》「申生敗翟於稷桑而反，讒言益起。狐突杜門不出，申生使猛足言於狐突曰：『伯氏不出，奈吾君何？』胡氏蓋未考此，非記之誤也。（《困學紀聞》卷五）

　　王應麟《困學紀聞》：澹庵云：「韓安國不能《幾賦》，罰酒三升；王子敬詩不成，亦飲三觥。一詩一賦，豈足以盡豪傑之士？」（《困學紀聞》卷十七）

　　王應麟《困學紀聞》：王卿月為澹庵制云：「吾寧身蹈東海，獨仲連不肯帝秦；至今名重泰山，微相如何以強趙？」（《困學紀聞》卷十九）

　　謝采伯《密齋筆記》：江朝宗《上留守湯相》：「關中復留蕭相國，人傑已能用之；江右自有管夷吾，國事不足憂矣。」「吾寧身蹈東海，獨仲連不欲帝秦；至今名重泰山，微相如何以強趙？」醒庵行胡邦衡詞。（《密齋筆記》卷三）

　　韓淲《澗泉日記》：紹興戊辰，太常少卿方庭碩使金展陵寢。先是，諸陵皆遭發，哲宗至暴骨，庭碩解衣裹之，惟昭陵如故。庭碩歸奏，上涕下沾襟，悲動左右。時相大怒，（案：《宋史》方庭碩無傳，考紹興戊辰，秦檜方當軸，力主和議，稍異己者即遭竄逐。此所稱時相，當即指檜也。）劾庭碩奉使無狀，請竄斥。有旨除廣東提刑，到官不逾月，瘴死。自是出疆者不敢言陵寢。隆興改元，冬，胡銓被召賜對，首及庭碩語，上大感悟，奮然有恢復意，亟議遣使問發陵之故，會時相方主和議而止。乾道庚寅夏五月，銓以溫陵守奏事，上喟然曰：「朕復讎雪恥，此志決矣。」銓奏云：「陛下此舉已遲。」上默然。

及是，詔丞相選材識有經學通達國體者一人，持節以往，以申請陵之思。由是，范成大自起居郎兼侍讀、資政殿學士往使。（《澗泉日記》卷上）

韓淲《澗泉日記》：乾道、淳熙以來，明經張栻、呂祖謙，直言胡銓、王龜齡，吏治王佐、方滋、張杓，典章洪邁、周必大，討論李燾，文詞趙彥端、毛幵，辯博陳亮、葉適，書法張孝祥、范成大，道學陸子靜、朱熹。（《澗泉日記》卷中）

葉紹翁《四朝聞見錄·張通古》：《朝野僉載》：紹興八年，北使張通古以行臺侍郎來聘。稍工詩，其還也，歸正燕人周襟與通古有舊，乞襟送至境上。通古為詩贈別云云。紹翁竊謂：金法至嚴，為之使者豈敢乞歸正人至境？又云：秦檜嘗示之以胡公銓封事，一覽即皆誦。此《僉載》之過聽也。紹翁嘗考記載，胡公封事一出，金人購以千金得之。通古能成誦久矣，何待誦於檜乎？且檜為大臣，何為與行人相授以胡公封事？此皆當訂正而後以備史氏之闕。（《四朝聞見錄》丙集）

趙善璙《自警編》：虞公允文感上不世之遇，深思所報，每曰：「宰相無職事，旁招俊乂，列於庶位而已。」懷袖有一小方冊，目曰《材館錄》，聞人一善必書。再論蜀，首薦汪應辰、趙雄等六人，及為相，首用胡銓、張震、洪适、梁克家、留正等二十人，一時得人之盛，凜凜有元祐、慶曆之風。（《自警編》卷七）

周密《齊東野語》：乙亥歲秋，秘書監丞黃恮汝濟以蓬省旬點，邀余偕行，於是具衣冠望拜右文殿，然後游道山堂。堂故米老書扁，後以理宗御書易之。著作之庭，胡邦衡所書，曰蓬巒，曰群玉堂。堂屏坡翁所作竹石，相傳淳熙間，南安守某人，乃取之長樂僧寺壁間，去其故土，而背施髹漆，匣以持獻曾海野。曾殂後，復獻韓相平原，韓誅，簿錄送官。左為汗青軒，軒後多古桂，兩旁環石柱二。小亭曰蓬萊，曰濯纓，曰方壺，曰含章，曰茹芝，曰芸香。射亭曰繹志，曰採良門。「採良」二字，莫知所出。（《齊東野語》卷十四）

張端義《貴耳集》：澹庵有《薦賢錄》，首章謂上欲求詩人，遂薦十五人。以王庭珪為首，晦翁亦以能詩薦。此時伊洛之學，未甚專門也。（《貴耳集》卷中）

趙與時《賓退錄》：胡忠簡之貶，李似之侍郎彌遜。書十事以贈。一曰有天命，有君命，不擇地而安之。二曰唯君子困而不失其所亨。三曰名節之士猶未及道，更宜進步。四曰境界違順，當以初心對治。五曰子厚居柳，築愚

溪；東坡居惠，築鶴觀，若將終身焉。六曰無我方能作為大事。七曰天將任之，必大有摧抑。八曰建立功名，非知道者不能。九曰太剛恐易折，須養以渾厚。十曰學必明心，記問辨說皆餘事。(《賓退錄》卷第一)

趙與時《賓退錄》：班孟堅作《楊雄傳》，獨載所為文，歷官行事顧列於贊中，它傳皆不然。韓退之作《劉統軍碑》惟書門人故吏之言，而世系事實，悉具於銘詞，正用此體。近世惟胡忠簡作《趙龍學（子瀟）墓銘》亦然，志特書世系葬日而已。(《賓退錄》卷第四)

（五）史　書

《宋史·辛次膺》：金好成，赦書至衡陽，次膺極陳其詐，略曰：「臣昨在諫列，嘗數論金人變詐無常，願陛下為宗社生靈深慮。近觀邸報，樞密院編修官胡銓妄議和好，歷詆大臣，除名遠竄。已而得銓書槁，乃知朝廷遽欲屈己稱藩，臣未知其可。大臣懷奸固位，不恤國計，婟婗趨和，謬以為便，臣不知天下之人以為便乎？『父之讎不與共戴天，兄弟之讎不反兵』。棄讎釋怨，盡除前事，降萬乘之尊，以求說於敵，天下之人，果能遂亡怨痛以從陛下之志乎？」書奏，不報。(《宋史》卷三百八十三)

《宋史·趙汝愚》：汝愚學務有用，常以司馬光、富弼、韓琦、范仲淹自期。凡平昔所聞於師友，如張栻、朱熹、呂祖謙、汪應辰、王十朋、胡銓、李燾、林光朝之言，欲次第行之，未果。(《宋史》卷三百九十二)

王象之《輿地紀勝·紹興府》：方公美，為宗正少卿。力乞外祠，時相曰：旦夕除公從官。公美請去益堅。得閩憲，至閩，上書乞解官，贖胡銓之罪，故相益銜之。移廣東憲，上章納祿，未報而卒。(《輿地紀勝》卷第十)

二、元　代

（一）文

方回《曉窗吟卷序》：原之著《離騷》也，深契乎三百篇之六義，而淮南淺之。其於鬼神變化、草木芳穢、男女乖合、國家成敗，言抑揚，意開合，惟澹庵胡公句句而析之，十有九蘊焉。其曰「滿堂兮美人，忽獨與予兮目成」，此託辭也，於色也豈有所謂好。其曰「已矣哉，國無人莫我知兮」，此直辭也，於怨也豈有所謂誹。由原之作，推原之心，雖進之正風、正雅及頌，皆可也。(《全元文》卷二一二)

戴表元《題方公刪定家藏諸賢墨蹟》：當秦檜專國時，士大夫嗜進者蠅奔

蚋集，有自庶僚談笑至政府，權焰可知也。然亦往往未久而敗，蓋有自檜予
之，自檜奪之。所得富貴幾何，而名字污人齒頰，為千古歡辱不少。四海九
州，共知其意見不同者，莫如張德遠、趙元鎮、胡邦衡、張無垢、汪聖錫數
公。由今觀之，人品超檜幾等，而一時遇合，俱不如檜，人固不可以目睫淺近
斷也。困齋方公耕道，起弋陽布衣，得一科，即上書陳宗社大計，欲攻檜去
之，遂與前數公同黨。官卒不顯，終於金陵通守。此其升沉壽夭，非緣忤檜所
致，命偶當爾耳。余來公鄉，見公諸孫，出諸賢往還翰墨，讀之不勝故家喬木
之感。（《全元文》卷四二一）

戴表元《題陳獻肅公邦彥遺事後》：昔孟軻氏，稱能言距楊墨者，以為聖
人之徒。夫聖人之徒，豈易易然？而一言距楊墨即與焉。推是以論人，則紹
興之末，乾道之前，能言主張魏公排秦檜，又不肯媚曾覿、龍大淵者，可謂之
君子之徒非邪。然不媚曾、龍，其賢易決，魏公雖終始不道和，而輕信累敗罔
功，又嘗沮忠良相李綱，使不得行其志。是雖欲盡賢之，而人豈盡信之乎？
曰「魏公輕信取敗」，誠有之，最甚者富平之役。及與李綱不悅，皆在少年輕
銳時。晚歲識鑒精明，純誠勁氣，不挫益加，遂與伯紀傾懷相歡，期有所濟。
而伯紀且死，朝廷內外，更呼迭嘯，無非秦檜餘黨。四海所倚以枝梧三綱五
常者，惟魏公巍然獨存。而陳應求、胡邦衡、王龜齡、若獻肅陳公邦彥，六七
君子附之。摧奸抑幸，扶正培本，一時朝望，山立森起。嗚呼壯哉！大德辛丑
春，余與獻肅四世孫處久，同客錢塘。出行狀、誌銘、諡議，及省牘名賢遺墨
之偶存於兵火餘者，以見示。瞻仰慨歎，淒悒久之。（《全元文》卷四二二）

陳櫟《風水之說》：在世上一日，則做一日好人，讀一日好書，死後萬事
皆空，自有死而不朽者，不在朽骨上。近得胡澹庵先生集，內有《與羅生尚
志》一帖極好，今錄於此：「某啟：秋熱，想與尊幼吉健。向張成來，收書知
侍奉老嫂甚竭力。六舅母襄事良荷留意，須吾甥自往水北一帶三二十里間，
尋土厚水深如溫公說，足矣。如得地，卻同詠弟卜之。已戒張成準備鞍馬，此
書到，便下手尋地。世間人未有不死者，死未有不葬者，何患無地？《禮記》
云『擇不食之地而葬我焉』，不云擇陰陽向背也。九經十七史，老舅卻曾涉獵，
並不說壽夭富貴由葬地。呂子云：『長平四十萬人死，非葬時俱犯三刑；南陽
多近親，非葬時俱當六合。』此說甚善。俗儒不讀書，不見古人議論，溺於陰
陽之書，背孔孟之道，戒之慎之。若不從吾言，勿踐吾門，勿受吾教，切切。
不一。」澹庵妻劉氏，提刑之女，隨夫貶謫海嶺十五年，先歸而死。澹庵量移

留衡州未得歸，此叮嚀乃甥為擇地而葬。擇地卜地，只是聖賢家法，不是今山人家法。詠是澹庵長子，想其年幼，在羅甥下，未甚更事。誠齋師胡公，故躬行、學問、文章大略祖之，若曹氏《地記》之驗及吾家《陳潭地記》之說，不過相傳如此，恐其中或帶一半虛無撚合，往往如左氏之論，過後修補妝撰耳。（《全元文》卷五七四）

陳櫟《青可墓表》：愚尤於胡公之言有感：胡公乞斬老檜，遠貶海外，其配沒於家，公書祝羅甥尚志合季子泳同擇葬地：「只於水北一帶家山取其土厚水深足矣。世人未有不死，死未有不葬，何患無地？九經十七史，老舅皆涉獵，並不說富貴由葬地，俗儒不讀書，不見古人之議論，溺於陰陽家說，背孔孟之學，戒之慎之。若不從吾言，勿踐吾門，勿受吾教。」澹庵之於羅生，戒其泥風水，尚恐其信風水，不免危言痛針砭之。（《全元文》卷五七七）

劉將孫《曾御史文集序》：東南百五十年來，廬陵文字為盛。胡澹庵奇博，如彝款鼎識；周益公典裁，如金科玉度；楊誠齋清峭，如冰松雪栢。二三大老，風流相望，大啟迪於後人。楊東山以衍裕承家，曾撙齋以藻洽啟秀，毅齋以醇茂華國。近年黃廬東之簡則，劉玉淵之精雋，歐陽巽齋之天趣理致，又往往出彌高。盛哉！豈獨四方不敢望，唐所謂三百家蓋風斯下矣。（《全元文》卷六二一）

劉將孫《題盧明甫藏澹庵帖後》：予讀澹庵先生胡忠簡公吳綾所書問疑，以與安成讀易翁盧子明甫者，蓋反覆把玩三太息。澹庵博貫奇聞，凡用字若事，類非耳目所近。猶記公為安成某氏作《紹堂記》，中引「禾絹平闕」，思之茫然，莫喻其自出。後十數年讀《南史》、《宋書》，方知「禾絹」如稱六飛蠻輅，此所以平闕也。公於書豈有所不盡於義？豈有所不詳哉？其不知者，誠不可知也。然以從官之貴，侯封之尊，七八十之耆年，方取綾為紙，曲折《天問》、《廣騷》，著辭回合古雅，楷書精整，體兼隸古，下問於山之匹士，且有教之、誨之之語，如承學折衷於師資。豈惟得此於公者，可知其學，知其賢，而觀公之施此於人者，亦豈不可悼悔歎恨，敬仰其不可及也哉！今世黃口小兒醯雞井蛙之不足，挾策隨康成車後，即哆然自畫，豈復知學問之道、文獻之徵哉？然讀易此時必有所答啟棘賓商之義。晦庵至宛轉，誠齋以諮於益公，而亦無所定也。惜哉！倘有答詞，朱氏《天問》無未詳者矣。此問所疑，多後來朱氏以為未詳者。而讀易且泯泯不著見於世。思牛思黶以答樂句顯，近世如湯進之以對生人婦，蔣子禮以對詑姓息，皆遇合至相位。彼所知直何等淺

淺耳！豈知深山皓首窮經、博古師友、講切如讀易者，良可感也！讀易之裔孫震遠得此帖於溧水寇掠、輾轉亂喪之餘，又能記益公跋語於後。帖次兼有誠齋戊申所題，可謂二妙。益公書樓百尺，已再易主。澹庵二尚書府頃刻煨燼。誠齋故里丘墟，御書至以塞圈竇。而讀易乃有孫，能營復收此帖傳世，譜載方來，使人復知稱讀易能致澹庵問所不知如此。視三老家，不已憂耶？嗟夫！天道故不可知也。凡予於題是帖也，反覆三太息者如此。後益公題之九十又八年，為大德第九年六月七日。（《全元文》卷六三七）

柳貫《跋鄭宣撫手簡》：初，紹興八年，胡忠簡公以樞密院編修官疏論秦檜、王倫、孫近可斬，檜大怒，命臨安府遣卒械送昭州，將置之死所。公為臺諫，與同列勾龍如淵、李誼共救解之，而秘書省正字范如圭、勅令所刪定官方疇亦為言之，吏部侍郎晏敦復遂得監昭州鹽倉。至十年，公以禮部侍郎為檜陳善後之策七事，豈非鑒救胡之失，而欲彌縫其意者乎？又豈非外示協順，而內實盡夫忠規之益者乎？（《全元文》卷七八八）

虞集《晏氏家譜序》：宋之南渡，秦檜專政誤國，胡公邦衡慷慨一疏，當時偉之，至今讀者猶憤發有生氣。（《全元文》卷八一七）

虞集《范左司松溪詩集序》：《松溪集》詩文，皆南渡後所存者。往往哀二帝之北狩，憤王業之偏安。其上致箚子論言之要，以為不當如三國之紛爭，當如帝王之弔伐。其獻策，先內治而後用兵，以祖宗之德意，感激士大夫，去弊政之所以害國蠹民者，而一歸於仁，可謂正義也已。而《豐水舊志》及今翰林直學士郡人揭公傒斯所言，胡忠簡公論王倫箚子，蓋出公筆。而胡公以為公親老，疏上必有危禍，而自上之，遂南遷。當是時，瀘溪王民瞻送之以詩，言頗激切，猶中危禍。使檜知出於范公之筆，則公之禍可獨免乎？而行述上之，公與檜有舊。檜乃曰：「舜文領取從官去可也。何用多言？」然公遂去國矣。檜雖未忍致害於公，而公不自安，而家居終身，君子之禍亦慘矣哉！夫食人之祿，則不敢內顧其私，此公所以奮筆而不辭，知其必墮危禍，不忍危其親朋友之厚德，而區區以聲名禍福計較者，恐非二公之心也。孔子論殷三仁，又言「伯夷叔齊，求仁而得仁」。蓋言盡其心，盡其分，而無所計較於外者也。范公之草疏，胡公取而上之，庶幾君子之道焉，是以不可不表而論之也。至正元年辛巳九月，前史官虞集序。（《全元文》卷八二八）

虞集《跋胡忠簡公墨蹟》：集過吉水，從胡泰觀氏得見其宗家忠簡公遺墨，蓋貶新州時，道中詩章、書翰、日記，為一大卷。直氣高誼，見於筆墨。

忠君愛國，凜如丹青，略無遷謫憔悴之意。士大夫所立如此。南渡中興，猶能以文獻立國，百數十年，其賴如此者乎。《詩》曰：「人之云亡，邦國殄瘁。」無人而國隨之，可勝歎哉！胡氏善保之，時出而與有志者共觀，亦足以作其生氣也。泰觀之父，平洲參政楊公之姪，南安太守之婿也。集與泰觀，皆眉山楊氏外孫，是以相見而相好，謹書其後而歸之。（《全元文》卷八三五）

虞集《集慶路卞將軍新廟記》：宋之南渡，視晉不甚相遠，巽懦苟且阿附，患失之小人，潰亂國是。有志之士，不遠去則死爾，卒不得畧如其志，若魏國忠獻張公其人也。胡忠簡公銓，以口語爭之，卒蹈大禍。宜其於將軍之祠，彷彿慷慨而不能自已。是以胡公為張公記將軍廟事，將以發千古之悲，開來世之烈。後十餘年，文武之臣，有以禦侮而定難，以存其社稷者，蓋諸君子相與風動之也。（《全元文》卷八四二）

揭傒斯《楊氏忠節祠記》：自秦、漢之後有天下，卓然有三代之風者，宋而已。方其盛時，歐陽文忠以古文正天下之宗，明王道之本；及其衰也，楊忠襄、胡忠簡以大義折敵國之氣，奮中興之運；當其亡也，文丞相斬首燕市，終三百年火德之祚，為萬世亡國之光，而皆出於廬陵，何其盛哉！夫卓然可繼三代者，宋也。然夏之亡以桀之暴，殷之亡以紂之虐，又以湯、武繼之，宜其東征西怨，無思不服，惟周以弱亡，與宋同。然周之東遷，亦有楊忠襄、胡忠簡乎？周之亡，亦有文丞相乎？是能使周之亂亡猶有愧於宋者，楊忠襄、胡忠簡、文丞相也。文丞相之死，豈非有忠襄、文節為之標準乎？不然，何又出於廬陵也。忠襄不可及已，至若文節，年六十餘，已懸車告老將二十載矣，聞一權臣擅國，遂至餓死。使在文丞相時，當何如哉！故廬陵若歐陽氏、楊氏、胡氏、文氏，又有身致乾、淳之治若周文忠氏，皆國家之元氣也。而歐陽氏又廬陵之元氣乎！（《全元文》卷九二四）

吳師道《賈刪定畫像贊》：君臣父子之義不明於天下，姦臣倡邪說以誤其國，賢人君子力爭而不勝，固未如之何。然其正大之情，英偉之氣，千載而下，聞者猶感憤激烈，則民彝天典之重，豈不足以有所助哉！宋靖康之禍酷矣，高宗脅於秦檜之謀，忘仇請和，屈膝請命。紹興戊午遣羣臣，交口合辭以為不可，而胡公銓上書言尤真切，金人購以千金，讀之驚歎。東陽賈公廷佐時為迪功郎嚴州桐廬縣主簿，一再上書，累數千言，劇論讎恥之不可忘，名分之不可貶，和約之不可信，請誅王倫，拘敵使，決意用兵。其激切之詞有曰：「陛下為戎人諸侯，臣為犬馬陪屬。」曰：「此天也，祖宗之天；此地也，祖宗之地；一

朝而化為金人之天地，可乎？無天可戴，無地可履，不如無生。」曰：「陛下委靡從敵，則天下將圜視而起，不怨敵而怨陛下，劉豫之禍可為寒心，陛下尚何面目戴黃屋、王天下邪？」烏乎！其言一至此哉！大署與胡公同，皆其君所不能堪。又謂今有將可使，有兵可戰，直為壯，曲為老，毋以強弱多寡論。是又本乎義理之正而深識事勢之宜，非區區較計利害之間者也。胡公既遠竄而公顧弗及，豈以其猶不直斥檜而獲宥歟？考之《宋史》，當時內外之臣如李綱、王庶、曾開、張燾、晏敦復、魏杞、許忻、趙雍、胡珵、朱松、張廣、凌景、夏常明、范如圭、李彌遜、方廷實、梁汝嘉、蘇符、蕭振、薛微言之徒，章疏署見一二，而廷佐曾不得齒名其間，豈又以小邑下官在所署邪？魏杞之集讜議，今亦無考，世知誦胡公之書，而不知有公，惜哉！公字子野，世居東陽之蘭隰，宣和中入太學，登紹興二年第，升朝。嘗為大理司直通判湖州、台州，遷詳定一司勅令所刪定官。後薦起知處州，辭，遂致其仕。今其鄉猶稱賈刪定，子孫多以文學顯者。七世孫權出公二書及家譜示予，並獲拜其畫像，英風義概，凜焉如存。吾鄉有人如是，而忍使之泯泯湮沒哉？竊不自揆，表而著之，復為之贊。曰：昔在紹興，屈身和仇。嗟嗟賈公，獨為己羞。越職扣閽，攄憤陳義。子房之忠，仲連之志。天地與立，曰惟綱常。二書之存，千載有光。其官則卑，緊節甚偉。遺像凜然，孰不敬止。（《全元文》卷一〇八五）

歐陽玄《讀書堂記》：盧陵永和蕭尚賓，為醫十有一世，能根柢儒業，非但緣飾表襮而已也。六世祖子信，能屬文，善胡忠簡公。公予田贈金，辭；薦以官，又辭。問所欲，則曰：「富貴非所願，但得世世子孫讀書立身，以廣活人之功，則亦足矣。」忠簡笑曰：「君所謂薄於利而厚於德者乎！」書「讀書堂」三大字以遺之，使以晜其後人焉。至其大父震甫，號竹軒，又繹其說曰：「醫道由儒書而出，非精於義理者不能。捨儒而言醫，世俗之醫耳。」尚賓之父德祥，乃拓室之東偏，作讀書堂，揭忠簡公之扁以志其先訓焉。尚賓遊京師，具顛末謁余為之記。夫儒者讀書，以正心術為務；醫者讀書，尤以正心術為急。心術正，則學術亦正；心術偏，則學術亦偏。正則人受其賜，偏則人與己皆為所累矣。近世儒家子孫，往往擢科第，人以為有陰德。行斯陰德，自心術始。故為蕭氏願之。（《全元文》卷一〇九八）

貝瓊《跋陳白雲家乘後》：漢王恢議擊匈奴，韓安國謂不如和親便。時附安國者眾，帝遂從之。宋紹興間，秦檜議與金平，而胡銓上疏請擊之。後敷文閣直學士陳憲蕭公良翰懇懇論其失策。以漢之強，而言擊者不便，以宋之弱

而言和者為失。余切惑焉。蓋匈奴之為邊患久矣。高皇帝嘗困於平城，終不與較。至武帝慨然有開拓四夷之志，遂與之絕，中國之民始騷然不得休息矣。安國之議，豈不以固本為事，而合王道之正哉？若契丹之於宋，造其國，虜其主，以肆虎狼之毒，神人共憤，非若匈奴之寇掠而已也。為人臣者，當練卒選將，誓雪大恥，以慰天下，不得偷生於朝夕也。銓、良翰之議，為得《春秋》之義矣。故漢用兵而海內凋耗，幾至於危，主和者豈不喻於貪功之算乎？宋既通好納幣，徒下穹廬之拜，而二帝之梓宮不返，疆土日削，委靡不振，遂訖於亡。則檜之賣國事讎，人類滅為禽獸，可勝誅邪！嗚呼！胡銓欲斬檜，既斥於前。而良翰劾湯思退等，復不容於後。予故以為宋之人物殆過於漢，特屈於大奸而智略不伸耳。朱子狀其行而極稱之，公論之不可泯如此。及來中都，識其五世孫公完。一日抱《家乘》見予，求志於後，因得以論之云。公完兄弟八人，以先府君命，舉命後同里之王氏，且不忘所出，而詳其世次，藏之於家，以示子孫，其賢於人何如邪？君子於此，尚有所考。（《全元文》卷一三七六）

王禮《贈蕭同禮序》：胡忠簡公澹庵先生，臨大難、決大議，不負所學。於國為忠臣，於家為孝子，皆其讀書之所致也。故平日之所親愛，必以讀書勉之。嘗隸「讀書堂」字，以遺從弟壽亭。余來東昌，又見職醫蕭子信家「讀書堂」，亦公筆也。故蕭氏子孫，多以儒術濟醫道。有曰同禮，與其兄俱習儒而攻醫，札瘥之人謂其燭理之明，咸奔走焉。儒生彭宰吾，嘗患寒疾，庸醫危之，館人慾舁送其家。同禮視之曰：「無傷也，舁則重其疾矣。」始終調護，遂以勿藥。宰吾德之酬之，一無所受。宰吾曰：「義人也，讀書人也。吾將求王先生敘其概以報之。」屬予弗暇，既三年矣。請之益堅，予然後歎二君之有嘉德也。雖然，非讀書者能之乎？昔人有云：「宰相須用讀書人。」讀書則良相矣。不為良相，則為良醫。良醫之格物窮理，有不由讀書乎。蕭氏子孫之良，要皆忠簡之賜也，豈無自哉？予故著之，使知自勉云。（《全元文》卷一八五二）

（二）詩

陸文圭《送劉侯之官吉州》：暨州美政不三年，江右遺民借二天。皂蓋朱轓新牧守，青原白鷺舊山川。邦衡奏疏云中有，永叔詩章洛下傳。故里諸孫無恙否，下車第一表先賢。（《全元詩》第十六冊）

宋無《胡澹庵》：衛璧君王拜犬戎，不如童孺有羞容。姦臣二十年專柄，成得先生疏一封。

先生名銓，字邦衡，號澹庵，紹興中為樞密院編修官。上疏乞斬王倫、孫近、秦檜三人頭懸之槁街，因貶韶州，再貶新州。朋友如張仲宗、王瀘溪以詩詞送行者皆遭貶斥，居海外二十年。孝宗登極，除工部侍郎，進解經，除龍圖學士。初，秦檜嘗書其所最憾者三人姓名於格天閣下，曰趙鼎、李莊簡、胡銓。秦死，而趙已先斃，惟胡、李無恙，故邦衡有詩云：「閣下大書三姓在，海濱猶見兩翁還。」洪忠宣公皓還自虜中，嘗奏上云：「銓之書金國亦有之，虜酋悟室嘗語洪云：『宋有忠臣如胡編修而不用，復何為耶？』」忠信可行蠻貊，信矣！（《全元詩》第十九冊）

劉詵《題胡忠簡家所藏九歌圖》：崑崙之水西極來，南合萬水澹徘徊。山哀浦愁雷雨垂，精氣沖漠陰風頹。里音巷樂氣所使，陰陽軯輵何靡靡。放臣哀怨歌不足，誰掃生綃更愁悴。平生誓欲窮山水，風塵局蹐不出里。飄然蕭蕭毛髮起，濯足瀟湘洞庭尾。皇車驂駕飄上下，雲中渺瀰光相射。北渚風起吹參差，蓀橈桂棹波濤亞。九坑雲旗扶桑輈，鱗屋擊鼓山鬼愁。吳戈提首靈宛轉，荒庭白日寒蕭颼。春秋祭祀豈有極，歌舞情竭君來食。楚王寬厚國無禁，民俗富樂流為惑。曲終翻見熊繹餒，我欲添畫湘累泣。君不見淒涼三戶魂未歸，眼斷秦關路蕭瑟。（《全元詩》第二十二冊）

范梈《贈裴氏二子》（唐晉公之後，家有胡銓《盛德堂銘》。其先世為守是郡，家焉。至今尚為儒家。）：有後深知晉國賢，傷心不為海南邊。相逢莫笑無多贈，猶是詞垣舊俸錢。（《全元詩》第二十六冊）

劉鶚《題胡彬所藏乃祖澹庵書槁後》：上書乞斬秦丞相，海島生還已白顛。猶幸老臣心似鐵，平生風節愈蒼然。曾拚一死爭三事，思退如今又一秦。書奏但知強國體，似公忠義幾何人。（《全元詩》第三十六冊）

劉崧《訪廉泉亭拜趙清獻蘇文忠胡忠簡三先賢遺像》：古寺青蕪裏，東風夕照餘。階除流水過，井甃白雲虛。遺跡今何似，清心只自如。高亭煙霧色，慘淡昔人書。（《全元詩》第六十一冊）

三、明　代

（一）文

楊士奇《題宋歐陽修譔告身後》：宋陳東、歐陽澈皆以忠言見殺高宗朝，後高宗悔之，此誥其褒恤之命也。蓋初為小人所蔽，追悔之詞，雖切無及，然覆轍尚可以戒後。而無幾胡銓、韓紃言和議，何兌言馬伸存趙之功，梁勳言

金兵必至，宜有備，皆遠竄，雖不死，死等耳，惡睹其克戒也哉。嗚呼！為國之患莫大於殺忠言，為臣之禍莫慘於以忠言見殺。此誥至今三百九十年矣，雖傳之千載，不能使人讀之不興慟也。（《東里文集》卷之九）

楊士奇《跋胡忠簡公封事藁》：右吾郡宋胡忠簡公封事藁，有周文忠公、楊文節公題跋在後，忠簡孫搢刻於融州真仙巖，劉長吾得之以惠餘者。忠簡筆法出顏魯公，蓋忠義之性有相契矣。揭文安公謂此書本左司郎中豐城范浚舜文所為，將奏之，以示忠簡，忠簡曰：「書奏即不免南遷，子有老母，不可以累母，吾以奏之。」遂有新州之命。余近於內府檢志書，見豐水志載范浚事云：為戶部檢詳時，欲與胡銓相繼論奏和議，胡首抗章，范實從臾之，胡之逐，又贐其行，未嘗云此書范所為也。豐水志作於宋南渡後，當得實，不知文安何自而云然也。然文安云盧陵胡氏、楊氏皆國家之元氣，故以所作楊氏忠節祠記附此帖之後。（《東里文集》卷之十）

王鏊《跋五賢象圖》：歐陽文忠公修、楊忠襄公邦乂、胡忠簡公銓、周文忠公必大、楊文節公萬里，五賢皆盧陵人也。其文章節義，載在史冊。此象不知作者主名，舊為胡忠簡諸孫如川所藏，今歸王唯顆氏。唯顆出以示予，予為之端拜以觀，道德之容，莊毅之色，穆然卓然，如挹五公於一堂之上，信繪事之妙也。昔文丞相信國公少過五賢祠，曰：「歿不俎豆其間，非夫也。」後果以節義顯天下，遂與五賢作配，則圖之作豈徒然哉！茲獨曷為遺之，曰，此圖作於景定五年，是年十月，信國始召赴行在，除禮部郎官，其節蓋未顯也。顧今之世，有善畫者，特貌信國端委赤舄以繼五賢而六之，豈不偉哉！（《王文恪公集》卷三十五）

劉崧《題胡忠簡公所畫〈清江引〉並詩後》：昔唐顏太史以直節挫叛臣，而世恒以其書名。宋胡忠簡公以蹈海卻僭虜，而世或以其畫傳，此無他，士君子博於遊藝而不遺小物，類如此，矧書心畫也，而書與畫又異趨而同出者乎？今觀此圖，乃公所製《清江引》，又自題詩其後，以遺張慶符者也。其徒步而挽舟，騎而挾從，作忍寒狀，與罾魚而舟居者勞佚遠矣。雖不可知其命名意之所自，然規置精密，意態生動，有非尋常畫史之可及者，蓋真蹟也。抑吾聞自昔忠臣義士翰墨所在，天必閟而攝之，若大師碑刻類。然斯圖也，安知天不勑六丁下而取將乎？胡氏子孫尚慎藏之哉！（《槎翁文集》卷十四）

鄭真《送固始縣稅課局大使胡子貞考滿序》：予嘗讀《宋史》，紹興八年戊午，王倫及金使張通古以詔諭江南為名，來言歸河南、陝西之地，詔侍從

臺諫論得失。胡忠簡公者為密院編修官，上封事，乞斬秦檜等，貶公監廣州倉。未幾，檜啟思陵詔示天下，指為橫議，言之不用，又以為罪。國家之治亂，中外之盛衰判然矣。君子以是知宋之南渡，不復以北，猶周之東遷，終不得而西也。嗚乎！君父之讎，義不戴天，宋世之禍慘矣。下穹廬之拜，公豈忍見之哉？身為嶺海之行，名如泰山之重，士君子公論有在矣。然而秦檜以公異己，必欲置之死地。南荒瘴癘，轉徙萬里，而守臣復有希其指意為窘辱之者，而公不以死生患難為意，且著詩詞以自見。迨至阜陵御極，公道大開，召還，敘復位，躋榮顯，年逾八十，壽考令終，豈非天也哉！予客中都，嘗預修《九郡圖史》，因得宋順昌郡人王明清所著《揮塵錄》觀之，載公遺事為多。至及王倫家世出處大致，益知公之指斥其狺邪無賴不誣也。然而倫之使金，終能守節以死，其公之言有以激之也耶？今去公二百餘年，誦其言而論其世，凜然如見其人，況其子孫文獻之足徵者乎？光州固始縣稅課局副使胡子貞，世家吉安，為忠簡公之後，年四十餘，器質修謹，言論疏爽，而直亮慷慨之氣恒見於日用間，識者以為有忠簡公之遺風。夫忠簡以直言去國，出司錢穀，執政者固有以擠之也。子貞方以材藝薦，不登諸館閣，列之郡縣而徵商之司，乃無異忠簡之貶秩，何哉？是不然，忠簡當權奸用命、主懦國弱，其由內斥外，固宜重歎，以為不幸。今明良相逢，萬方一統，而子貞由小及大，升高自卑，殆將歆羨稱美而不已者，豈曰錢穀貨財之職為非所當為者哉？士之懷才抱德者以得時為難，時有用捨，身有顯晦，子貞其可謂得時矣。昔宋宰執侍從家多在大江以西，盧陵歐陽氏至承旨原功而益著，清江劉氏至集賢良甫而復顯，若旴江曾氏、臨川王氏、晏氏、平園周氏，亦有文學政事繩其祖武者，公侯子孫，克復其始。胡氏與諸家相望，子貞其不當以忠簡公自期乎？左氏載陳敬仲之占有曰，「八世之後，莫之與京。」子貞上泝忠簡公已九世，功名事業其不在今日耶？無念爾祖，聿修厥德，予於子貞實有望焉。因其考滿如京師，庸敘其家世之淵懿以為贈。（《滎陽外史集》卷二十一）

耿定向《與周柳塘》十九：昔宋時，燕間有妓，伊川遇之，俯首不視，明道視之如常。退謂伊川曰：「吾弟今日卻甚好色。」云何？則《記》云：「奸聲亂色不留聰明，聰明無分別。」留與不留，係學所造，不能無分別也。明道觀真體者，當自不留；伊川不邇聲色，亦持志以帥氣者。吾觀兄且學伊川，此則分別之至微，未可與淺淺者道也。試又即吾所聞，為里中友朋道之：昔周恭叔娶礬，伊川自言：「某未三十時，作不得此事。」後恭叔偶於宴會中狎一妓，

退謂所與曰「勿令程先生知」已，又曰「雖知得，無礙」。伊川聞之曰：「夷人類為禽獸矣，可曰無礙乎！」此其分別如此。又胡銓論擊秦檜，其忠讜燁然著矣，以狎黎娥，故朱子諷之什曰：「世上無如人慾險，幾人到此誤平生。」云云。此又分別如此。想程朱之學，卓吾所不屑，顧兄尚志之如何？（《耿定向集》卷之三）

（二）詩　詞

李東陽《千金贈》：

《宋史》：宋高宗紹興二十（六）〔五〕年，宰相秦檜病篤，參知政事董德元、湯思退至臥內，圖以後事，各贈黃金千兩。德元慮其以我自外，不敢辭；思退慮其以我幸其死，不敢受。高宗聞之，以思退不受金，非檜黨，信用之。不數年，超進至左僕射。御史陳俊卿論其所為，多效秦檜，蓋思退致身，皆檜父子恩也，遂罷，奉祠。孝宗隆興元年，符離師潰，思退復相。諫議大夫王大寶論之，不報。起居郎胡銓奏曰：「陛下號召逐客，與臣同召者，惟臣在爾。」帝曰：「大寶之求去，勢不兩立。」銓奏自古臺諫論宰相多矣，若論勢不兩立，論宰相者皆當去。大寶尋致仕。督府既罷，金復犯邊。詔思退都督軍馬，辭不行。上震怒，竄思退。於是太學生張觀等論思退及其黨王之望等姦邪誤國，請斬之。思退憂悸死。

相門深深夜未肩，百年恩重千金輕（李太白詩：「有德必報，千金為輕。」）。二人辭受本同情，君王但賞辭金名。嗚呼！一檜死，一檜生，君王孤立臣為朋，誰哉更問胡邦衡。

按：胡銓，字邦衡，紹興間為樞密院編修官，抗言願斬秦檜以謝天下，書上，連貶竄。隆興元年，擢起居郎，詔以和戎遣使，大詢於朝。侍從、臺諫與議者十有四人，言不可和者銓一人而已。二年，又上議和之書曰：「今日之議若成，則有可弔者十；若不成，則有可賀者亦十。」考其時，正思退復相之際。章中雖不正言思退之罪，如曩所謂斬檜云云者，思退在位無幾，旋以竄死。國是蓋有在也。「誰哉更問胡邦衡」，九原可作，吾能識忠簡其人。（《李東陽集》卷之二）

魏觀《水調歌頭》：君茂，澹庵胡公之雲孫也。為言乃祖之墓近在都昌城外三四里，鬱鬱松楸，晨夕在望，因賦一詞以述傷今思古之意。

澹庵好孫子，相與意何濃。能將高廟封事，歷歷話孤忠。義氣光昭日月，直節動搖天地，千古算英雄。壯士激肝膽，凜凜慕高風。　想當道，諸執政，

盡盲聾。人非木石，何以無一與公同。南渡堅持和議，北狩竟成陳跡，□恨渺無窮。咫尺望丘隴，灑淚白雲中。(《全明詞》)

(三) 筆　記

朱存理《廬陵五先生像》：右廬陵文忠歐陽公、忠襄楊公、忠簡胡公、文忠周公、文節楊公畫像，後學牛泰來端拜敬觀，且言曰：士君子立身事君之大本，莫先于忠節，文學次之。五先生之易名，必以忠節，議者咸以為當。推原其所植立，表□愈偉，猶五嶽之崢嶸宇宙間，確乎不可拔。豈惟廬陵之盛，乃邦家之光也。精神風采，百世之下聞者猶為之興起，而況生是邦、拜是像者？後來繼今，洗濯磨礪，以五公為準，則有不至焉，不失為君子。咸淳丙寅重陽日謹題。

疾風知勁草，板蕩識純臣，以忠襄、忠簡正紀綱於征戰之秋，忠也。禮樂太師旦，文章衛武公，以歐文忠、周文忠、楊文節宣繡藻於晏粲之盛，亦忠也。或者見忠於有事，而不見忠於無事，政猶魏鄭公願為良臣，不願為忠臣，豈真知忠也哉？故嘗為之說曰：五賢相望迪民彝，盡以忠文冠聖時。自古吉人吉其吉，王多藹藹詠周詩。丙寅咸淳良月初七日，後學劉元綱敬書。

古今忠臣節士多矣，而斯文二三大老，皆以文章鳴當世，而能與國家終始，蓋前古所未有也。良由君臣際會，朝野承平，故布衣敢言之氣，忠誠懇欵，無不動悟，生榮死諡，千載不朽。當時豈無元勳宿將肝腦塗地之餘，雖聲名赫赫見於時，竹帛昭昭傳於後，終未有畫史圖之，前珠後璧，若此圖之盛者？由今言之，孰非諸老之福哉。三百年間，廬陵之忠節聞天下，後之徵文獻者必於此，獨不知扶輿回合之氣猶有似此者乎，抑觀此像也。丙申十一月，廬陵劉辰翁書於鴻蒙海。

宋以文章為天下之宗者，自廬陵歐陽公始；廬陵以忠節為天下勸者，自楊忠襄邦乂始。忠簡胡公、文忠周公、文節楊公繼之，甚矣賢者之有關於氣運也。當天下全盛時，發明正學，排斥異端。唐昌黎韓子以來，文章功烈，煥映簡冊，卓乎不多見者，歐陽公也。當天下患難時，國統未振，忠襄以區區通判之職，氣吞強虜，刺血衣裾，從容就義，精忠報效，為南渡第一。同時編修忠簡抗疏乞斬姦臣檜，竿之橐街，有與蹈東海而死同意。紫陽朱先生亟稱中興奏議可與日月爭光。忠簡之後，周文忠公在相位，汲引善類。首以紫陽為薦，庶幾君子彙進，國統奠安，其知人之明與安邦之人義可想見。然紫陽當忠簡在位時，嘗薦之光堯，曾不一至京師。及周文忠公薦之，乃幡然而起，則

以天下無不可為之時而感知己之遇又可見矣。文節承四賢之後，著書立言，嗣承先哲，振江西詩派，開示來學，其居官臨民，事業炳烺，亦卓卓有偉。嗚呼！歐陽公尚矣，忠簡、忠襄聲望絕人，而周文忠、楊文節二公振之。然文節于忠襄有同姓之誼，有師友之分。同姓也，忠節著焉；師友也，文學振焉。盧陵忠節，表表愈偉，豈無自哉？或謂信國文公大忠節乃不與五公同列，殆不然也。信國死節，收宋三百年養士之效，炳著國史，雖事有先後，其揆一也何必同？今如川胡氏為忠簡諸孫，獨能寶藏五公遺像，徵言當道繼諸賢卷末，其用心勞矣，其企慕至矣，故具述五公之所以有關於氣運、有益於名教者，將千萬世不泯。後之景慕而立功立業者，又安知其將來不如五公之當日乎？是不惟區區之私念，亦五公在天之靈之所屬望也。洪武十六年癸亥正月元宵日，里後學正沂子興敬書於三槐堂上。

右伏覩盧陵五公忠節遺像，作而歎曰：大哉宋之為君也！能以人才為治天下之本，故其作興鼓舞，養育成就，莫不有以遂其性而竭其才，以有益於國家而垂名於後世。方宋之全盛，歐陽文忠上接孔孟，以古文發明二帝三王之道，為天下萬世修齊平治之計，與唐韓愈並驅，不可及矣。及宋之中微，周文忠歷相三朝，為政以得人為先，故當時進用賢才，克臻至治，號稱良相。至若楊忠襄通守建康，刺血書裾，視死如歸，氣折強虜，胡忠簡以秦檜誤國，特上封事，乞斬其首，懸之藁街以謝天下，逮夫楊文節遭時否屯，著書自見，庶幾知進退之道。是五公者，雖盧陵清淑磅礴之氣有所鍾，然化成之效，實基於宋之道德仁義，故能與宋三百年君臣之間保全終始。惜乎高宗不用忠簡之言，失於恢復，遂使小人肆志而君子扼腕焉。俛首今昔，忠簡之裔如川氏獨能寶藏五公之像，若五星聯輝，生氣猶在。嗚呼！五公之文章事業載諸史傳備矣。予將撮其大要，俾後之覩遺像者則思其為人，思其為人則考其行事，考其行事則即此而觀，必有神交心會、感發而興起者，顧上之人有所造就以為世道計者何如也？洪武癸亥正月，里後學王子啟書於佞翠軒。（《鐵網珊瑚》畫品第三卷）

陳繼儒《讀書鏡》：胡忠簡貶謫，李彌遜贈以十事，其最警策者曰：「名節之士，猶未及道，宜更進步。」又曰：「子厚居柳築愚溪，東坡居惠築鶴觀，若將終身焉。」又曰：「有天命，有君命，不擇地而安。夫萬里投荒，孤身御瘴，人生至此，那復可堪？今聖朝寬大，被謫命則討差而歸，聞除書則投袂而出，此亦士大夫不幸中之幸也，然古人則反有以此鍛煉一生者。」（《讀書鏡》卷三）

余懋學《說頤》：肉血犬豕：岳武穆詞有曰：「壯志饑餐胡虜肉，笑譚渴飲匈奴血。」讎金甚矣。金人相戒，必曰：「岳爺爺其死也？」聘使劉褎問飛何罪，館伴者曰：「意欲謀叛，為部將所告，抵誅。」褎笑曰：「江南忠臣善用兵，止有岳飛，今殺之，是所謂項羽有一范增而不能用，所以為我擒也。」館伴不能答。胡澹庵封事有曰：「醜虜，即犬豕也，堂堂天朝，相率而拜犬豕。」詆金甚矣。金虜聞之，以千金求其書，三日得之，君臣失色，曰：「朝廷有人。」乾道初，虜使來，猶問：「胡銓今安在？」噫！是非之心，雖夷狄亦有之，乃宋世君臣，顧反忘大恥而斃長城，信姦邪而斥忠讜，曾夷狄之所羞，而當時不以為媿，悲夫！（《說頤》卷二）

屠隆《鴻苞‧古今巨文》：夫文章者，河嶽英靈，人倫精彩，日月齊光，草木含潤，金石可泐，斯文不磨，上帝愛之，鬼神妬之，匪小物矣。余嘗上下古今，英華良亦有數，稍分品類，摘取鴻士巨文數十首，披襟讀之，心神怡曠。……語悲壯則《史記‧荊軻傳》、《項羽世家》，司馬相如《長門賦》，李陵《遺蘇武書》，《離騷》，《惜往日》，《悲回風》，鄒陽《獄中書》，邯鄲淳《曹娥碑》，陳琳《為袁紹檄豫州》，鮑明遠《蕪城賦》，江淹《恨賦》，駱賓王《討武后檄》，《柳毅傳》，胡邦衡《論王倫封事》。……千萬禩作者佳篇不乏矣，而余取其會心者如此，譬之披沙揀金，往往見寶，饑可使飽，寒可使溫，倦可使醒，憂可使喜，何必罷精神於汗牛充棟，兀兀經年，作書中老蠹魚乎？（《鴻苞》卷之十七）

何孟春《餘冬錄》：饑殮虜肉渴飲血，岳武穆之仇金甚矣。金人相戒，必稱岳爺，其死也，金聘使劉褎來問飛何罪，館伴者曰：「意欲謀叛，為部將所告抵誅。」褎笑曰：「江南忠臣善用兵者止有岳飛，今殺之，是所謂項羽有一范增而不能用，所以為我擒也。」館伴不能答，投骨於地，猖然而爭。胡忠簡之斥金，甚矣。金虜聞之，以千金求其書，三日得之，君臣失色，曰：「南朝有人。」乾道初，虜使來，猶問胡銓今安在？吁！天理之在人心，雖夷狄而不能泯其是非之公如此。世之人，亦何憚而不以天理民彝自樹立耶？（《餘冬錄》卷之二十五）

焦竑《焦氏筆乘‧槀街》：《陳湯傳》：「斬郅支首及名王以下，宜縣頭槀街蠻夷邸間，以示萬里明犯強漢者，雖遠必誅。」按《三輔黃圖》：「槀街在長安城南門內，舊有蠻夷邸。」故宋胡邦衡《乞斬秦檜疏》云：「願斷三人頭，竿之槀街。」正以虜使在彼，故欲斷檜首懸之，以伐其狡謀而絕其和耳。程克

勤《平逆頌》：「吉祥就磔，欽首懸竿，槁街闤闠，都人快觀。」又正德甲戌，江西擒獲劇盜王浩八等，法司論擬宜懸首槁街，以正國法。此於蠻夷何所交涉，而引槁街之文乎？（《焦氏筆乘》卷二）

瞿佑《歸田詩話》：王瀘溪《送胡忠簡謫嶺表》二詩，有「癡兒不了公家事，男子要為天下奇」之句，秦檜見而大惡之，以謗訕流辰州。二詩人皆傳誦，忠簡和韻，少有見者。詩云：「岩耕名已振京關，未信終身袖手閒。萬卷不移顏氏樂，一生無愧伯夷班。致君自許唐虞上，待我誰能季孟間。宗社年來欠元老，蒼生拭目看來還。」「士氣年來弱不支，逢時言行欲俱危。不因湖外三年謫，安得江南一段奇？非我獨清緣世濁，此心誰識只天知。萬牛回首須公起，大廈將顛要力持。」清峭警拔，與前詩相稱。瀘溪在辰州，人爭迎以為師。孝宗更化，許自便。光宗即位，忠簡薦之，召對便殿，除直敷文閣，年已九十餘矣。（《歸田詩話》卷中）

蔣一葵《堯山堂偶雋》：紹興八年，詔侍從臺諫詳奏和金得失，胡澹庵銓抗疏乞斬秦檜，連貶竄，王盧溪廷珪以詩送之曰：「癡兒不了公家事，男子要為天下奇。」陳彥柔剛中以啟賀之云：「屈膝請和，知廟堂禦侮之無策；張膽論事，喜樞庭經遠之有人。身為南海之行，名若泰山之重。」又云：「知無不言，願請尚方之劍；不遇故去，聊乘下澤之車。」檜聞之，盧溪貶辰陽，彥柔貶安遠。（《堯山堂偶雋》卷六）

四、清　代

（一）文

齊召南《乾隆本澹庵集敘》：盧陵胡忠簡公以樞密院編修官抗疏請斬秦檜等三人，謫監廣州鹽倉，尋編管新州、吉陽，流離轉徙，幾瀕於死者殆二十年。孝宗時稍復遷擢，以資政殿學士致仕。至今童兒孺子，皆知誦其疏而壯其為人。公生平大節，不獨以此一疏。孝宗時請都建康；災異求言直；指時政闕失；金人求成，公力言使不可遣；金將以地及人來降，公力言後患當慮：皆諤諤昌言，有關國計。至論和有十可弔，不和有十可賀，尤言人所不能言，而後世知誦其疏者或寡。豈不以持論於紹興之世，奸檜主和之日，觸雷霆而攖龍鱗為尤難乎哉！方奸檜以和愚高宗也，金遣使偕王倫來，名「詔諭江南」，宋之臣若向子諲、曾開、張燾、晏敦復、方廷實、胡珵、許忻、王庶等皆力言其不可，而公疏最著，同時即有鋟於木者，讎敵如金人至購之不惜千金。諸

人所言，或計較利害，或矜惜國體，要未有拔本塞源，直請斬檜以謝天下，如公之烈者也。公之言曰：「竭民膏血而不恤，忘國大讎而不報，此膝一屈，不可復伸！」至矣哉！宋於金，義不與共戴天。其地其人，視蜀漢於曹魏，尚十倍過之；視東晉於石趙，相埒也。然蜀漢能以區區一隅之地之人，抗大義於天下；東晉雖僅自守，亦與賊始終絕使。高宗乃忘父兄之讎，惑奸檜之說，甘心臣金而不悔，殺其忠勇之大將而不疑，罷黜其名臣而不惜，稍有人心，知人間有羞恥事，決不至此。其視昭烈，相去奚啻萬里；即視晉元，相去亦奚啻千里乎哉！公之疏雖不用，而宋所以偏安東南，不即見並於金，猶得綿延數世，未必非諸公力也。有仲連之論，則秦不得帝；有王蠋之義，則齊不復興。士氣未衰，即國之元氣未耗也。觀於金人知購其疏，不其然乎！不其然乎！公所著《澹庵集》百卷，後多散佚。今公孫侍御靜園、巡檢亮採、文學龍篆、騎屋、元長、睿文、映奎，哀其遺文，得三十二卷，率族人梓以行世，屬召南為序。公之氣節文章，所謂日月經天，江河行地，人所共知，可不復論也。時乾隆十一年歲次丙寅黃鐘月，召試博學鴻詞、翰林院檢討加二級、後學天台齊召南拜撰。(《宋集序跋彙編》卷第二八)

　　符乘龍《乾隆本胡忠簡公文集序》：余少時讀忠簡胡公《上高宗封事》，以忠君愛國之心，發淋漓激切之旨，真足泣風雨而驚鬼神。既欽公之志可與日月爭光，而又歎公之文，殊多耳目未經也。及觀元脫脫丞相所編《宋史》列傳內，並載上孝宗之書，有可弔者十，可賀者十，一篇之中，較戊午封事更慷慨激昂，至老彌篤。惜乎脫脫編史止及封事兩篇，外此不能多載，為慨慕者久之。歲戊辰，予膺簡命來鐸茲郡，課士之暇，即詢公藏書，乃得二忠合編，蓋公與周益國公之文也。其書雖輯若干首，竊疑公在高宗朝流離貶竄垂二十年，及事孝宗，亦歷年所。感天時人事之非，懷轉禍為福之計，勉同僚振作之義，應友朋贈答之言，知公之著作，當必汗牛充棟，區區半帙，烏足罄其所藏哉！越明年，公嗣孫郡廩澐來謁，且命其從侄廷棟學業於余，因詢及公遺文，云散佚已久，有族弟鍾蘭遊東粵，得一鈔本於家靜園先生處。僉議先人手澤不忍埋沒，屬予校閱之。余念數十年慕公之文不得概見，一旦遇之，疇昔之願，實喜出望外矣。展卷之餘，覺無體不備，無美不著。其上君之策書奏議也，痛哭流涕似賈太傅，刻摯纏綿似諸葛武侯，愷切詳明似陸宣公。其局簡而嚴，其辭麗以則，公之制誥是也。其斷制精確，剖晰微茫，公之論疏辯說是也。其序傳跋記又異矣，時而縱橫恣肆，時而蕭疏雅澹，格

非其一。至若雜著小品，怪怪奇奇，則又與蘇公海外文不相上下。夫以公之嚴氣正性，而亦有《檀弓》之風趣，曼倩之詼諧，流溢於語言文字中，正如宋廣平鐵石心腸，作《梅花賦》又嬝娜動人。文心之不可測，殊使人呼天搶地，旋且色舞眉飛矣。閱畢，得文三十餘卷付梓。按公去今數百餘年，幾經兵燹，安知不僅存什一於千百耶？若夫海嶺所著《五經訓解》，卷帙甚繁，俟將來再圖剞劂以行世。亦可知聖朝人文化成，凡先代名公巨卿，以至山林逸士，其遺書散見於山阪海滋，而為子孫者莫不本慈孝以表彰，流播宇內。予賀公之文逢此盛時，又賀公之後大有傳人也已！時皇清乾隆二十一年歲次丙子孟冬月穀旦，賜進士出身、文林郎、吉安府儒學教授宜川後學符乘龍斯萬氏謹識。(《宋集序跋彙編》卷第二八)

　　胡文恩《道光重刻忠簡公文集新跋》：先忠簡公氣節文章載在史傳，暨諸先正評論頗詳，奚俟予言。乞致仕時，孝宗皇帝問今安歸，對云：「歸廬陵。向在嶺海訓傳諸經，欲成此書。」孝宗特賜犀帶寵之。既歸後，進所著《易象》、《春秋》、《周禮》、《禮記》解，詔藏秘書省，惜未見存板。舊有《澹庵文集》一百卷，散逸過半，僅三十二卷行於世。向與兒曹謀欲開雕，艱於費，不果。道光癸巳，諸孫輩欲貸金付之剞劂，先稟請於余，余曰：「諾，是余與汝父之志也。」遂依原集次第，於其字句之訛誤者稍為訂正，文集之遺漏者間為增益。工竣，爰跋數語，以志校刊之役。至先公之光爭日月，氣凌冰霜，其發諸文章足以流傳不朽者，當為天下後世名公巨眼所共欣賞也。嘉平月朔，歷原從裔孫文恩沐手謹識。(《宋集序跋彙編》卷第二八)

　　胡芳秋《重刻忠簡公文集新跋》：先世明南臺御史東井公接輝，惜《忠簡文集》百卷歷久殘缺，思藏書之家必有存者，巡方及池，語縣令懸金以購，得若干篇，分為六卷，自跋於後，顏曰《文選》。未久，因寇犯北闕，憤鬱卒，遂未刻，而墨本尚存。迨國朝，家給諫靜園公定宦遊數省，遍為搜輯，始得三十二卷，於乾隆丁丑授之梓。今道光癸巳重刻是集，將墨本對校，有數首未及編入者，雖屬小品，實具大觀。先人之遺文，詎忍其遺漏乎？爰補刻於集末，並附錄東井公跋語。其跋云：忠簡之文，宋慶元間有集百卷，刻於池陽，楊誠齋先生曾序之。余巡方及池，意藏書之家必有存者，亟語守令懸金以購，至訪求期月而不得。嗚呼！忠簡之文，其終不可覩其全也與。蘭秀幽谷，通國不能襲其芬，域於地也；秘私帳中，談柄資以矜其異，晦於人也。海內大矣，豈無有人焉？寶金匱之遺，為獨擅之美者，然而予不獲見也，獲見者，此六卷耳。

就此六卷，鴻文小品，長吟短詠，無弗具美。向令百卷而在，層篇累牘，充盈
几案，朝夕擁對，其為大觀，又不知當何如，所以不能不歎息於全集之亡也。
全集亡矣，茲猶曰《文選》者何？感世代之湮遠，恨殘缺之僅存，撫卷懷思，
把玩無已。玄圃之積，處處皆玉；栴檀之剖，片片俱香。則予雖未嘗去取，亦
覺不須取去而並選之云者，此也。崇禎丁丑孟夏月，從裔孫接輝謹跋。道光癸
巳嘉平月，歷原從裔孫芳秋謹識並錄。（《宋集序跋彙編》卷第二八）

袁枚《讀胡忠簡公傳》：余讀李燾《長編》，覺宋仁宗時，政無缺失，而諸
臣上疏，喋喋不已。蓋恃其君寬仁，必不罪我，而我藉此得名，可相誇栩。其
心皆不出于忠愛。孔子曰：「有德者必有言。」彼既無德，言於何有！以故讀
其所奏，非倦思臥，即煩而欲嘔。及讀《宋史》至胡忠簡公《請斬秦檜》一
疏，不覺再拜歎曰：有宋三百年，公其諫臣之第一乎！夫人臣報國，非必執
干戈死戰陣也。以忠誠義憤奮臂大呼，使敵國聞之凜然變色，至以千金買其
書，此何異秦軍聞魯仲連數言而卻軍五十里哉！使高宗能從其言，斬此三人，
整師而出，則朝廷之氣已早吞河北而有餘。公此疏，足抵精兵十萬矣。公雖
遠貶十餘年，歷諸險惡地，檜死得歸，仍還原官，遷至龍圖學士。一息尚存，
猶時時以恢復為請。向之救公慕公者，轉零落殆盡。可見人各有命，自貴自
賤，自生自死，亦非姦臣之力所能貴賤生死之也。或惜公在廣州戀黎倩，為
朱子所譏。嗚呼！即此可以見公之真也。從古忠臣孝子，但知有情，不知有
名。為國家者，情之大者也；戀黎倩者，情之小者也。情如雷如雲，彌天塞
地，迫不可遏，故不畏誅，不畏貶，不畏人訾議，一意孤行，然後可以犯天下
之大難。古之人蘇武娶胡婦，關忠武請秦宜祿妻，袁粲八關齋與張淹私進魚
肉。彼其日星河嶽之氣，視此小節，如浮雲輕飆之過太虛。而腐儒矜矜然安
坐而捉搦之，譬鳳皇已翔雲霄，而鷽鳩猶譏其毛羽有微塵，甚無謂也！不然，
使公亦有顧前瞻後、謹小慎微之態，則當其上疏時，秦檜之威不在佖冑下，
公豈不能學遯翁取數枝蓍草，自筮吉凶，以定行止哉！孟子曰：「此之謂大丈
夫。」微忠簡，吾誰與歸？（《小倉山房文集‧續文集》卷三十）

袁枚《答楊笠湖》：夫得一以清者，天也。然而涇水自清，渭水自濁；淮
水自清，黃水自濁。天不能厭渭水、黃水之濁，而使盡變為涇水、淮水之清
也。且有汾澮以流其惡，則宮室安矣；有匽潴以泄其穢，則庖湢潔矣；有娼妓
以分其類，則良賤別矣。既有其類，便有出乎其類者。諺云：「行行出君子。」
妓中有俠者，義者，能文者，工伎藝者，忠國家者，史冊所傳，不一而足。女

不幸墜落，蟬蛻污泥，猶能自立，較之口孔、孟而行盜跖者勝，即較之曹蜍、李志淹淹如泉下人者亦勝。苟為不熟，不如稊稗；偽名儒，不如真名妓。若果有其人，足下秉彝之好，當樂聞，不當厭聞。古之忠臣孝子，皆廓落自喜，不矜細行，目中有妓何妨？心中有妓亦何妨？宋朝胡忠簡公請斬秦檜，直聲遍天下；貶南海，乃戀戀於黎倩。朱子作詩譏之曰：「十年浮海一身輕，獨對黎渦恰有情。世上無如人慾險，幾人到此誤平生。」我代忠簡答云：「從來小節古人輕，萬里投荒尚有情。不學遁翁捧菉草，甘心鉗口自偷生！」宋《蓉塘詩話》責白太傅去杭州，憶妓詩多，憶民詩少。余駁之曰：「《關雎》一篇，文王輾轉反側，何以不憶太王、王季，而憶后妃耶？孔子厄於陳、蔡，何以不憶哀公、定公，而憶及門耶？」凡此數言，皆足下所厭聞，然而我輩立言，寧可使腐儒厭，不可使通儒嘔。奉答兩書，非好為嘵嘵，亦陳仲子誤食鶃鶃之肉，不得不出而哇之也。（《小倉山房尺牘》卷七）

　　陸心源《宋板諸臣奏議跋》：《國朝諸臣奏議》一百五十卷，目錄四卷。首為淳熙十三年進書《表》，次為進書《序》，題曰「龍圖閣學士朝散大夫成都潼川府夔州利州路安撫制置使兼知成都軍府兼管內勸農使充成都府路兵馬都鈐轄祥符縣開國伯食邑九百戶臣趙汝愚謹上」。所錄北宋九朝章奏，……秦檜、任百雨，凡二百三十六人，奏議千餘首，搜羅不可為不富。惟置胡澹庵封事不收，反錄秦檜為太學丞時《上邊機三事》，去取殊為未當。忠定在日，曾鋟木蜀中，後毀於兵。其孫必願帥閩，重刊未就，眉山史季溫繼成之。前有宗室希瀚及淳佑庚戌福建提刑史季溫《序》。張月霄所藏板心間有「元大德至大補刊」字樣。此本為黃俞邰舊物，有「晉江黃氏父子珍藏印」，尚無元修之板，當為元大德以前印本，然闕葉已與《藏書志》所記同矣。（《儀顧堂集輯校》卷十七）

　　凌廷堪《讀宋史》：嗟乎！靖康之時，不幸而用李伯紀之言，而東都旋亡；紹興之際，幸而不用胡邦衡之言，而南渡僅存。有識之士苟不為朋黨私意橫據於先，則得失自見。二事尤兩宋存亡所繫，故特取而論之，則其他君子小人之說可以類推矣。後之秉筆者，但能心無偏倚，據事直書，不以一時之朋黨議論淆之，則百世之下或有平反之日乎？（《校禮堂文集》卷五）

　　王昶《與畢秋帆制軍論續通鑒書》：又如胡忠簡之封事，指陳痛切，為宋文第一，今聞已加刪節。又文信國黃冠備顧問之語，乃元人所誣，亦未刪去，而柴市大風卷木主，足見英爽如生，亦未補入。皆不足以扶正氣而儆愚頑。是書卷帙重大，須倚助者必多，願以此告少詹，並告同局諸君子，為世道人

心計，不獨以收採宏富為能。且閣下愛人才，修古學，以文章功績自結於聖明，浩然子然雖一行孤立而不懼，非某蓋莫有知之深者。然以身示，不如更以言教，其嘉惠於後學尤深遠也。不然，黑白之不甚明，賢奸忠佞之不甚別，今既無以為勵，而後無以為戒，世有賢者，將訾其是非之寡當，輟而不觀，又非但如溫國通鑒間有譏議也矣。執事作是書，某備聞緒論久矣。猥以當官事冗，弗獲襄編校之末。今聞書已將成，為之喜而不寐。又慮同事者侈其繁博，而不足以昭炯戒。且媕婀泄沓，世俗之為也，敢忘其愚而言之，願稍留意焉。（《清儒學案》卷八十一）

　　傅雲龍《呂幼心先生胡忠簡遺像研歌書後》：陽湖呂子庭芷，雲龍忘年石交也。見始光緒十七年，越二年，出其曾祖父幼心先生所藏宋胡忠簡遺像研，長五寸餘，廣四寸，研背鐫像，篆文六，曰「澹庵先生小像」，正書十三，曰「紹興戊寅四月朔錢唐馬和之寫本」，匣蓋刊「明成化廿三年泰州儲瓘題百四十字」（正書），印曰「靜夫」。又示先生研歌屬雲龍詩或文，雲龍作而書後曰：往吾浙父老口碑嘖嘖呂青天不置，初不詳何許人，今讀行述，乃知先生其人也。先生減算益親，有「惟期終養」之祝，與儲文懿刲股療母不同而同，即視朱子所謂三代以上人物，其至性又庸有異乎！以乾隆丁酉舉人七試禮部不第，知安徽太平、蕪湖、涇、懷遠等縣，甘肅隆德縣、固原州，所在民安，所去民祀。復官安徽五河、桐城、無為、滁，政如初而振荒彌勤。遷浙江東防同知，權知海寧州，玉環同知，河工礱政亦最。而三仕三黜，雖然不酬其身，必其子孫，觀呂子益信。惺淵為先生別號，歌為《惺淵丛集》詩十四卷之一首，歌云「力排和議累千言，南渡以來第一疏」，《宋史》金人募其書千金即此（儲以為購文集，何也？按：忠簡《澹庵集》百卷，所箸《易》、《春秋》、《周禮》、《禮記解》藏秘書省，近有王刊《南宋四名臣詞集》，其一即胡忠簡《澹庵長短句》也。雲龍少作詩云「但看海外懸金者，不購顏歧五上書」本此）。其書上於紹興八年，在工部侍郎馬和之寫像之前廿一年，閱三百五十二年而儲文懿獲研，即所云甲辰成化廿年春仲瓘赴禮部試時也。越三年題蓋，名凡四見，並作「瓘」，與明《文苑傳》作「瓛」異，然時同、籍同、字同，科第又同，先生定為文懿矣，豈榜名異歟？闕疑似。考先生詩敘「皖江得研」，據知在嘉慶間，及今八十餘年，上溯之儲文懿得研距今四百十年，又上溯之馬侍郎寫像距今七百六十二年，而字若畫曠世如一堂，微獨忠簡鬚眉凜凜，且如聞痛哭長太息、抗言不能處小朝廷求活之聲也。然非先生之精氣神動與古符，又

奚能歷劫不磨如是，此呂子所宜世寶也夫！十九年冬十月己酉朔。(《賽喜廬文三集》卷四)

傅雲龍《南宋四名臣詞集書後》：光緒十八年，王氏鵬運刊《南宋四名臣詞》：一趙忠定《得全居士詞》，二《李莊簡詞》，三李忠定《梁溪詞》，四胡忠簡《澹庵長短句》。初得三詞，而李越縵侍御益李莊簡為四。趙鼎字元鎮，聞喜人，修實錄成，高宗書「忠正德文」四字賜之，因名所著為《忠正德文集》。李光字泰發，上虞人，著《讀易詳說》、《莊簡集》。李綱字伯紀，邵武人，著《梁溪集》。胡銓字邦衡，廬陵人，著《易》、《春秋》、《周禮》、《禮記解》、《澹庵集》一百卷，而集注未及《易解》、《禮記解》。陽湖呂幼心榮藏忠簡遺像研，為宋錢塘馬和之寫。(《賽喜廬文三集》卷四)

(二) 詩

王士禛《送張簣山學士歸廬陵二首》(其一)：海內人知諫獵名，伏蒲今復記乾清。一時對仗丹心苦，幾夕憂時白髮生。天下文章唯永叔，廬陵人物有邦衡。曲江風度他年憶，金鑒還應答聖明。(《漁洋續詩集》卷一)

王士禛《讀宋胡忠簡公經筵問答題後二絕句》：玉荷杯內酌流霞，宮漏無聲江月斜。親聽君王歌一曲，南屏鐘動柳啼鴉。

御香都染侍臣衣，回首神霄是禁闈。卻憶宣和當日事，玉真軒裏見安妃。(《漁洋續詩集》卷十六)

韓是升《胡忠簡公祠》：一疏誅奸檜，廬陵俎豆馨。洲臨鷺鷥白，嶺對鷓鴣青。瘴海歸臣骨，冰天隕帝星。平生深恥在，求活小朝廷。(《晚晴簃詩匯》卷一百十)

管庭芬《宋胡忠簡公遺像硯歌》並序：陽湖呂幼心司馬，任安徽時得宋硯一方，長五寸，廣四寸，厚盈寸。端質細潤，背有鐫像，題曰「澹庵先生小像，紹興戊寅四月朔錢塘馬和之寫」。公諱銓，澹庵其別字也。此像係諫和議後，檜惡之，移置衡州時所繪。明成化甲辰春，儲文懿公赴禮闈，得之燕市書肆，即鐫識語於匣，所云：明窗靜幾，嘯歌其間，恍兮惚兮，如見公容者是也。司馬今作長歌紀事，囑予和之，率成以應。

紫雲一片端溪截，鸜眼潤含天水碧。不教繪像上凌煙，風貌何妨壽貞石。憶公草疏闢和議，此身甘化萇宏血。衡湘逐勝蹈東海，磨不磷兮堅且白。扶風傳神壓畫院，目光如炬髯如戟。想見披鱗直諫時，讜言足奪奸秦魄。同時橫浦謫南安，讀書磚隱雙趺跡。一磚一硯當並傳，閱盡冰霜恨破裂。硯兮何

幸得瓦全，定使鬼神秘靈窟。有明曾遇柴壚翁，燕市遭逢擬和璧。摩挲兼得識公容，靜幾明窗見恍惚。不同元祐罪人影，空寫形模聊自適。沉淪三百有餘載，萬丈光芒騰斗闕。司馬宦遊得之晚，未試陥㸌倍珍惜。廣有四寸長或踰，古色離披入手澤。吁嗟乎！格天彝鼎散雲煙，秋壑圖書歸簿籍。臨安久作別家春，公顏終古愁長結。何時借草數檜文，一腔熱血重銷鐵。（《淳溪老屋自娛集‧淬江寓草》）

金衍宗《宋胡忠簡遺像硯歌和警石》（硯為陽湖呂幼心郡丞榮所藏，背有鐫像，題曰「澹庵先生小像，紹興戊寅四月朔，錢塘馬和之寫」。）：李綱趙鼎棄如遺，兩宮北狩無還期。不知父兄但知母，檜也和議逢其私。惟時詔諭正通使，公切忠憤形乎詞。想當草疏硯在側，血淚濡墨揮淋漓。能如公言斬倫檜，同仇大義敷天知。小朝廷甘作臣妾，雖蹈東海夫何辭。一封朝奏夕萬里，硯亦漂轉天之涯。玉堂花磚恍夢寐，孤臣九死惟汝隨。公之心腸本鐵石，閒情偶賦何瑕疵。滄江久臥歲雲晚，倔強猶昔霜盈髭。侍郎硯背貌公像，千秋面目無磷淄。嗚呼老秦既死奸，黨逐曷不賜環徒。量移金甌破碎剩，一角六經勒石空。昭垂思陵工書善，品硯惟于忠佞迷。妍媸雖然薰蕕不同器，我於倫也重嗟諮。十年五使數往返，宛轉虎口瀕艱危。顯仁之返亦其力，局中心苦局外訾。始拘繼脅卒乃殉，庶與皓弁無差池。公時在譴盛酬唱，定亦心折垂涕洟。狎邪市井語太激，詎料抗節終如斯。此如歐公斥司諫，高亦君子非等夷。吾儕論世貴平恕，因賦公硯兼及之。（《晚晴簃詩匯》卷一百十四）

許鏐《胡忠簡公遺像硯歌為呂幼心司馬作》：紅羊劫換雁飛渡，一百九年亡掌故。遺硯欣瞻吏部髯，不逐風塵委道路。描二蘭葉馬和之，摩勒鬚眉標雅度。公昔簪毫侍玉堂，墨池浪躍蒼龍赴。敵來詔諭小朝廷，和議忍聽長腳誤。憤激書偕忠定陳，墨花光挾劍光露。屬稿雖由范左司，主謀應出公之素。計恐良朋禍及親，批鱗獨犯老秦怒。默屬孤忠石共盟，偏安錯計鐵難鑄。名殊御押中興鐫，價重諫章北敵募。公書挺勁宛如人，封事後邀嗣主顧。特命妙手補裝新，淨洗姦臣批抹污。此才如贊岳韓軍，盾鼻磨丸書露布。兩河關陝恢舊疆，宸章不負車攻賦。奈何橐匿去衡州，鸝眼淚猶含瘴霧。片石流傳七百年，精光炯炯神呵護。況逢嗜古呂東萊，拂拭儲銘增景慕。憶經官柳親捧硯，春華摛豔香添炷。著庭願學有邦人，空坑柴市艱危屢。持比當時玉帶生，羨君尚際隆平遇。（《兩浙輶軒續錄》卷二十三）

方成珪《宋胡忠簡公遺像硯歌》並序：公以紹興八年抗疏拂奸相秦檜意，

貶廣州。二十五年，檜死，量移衡州。此硯係二十八年戊寅馬和之為寫像。明成化間，儲瓚得之，盛以匣而鐫題其上。今歸呂幼心司馬。

宣靖玉硯塵沙蒙，渡江廟略惟和戎。殿中鬑眉盡巾幗，健者獨推忠簡公。公昔齋戒坐小閣，繕成奏疏振頹俗。一身羞立小朝廷，萬口爭誇大著作。想其對此佳硯田，吮筆濡墨無迴旋。同時馬公定親睹，銀毫寫照神能傳。後來得者儲文懿，明窗淨几高位置。恍兮惚兮如見公，標題欲灑千秋淚。我聞南渡之初多名臣，如公尤宜柱石珍。爾時廟堂若大用，硯池雲起龍可伸。恢復仍都洛城裏，御容圖繪震邊鄙。胡為畫地甘自困，忠言轉如石激水。公具天然堅白姿，磨涅豈復愁磷淄。但惜奇表不向鱗閣見，卻於一方石上鐫霜髭。吁嗟乎，至寶流傳共珍異，當日竟同瓦礫棄。願君行篋勤護持，長為乾坤留正氣。（《兩浙輶軒續錄》卷二十五）

徐鼎《胡忠簡公遺像硯歌為呂幼心司馬作》：高山空仰不可見，片石居然識公面。硯廣四寸長五寸，繪像精嚴神采炫。此硯昔歸文懿公，貯紫方館形模工。明窗淨几發歌嘯，恍惚把臂相追從。俛仰滄桑七百載，題識分明終不改。司馬好古重搜羅，陸賈裝輕歸碧海。忠簡仕宋高宗朝，著春秋學勁節標。手研麝月草封事，聲價豈以千金高。力排和議籲謨遠，盡逐忠良奸計很。五郎不獲抵黃龍，唾手燕雲嗟已晚。公挈此硯趨炎州，盧溪雅誼勤賡酬。贈言十事感彌遠，編管免共夜郎流。廿載風波幾漂泊，奸相權尊格天閣。南來北使問安危，成就公名亦長腳。長腳既死公始生，一朝轉徙歸南衡。硯留遺像古未有，侍郎特筆摹忠貞。乾淳以來人事易，公貌巍然神奕奕。饒州召對屬空談，覽物淒涼天水碧。吁嗟乎，以石為硯石不頑，曾隨白簡鋤諸奸。忠魂毅魄鬱千古，即今屹立瀛壖神往還。（《兩浙輶軒續錄》卷三十三）

徐開業《胡忠簡公遺像硯歌呂幼心司馬屬賦》：臣心如石堅，臣貌如石古。繪像琢雲腴，品壓端溪譜。緬維忠簡公，亮直恒自許。愧立小朝廷，肯與長腳伍？勉裁通問書，朵殿然蓮炬。鳳咮繕金箋，煌煌代天語。（見公《玉音問答》。）豈知鐵石腸，易觸權奸怒。和議折朝端，衡州甘謫處。茲硯壓行裝，隨身呼爾汝。不遇馬司空，誰貌髯吏部？（公多髯，人呼為髯吏部。見《二老堂詩話》。）歷代慎弆藏，愛惜蹦黃麛。維公起盧陵，簪筆登樞府。同里得文山，後先堪接武。勤王敗空坑，有石天難補。吁嗟玉帶生，流落知何所。何如片石完，不受塵霾侮。物色歸名儒，千秋得所主。司馬雅好古，對之色飛舞。作歌踵柴墟，寶物快先覩。覿面生古歡，明窗日摩撫。獨念范左

司，上書為親阻。(《甘露園短書》，公所上思陵封事，為范左司璹所作。范擬上，公慮其親老，禍且不測，乃改以己意上之。) 會須寫其真，與公作伴侶。正氣互鬱蟠，墨沼虹光吐。論值抵千金，諫疏同珍貯。(《兩浙輶軒續錄》卷三十五)

朱鈺《紀宋胡忠簡公事》：昔聞忠簡公，力阻和戎策。重違奸相謀，編管昭州籍。計可愚康王，一德天難格。江左雖偏安，兩宮歿沙磧。武穆含冤終，孤臣空負戟。公獨草諫書，懍懍昭史冊。湖上韓蘄王，放廢同一轍。迨乎孝宗朝，饒州初賜職。板蕩識忠臣，歲寒知松柏。力陳恢復機，壯志猶勃勃。拂袖歸南山，勳名垂竹帛。爰作一篇詩，聊當擊賊笏。(《兩浙輶軒續錄》卷五十三)

張家榘《魯仲連臺》：大義堂堂肯帝秦，匹夫志立重千鈞。解紛安得皆奇士，亂世何期見此人。東國至今多慷慨，高臺終古鎮嶙峋。聞風尚有胡忠簡，蹈海甘心犯逆鱗。(《沅湘耆舊集》卷第一百四十四)

夏大鼎《嶺南懷古》：突騎縱橫草木腥，主臣苟活小朝廷。誰判一死沉東海，爭遣群奸拜朔庭。萬古仰忠崇特祀，七年蒙難翼遺經。兩宮未得生還日，歸臥廬陵目不瞑。(新州胡忠簡公。)(《沅湘耆舊集》卷第一百)

柯劭忞《送曉峰出塞》：昔年胡忠簡，抗論紹興初。四裔知名字，千金購諫書。先生真不忝，世事竟何如。感慨都亭別，猶多長者車。

郭則澐《十朝詩乘》：合肥相國久領北洋，屢主和議，京朝官幾以漢奸目之。安曉峯侍御維峻抗章劾其通倭，謂於海外潛營金穴，其子且為日本國駙馬。所言皆讋，坐奪職遣戍，而直聲大震都市。大俠王五誼其貧，出金助之，且護送出塞。柯鳳孫學士《送曉峯出塞》詩云云。(《清詩紀事》光緒宣統朝卷)

羅惇衍《胡銓》：一疏千金敵國求，尚方請劍拜宸旒。主和十弔誰援手，抗議三奸合斷頭。真義士甘東海暝，奇男子洗北庭羞。河冰鍾破驕軍退，忠勇當時有繼不。(《集義軒詠史詩鈔校證》卷四十六)

沈嘉轍《南宋雜事詩》：封章誰道左司賢，獨秉鈞衡十七年。癡漢滿朝緣底事，金人歲歲問胡銓。

《甘露園短書》：胡澹庵上高宗封事，是范左司璹作。范擬上，澹庵慮其親老，禍且不測，取以為己意上之，非澹庵筆也。今人知有澹庵而不知有范璹，范璹之不幸耳。《昨非庵日纂》：紹興末，朝士多饒州人。時人語曰：「諸公不是癡漢。」《宋稗類鈔》：乾道初，金使來，猶問胡銓今安在。張魏公曰：

「秦檜持柄十九年，只成就得一個胡邦衡。」《談薈》：宋申王檜以紹興八年右僕射同平章事再擅政，進少保太師，以二十七年殂，凡十七年。案，胡銓撰《忠簡奏議》四卷。（《南宋雜事詩》卷一）

羅澤南《西湖書院懷胡澹庵先生》：丞相主和議，天子忘前恥。今年貢歲幣，明年奉臣禮。偷活小朝廷，計墮金人詭。凜凜通直郎，抗疏冒萬死。正氣薄風雲，危言泣神鬼。欲洗社稷羞，那投丞相喜。丞相怒不休，孤臣徙萬里。（《羅忠節公遺集》卷二）

趙菜《南宋宮閨雜詠一百首》其十四：君臣魚水樂相羊，良醞珍肴出尚方。纖手玉杯頻酌賜，新歌重按聚明良。

胡銓《經筵玉音問答》：隆興元年五月三日晚，侍上於後殿之內閣，命予坐於側，旨喚內侍廚司滿頭花辦酒。初盞，上自取酒，令潘妃唱《賀新郎》，旨令蘭香執上所飲玉荷杯，上注酒顧予曰：「此酒當滿飲。」食兩味八寶羹。次盞，潘妃執玉荷杯，唱《萬年歡》，食兩味鼎煮羊羔、胡椒醋子魚。次盞，蒙旨，潘妃取玉龍盞至，又令蘭香取明州鰕脯至，特旨令妃勸予酒，歌《聚明良》一曲。上大笑曰：「此詞甚佳，正愜朕意。」又謂予曰：「此妃甚賢，雖待之以恩，然不至如他婦人，即唱勸酒事可見矣。」上謂予曰：「卿可酌一杯，以回妃酒。」予曰：「內外事殊，臣恐明日朝臣議臣之非。」上乃拱手答曰：「此朕之誤言也。」又自取酒，親酌賜予，食兩味胡椒醋羊頭、真珠粉及炕羊炮飯。食畢，上乃移步至明遠亭，又索酒再酌，滿飲，頃聞天竺鐘聲，池畔柳中鴉噪矣。（《瀘月軒詩續集》卷下）

長苂《余校刻胡忠簡經筵玉音問答刻工忠平蒼顏白髮嗜酒如命坐常置一壺醉後奏刀精巧無比為賦此詩》：一枝刀，一杯酒。杯在口，刀在手。刻一字，飲一杯。杯舞刀躍何快哉。二千六百三十有二字，字字帶酒氣，愈刻愈精絕，老眼透木如明月。安得醉汝伊丹九百車，刻盡古今才子未刻書。（《東瀛詩選》卷三十四）

（三）筆　記

魏禧《魏叔子日錄·史論》：胡澹庵先生《封事》，字字如鳴金鐵，如揭日月，如挾風霜，誠千古至文，獨惜其曰「檜也不惟陛下之罪人，實管仲之罪人矣」。管仲攘彝以事周，檜殺忠賣國以媚口，相去何止人畜！如檜者，但應曰「此莽、操之罪人耳」，而曰「實管仲之罪人」，是非罵檜，乃以贊檜矣。此蓋宋儒三尺之童，羞稱五霸習氣也。而文字至此，亦不緊透，少精神，余為刪其

「孔子曰」以下六十八字。(《魏叔子日錄》卷之三)

尤侗《看鑒偶評》:胡銓一疏。千古稱快。然主和議者。賊檜也。孫近不過附和。王倫乃奔走之使耳。今疏云。不斬王倫。國之存亡。未可知也。又曰。孫近亦可斬也。而賊檜無專責之辭。非擒王之義也。倫亦有言。詔諭江南。其名不正。後被拘河間。金人慾授偽職。遂慟哭自縊。河間地震。雨雹三日。人皆哀之。大節矯然。不愧文正子孫。未可以狎邪小人詈之也。(《看鑒偶評》卷五)

張怡《玉光劍氣集·方正》:趙仁齋應元按楚,不與江陵會葬,江陵銜之。以其覆命事未竣遽移疾歸,劾之,除名。時王麟泉用汲為戶部郎,上疏申救。江陵欲廷杖之,蒲州力解,褫職。尚書懼其勢,蹙額謂麟泉曰:「舉朝過得,郎奈何過不得?」麟泉拱手對曰:「唐人之佛骨,舉朝過得,韓愈過不得;宋人之和議,舉朝過得,胡銓過不得。」尚書大慚。(《玉光劍氣集》卷十)

施閏章《矩齋雜記》:胡忠簡請斬三人頭,竿之槁街:王倫、秦檜、孫近也。初,吳師古鋟公此疏,金人募之千金,陳剛中以啟送之,甚為稱譽;王廷珪亦以詩贈。或告檜,檜怒,師古流袁州,廷珪流辰州,剛中謫安遠縣死焉。胡銓文集,楊萬里作序,言先生上書力爭,至乞斬宰相,在廷大驚。金人聞之,募其書千金,三日得之,君臣奪氣,知中國有人,奉皇太后以歸,自是,胡馬不南者二十年。比於魯仲連之不肯帝秦,三軍聞之卻五十里。(《矩齋雜記》卷下)

黃生《載酒園詩話評》:詩雖不宜苟作,然必字字牽入道理,則詩道之厄也。吾選晦翁詩,惟取多興趣者。胡澹庵嘗以詩人薦朱子於朝,朱大憾其不知己,戒不復作詩。余謂澹庵雖不知朱子,卻知詩,蓋紫陽詩實勝當時諸人也。(《載酒園詩話評》卷下)

昭槤《嘯亭雜錄·忠臣狎妓》:自古忠臣義士皆不拘於小節,如蘇子卿娶胡婦,胡忠間公狎黎女,皆載在史策。近偶閱范文正公、真西山公、歐陽文忠公諸集,皆有贈妓之詩。數公皆所謂天下正人,理學名儒,然而不免於此,可知粉黛烏裙,固無妨於名教也。因偶題詩云:「希文正氣千秋在,歐九才名天下知。至竟二公集具在,也皆有贈女郎詞。」(《嘯亭雜錄》卷十)

劉聲木《萇楚齋續筆》:漢蘇武出使,匈奴使居絕域,齧毛飲血,不忘漢室,志節震耀千古,獨不能忘情於胡婦,生子通國於匈奴中。宋之胡銓,以爭和議一疏,貶逐十年而不悔。《鶴林玉露》記其蒙赦回朝,過飲湘潭胡氏園,

挾妓黎媧飲酒。澹菴先生題壁詩有云：「君恩許歸此一醉，旁有黎頰生微渦。」謂侍姬黎倩也。後朱子見之，賦詩云：「十年浮海一身輕，歸見黎媧卻有情。世上無如人慾險，幾人到此誤平生。」云云。以直節名臣，皆不能忘情於此，始信孟子言「食色性也」之言，確為千古至論。（《萇楚齋續筆》卷七）

查慎行《得樹樓雜鈔》：己亥秋，江西白近薇中丞重修《通志》，邀余來領書局。移文十三郡，訪求舊姓藏書，率以兵火無存為解。南宋名家如晏元獻公殊、胡忠簡公銓、陳文正公康伯、湯東澗公紀，殘編斷簡，所留者，人不過數十頁而已。至周益公必大《平園集》則全未之見。庚子八月，從書鋪購得明初《劉槎翁集》，中有胡舫翁云序，云「《周文忠集》，相傳寫本在臨川李氏，《胡忠簡全集》予雖及見，然亦無副本」云云。適老友湯碩人自南豐來，因託渠代訪。時志局且竣，余將束歸裝矣，不知此二集者，衰暮之年，尚及一寓目否？（《得樹樓雜鈔》卷四）

查慎行《得樹樓雜鈔》：朱文公《自警》絕句云：「十年浮海一身輕，歸對梨渦卻有情。世上無如人慾險，幾人到此誤平生。」初不解所謂，後閱郭青螺《豫章詩話》，中有一則云：「胡澹庵十年貶海外，比歸，飲於湘潭胡氏園，有『君恩許歸此一醉，旁有梨頰生微渦』之句，謂侍伎梨倩也。」始知朱子詩借胡以自儆爾。但乾道中，澹庵曾以詩人論薦朱子，似不應詆毀若此。（《得樹樓雜鈔》卷四）

俞樾《九九銷夏錄·道學風月》：道學家不得作風月語，固也。胡澹庵「黎頰微渦」一語，為紫陽所譏。然家妓侑觴，乃宋代士大夫家常事。酒酣耳熱，率書所見，正其坐中有妓，心中無妓，不足為澹庵病也。若明黃佐泰泉集有春夜大醉言志詩云：「倦遊卻憶少年事，笑擁如花歌落梅。」自注以為欲凈理流，則以風月語飾為道學語，君子病之矣。（《九九銷夏錄》卷十二）

金武祥《粟香隨筆·梁太史詩》：余己卯入都，晤番禺孝廉梁星海鼎芬。少年文譽，籍甚春明。庚辰入翰林，以建言落職歸，主廣雅書院。己丑，重晤於學海堂，年三十餘，已虯髯繞頰。壬辰，復訪之武昌，朋簪話舊，豪宕猶昔。是冬，又遇於吳門拉登酒樓，一醉而別。錄示近作，多奇崛之氣。《偶書》云：「范璿代胡銓，邱濬泄王恕。咄咄許怪事，所言有根據。澹庵古遺直，愛友心不污。就令短書碣，肝腸敵刀鋸。何況繫安危，一紙實孤注。瓊山中自燒，結宦已成痼。挫哉三原友，疏憤可以妒。奚怪阿鳳永，揚鞭奪先路。毋徒訕文章，剛腸一回顧。」（《粟香隨筆·粟香五筆》卷六）

李慈銘《越縵堂讀書記》：閱宋胡忠簡公銓《玉音問答》一卷，紀隆興元年五月夜侍孝宗事，時忠簡方自吉陽軍召回為侍讀，極被寵遇，至令潘妃唱賀新郎曲侑酒，上亦親唱喜遷鶯曲，且謂朕惟侍太上皇宴間被旨令唱，今夕苦嗽聲澀，卿幸勿嫌，真千古希罕事。古今盛稱令狐綯蘇子瞻金蓮燭歸院之事，方茲蔑矣。惟宮廷內外隔絕，而令妃御斟酒以勸大臣，幾等月宮宴江總，蜀袍覆韋綬，殊非禮待臣下之意。咸豐丙辰（一八五六）二月二十二日（《越縵堂讀書記》卷八）

徐珂《清稗類鈔》：乾隆己卯，曹仙耨年甫冠，與沈秋河、黃松汀肄業杭州紫陽別墅，斗大一室，几榻橫陳，晝則促膝攤書，夜則竀燈分焰。仿賈耘老、蘇東坡懸錢屋樑之式，按日取給，飲食之事，不敢雇僕供庖，三人自執烹飪，然仙耨惟據觚瞪視而已。秋河年最長，嘗謂仙耨、松汀曰：「南宋羅欽若、李東尹、胡邦衡同在學舍，偶乏屍饔者，邦衡操刀，東尹和面，欽若進薪然火，我輩今日之事，正相同也。」（《清稗類鈔》第一三冊）

張佩綸《張佩綸日記》：閱《澹庵集》，三十卷，明鈔本，曹倦圃舊藏也。案，《忠簡集》百卷，（本傳。）又作七十卷，（《志》。）《四庫》所收僅六卷。乾隆間其裔孫沄刊者，三十二卷，補遺三卷，附錄六卷，此卷數較祠堂本尚少，不知遺失殘闕，抑胡沄所刊別加裒輯，故較增於舊鈔也。（余所藏六卷，乃知不足齋鈔校本。）澹庵一疏，金人購之千金，為秦太師批抹，至孝宗始修割裝潢之。然隆興知忠簡亦徒榮其身，未能用用其言也。行幸建康，何以中輟？和議必不許，何以中變？復以攜孥舉人被劾，且不能久安其位，是孝宗恢復之志，始則失之太銳，而廟算未周，繼則失之太餒，而虛文相飾耳。集中《水戰論》一篇極精，似欲練吳楚水師，為直搗勃碣之計，特引而不發，借古抒憤。《上張丞相書》謂，今之所以戰者，其決出於一定之計，抑出於倉卒而僥倖一時，則足以砭魏公浪戰之失者忠簡也。惜魏公亦忽置之。（《張佩綸日記》光緒十九年）

皮錫瑞《皮錫瑞日記》：朱子於孝宗即位上封事言和有百害無一利，元年入對言復讎，戊申封事直攻君之邪心，並言近習用事，將帥納賄，宰相竊位，無臥薪嘗膽之人，淋漓痛切，毫無避忌，視胡銓僅請斬一秦檜，其忠直尤為過之。足下於宋代獨許胡銓，謂舉朝皆心死之人，朱子亦在心死之列，何不取朱子之書觀之乎？足下所重者氣節，所尚者武功。程、朱未嘗無氣節，但無武功。王文成則武功甚偉，平浰頭、桶岡諸盜，擒寧王宸濠，用兵如神，變化莫測，且一面講學，一面治兵，尤為奇妙。（《皮錫瑞日記》戊戌三月十四）

　　張棡《張棡日記》：早晨陰。同池雪樓、董欽恩談學問事。午後霽。臨《皇甫君碑》一紙。摘《時文指掌》。看《文章指南》。按是書係明歸震川先生選本，近人許筱連搜輯，板是皖江印署校刊，書簡五冊分仁、義、禮、智、信。首冠以震川論看文、作文二則。下總目以通用義理則第一，選程頤《易傳序》、王陽明《博約說》；通用養氣則第二，選諸葛亮《前出師表》、胡銓《上高宗封事》。（《張棡日記》光緒十五年二月十五）

　　林駿《林駿日記》：到館，朝授國文課，出國文試驗題。問：胡銓上疏，言甚激烈，不恤後患，為忠臣者固如是焉否？隨交隨改。（《林駿日記》光緒三十四年五月十一日）

　　丁丙《善本書室藏書志·澹庵詞一卷》：銓以不附和議上疏，遠謫南方，忠義大節，欽仰百世。詞，其餘事，筆頗清婉，絕不傷於剛直。朱竹垞《詞綜》未曾收及，當是偶而見遺耳。此冊為毛氏舊鈔，又得曹種水朱筆校正，與公之忠義合之雙美，洵足輝映百世矣。（《善本書室藏書志》卷四十）

　　《四庫全書總目·澹庵文集六卷》：宋胡銓撰。銓字邦衡，廬陵人。建炎二年進士甲科。紹興五年以薦除樞密院編修官。抗疏詆和議，謫吉陽軍。孝宗即位，特召還擢用，歷官權中書舍人兼國子祭酒，權兵部侍郎，以資政殿學士致仕。卒諡忠簡。事蹟具《宋史》本傳。銓師蕭楚，明於《春秋》。故集中嘉言讜論，多本《春秋》義例。於南渡大政，多所補救。史但稱其高宗時請誅秦檜。今考集中《論撰賀金國啟》一篇，則於孝宗朝召還以後，更嘗請誅湯思退。又《孝宗本紀》：「隆興元年三月，金以書來索四州，未報。八月，又齎書兩省。」今考集中《玉音問答》一篇，知答金人書孝宗已與銓定於五月三日。遲至八月未遣，必湯思退有以持之。當時情勢，可以考見。史文疏漏，賴此集尚存其崖略也。本傳稱銓集凡百卷。今所存者僅文五卷、詩一卷，蓋得之散佚之餘。然《書錄解題》載銓集七十八卷，《宋志》載銓集七十卷，則在當時已非百卷之舊矣。羅大經《鶴林玉露》曰：「胡澹庵十年貶海外，北歸，飲於湘潭胡氏園，題詩曰：『君恩許歸此一醉，芻有黎頰生微渦。』謂侍妓黎倩也。後朱文公見之，題詩曰：『十年浮海一身輕，歸見黎渦卻有情。世上無如人慾險，幾人到此誤平生』云云。」今本不載此詩，殆後人因朱子此語，諱而刪之。然銓孤忠勁節，照映千秋，乃以偶遇歌筵，不能作陳烈踰牆之遁，遂坐以自誤平生，其操之為已蹙矣。平心而論，是固不足以為銓病也。（《四庫全書總目》卷一百五十八）

後　記

　　「在世上一日，則做一日好人，讀一日好書」，在搜集胡銓研究資料的過程中，讀到元人陳櫟《風水之說》一文開頭的這句話，平淡而有力量。讀書日久，遂也想嘗試進行學術研究，成為作者。寫作此書，既有偶然，實在也是必然。這就得話說從前了。中小學階段，在鄉村讀書，書籍缺乏，也無力購買，只能買些報刊。那還是紙媒的黃金時代，網絡時代雖已來臨，尚未普及，各類報刊一片欣欣向榮。新聞報刊多是五毛一份，高些也無非是一兩塊。普通雜誌價格多在三五塊，比起購書，這還是力所能及的。那幾年，遂成為縣城唯一之報刊零售處的常客。

　　在貧乏的閱讀生涯中，學校所發讀物也成寶貝。我不知有多少人會去認真閱讀，然而在我確實是難得之物，認真讀過。吉安市曾編過一套「中小學語文自讀課本」，小學共四冊，供三、四、五、六年級使用。初中階段好像只有兩冊，供七、八年級使用。因為是地方教材，所以介紹的都是盧陵文化，這就為我瞭解盧陵文化奠定了初步的基礎。由此認識了眾多名垂青史的盧陵先賢，其光輝事蹟，偉岸人格，令人高山仰止。

　　進入大學，才開始真正地讀書，興趣也逐漸轉移至傳統中國。期間也想為研究盧陵文化貢獻一份力量，無奈才疏學淺，不堪重任，只是掛記心頭，時時留意。畢業後，一度想點校《吉州人文紀略》二十六卷，《四庫全書總目》介紹其書曰：「國朝郭景昌編。景昌字旭瑞，奉天人。是書仿莆陽文獻志之例，取吉安人物各為之傳。又以諸人撰著，分類編次，故統名曰人文列傳。凡為十三類。曰理學名臣、曰忠節名臣、曰經濟名臣、曰文學名臣、曰內閣輔臣、曰才力、曰孝義、曰死事、曰清正、曰儒行、曰隱逸、曰科名、曰列女。撰著

凡為十九類。曰詔、曰冊、曰制、曰策、曰表、曰狀、曰疏、曰議、曰論、曰序、曰記、曰檄、曰書、曰跋、曰傳、曰贊、曰墓誌銘墓表、曰祭文、曰歌賦頌說雜著。」曾動手整理標點過幾卷，還在「爾雅國學」公眾號上選載過幾篇，後來沒有繼續整理。也計劃過寫一冊盧陵先賢傳，發揚其道德文章。這項計劃也只是止步於開列名單，選取了三十位在中國歷史上有影響的人物，其中當然也有本書的主角胡銓。

遷延數年，直到 2020 年疫情爆發，不能回北京，居家辦公，更加自由，時間也充足。於是開始嘗試進行研究工作，我對宋代正感興趣，而盧陵文化的輝煌時期也正在宋代。元代揭傒斯《楊氏忠節祠記》云：「自秦、漢之後有天下，卓然有三代之風者，宋而已。方其盛時，歐陽文忠以古文正天下之宗，明王道之本；及其衰也，楊忠襄、胡忠簡以大義折敵國之氣，奮中興之運；當其亡也，文丞相斬首燕市，終三百年火德之祚，為萬世亡國之光，而皆出於盧陵，何其盛哉！」在綜合考量之後，選取胡銓編撰年譜。當時除了民國年間胡鬻編《胡忠簡公年譜》（貴陽中央日報社 1945 年）之外，未見今人有年譜之作，遂斗膽從事，當年即完成初稿。2021 年又陸續增訂，遂成今日規模。年譜編撰主要是考證工作，時有收穫，中心悅之。前輩學者談論治學經驗，指出研究一位歷史人物，當自編撰年譜始。通過年譜的編撰，胡銓的形象在我心中日漸立體豐滿起來。閱讀文集所得到的認識，與這樣系統梳理所獲，差別甚大。經過此次實踐，深感此言誠不我欺。

2021 年 8 月份，將書稿呈送花木蘭文化事業有限公司審閱，通過審查，慨允出版。這是我在學術道路上的首次嘗試，能夠獲得出版機會，深受鼓舞。希望小書能為盧陵文化的研究貢獻一份力量，以了多年的心願。

楊阿敏

2022 年 2 月 20 日於盧陵